Wilhelm Hilpert, Bertold Gillitzer, Sven Kuttner, Stephan Schwarz
Benutzungsdienste in Bibliotheken

Bibliotheks- und Informationspraxis

Herausgegeben von Klaus Gantert
und Ulrike Junger

Band 52

Wilhelm Hilpert, Bertold Gillitzer,
Sven Kuttner, Stephan Schwarz

Benutzungsdienste in Bibliotheken

―

Bestands- und Informationsvermittlung

DE GRUYTER
SAUR

Bibliotheks- und Informationspraxis ab Band 42:
Herausgegeben von Klaus Gantert und Ulrike Junger
Das moderne Bibliotheks- und Informationswesen setzt sich mit vielfältigen Anforderungen auseinander und entwickelt sich ständig weiter. Die Reihe Bibliotheks- und Informationspraxis greift neue Themen und Fragestellungen auf und will mit Informationen und Erfahrungen aus der Praxis dazu beitragen, Betriebsabläufe und Dienstleistungen von Bibliotheken und vergleichbaren Einrichtungen optimal zu gestalten.
Die Reihe richtet sich an alle, die in Bibliotheken oder auf anderen Gebieten der Informationsvermittlung tätig sind.

ISBN 978-3-11-030123-6
e-ISBN 978-3-11-030144-1
ISSN 2191-3587

Library of Congress Cataloging-in-Publication Data
A CIP catalog record for this book has been applied for at the Library of Congress.

Bibliografische Information der Deutschen Nationalbibliothek
Die Deutsche Nationalbibliothek verzeichnet diese Publikation in der Deutschen Nationalbibliografie; detaillierte bibliografische Daten sind im Internet über http://dnb.dnb.de abrufbar.

© 2014 Walter de Gruyter GmbH, Berlin/Boston
Satz: Michael Peschke, Berlin
Druck und Bindung: CPI buch bücher.de GmbH, Birkach
♾ Gedruckt auf säurefreiem Papier
Printed in Germany

www.degruyter.com

Vorwort

Millionen von Menschen besuchen und benutzen Jahr für Jahr Bibliotheken. Sie alle erwarten zu Recht, dass ihre Bibliothek Tag für Tag einen gleichbleibend guten Service bietet, der sich kontinuierlich auf eine Medienlandschaft im Umbruch ausrichtet. Damit eine Bibliothek diesem Anspruch gerecht werden kann, müssen eine Fülle von Arbeitsvorgängen im Hintergrund organisiert und geregelt werden. Das vorliegende Buch handelt von diesen Arbeitsvorgängen, die im Wesentlichen den Alltag eines Benutzungsbibliothekars ausmachen und von denen die Bibliothekskunden in der Regel nur die „Oberfläche" zu sehen bekommen.

Bibliotheksmitarbeiter im Benutzungsbereich müssen im Umgang mit Menschen offen und kontaktfreudig sein, sie benötigen Lebenserfahrung, Humor, Fachwissen auf vielen Gebieten und eine große Portion Pragmatismus – alles Eigenschaften, die eher Managern als Bibliothekaren bescheinigt werden. Dabei arbeiten Bibliothekare in einem beruflichen Umfeld, das zu den spannendsten und innovativsten überhaupt gehört. Informatik und Informationswissenschaft verändern die beruflichen Anforderungen in immer kürzeren Zyklen und prägen den beruflichen Alltag nachhaltig. Gerade daher denken wir, dass die bibliothekarische Arbeit mit und für unsere Nutzer, Besucher und Kunden eine der schönsten und erfüllendsten Tätigkeiten auf diesem Planeten ist.

Ziel des Buches

Das Buch führt in die Grundlagen der Organisation eines Benutzungsbereiches einer Bibliothek ein. Schwerpunkte bilden neben zahlreichen weiteren Themen der Umgang mit Bibliothekskunden, die unterschiedlichen Benutzungsabläufe bei Freihand- und Magazinbeständen sowie elektronischen Medien, die bibliothekarischen Rechercheinstrumente, die Fernleihdienste, die bibliothekarische Auskunft sowie Schulungen und E-Learning im Bibliotheksbereich. Viele der Tätigkeiten, die wir zum Kernwissen eines Benutzungsbibliothekars hinzu rechnen, wurden dabei umfassend abgehandelt. Anderes wurde, wenn insgesamt zu umfangreich, zwangsläufig nur partiell angesprochen. Um Beispiele zu geben: Die sachgerechte Aufbewahrung von Medien und der Umgang mit ihnen gehört zum Kernwissen eines Mitarbeiters im Benutzungsbereich. Das Wissen darüber wurde daher in mehreren Kapiteln angesprochen und insgesamt umfassend dargestellt. Mindestens ebenso gehören Kunden- und Serviceorientierung zu den Kernkompetenzen, können allerdings im Rahmen dieses Buches nicht umfassend thematisiert werden, da hierfür alleine ein- bis zweihundert Buchseiten nötig wären. Dem Umgang mit dem Alten Buch ist ganz bewusst ein eigenes Kapitel gewidmet, das sich als einziges nicht nur an den Berufsanfänger wendet, sondern auch den erfahrenen Benutzungsbibliothekar ansprechen soll, der erstmals mit dem Alten Buch in Kontakt kommt.

Zielgruppen des Buches

Das Buch ist als Lehrbuch konzipiert, das sich ebenso an völlige Berufsneulinge und an berufliche Quereinsteiger wendet wie an erfahrene Bibliotheksmitarbeiter, die in den Benutzungsbereich wechseln wollen oder sich darüber informieren möchten.

Einsatzzweck des Buches

Das Buch kann ebenso unterrichtsbegleitend in Kursen für Auszubildende aller Qualifizierungsstufen eingesetzt werden, wie dazu, den Stoff für Aufstiegs- und Qualifizierungsprüfungen zu vertiefen und zu rekapitulieren. Ebenso ist es für Fort- und Weiterbildungszwecke im Rahmen von Kursen wie zum Selbststudium geeignet.

Uns ist dabei immer bewusst, dass man die Abläufe und Arbeiten im Benutzungsbereich einer Bibliothek in der Theorie nur begrenzt lernen und verinnerlichen kann. Das „Learning by doing" spielt eine sehr wichtige Rolle. Das Buch versteht sich daher als praxisorientierte Handreichung; es ist keine theoriebefrachtete, wissenschaftliche Abhandlung. Wir arbeiten in den beiden großen Bibliotheken links und rechts der Münchner Ludwigstraße, folglich haben wir die bayerischen Bibliotheksverhältnisse vorrangig im Blick; gleichwohl haben wir uns bemüht, die Handreichung nicht ausschließlich mit einer quasi weiß-blauen Brille zu Papier zu bringen.

Entstehungshintergrund des Buches

Es basiert auf einer langjährigen Unterrichtstätigkeit aller Autoren im Fachbereich für Archiv- und Bibliothekswesen an der Fachhochschule für öffentliche Verwaltung und Rechtspflege in Bayern und/oder an der Bibliotheksakademie Bayern.

Aufbau des Buches

Die Kapitel des Buches sind weitgehend in sich abgeschlossen und können auch unabhängig voneinander bzw. in anderer Reihenfolge bearbeitet werden. Auch wenn jeder von uns einzelne Kapitel verfasst hat, verstehen wir das Buch als unsere Gemeinschaftsarbeit, das wir miteinander lesend und diskutierend als Viererseilschaft veröffentlicht haben. Das war nicht immer leicht, jeder von uns hat auch seine individuelle Sicht auf den ihn prägenden Berufsalltag, wir gehen gleichwohl um einige Erfahrungen und Einsichten reicher aus unserem Buchprojekt.

Danken möchten wir der geduldigen und fachkundigen Betreuung durch die Mitarbeiter des Verlages sowie vielen Kolleginnen und Kollegen, deren Hinweise, Ratschläge und kritische Stellungnahmen uns vielfältig geholfen und weitergebracht haben.

München im Januar 2014

Inhalt

Abkürzungsverzeichnis —— XVII

1	**Grundfragen der Bibliotheksbenutzung —— 1**	
1.1	Zweck der Bibliothek —— 1	
1.2	Gebrauchsfunktion und Archivfunktion —— 2	
1.3	Benutzerkreis und Einzugsbereich einer Bibliothek —— 3	
1.3.1	Die Deutsche Nationalbibliothek —— 5	
1.3.2	Hybride Bibliotheken —— 6	
1.3.3	Deutschlandweite Kooperationen in Benutzung und Erwerbung —— 8	
1.3.4	Bibliothekarische Verbünde —— 10	
2	**Die Bibliotheksbenutzer —— 13**	
2.1	Kundenorientierung: Eine Frage der inneren Einstellung —— 13	
2.2	Zielgruppenorientierung —— 16	
2.3	Servicequalität —— 18	
2.4	Nutzerforschung —— 19	
2.4.1	Statistik —— 21	
2.4.2	Interviews mit einzelnen Vertretern bestimmter Nutzergruppen —— 23	
2.4.3	Umfragen —— 24	
2.4.4	Auswertung von Beschwerden und Anregungen —— 26	
2.5	Ermittlung von Servicequalität und Gebrauchstauglichkeit von Dienstleistungen —— 27	
2.5.1	Mystery Shopping / Silent Shopping —— 27	
2.5.2	Usability-Tests und verwandte Methoden —— 28	
2.6	Beschwerdemanagement —— 31	
2.6.1	Beschwerden über Mitarbeiter —— 31	
2.6.2	Beschwerden über Regelungen, Gegebenheiten und Zustände —— 32	
2.7	Konfliktbewältigung und „schwierige Benutzer" —— 34	
3	**Buchaufstellung und Signaturen —— 38**	
3.1	Prinzipien der Buchaufstellung —— 38	
3.2	Freihandbestand versus Magazinbestand —— 39	
3.3	Freihandmagazine —— 41	
3.4	Präsenzbestand versus Ausleihbestand —— 42	

3.5	Aufstellungsarten — **44**	
3.5.1	Systematische Aufstellung — **44**	
3.5.2	Mechanische Aufstellung — **45**	
3.5.3	Gruppenaufstellung — **46**	
3.5.4	Aufstellung nach dem Alphabet der Autoren oder der Titel — **47**	
3.6	Buchformate — **47**	
3.7	Signaturen und Signatursysteme — **48**	
3.8	Anforderungen an Signaturen — **49**	
3.8.1	Aufstellungsart und Signatur — **49**	
3.8.2	Alphabetische Unterordnung nach der Cutter-Methode — **51**	
4	**Magazine und Magazinverwaltung — 52**	
4.1	Ideale Bedingungen zur Lagerung von Büchern — **52**	
4.2	Regalanlagen — **56**	
4.3	Bestandsverwaltung, Magazinverwaltung — **59**	
4.3.1	Ablauf einer Buchbestellung im Magazin — **59**	
4.3.2	Ablauf einer Buchrückgabe im Magazin — **61**	
4.4	Bücherumzüge zwischen und innerhalb von Magazinstandorten — **62**	
4.5	Magazinzugang, Revision und Bestandserhaltung — **63**	
4.6	Speicherbibliothekskonzept — **64**	
5	**Regeln für die Benutzung einer Bibliothek — 67**	
5.1	Benutzungsrelevante Rechtsvorschriften — **67**	
5.2	Benutzungsordnung — **68**	
5.2.1	Legitimation und Geltungsbereich — **69**	
5.2.2	Rechtscharakter des Benutzungsverhältnisses — **70**	
5.2.3	Zweck und Aufgaben der Bibliothek — **70**	
5.2.4	Benutzerkreis / Benutzungsberechtigte — **70**	
5.2.5	Zulassungsmodalitäten — **71**	
5.2.6	Datenschutz — **71**	
5.2.7	Hausrecht und Verhalten in der Bibliothek — **72**	
5.2.8	Benutzung innerhalb der Bibliothek — **72**	
5.2.9	Benutzung außerhalb der Bibliothek — **73**	
5.2.10	Leihverkehr — **74**	
5.2.11	Ausschluss von der Benutzung — **74**	
5.2.12	Haftungsfragen — **74**	
5.2.13	Inkrafttreten — **75**	
5.3	Hausordnung und Gebührenordnung — **75**	

6	**Rechercheinstrumente** —— **77**	
6.1	Der Benutzerkatalog —— **77**	
6.2	Der elektronische Benutzerkatalog – OPAC (Online Public Access Catalogue) —— **80**	
6.3	Das Umfeld des OPACs – Suchmaschinen —— **82**	
6.4	Das Dilemma der Suche – Precision und Recall —— **83**	
6.5	Vorbild WWW – Suchmaschinentechnologie im OPAC —— **85**	
6.6	Recherchestrategien im Internet —— **87**	
6.7	Gezielte Suche in Schritten: „Drill Down" —— **88**	
6.8	Sortierung nach Wichtigkeit: „Relevance-Ranking" —— **89**	
6.8.1	Textstatistische Verfahren —— **90**	
6.8.2	Linktopologische Verfahren —— **91**	
6.8.3	Die Relevanz eines Dokuments —— **92**	
6.9	Suchmaschinentechnologie im Bibliothekskatalog —— **93**	
6.9.1	Weiterentwicklung der Suchmaschinentechnologie im Bibliothekskatalog —— **95**	
6.9.2	Wohin geht das Relevance-Ranking? —— **97**	
6.10	Web 2.0 im Benutzerkatalog —— **98**	
6.11	Umfassende Literatursuche – Discovery Services —— **103**	
6.12	Entdecken statt zu suchen? – „Serendipität" —— **106**	
6.13	Suchbegriffe und das Gemeinte: Semantische Technologien – zukünftige Möglichkeiten? —— **107**	
6.14	Noch tiefere Erschließung? – Ein Ausblick —— **111**	
7	**Das Alte Buch in der Benutzung** —— **114**	
7.1	Altbestandsmagazinierung —— **116**	
7.2	Bestandserhaltungsmanagement —— **120**	
7.3	Sonderlesesaal —— **122**	
7.4	Analoge und digitale Sekundärformen —— **126**	
7.5	Ausstellungen —— **129**	
8	**Benutzung von Freihand- und Lesesaalbeständen** —— **137**	
8.1	Die Freihandbibliothek —— **137**	
8.2	Der Allgemeine Lesesaal —— **139**	
8.3	Teilbibliotheken und Fachlesesäle —— **141**	
8.4	Organisation von Lesesälen und Freihandbibliotheken —— **142**	
8.4.1	Bestandspflege —— **142**	
8.4.2	Benutzerbetreuung —— **143**	
8.4.3	Aufteilung von Lesesälen und Freihandbereichen —— **144**	
8.4.4	Bestandspräsentation —— **145**	

8.4.5	Kontrolle und Buchsicherung —— 146	
8.5	Zeitschriftenlesesaal, Zeitschriftenpräsentation und Speziallesesäle —— 148	
8.6	Die Lehrbuchsammlung —— 151	

9	**Benutzung von Magazinbeständen —— 153**	
9.1	Allgemeines zur Benutzung von Magazinbeständen —— 153	
9.1.1	Bibliographische Daten —— 154	
9.1.2	Buchdaten —— 155	
9.1.3	Benutzerdaten —— 156	
9.2	Ausleihe —— 156	
9.3	Zulassung —— 162	
9.4	Mahnverfahren —— 163	

10	**Benutzung digitaler Medien —— 167**	
10.1	Der elektronische Bestand und seine Herausforderungen —— 168	
10.2	Digitalisierte Bibliotheksmaterialien —— 171	
10.3	Der elektronische Lesesaal —— 173	
10.4	Gekaufte elektronische Medien —— 174	
10.5	Datenbanken —— 174	
10.6	Elektronische Zeitschriften —— 175	
10.7	E-Books —— 178	

11	**Dokumentlieferung: Fernleihe —— 181**	
11.1	Definition der Fernleihe und ein paar Begriffe, die dazu gehören —— 181	
11.2	Ursprünge der Fernleihe und grundsätzliche Überlegungen —— 182	
11.3	Die Leihverkehrsordnung und Grundstrukturen der Fernleihe —— 185	
11.4	Grundlegende Regelungen der LVO und Grundstrukturen des Leihverkehrs —— 188	
11.4.1	Der Zweck des Leihverkehrs —— 188	
11.4.2	Zulassung zum Leihverkehr —— 188	
11.4.3	Pflichten der Bibliotheken —— 189	
11.4.4	Regelungen zur Abwicklung der Fernleihe —— 189	
11.5	Regionaler und überregionaler Leihverkehr —— 192	
11.6	Technische Abwicklung der Fernleihe: Die Fernleihserver in den Verbundzentralen —— 192	
11.7	Fernleihserver und lokale Bibliothekssysteme: ein komplexes Zusammenspiel —— 194	

11.8	Versand von Kopien im Leihverkehr – besondere Anforderungen an die Systeme —— **195**	
11.9	Fernleihe und Buchtransport —— **197**	
11.10	Fernleihe und Urheberrecht —— **199**	
11.11	Tantiemepflicht für Kopien im Leihverkehr: Der Gesamtvertrag „Kopienversand im Leihverkehr" —— **203**	
11.12	Altbestand in der Fernleihe —— **204**	
11.13	E-Medien in der Fernleihe —— **206**	
11.14	E-Journals in der Fernleihe —— **207**	
11.15	E-Books in der Fernleihe —— **209**	
12	**Dokumentlieferung: Direktlieferdienste und kommerzielle Fernleihdienste —— 212**	
12.1	Ursprünge von subito und grundsätzliche Ausrichtung —— **212**	
12.2	Die Klage der Verleger —— **215**	
12.3	subito heute —— **216**	
12.3.1	Teilnehmende Bibliotheken —— **217**	
12.3.2	Rechtliche Basis der Lieferung von Kopien —— **218**	
12.3.3	Dienste und Kundengruppen —— **219**	
12.4	eBooks on Demand: Direktlieferdienst für alte Bücher —— **222**	
12.5	WorldCat Resource Sharing bzw. WorldShare Interlibrary Loan —— **223**	
12.6	Perspektiven der Direktlieferdienste und Fernleihe —— **226**	
13	**Bibliothekarischer Auskunftsdienst —— 229**	
13.1	Grundlagen und Ziele des Auskunftsdienstes —— **229**	
13.2	Formen der Auskunft —— **230**	
13.3	Arten der Auskunft —— **232**	
13.4	Benachbarte Tätigkeiten —— **233**	
13.5	Informationsmittel —— **233**	
13.6	Anforderungen an den Auskunftsbibliothekar —— **235**	
13.7	Organisatorische Aspekte —— **237**	
13.7.1	Dezentrale oder zentrale Organisation —— **238**	
13.7.2	Auskunftsdienst als Haupt- oder Nebentätigkeit —— **239**	
13.7.3	Einarbeitung neuer Mitarbeiter und kontinuierliche Fortbildung —— **241**	
13.7.4	Die Ausstattung des Auskunftsplatzes —— **243**	
13.7.5	Informationsmaterialien —— **244**	
13.7.6	Informationsaustausch innerhalb des Infoteams —— **245**	
13.8	Der Auskunftsprozess —— **247**	

13.8.1	Das Informationsbedürfnis —— 247
13.8.2	Das Auskunftsinterview —— 249
13.8.3	Der Suchprozess —— 250
13.8.4	Bewertungsprozess und Gesprächsabschluss —— 251
13.9	Virtuelle Auskunft: Definitionen und Zielstellung —— 252
13.9.1	Navigationssysteme und virtuelle Assistenten („Chatterbots") —— 253
13.9.2	E-Mail-Auskunft und Auskunft per Web-Formular —— 255
13.9.3	Chat-Auskunft —— 257
13.9.4	Auskunft über VoIP, Videotelefonie und SMS —— 260
13.9.5	Web-Contact-Center —— 262
13.9.6	Auskunftsdienst in 3D-Welten und sozialen Netzwerken —— 265
13.10	Qualitätskriterien und Evaluation —— 268

14	**Benutzerschulungen und Führungen —— 272**
14.1	Grundlagen im Kontext von Informationskompetenz und Teaching Library —— 272
14.1.1	Informationskompetenz —— 273
14.1.2	Teaching Library —— 274
14.2	Verschiedene Angebote —— 275
14.2.1	Allgemeine Angebote —— 275
14.2.2	Spezielle Inhalte —— 276
14.2.3	Zielgruppenorientierte Angebote —— 276
14.3	Organisatorische Aspekte —— 277
14.3.1	Dezentrale oder zentrale Organisation —— 277
14.3.2	Benutzerschulungen und Führungen als Haupt- oder Nebentätigkeit —— 279
14.3.3	Einarbeitung neuer Mitarbeiter und kontinuierliche Fortbildung —— 280
14.3.4	Geeignete Schulungsräume und IT-Infrastruktur —— 281
14.3.5	Einbindung in die Curricula der Hochschulen und Vergabe von ECTS-Punkten —— 282
14.4	Qualitätssicherung: Evaluation und Standards —— 283

15	**E-Learning —— 288**
15.1	Definitionen —— 288
15.2	Multimodalität, Multicodierung, Multimedialität —— 289
15.3	Frühe Formen von E-Learning —— 290
15.4	Computer Based Training (CBT) und Web Based Training (WBT) —— 291

15.5	Blended Learning und Massive Open Online Courses (MOOCs) —— **292**	
15.6	Wichtige Begriffe im Zusammenhang mit E-Learning —— **293**	
15.6.1	Online-Tutorial —— **293**	
15.6.2	Virtueller Rundgang —— **294**	
15.6.3	Virtual Classroom —— **294**	
15.6.4	Webinar —— **294**	
15.6.5	Webbasierte Lernplattform —— **295**	
15.6.6	Mobile Learning —— **295**	
15.6.7	Game-based Learning / Serious Game —— **296**	
15.6.8	Simulation —— **296**	
15.6.9	Rapid E-Learning —— **296**	
15.6.10	Storyboard —— **297**	
15.7	E-Learning in Bibliotheken: Pro und Kontra —— **297**	
16	**Benutzung und Öffentlichkeitsarbeit —— 301**	
16.1	Erscheinungsbild —— **302**	
16.2	Auftritt im World Wide Web und in sozialen Netzwerken —— **303**	
16.3	Die Bibliothek als Kultureinrichtung —— **307**	
16.4	Informationsveranstaltungen —— **309**	

Register —— 311

Über die Autoren —— 317

Abkürzungsverzeichnis

AC	Ausleihclient
ACRL	Association of College and Research Libraries
AGB	Allgemeine Geschäftsbedingungen
ALA	American Library Association
AOL	America Online
API	Application Programming Interface
ASB	Allgemeine Systematik für Öffentliche Bibliotheken
B.A.	Bachelor of Arts
BDSG	Bundesdatenschutzgesetz
BGB	Bürgerliches Gesetzbuch
BGH	Bundesgerichtshof
BIB	Berufsverband Information Bibliothek
BID	Bibliothek & Information Deutschland
BIX	Bibliotheksindex
BIX-ÖB	Bibliotheksindex für Öffentliche Bibliotheken
BIX-WB	Bibliotheksindex für Wissenschaftliche Bibliotheken
BL	British Library
BLDSS	British Library Document Supply Service
BNF	Bibliothèque Nationale de France
BSB	Bayerische Staatsbibliothek
B.Sc.	Bachelor of Science
BSZ	Bibliotheksservice-Zentrum Baden-Württemberg
BT[-Drucksache]	Bundestags[-Drucksache]
BVB	Bibliotheksverbund Bayern
CBT	Computer Based Training
CD	Compact Disc
CD-ROM	Compact Disc Read-Only Memory
CIB	Cloudbasierte Infrastruktur für Bibliotheksdaten
CMS	Contentmanagementsystem
DBI	Deutsches Bibliotheksinstitut
DBIS	Datenbankinformationssystem
DBS	Deutsche Bibliotheksstatistik
DBV	Deutscher Bibliotheksverband
DDB	Deutsche Digitale Bibliothek
DDC	Dewey-Dezimalklassifikation
DFG	Deutsche Forschungsgemeinschaft
DIN	Deutsches Institut für Normung
DOD	Document Order and Delivery System
DOI	Digital Object Identifier
dpi	dots per inch
DRM	Digital Rights Management
DVD	Digital Versatile Disc
ECTS	European Credit Transfer and Accumulation System
EDV	Elektronische Datenverarbeitung

EM[-Etikett]	Elektromagnetisches [Etikett]
EOD	Electronic Books on Demand
ERMS	Electronic Resource Management System
ETH	Eidgenössische Technische Hochschule [Zürich]
EZB	Elektronische Zeitschriftenbibliothek
FaMi	Fachangestellte für Medien- und Informationsdienste
FID	Fachinformationsdienste für die Wissenschaft
GbR	Gesellschaft bürgerlichen Rechts
GBV	Gemeinsamer Bibliotheksverbund
HBZ	Hochschulbibliothekszentrum des Landes Nordrhein-Westfalen
HeBIS	Hessisches BibliotheksInformationsSystem
IFLA	International Federation of Library Associations and Institutions
ILL	Interlibrary Loan
IR[-Strahlung]	Infrarotstrahlung
ISBN	International Standard Book Number
ISSN	International Standard Serial Number
ISO	International Organisation for Standardization
IT	Informationstechnologie
ITS	Intelligente Tutorielle Systeme
KAB	Klassifikation für Allgemeinbibliotheken
KAB	Kommission für Altes Buch [ehemals]
KMK	Kultusministerkonferenz
KNB	Kompetenznetzwerk für Bibliotheken
KOBV	Kooperativer Bibliotheksverbund Berlin-Brandenburg
LAN	Local Area Network
LG	Landgericht
LKZ	Lokalkennzeichen
LOTSE	Library Online Tour and Self-Paced Education
LVO	Leihverkehrsordnung
M.A.	Master of Arts
MOOC	Massive Open Online Course
NC	Numerus Currens
OCLC	Online Computer Library Center
OCR	Optical Character Recognition
OLG	Oberlandesgericht
OPAC	Online Public Access Catalogue
OTRS	Open Ticket Request System
PC	Personal Computer
PDF	Portable Document Format
pH[-Wert]	[von] pondus Hydrogenii [Ist ein Maß für den sauren oder basischen Charakter einer wässrigen Lösung]
RADAR	Research Data Repositorium
RFID	Radio Frequenz Identifikation bzw. Radio Frequency Identifier
RUSA	Reference and User Service Association
RVK	Regensburger Verbundklassifikation
SDD	Sammlung Deutscher Drucke
SISIS	[ehem. Firma für Bibliothekssoftware; heute von OCLC übernommen]

SLUB	Sächsische Landes- und Universitätsbibliothek [Dresden]
SMS	Short Message Service
SSG	Sondersammelgebiet
Stichting STM	Stichting Secretariaat van de International Association of Scientific Technical and Medical Publishers
SUB [Göttingen]	Staats- und Universitätsbibliothek [Göttingen]
SWB	Südwestdeutscher Bibliotheksverbund
TCP/IP	Transmission Control Protocol/Internet Protocol
TED	Tele-Dialog [Abstimmungsverfahren]
TIB	Technische Informationsbibliothek [Hannover]
TU	Technische Universität
UDC	Universal Decimal Classification
UrhG	Urheberrechtsgesetz
URL	Uniform Resource Locator
URN	Uniform Resource Name
UV[-Strahlung]	Ultraviolettstrahlung
VDB	Verein Deutscher Bibliothekare
VD 16	Verzeichnis der im deutschen Sprachraum erschienenen Drucke des 16. Jahrhunderts
VD 17	Verzeichnis der im deutschen Sprachraum erschienenen Drucke des 17. Jahrhunderts
VD 18	Verzeichnis der im deutschen Sprachraum erschienenen Drucke des 18. Jahrhunderts
VG [Wort]	Verwertungsgesellschaft [Wort]
VÖBB	Verbund der Öffentlichen Bibliotheken Berlins
VoIP	Voice over Internet Protocol
VPN	Virtual Private Network
WBT	Web Based Training
WCC	Web Contact Center
WCRS	WorldCat Resource Sharing
Webinar	Web Seminar
WLAN	Wireless Local Area Network
WWW	World Wide Web
ZBMed	Zentralbibliothek Medizin [Köln]
ZBW	Deutsche Zentralbibliothek für Wirtschaftswissenschaften [Kiel/Hamburg]
ZDB	Zeitschriftendatenbank
ZFL	Zentraler Fernleihserver
ZVAB	Zentrales Verzeichnis Antiquarischer Bücher

1 Grundfragen der Bibliotheksbenutzung

1.1 Zweck der Bibliothek

Hauptzweck einer Bibliothek ist die Benutzung der Bestände. Jeder Bibliotheksmitarbeiter sollte sich über die Bedeutung dieser Aussage völlig im Klaren sein und sein Handeln daran ausrichten. Dabei muss nicht nur der Buchbestand, sondern auch der Bestand in anderen Erscheinungsformen wie elektronische Ressourcen, Mikroformen, Karten, Bilder und audiovisuelle Medien im Auge behalten werden. Ob die Bibliothek für ihre Kunden einen guten Service erbringt, hängt aber nicht nur vom eigentlichen Benutzungsbereich ab. Guter Kundenservice beginnt mit der Erwerbung (Bestandsaufbau), oft schon mit dem Kampf der Bibliotheksleitung um einen ausreichenden Erwerbungsetat. Der gute Service setzt sich fort in der schnellen und zuverlässigen Medieneinarbeitung, deren Kernstück die Katalogisierung (Bestandserschließung) ist. Für die Kunden erkennbar und von ihnen unmittelbar erfahrbar wird guter Service jedoch insbesondere durch den Benutzungsbereich einer Bibliothek. Das Auffinden und der Zugang zum Medienbestand müssen für den Kunden möglichst einfach, schnell und unbürokratisch sein. Unbürokratisch meint wirklich, dass eine Bibliothek nicht nur ihre eigenen „Spielregeln" im Blick hat, sondern immer auch versucht, die sich ändernden Bedürfnisse ihrer Nutzer zu erkennen und mit ihren eigenen Spielregeln in Einklang zu bringen.

Die Benutzungsabteilung ist der Bereich einer Bibliothek, mit dem der Kunde unmittelbar in Kontakt kommt, somit bestimmt primär sie Erscheinungsbild und Ansehen der Bibliothek in der Öffentlichkeit. Die Benutzungsabteilung ist zudem erste Anlaufstelle für Anfragen, Kritik und Beschwerden. Gerade mit Kritik und Beschwerden muss sensibel und konstruktiv umgegangen werden. Kritik stellt nur in sehr seltenen Fällen einen Angriff auf die Bibliothek dar und sollte daher nicht vorrangig als solcher wahrgenommen, sondern als Ansporn und Chance begriffen werden, den Service zu verbessern.

Aus Sicht eines Benutzungsbibliothekars ist es wichtig, die Bibliothek als Ganzes zu verstehen, da die Benutzungsabteilung nicht der einzige Bereich ist, der guten Service zu verantworten hat. Man denke nur an so wichtige Qualitätskriterien wie Medienbearbeitungszeiten bei Erwerbung und Katalogisierung oder die Medienauswahl. Eine enge Zusammenarbeit zwischen den Abteilungen und ein guter interner Informationsfluss sind daher im besonderen Interesse der Benutzungsabteilung und – vor allem – des Bibliothekskunden.

Neben dem Zugang zu den konventionellen und elektronischen Beständen sowie den hierfür eingesetzten Rechercheinstrumenten (OPAC, EZB, Discovery

Service usw.) gibt es zwei weitere Handlungsfelder, denen die besondere Aufmerksamkeit der Benutzungsbibliothekare zu gelten hat. Es sind dies die Vermittlung von Informationskompetenz sowie die Kommunikation mit dem Nutzer, seit kurzem auch die uni- und bidirektionale Kommunikation mit den Bibliothekskunden über die Dienste und sozialen Netzwerke im Rahmen von Web X.0.

Die Vermittlung von Informationskompetenz ist als Kernaspekt bibliothekarischer Tätigkeit längst erkannt und anerkannt. Sie beinhaltet neben Schulungen zur effektiven Nutzung der Bibliothek, des Internets sowie spezifischer elektronischer Ressourcen auch die Einrichtung von Fachportalen und E-Tutorials als jeweils typische Beispiele, sich dieser Vermittlungsaufgabe anzunehmen. Sogar jedes einzelne Informationsgespräch sollte das Ziel haben, die Informationskompetenz des Anfragenden nachhaltig zu stärken.

Die innergesellschaftliche Kommunikation hat durch das Internet und im Besonderen durch die sozialen Netzwerke eine enorme Ausweitung und Belebung erfahren. Bibliotheken, die als reine Dienstleistungseinrichtungen einen engen Kontakt zu ihrer Klientel halten müssen, sind gut beraten, diesem Bereich Aufmerksamkeit und Ressourcen zu widmen. Gerade potentielle Kunden aus der jungen Generation können auf diesem Weg angesprochen und gewonnen werden.

1.2 Gebrauchsfunktion und Archivfunktion

Die Benutzung, der primäre Zweck einer Bibliothek, ist vielschichtiger als auf den ersten Blick zu vermuten ist. In wissenschaftlichen Bibliotheken gilt es nicht nur, die Nutzung in der Gegenwart sicherzustellen, sondern auch in der Zukunft. Die Archivierung der Bestände, ihre Bewahrung für spätere Zeit, ist daher eine wichtige Aufgabe derjenigen wissenschaftlichen Bibliotheken, denen dies durch den jeweiligen Unterhaltsträger zugewiesen wurde. Um diese Aufgabe zu erfüllen, steht den Bibliotheken ein Bündel von Maßnahmen zur Verfügung. Buchpflege, Buchrestaurierung und Entsäuerung setzen darauf, das Original weitestgehend zu erhalten. Die reine Sicherung des Informationsgehaltes durch Digitalisierung oder Mikroverfilmung ist eine Maßnahme, die den Erhalt des Originals unterstützt, manchmal aber auch – bei weit vorangeschrittener Übersäuerung des Papiers – das Ziel hat, das Original vollständig zu ersetzen. All diese Maßnahmen haben einen großen Nachteil: Sie sind sehr teuer und können daher nicht einmal annähernd in dem Umfang eingesetzt werden, in dem dies nötig wäre. So kommen die Bibliotheken oft nicht daran vorbei, die aktuelle Nutzung bei geschädigten Werken partiell zu begrenzen, um eine zukünftige Nutzung sicherzustellen. Kopierverbote, verkürzte Ausleihe oder ausschließliche Ausleihe in einen Lesesaal sind sehr milde Maßnahmen, die dennoch häufig auf völliges

Unverständnis bei einem Teil der Nutzerschaft stoßen. Es gilt Aufklärungs- und Erklärungsarbeit zu leisten, um das Verständnis aller Nutzer zu wecken und von einigen wenigen gar Unterstützung zu erhalten.

Bibliotheken, in denen die Gebrauchsfunktion eindeutig im Vordergrund steht, sind generell die Öffentlichen Bibliotheken, die Hochschulbibliotheken (früher Fachhochschulbibliotheken) und manche Bereiche der Universitätsbibliotheken, allen voran die Lehrbuchsammlungen. An National-, Landes- und Staatsbibliotheken steht dagegen für den Gesamtbestand die Archivfunktion im Vordergrund, so dass sich hier nicht selten eine Dilemmasituation zwischen Gebrauchs- und Archivfunktion, zwischen kurzfristigen Ansprüchen und den Anforderungen der Bestandserhaltung ergibt. Wichtig ist, dass die Bibliotheken den Weg der „aktiven" Bestandserhaltung gehen, z. B. durch Digitalisierung der Bestände, und nicht in eine „passive" Verweigerungshaltung verfallen, die sie in der Öffentlichkeit in keinem guten Licht erscheinen lässt. Den Unterhaltsträgern der Bibliotheken muss darüber hinaus klar gemacht werden, dass aktive Bestanderhaltung ein teurer, aber zur langfristigen Sicherstellung der Information unumgänglicher Weg ist.

1.3 Benutzerkreis und Einzugsbereich einer Bibliothek

Deutschland und der deutsche Sprachraum besitzen ein vielgestaltiges, abwechslungsreiches und aus vielen Wurzeln gewachsenes Bibliothekswesen. Grundlegend gliedert es sich in das öffentliche Bibliothekswesen, dessen Träger meist die Städte und Gemeinden sind, und die wissenschaftlichen Bibliotheken in der Trägerschaft der Bundesländer bzw. der Kantone oder auch des Bundes. In einigen Fällen (z.B. Staatsbibliothek zu Berlin, Zentral- und Landesbibliothek Berlin, Herzogin Anna Amalia Bibliothek) wird die Trägerschaft von Bund und Ländern über eine Stiftung öffentlichen Rechts als unmittelbarer Träger ausgeübt. Hinsichtlich der Medienbestände ist der Übergang zwischen beiden Gruppen fließend. Große Stadtbibliotheken haben umfangreiche wissenschaftliche Literatur und viele wissenschaftliche Bibliotheken haben Bestandssegmente aufgrund von Pflichtzugang oder in Sondersammlungen, die eindeutig der Unterhaltungsliteratur zuzuordnen sind.

Immer dann, wenn es darum geht, das bibliothekarische Angebot in Übersichten, Broschüren oder Programmen mit kulturpolitischer oder gesellschaftspolitischer Zielsetzung darzulegen, werden Bibliotheken nach bestimmten Kriterien eingeteilt. Eine Möglichkeit die Bibliotheken zu gliedern, stellt die Abstufung nach ihrer Gebrauchsöffentlichkeit dar:

- uneingeschränkt öffentlich sind Stadtbibliotheken und Gemeindebüchereien, aber auch Museumsbibliotheken u. ä.
- eingeschränkt öffentlich sind Institutsbibliotheken von Universitäten, Bibliotheken anderer Forschungseinrichtungen und von Firmen sowie Schulbibliotheken u. a.
- als nichtöffentliche Bibliothek muss die überwiegende Zahl der Privat-, Fürsten- und Klosterbibliotheken bezeichnet werden.

Für die meisten Staats- und Landesbibliotheken, Universitätsbibliotheken und Bibliotheken der Hochschulen für angewandte Wissenschaften gilt, dass sie uneingeschränkt öffentlich zugänglich sind. Es genügt in der Regel der Nachweis eines Wohnsitzes in der Bundesrepublik Deutschland, um als Nutzer zugelassen zu werden.

Im Bibliotheksplan der Deutschen Bibliothekskonferenz von 1973 wurde eine arbeitsteilig organisierte Bibliothekslandschaft beschrieben, innerhalb der eine Abstufung der Bibliotheken nach dem Einzugsbereich vorgenommen wurde:

Stufe 1: kleiner Einzugsbereich für Grundversorgung: Stadtteilbibliothek, Gemeindebücherei

Stufe 2: vergrößerter Einzugsbereich für gehobenen Bedarf: Zentralbibliotheken großstädtischer oder regionaler Bibliothekssysteme

Stufe 3: regionale Ergänzung für spezialisierten Bedarf: Landesbibliotheken, Universitätsbibliotheken, Hochschulbibliotheken

Stufe 4: nationale Ergänzung für hochspezialisierten Bedarf: Deutsche Nationalbibliothek, Staatsbibliotheken in Berlin und München, Zentrale Fachbibliotheken, Universitätsbibliotheken mit SSG-Funktion

Auch der Versorgungsgrad, wiederum entsprechend dem Bibliotheksplan von 1973, jedoch auch nach seiner Weiterentwicklung, dem Positionspapier „Bibliotheken '93", der Bundesvereinigung Deutscher Bibliotheksverbände, stellt eine Möglichkeit zur Gruppierung der Bibliotheken dar:

Stufe 1: Literatur zur Unterhaltung, populärwissenschaftliche Literatur bzw. Literatur für Hobby und Beruf (eingeschränkt), Kinder- und Jugendliteratur

Stufe 2: wissenschaftliche Literatur, überwiegend deutschsprachig, Literatur für Beruf und Freizeit

Stufe 3: wissenschaftliche Literatur, auch Spezialliteratur, deutsch- und fremdsprachig

Stufe 4: umfassende Sammlung, auch seltene und teure Literatur, deutsch- und fremdsprachig

Die Abstufungen und Gruppierungen sind vor allem von politischer Bedeutung und können Bibliotheken bei Etatverhandlungen als Argumentationshilfen dienlich sein. Im bibliothekarischen Alltag sind sie allenfalls grobe Richtschnur für Erwerbungs- und Lizenzierungsentscheidungen sowie bei grundsätzlichen Überlegungen zur Ausgestaltung einzelner Dienstleistungen.

1.3.1 Die Deutsche Nationalbibliothek

Deutschland besitzt mit der Deutschen Nationalbibliothek in Frankfurt und Leipzig eine Einrichtung, die erst seit einigen Jahren die Bezeichnung Nationalbibliothek trägt. Die Deutsche Nationalbibliothek ist einerseits das nationalbibliographische Zentrum Deutschlands, andererseits sammelt sie die deutschsprachige Medienproduktion der Gegenwart (In- und Ausland) vollständig und dies seit 1913. Ebenso hat sie einen Sammelauftrag für die Publikationen des Auslandes über Deutschland und für die Übersetzungen originär deutschsprachiger Werke. Drei weitere wichtige Ansprüche, die durchaus an eine Nationalbibliothek gestellt werden dürfen, erfüllt sie jedoch nicht. So ist die Deutsche Nationalbibliothek kein Nationalarchiv des gedruckten kulturellen Erbes Deutschlands, sie baut auch keine umfassende Sammlung der Literatur des Auslandes auf und letztendlich verfügt sie über keinerlei herausragende historische Bestände vor dem Jahr 1913.

Dies bedeutet, dass sich entsprechend der föderalen Strukturen Deutschlands die Aufgaben einer Nationalbibliothek auf mehrere Bibliotheken und Initiativen verteilen. Die Sammlung Deutscher Drucke (SDD) ersetzt das fehlende Nationalarchiv. Das von der Deutschen Forschungsgemeinschaft (DFG) geförderte System der überregionalen Literaturversorgung[1] steht für die umfassende Sammlung der Literatur des Auslandes. Eine Handvoll Bibliotheken – allen voran die beiden Staatsbibliotheken in Berlin und München – verfügen über umfassende und hervorragende historische Bestände. Man sollte diese Situation für Deutschland nicht als Manko, sondern als Vorteil ansehen, da hierdurch auch die Herausforderungen von Archivierung und Bestandserhaltung von vielen mit größter Ernsthaftigkeit wahrgenommen werden müssen.

1.3.2 Hybride Bibliotheken

Alle modernen wissenschaftlichen Bibliotheken sind mittlerweile hybride Bibliotheken. Als Charakteristikum einer Hybridbibliothek gilt, dass sie neben den traditionellen, auf physische Träger fixierten Medien (Buch, Mikrofilm, audiovisuelle Medien usw.) auch elektronische Medien und elektronische Nachweisinstrumente anbietet. Auch wenn man zu Recht in Zweifel ziehen kann, ob es sinnvoll ist, eine wissenschaftliche Bibliothek noch explizit als hybride Bibliothek zu bezeichnen, wenn dies doch für nahezu alle Bibliotheken gleichermaßen gilt, so muss der Typus der Hybridbibliothek als solcher, diese enorme Ausweitung des Wirkungsradius und der Nutzungsmöglichkeiten einer Bibliothek, an dieser Stelle betrachtet werden.

Mit dem Aufkommen der elektronischen Datenverarbeitung und des Internets hat sich das Aktionsfeld der Bibliotheken über ihr angestammtes Gebäude hinaus dramatisch erweitert. Als erstes haben die Kataloge der Bibliotheken in Form von Mikrofichekatalogen das eigene Haus verlassen. Heute ist jede wissenschaftliche und jede größere öffentliche Bibliothek im Internet präsent. Ein Onlinekatalog – zumindest für die neueren Bestände – ist eine Selbstverständlichkeit, ein breites elektronisches Angebot sehr häufig anzutreffen. Und dieses Angebot wird Tag für Tag ausgeweitet, zum einen angetrieben durch die Aktivitäten der Verlage, zum anderen durch die Digitalisierungsprojekte der Bibliotheken selbst.

Die mittlerweile eingetretene Entwicklung hin zu den mobilen Endgeräten hat den Bibliotheken nun die Chance eröffnet, die Verfügbarkeit ihres Informationsangebotes noch zu erhöhen. Es ist nur eine Frage der Zeit, bis der mobile OPAC, ein für die speziellen Bedürfnisse der mobilen Endgeräte programmierter OPAC, eine Selbstverständlichkeit darstellt. Bibliotheken, die heute schon einen mit allen OPAC-Funktionalitäten (Recherche, Bestellung, Ausleihkontoübersicht usw.) ausgestatteten mobilen OPAC anbieten, können sehen, dass die Recherchen und Bestellungen über den mobilen OPAC sich Jahr für Jahr mehr als

---

[1] Dieses System erfährt gerade eine umfassende Umstrukturierung (siehe auch Kap. 1.3.3).

verdoppeln. Auch wenn sie insgesamt noch weniger als 10 % aller Zugriffe ausmachen, wird sich durch die hohen Wachstumsraten das Bild in wenigen Jahren radikal geändert haben. Genau diese schnellen Entwicklungen im Nutzungs- und Zugriffsverhalten sind typisch für die Aufgaben, denen sich Hybridbibliotheken stellen müssen.

Abb. 1: Gezeigt ist die buchschonende Digitalisierung einer Buchseite. BSB: H.-R. Schulz.

Dennoch werden die Bibliotheken ihre hybride Ausrichtung noch lange behalten, da es unter dem bestehenden Urheberrecht eine vollständige Digitalisierung des Gesamtbestandes noch lange nicht geben wird. Zurzeit unterliegt ein Großteil der im 20. und 21. Jahrhundert erschienen Werke dem urheberrechtlichen Schutz und steht zumindest in Deutschland für eine Digitalisierung[2] kombiniert mit einem ansprechenden Angebot nicht zur Verfügung. Die Gefahr der virtuellen Auflösung der Bibliotheken steht also, nicht zuletzt wegen des bestehenden Urheberrechts, noch nicht unmittelbar bevor. Nichtsdestoweniger sind Bibliotheken gut beraten, statt des reinen Bereithaltens von Literatur, ihren Nutzern in zunehmen-

---

[2] Die Digitalisierung ist entsprechend §52b Urheberrechtsgesetz den Bibliotheken sogar grundsätzlich erlaubt, wenn sich das entsprechende Buch in ihrem Bestand befindet. Die schwammige Formulierung des Paragraphen hat in Kombination mit einer Entscheidung des Landgerichts Frankfurt allerdings dazu geführt, dass ein Nutzungsangebot dieser Digitalisate zurzeit äußerst unattraktiv ist (siehe auch Kap. 10.3).

dem Maße die benötigte Information innerhalb der rechtlichen Grenzen jederzeit und nahezu überall zur Verfügung zu stellen. Dazu wird es auch gehören, dass Systeme entwickelt werden, welche den Prozess des wissenschaftlichen Schreibens durch ein aktives Anbieten relevanter Literatur unterstützen.

1.3.3 Deutschlandweite Kooperationen in Benutzung und Erwerbung

Entsprechend den föderalen Strukturen Deutschlands verteilen sich die Aufgaben der bundesweiten Informationsversorgung auf mehrere Bibliotheken und Initiativen. Das von der Deutschen Forschungsgemeinschaft (DFG) geförderte System der Sondersammelgebiete (SSG) dient der überregionalen Versorgung mit spezialisierter Literatur und steht für die umfassende Sammlung und Bereitstellung der Literatur des Auslandes. Eingerichtet wurde dieses System 1949 und sein Ziel ist, dass jedes wissenschaftlich relevante Werk wenigstens einmal in Deutschland vorhanden ist und möglichst langfristig aufbewahrt und effektiv bereitgestellt wird. 36 Bibliotheken (24 Universalbibliotheken und 12 Spezialbibliotheken) nehmen an diesem System teil. Mit einbezogen in die Aufteilung der 110 Sondersammelgebiete sind die drei zentralen Fachbibliotheken (ZBMed Köln, TIB Hannover und ZBW Kiel), die allerdings als Teil der Leibniz-Gemeinschaft über andere Wege gefördert werden. Die Fördermittel der DFG sind explizit für den Erwerb spezieller ausländischer Werke bestimmt. Für die ausländische Standardliteratur haben die SSG-Bibliotheken 25 % der Erwerbungen aus Eigenmitteln zu bestreiten. Die in Deutschland erschienene Literatur eines SSGs tragen die Bibliotheken darüber hinaus vollständig aus eigenem Etat. Neben dem Erwerb von konventionell erschienener, also gedruckter Literatur ist selbstverständlich auch der Erwerb digitaler Literatur eingeschlossen.

Das SSG-System wird durch Virtuelle Fachbibliotheken (Fachportale) ergänzt. Diese Virtuellen Fachbibliotheken verbinden die Sammlung und Erschließung von konventionellen Publikationen, freien Internet-Ressourcen und digitalen Verlagsangeboten in einer einheitlichen Umgebung. Für den Fachnutzer sollen Recherche und Zugriff auf relevante Literatur möglichst einfach an einer einzigen Stelle gewährleistet sein.

Gerade wegen der „digitalen Evolution" – von einer Revolution kann aufgrund des Tempos eigentlich nicht gesprochen werden –, aber auch wegen einer stärkeren Berücksichtigung der Bedürfnisse der jeweiligen Fachcommunity, wird das SSG-System nach einer 2010 bis 2012 erfolgten Evaluation nun in sogenannte „Fachinformationsdienste für die Wissenschaft" (FID) überführt. Innerhalb dieser neuen DFG-Programmlinie ist künftig alleine wesentlich, dass bei der Betreuung eines Fachinformationsdienstes eine intensive Auseinandersetzung mit den Bedürfnissen der Fachcommunities erfolgt, um ein passendes Dienstleistungsangebot zu entwickeln.

Ein weit in Vergangenheit und Zukunft reichendes Vorhaben ist das Programm „Sammlung Deutscher Drucke". Das Projekt will die erheblichen Lücken verringern, die in deutschen Bibliotheken an früher im deutschen Sprachbereich erschienenen Werken bestehen. 1989 schlossen sich fünf heute für den Zeitraum 1450 bis 1912 zuständige Bibliotheken zur Arbeitsgemeinschaft Sammlung Deutscher Drucke zusammen, um ein koordiniertes Vorgehen bei der Sammlung der ihnen fehlenden Werke des deutschen Sprach- und Kulturraums zu sichern. Die Finanzierung übernahm für fünf Jahre die Volkswagen-Stiftung, seitdem obliegt sie den Unterhaltsträgern der Bibliotheken. Seit 1995 beteiligt sich auch die Deutsche Nationalbibliothek im Rahmen ihres gesetzlichen Sammelauftrags an der Arbeitsgemeinschaft Sammlung Deutscher Drucke. Die bisherigen Erfahrungen zeigen, dass sich das Konzept einer dezentralen, chronologisch aufgeteilten Sammlung bestens bewährt. Die anfangs geförderte und nach wie vor abgestimmte Erwerbungspolitik der Bibliotheken hat den Aufbau des Nationalarchivs deutlich beschleunigt.

Die beteiligten Bibliotheken sind für folgende Zeitsegmente verantwortlich:
1450 – 1600   Bayerische Staatsbibliothek München
1601 – 1700   Herzog August Bibliothek Wolfenbüttel
1701 – 1800   Niedersächsische Staats- und Universitätsbibliothek Göttingen
1801 – 1870   Universitätsbibliothek Johann Christian Senckenberg Frankfurt am Main
1871 – 1912   Staatsbibliothek zu Berlin – Preußischer Kulturbesitz
1913 –   Deutsche Nationalbibliothek Frankfurt am Main und Leipzig

Eine weitere sehr wichtige deutschlandweite Kooperation stellt die Fernleihe dar. Da später noch sehr detailliert darauf eingegangen wird (Kap. 11), sei an dieser Stelle nur erwähnt, dass sie die älteste Zusammenarbeit im deutschen Bibliothekswesen ist und durch die Leihverkehrsordnung, die von der Kultusministerkonferenz beschlossen wird, geregelt ist. Im Rahmen der Fernleihe werden auf Nutzerbestellungen hin, Bücher (rückgabepflichtig) und Kopien (nicht rückgabepflichtig) zwischen den Bibliotheken verliehen bzw. verschickt.

Neben der Fernleihe wird von über dreißig deutschsprachigen Bibliotheken (es sind Bibliotheken aus Österreich und der Schweiz beteiligt) der kostenpflichtige Dokumentenlieferdienst *subito e.V.* betrieben, der anders als die Fernleihe auch einen Direktlieferdienst bietet, d.h. eine unmittelbare Belieferung der Endnutzer. Auf subito und weitere Lieferdienste wird im Kapitel 12 „Dokumentlieferung: Direktlieferdienste und Kommerzielle Fernleihdienste " näher eingegangen.

1.3.4 Bibliothekarische Verbünde

Die deutschen Bibliotheken haben sich in sechs regionalen und teilweise bundeslandübergreifenden Verbünden zusammengeschlossen, um kooperative Aufgabenstellungen gemeinsam zu lösen. Bei den Mitgliedsbibliotheken handelt es sich dabei überwiegend um wissenschaftliche Bibliotheken[3]. Die Verbundaufgaben werden jeweils von einer Verbundzentrale unmittelbar ausgeführt oder koordiniert. In diesem Rahmen werden z. B. für kooperative Aufgaben wie nationale Fernleihe oder kooperative Katalogisierung die erforderlichen IT-Plattformen bereitgestellt. Die Mitgliedsbibliotheken erhalten in allen Belangen der Datenverarbeitung wie z. B. beim Betrieb ihrer Lokalsysteme Unterstützung und Hilfe auf unterschiedlichstem Niveau, bis hin zum Hosting des gesamten Lokalsystems. Auch in den Nachbarländern Deutschlands, in Österreich und den deutschsprachigen Teilen der Schweiz existieren entsprechende Bibliotheksverbünde, die in der Arbeitsgemeinschaft der Verbundsysteme (AG Verbundsysteme) mit den deutschen Bibliotheksverbünden eng zusammenarbeiten.

Der Wissenschaftsrat und die Deutsche Forschungsgemeinschaft halten unisono die bestehenden Verbundstrukturen jedoch nicht mehr für ausreichend, um den aktuellen und zukünftigen Herausforderungen durch neue Technologien und die globale Vernetzung gewachsen zu sein. Sie sehen einen großen Handlungsdruck für eine Reformierung und Neuausrichtung der bestehenden Einrichtungen. Durch Fördermaßnahmen sollen entsprechende Reformprozesse angestoßen werden. Bestehende Bibliotheksverbünde, Bibliotheken, Forschungseinrichtungen oder einzelne Wissenschaftler konnten alleine oder in Gemeinschaft im Rahmen einer Ausschreibung zu diesen Fördermaßnahmen Projektanträge stellen, um Dienstleistungen und Software zu entwickeln, welche deutschlandweit den Bibliotheken angeboten werden sollen. Es war Bedingung, dass die funktional orientierten Maßnahmen jeweils auch international vernetzt sind.

Die Ausschreibung gab folgende vier Themenfelder vor:
- Bibliotheksdateninfrastruktur und Lokale Systeme
- Langzeitverfügbarkeit
- Electronic Resource Management – das Management digitaler Publikationen
- Forschungsnahe Informationsinfrastruktur

---

[3] Der einzige Bibliotheksverbund im Bereich des öffentlichen Bibliothekswesens ist der Verbund der Öffentlichen Bibliotheken Berlins (VÖBB).

Für drei Themenfelder wurden mittlerweile entsprechende Anträge bewilligt. Zum Thema Langzeitverfügbarkeit konnte anscheinend kein Antrag überzeugen.

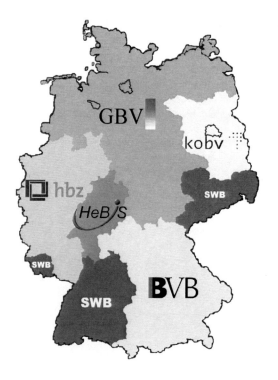

Abb. 2: Die räumliche Aufteilung der sechs großen deutschen Bibliotheksverbünde orientiert sich an den Grenzen der Bundesländer. Aber nur zwei Verbünde (BVB und HeBIS) sind auf ein einziges Bundesland beschränkt. BSB: Marco Schilk.

Zum Themenfeld „Bibliotheksdateninfrastruktur und Lokale Systeme" wird die Entwicklung einer cloudbasierten Infrastruktur für Bibliotheksdaten (CIB) mit der verstärkten Anpassung und Einbindung bestehender Strukturen in internationale Nachweissysteme gefördert. Im Themenfeld „Electronic Resource Management" wurde ein Projekt befürwortet, das die Entwicklung eines bundesweit einsetzbaren, mandantenfähigen Systems anstrebt, welches das Management elektronischer Ressourcen auf allen denkbaren Ebenen unterstützt (ERMS) und im Bereich des Themenfeldes „Forschungsnahe Informationsinfrastruktur" wurde ein Konzept akzeptiert, das den Aufbau eines Datenzentrums als Basisdienstleistung zur Publikation und Archivierung von Forschungsdaten (RADAR) vorsieht. Der Erfolg der gesamten Reformbestrebungen wird letztlich davon abhängen, ob es gelingt, durch die hohe Qualität der erarbeiteten Angebote auch die Bibliotheken und Verbünde einzubeziehen, die an den Entwicklungen nicht unmittelbar beteiligt sind.

Weiterführende Literatur

Bundesvereinigung Deutscher Bibliotheksverbände (Hrsg.): Bibliotheken '93. Strukturen – Aufgaben – Positionen. Berlin u.a. 1994.

Deutsche Bibliothekskonferenz (Hrsg.): Bibliotheksplan 1973. Entwurf eines umfassenden Bibliotheksnetzes für die Bundesrepublik Deutschland. Berlin 1973.

Deutsche Forschungsgemeinschaft (Hrsg.): DFG bewilligt drei Projekte zur Neuausrichtung überregionaler Informationsservices. In: Information für die Wissenschaft 11 vom 15.03.2013 URL: http://www.dfg.de/foerderung/info_wissenschaft/archiv/2013/info_wissenschaft_13_11/

Dugall, Bernd: Informationsinfrastrukturen gestern, heute, morgen. Anmerkungen zu Empfehlungen des Wissenschaftsrates. In: ABI Technik 31 (2011), S. 92–107.

Gantert, Klaus u. Hacker, Rupert: Bibliothekarisches Grundwissen. München 2008.

Wissenschaftsrat: Empfehlungen zur Weiterentwicklung der wissenschaftlichen Informationsinfrastrukturen in Deutschland bis 2020. Berlin 2012.

2 Die Bibliotheksbenutzer

Im Mittelpunkt aller Überlegungen über den Betrieb einer Bibliothek müssen die Bibliothekskunden und ihre Bedürfnisse stehen. Es ist für eine Bibliothek verpflichtend, ihre finanziellen und personellen Ressourcen im Interesse ihrer Nutzer in möglichst optimaler Weise einzusetzen. Einzig die finanziellen, technischen und personellen Ressourcen sowie der Schutz der Bücher und anderen Medien im Interesse zukünftiger Nutzer dürfen dem Anspruch der aktuellen Benutzer auf optimale Nutzungsbedingungen Grenzen setzen. Natürlich muss auch beachtet werden, dass nicht alle Nutzer identische Bedürfnisse haben. Was einer Nutzergruppe passend erscheint, stößt bei einer anderen womöglich auf Unverständnis und Ablehnung.

Das Thema „Bibliotheksbenutzer" ist eines der spannendsten und wichtigsten Themen im bibliothekarischen Umfeld. Wer es missachtet, kann auch mit viel Geld ein Angebot bzw. eine Dienstleistung nicht zum Erfolg führen. Bibliothekare haben dies nicht nur im Zusammenhang mit dem Portal *vascoda* schmerzlich erfahren müssen.

2.1 Kundenorientierung: Eine Frage der inneren Einstellung

Bibliotheken sind Dienstleistungsunternehmen, die mit ihren Kunden auf vielfältige Weise in Kontakt treten. Es sollte eine Selbstverständlichkeit sein, dass die Kunden- und die Serviceorientierung[4] zu den Grundwerten gehören, auf denen die gesamte Organisation einer Bibliothek aufsetzt. Grundsätzlich sind es zwei Aspekte, die für die Qualität der Dienstleistungen ausschlaggebend sind. Zum einen die äußeren Rahmenbedingungen, Nutzungskonditionen und Angebote der Bibliothek (Öffnungszeiten, Qualität des Kataloges, Qualität des Bestandes usw.), zum anderen die positive innere Einstellung der Bibliotheksmitarbeiterinnen und -mitarbeiter sowie der Bibliotheksleitung gegenüber den Nutzern. Der wichtigere von beiden Aspekten ist allerdings derjenige der inneren Einstellung. Wenn die positive Einstellung zum Kunden stimmt, dann werden sich nach und nach auch die äußeren Rahmenbedingungen verbessern lassen.

Auch bei kurzen Kundenkontakten an einer Theke tritt die innere Einstellung der Mitarbeiterinnen und Mitarbeiter über Haltung, Auftreten und Zugewandtheit deutlich zu Tage. Umso mehr gilt dies natürlich für längere Auskunftsgespräche.

---

[4] Die Begriffe „Kundenorientierung" und „Serviceorientierung" werden in diesem Buch als Synonyme verwendet. Bei einer tiefergehenden Betrachtung lassen sich selbstverständlich Unterschiede zwischen beiden Begriffen herausarbeiten.

Abb. 3: Gezeigt ist ein Geldautomat auf einer Autobahnraststätte in der Schweiz. Ein hervorragendes Bespiel für Serviceorientierung. Das rote Podest und die Aufschrift „Herzlich Willkommen" senden die richtigen Signale und stellen zugleich auf freundliche Art sicher, dass der Diskretionsabstand durch weitere Kunden gewahrt wird.

Die meisten Menschen sind durchaus in der Lage, aufgesetzte Freundlichkeit und Höflichkeit von echter Freundlichkeit, die auf der inneren Einstellung gründet, zu unterscheiden. Ob eine Bibliothek in der Wahrnehmung ihrer Besucher einen guten oder schlechten Service bietet, hängt ganz wesentlich davon ab, wie sehr es den Bibliotheksmitarbeitern gelingt, bei möglichst vielen Kontakten eine positive Beziehung zu den Kunden aufzubauen. Dabei ist es nicht ausschlaggebend, wie die Kunden in der internen Kommunikation bezeichnet werden, ob die ältere Form „Benutzer" gewählt wird oder die modernere Form „Kunde"[5]. Wichtig ist, dass jeder Besucher aus einer grundlegend positiven Einstellung heraus als ein Gegenüber angesehen wird, das mit berechtigten Wünschen und Anliegen in die Bibliothek kommt, und dem entsprechend freundlich und offen begegnet wird. Keinem Bibliotheksmitarbeiter soll durch das oben Gesagte abgesprochen werden, auch schlechte Tage haben zu dürfen, an denen die eigenen Probleme ihn beschäftigen und ablenken. Aber gerade solche Tage lassen sich mit einer positiven Grundeinstellung zur Kundenorientierung leichter bewältigen. An dieser inneren Einstellung muss jede Bibliotheksmitarbeiterin und jeder -mitarbeiter beständig arbeiten. Auch für Bibliotheken als Ganzes gilt es, die Einstellung der Mitarbeiterschaft immer wieder zu reflektieren und durch Schulungen

---

[5] In diesem Buch verwenden wir beide Formen, um den Text auf diese Weise abwechslungsreicher zu gestalten.

und Fortbildungen zum Positiven hin fortzuentwickeln. Das Bibliotheksmanagement muss sich über die internen Voraussetzungen einer nach außen gerichteten Kundenorientierung im Klaren sein. Kundenloyalität und Kundenzufriedenheit sind nur erreichbar, wenn bei den Mitarbeitern durch das Erleben eines positiven und motivierenden Betriebsklimas Zufriedenheit und Loyalität entstehen und sie auf diese Weise in die Lage versetzt werden, für die Kunden effiziente Leistungen mit hohem Kundennutzen bereitzustellen. Serviceorientierung beginnt nicht erst bei den Mitarbeitern, die an einer Theke sitzen.

Eine Bibliothek, die wegen räumlicher, finanzieller oder personeller Vorgaben keinen optimalen Service bieten kann, was in der Realität auf einen sehr großen Teil der Bibliotheken zutrifft, wird, wenn ihre Mitarbeiter service- und kundenorientiert denken und handeln, von der überwiegenden Mehrheit der Kunden positiv gesehen. Weil diese innere Bejahung der Serviceorientierung von so grundlegender Bedeutung für den bibliothekarischen Service ist, soll an dieser Stelle, durch ein konkretes Beispiel aus der täglichen Praxis verdeutlicht werden, was damit gemeint ist:

Eine Benutzerin beschwert sich über eine Mahnung und möchte deren Stornierung erreichen. Man kann diese Besucherin nun als jemanden ansehen, der lästig ist und der sich vor einer zu Recht zu zahlenden Mahngebühr drücken will. Noch während die Nutzerin ihr Anliegen vorträgt, überprüft man den Mahnvorgang im Bibliothekssystem auf formale Richtigkeit und zitiert ihr dann ganz schnell die einschlägigen Paragraphen der geltenden Benutzungsordnung, um sich so als Person vollständig hinter diesen Paragraphen zu verstecken. Formal hat man absolut korrekt gehandelt, die Nutzerin wird sich jedoch hinsichtlich ihres Anliegens und der auf diese Weise erfahrenen Ablehnung nicht gut behandelt finden und gegenüber der Bibliothek keineswegs positive Gedanken und Gefühle entwickeln.

Wesentlich besser ist es, der Benutzerin zunächst aufmerksam und interessiert zuzuhören, sie ausreden zu lassen und ihr gegenüber Bedauern über das vermeintliche Missgeschick zum Ausdruck zu bringen. Erst wenn diese Kommunikation im gegenseitigen Bezug ein Stück weit vorangeschritten ist, sollte die formale Prüfung des Vorgangs im Bibliothekssystem erfolgen. Wenn Gesprächsverlauf und formale Prüfung ergeben haben, dass die Mahnung zu Recht erfolgt ist, muss dies der Benutzerin in klaren Worten mitgeteilt werden. Es sollte, auch ohne Zitieren von Paragraphen eindeutig zum Ausdruck gebracht werden, wie die rechtliche Situation einzuschätzen ist. Bei aller gebotenen Klarheit ist es jedoch hilfreich, auch einige tröstliche oder versöhnliche Sätze anzuhängen, die Verständnis für die Situation der Nutzerin zum Ausdruck bringen. Der Tipp, in Zukunft bei Problemen mit der Buchrückgabe durch einen rechtzeitigen Anruf bei der Leihstelle, eine Mahnung abzuwenden, wird sicher dankbar angenommen.

Es können auch Alternativen angesprochen werden wie die Buchrückgabe durch Bekannte oder per Post.

Das Ergebnis beider Abläufe ist formal gleich. Die Kundin muss die Mahngebühr entrichten. Im ersten Fall wird sie dies mit einer gehörigen Portion Wut und Frust gegenüber der gesamten Bibliothek tun. Im zweiten Fall hat man die Chance, dass die Nutzerin die Situation differenziert betrachtet und zwischen formalen Handlungszwängen und den Personen, welche die Bibliothek ausmachen, zu unterscheiden vermag und auf diese Weise eine positive Einstellung zur Bibliothek gewinnt.

2.2 Zielgruppenorientierung

Unter einer Zielgruppe versteht man im bibliothekarischen Umfeld eine Gruppe von tatsächlichen und potentiellen Bibliotheksnutzern mit vergleichbaren Merkmalen, die mit einer kommunikativen oder einer den Service betreffenden Maßnahme erreicht werden sollen bzw. von einer solchen Maßnahme betroffen sein könnten und die darauf homogener reagieren als die Gesamtheit der Bibliotheksbenutzer. Im Bereich öffentlicher Bibliotheken kann man Zielgruppen eher an soziodemographischen Merkmalen festmachen. Im Bereich wissenschaftlicher Bibliotheken eher an sozioökonomischen Merkmalen wie Bildungsstand oder Beruf. Sowohl wissenschaftliche wie öffentliche Bibliotheken haben es dabei mit jeweils sehr verschiedenartigen Zielgruppen zu tun. Für die Bibliotheken ist es wichtig, die Zielgruppen und deren Bedürfnisse zu kennen, um sie mit den entsprechend optimierten Angeboten bedienen zu können. Bibliotheken, die Änderungen an ihrem Service vornehmen, müssen darauf gefasst sein, dass trotz einer überwiegend positiven Aufnahme der Veränderungen aus einzelnen Zielgruppen auch heftige Kritik kommen kann, da der Einsatz von Geld und Ressourcen nicht in ihrem Sinne erfolgte. Daher ist es wichtig, bei Serviceausweitungen und umso mehr bei Serviceeinschränkungen auf die Ausgewogenheit der Maßnahmen gegenüber den Zielgruppen zu achten.

Schwierig und für die Mitarbeiter von Bibliotheken nicht selten auch belastend wird es immer dann, wenn einzelne Gruppen Interessen oder Wünsche haben, die denen anderer Zielgruppen diametral entgegenstehen. In den Lesesälen großer wissenschaftlicher Bibliotheken könnten kaum unterschiedlichere Gruppen aufeinander treffen als Wissenschaftler einerseits und Schüler sowie Erstsemester andererseits. Die einen wollen in vollkommener Ruhe und mit höchster Konzentration arbeiten und lesen, den anderen liegt daran, im Zuge eines ständigen Gedankenaustausches mit anderen, ihr Lernpensum zu absolvieren. Die für alle Beteiligten zufriedenstellende Behandlung und Lösung von solch gegensätzlichen Interessen gelingt nur, wenn eine Bibliothek bereit ist, auch so grundlegende Dinge wie seit Jahren bestehende Service- oder Raumkonzepte neu zu überdenken. Es gilt Kompromisse zu finden, die für alle akzeptabel sind oder, wo es möglich ist, den unterschiedlichen Bedürfnissen mit differenziertem Service zu begegnen, aber vor allem gilt es, Struktur zu setzen, um bestehende Konfliktpotentiale zu minimieren. Ein stark erweitertes Angebot an Gruppenarbeitsplätzen in Kombination mit einem ruhigen Teil des Lesesaales, der nur Promovenden und Wissenschaftlern vorbehalten ist, stellt eine Lösungsform dar, ein Belegungssystem für die Lesesaaltische, das die Bedürfnisse einzelner Nutzergruppen durch das Einräumen unterschiedlicher Rechte berücksichtigen kann, wäre eine alternative Lösungsmöglichkeit. Leider sind optimale Lösungen nicht immer möglich, da die finanziellen, personellen und räumlichen Ressourcen von Bibliotheken begrenzt sind. Viele Bibliotheken kommen daher nicht daran vorbei, zwischen einzelnen Nutzergruppen Prioritäten zu setzen. Dies darf allerdings nur die Ultima Ratio sein, denn mit flexiblen und phantasievollen Lösungen lässt sich viel erreichen. Man kann z. B. den Bibliotheksraum einer öffentlichen Bibliothek bis in die frühen Abendstunden seiner ursprünglichen Bestimmung gemäß als Freihandbereich betreiben. Bei entsprechend flexibler Möblierung lässt sich dieser Raum in kürzester Zeit vollkommen verwandeln und kann ab 20.00 Uhr für Vorträge, Kammerkonzerte oder kleine Theateraufführungen zur Verfügung stehen. Wenn man zusätzlich darauf achtet, dass kulturelle Veranstaltungen nur an bestimmten Wochentagen stattfinden und denjenigen, die überwiegend der Medienbestand interessiert, die Bibliothek auch an einigen Abenden zur Verfügung steht, so hat man zwei Kundengruppen mit berechtigten, aber partiell konträren Interessen erfolgreich berücksichtigt. Das Konfliktpotential zwischen beiden Gruppen wurde durch hohe Flexibilität bei Einrichtung und Raumgestaltung gelöst.

An wissenschaftlichen Bibliotheken ist die zahlenmäßig stärkste Nutzergruppe die der studentischen Nutzer. Man muss sich jedoch hüten, die Studierenden insgesamt als eine große homogene Gruppe zu betrachten. Das Literaturbedürfnis eines Promotionsstudenten oder eines Studierenden, der seine Masterarbeit verfasst, ist grundlegend anders als das eines Studienanfängers. Die einen benötigen Lehrbücher und eine Lernumgebung, die auch Gruppenarbeit ermöglicht, die anderen benötigen hochspezialisierte Literatur, oft in enormem Umfang, und einen absolut ruhigen Arbeitsplatz, an dem sie ungestört und konzentriert arbeiten können. Führt man z. B. alle Studierenden im Bibliothekssystem in einer einzigen Nutzergruppe, so wird es schwierig, die Ausleihparameter den verschiedenartigen Bedürfnissen anzupassen, z. B. hinsichtlich der Höchstzahl der ausleihbaren oder der bestellbaren Werke. Es ist daher wichtig, eine möglichst differenzierte Nutzerverwaltung im Bibliothekssystem zu haben, um auf die jeweiligen Bedürfnisse flexibel reagieren zu können. Eine Universitätsbibliothek hat dabei direkten Zugriff auf die Daten ihrer Studierenden und kann eine „Statusänderung" (z. B. vom Masterstudium zum Promotionsstudium) automatisiert vollziehen. Bei anderen Bibliotheken müssen sich die Studierenden aus eigenem Antrieb melden. Dies funktioniert immer dann leidlich gut, wenn sich mit solch einer Meldung die Nutzungsrechte ausweiten.

Nun kann man natürlich fragen, warum nicht alle Studierenden die optimalen Bedingungen geboten bekommen. In der Regel ist es so, dass die Bibliotheken an ihren Kapazitätsgrenzen arbeiten und diese differenzierte Steuerung der Nutzerkonditionen benötigen, damit der Service denen zu Gute kommt, die ihn am dringendsten benötigen.

2.3 Servicequalität

Servicequalität findet im Erleben der Kunden statt und ist eine Folge von Kunden- und Zielgruppenorientierung. Bibliotheken mit hoher Servicequalität gelingt es, Benutzer langfristig zu binden und über Empfehlungen neue Kunden zu gewinnen. Dabei ist Servicequalität kein Zustand, den eine Bibliothek erreicht hat und danach wie von selbst behält. Servicequalität muss im Kundenkontakt täglich neu erarbeitet werden. Die Kunden erwarten zu Recht, dass die Qualität der bibliothekarischen Dienstleistung ständig überprüft und optimiert wird. Dabei sind es neben den räumlichen Gegebenheiten und dem eng damit verbundenen Erscheinungsbild relativ wenige Merkmale, die die Qualität der elementaren Dienstleistungen wie Katalog, Ausleihe, Auskunftsdienst oder Lesesäle in der Wahrnehmung unserer Nutzer entscheidend prägen:

- Fachkompetenz und Lösungsorientierung der Mitarbeiter
- Freundlichkeit und Kommunikationsfähigkeit der Mitarbeiter
- Erreichbarkeit und Kontaktbequemlichkeit (Öffnungszeiten, Wartezeiten, Verkehrsanbindung usw.)
- Qualität des Medienbestands
- Qualität der Suchinstrumente (incl. des Internetauftritts)
- Standardisierung von Dienstleistungen mit transparenten Geschäftsgängen und nachvollziehbaren Regelungen
- Medienbereitstellung bzw. Medienzugänglichkeit (Schnelligkeit bei konventionellen Medien; Aktualität der Freihandbestände; Gebrauchstauglichkeit (Usability) bei elektronischen Medien)

Natürlich gibt es neben diesen Merkmalen eine ganze Reihe weiterer, wie z. B. Vertraulichkeit oder Datensicherheit, die wichtig sind. Da die Standards hierfür im Bibliothekswesen bereits relativ hoch sind und der großen Bedeutung dieser Kriterien entsprechen, stehen sie nicht direkt im Mittelpunkt dieses Lehrbuches. Jedenfalls sind aus dem bibliothekarischen Umfeld kaum Fälle bekannt, bei denen Nutzerdaten in großem Stil illegal weitergegeben wurden oder ein Bibliotheksserver gehackt wurde.

Bis auf die Qualität des Bestandsaufbaus fallen alle angesprochenen Punkte ganz oder überwiegend in die direkte Zuständigkeit der Benutzungsdienste. Dies unterstreicht noch einmal das früher schon Gesagte, dass der Benutzungsbereich und seine Mitarbeiter ganz entscheidend und prägend für das Bild einer Bibliothek in der Öffentlichkeit sind.

Ein Schlüssel zu hoher Servicequalität ist die Qualifikation der Mitarbeiter. Neue Mitarbeiter müssen sorgfältig und gründlich in ihre Aufgabenbereiche eingearbeitet werden. Ganz besonders gilt dies für alle Arbeiten, bei denen sie mit dem Publikum unmittelbar in Kontakt treten. Auch wenn neue Technologien und Dienstleistungen eingeführt werden, müssen die direkt betroffenen Mitarbeiter geschult und die gesamte Mitarbeiterschaft ausreichend informiert werden. Sind Defizite in der Servicequalität feststellbar, so gilt es, durch geeignete Fort- und Weiterbildungsmaßnahmen eine nachhaltige Verbesserung der bestehenden Situation einzuleiten.

Die Beachtung bzw. Kenntnis der oben aufgezählten Merkmale sollte eine Bibliothek nicht dazu verleiten, zu glauben, alle Kundenerwartungen und -wünsche zu kennen. Zum einen zeigen die Merkmale nur grobe, übergeordnete Problemfelder auf. Die Wünsche sind oft sehr spezifisch und die Probleme stecken im Detail. Zum anderen unterliegen die Erwartungen unserer Kunden, entsprechend der sich wandelnden Medienlandschaft, einer stetigen Veränderung. Aus diesem Grund ist es unabdingbar, dass eine Bibliothek die Ansprüche, Wünsche und Erwartungen ihrer Kunden immer wieder ermittelt und die Qualität der Services überprüft.

2.4 Nutzerforschung

Es sind zwei Bereiche, die Verantwortliche in Bibliotheken im Rahmen der Benutzerforschung interessieren. Zum einen sind es die Wünsche der Kunden bezüglich der Dienstleistungsangebote und die Zufriedenheit der Kunden mit den Services, wie überhaupt die Wirkungen[6], die bibliothekarische Dienstleistungen bei den Kunden erzielen. Dies ist das Feld der Nutzerforschung im engeren Sinne mit

---

6 Die Wirkungsforschung versucht die Effekte zu verstehen, die Bibliotheken bei Einzelpersonen oder Gruppen erzielen, und in qualitative bzw. quantitative Aussagen zu fassen. Aussagen

den Nutzern und deren Befindlichkeit als „Forschungsobjekten". Zum anderen ist es die möglichst objektive Qualität der Dienstleistungsangebote, die von Interesse ist. In den allermeisten Fällen benötigt man zur Messung dieser Qualität die Kunden als „Messinstrumente" oder bisher unbeteiligte Personen, die sich wie Nutzer verhalten. Dieser zweite Bereich gehört nicht direkt zur Nutzerforschung, ist mit dieser aber sehr eng verbunden und davon gerade, wenn es um die Ermittlung und Bewertung von Servicequalität geht, nicht klar zu trennen. Umso wichtiger ist es, dass man sich über die Unterscheidung im Klaren ist und weiß, mit was für Methoden welche Erkenntnisse und Einblicke erzielt werden können.

Benutzerforschung und die eng damit verbundene Untersuchung der Servicequalität sind immer dann sinnvoll, wenn eine Bibliothek
- wissen will, wie ihre Kunden über sie, einzelne Bereiche oder Dienstleistungen denken.
- wissen will, welche Wirkung sie bei ihren Kunden erzielt und welchen Nutzen sie diesen bietet.
- ihre Arbeit gegenüber Geldgebern oder potentiellen Geldgebern erläutern bzw. rechtfertigen muss.
- Aussagen zum Verhalten ihrer Mitarbeiter erhalten möchte.
- ihren Service verändern möchte oder muss – sei es, um ihn zu verbessern, sei es, um finanzielle Einschnitte umzusetzen.
- möglichst objektive Aussagen über die Qualität ihrer Angebote wie z. B. einzelner Dienstleistungen oder eines Rechercheinstruments erhalten möchte.

Die Methoden, die zur Erreichung dieser Ziele zum Einsatz kommen können, sind zahlreich und treten mit den unterschiedlichsten Facettierungen auf. Die wichtigsten und am häufigsten verwendeten sind die folgenden:
- Statistik
- Interviews mit einzelnen Vertretern bestimmter Nutzergruppen
- Umfragen (Papierfragebogen oder Onlinefragebogen)
- Auswertung von Beschwerden und Anregungen (Beschwerdemanagement)
- Mystery Shopping (manchmal auch Silent Shopping genannt)
- Usability Tests

Die ersten vier Methoden sind der Nutzerforschung unmittelbar zuzuordnen und werden in diesem Abschnitt vorgestellt. Die letzten beiden Methoden werden im nächsten Abschnitt 2.5 „Ermittlung von Servicequalität und Gebrauchstauglichkeit von Dienstleistungen" eingehend besprochen.

---

zur Wirkung von Bibliotheken sind ganz besonders interessant, um sie gegenüber Unterhaltsträgern vorzubringen.

2.4.1 Statistik

Statistische Erhebungen werden in der empirischen Sozialforschung zu den sogenannten quantitativen Methoden gezählt. Sie gehören schon sehr lange zum bibliothekarischen Alltag. Grundsätzlich haben sie eine interne und eine externe Zielrichtung bzw. Bedeutung. Intern dient Statistik dazu, den Einsatz von Ressourcen zu überwachen und zu planen sowie zum Erkennen von Trends und Entwicklungen im Dienstleistungsbereich beizutragen. Um den Ressourceneinsatz festzulegen, darf die Statistik aber nur als ein Instrument unter vielen herangezogen werden. Da die Statistik allerdings Zahlen liefert – diese gelten gemeinhin als sehr objektiv – wird ihre Bedeutung meist überschätzt. So sagt Statistik z. B. gar nichts darüber aus, welchen grundlegenden Aufwand es bedeutet, eine bestimmte Dienstleistung, auch bei geringem Zuspruch, aufrecht zu erhalten. Zum Erkennen von Entwicklungen, ausgelöst durch eine Änderung des Kundenverhaltens, ist Statistik dagegen besser geeignet. Allerdings kann die Statistik auch hier nur als Grundlage und Anlass für eine sorgfältige Analyse dienen, die viele weitere Faktoren zu berücksichtigen hat. Extern dient Statistik meist dazu, die Leistungen einer Bibliothek gegenüber der Öffentlichkeit und vor allem gegenüber Unterhaltsträgern und Geldgebern zu belegen.

Statistikdaten können entweder von Menschen per Strichliste bzw. Zählgerät sowie in automatisierter Form in IT-Systemen oder z. B. über Lichtschranken erhoben werden. Bei einer Zählung per Hand fallen die Zahlen in der Regel 10 bis 15 % geringer aus als bei einer Zählung durch eine Maschine, da immer wieder vergessen wird, einzelne Ereignisse zu zählen. Die maschinelle Zählung findet in der Regel direkt im betroffenen Bibliothekssystem (Lokalsystem, Fernleihserver usw.) statt oder an Ein- und Zugängen per Lichtschranke bzw. über ein Drehkreuz. Allerdings gilt es unbedingt, gerade bei maschineller Zählung, die Plausibilität der Daten eingehend zu prüfen.

Schwieriger als die Erhebung ist die Interpretation von Statistikdaten, selbst dann, wenn es nur um das Erkennen von Trends geht. Der Vergleich von Bibliotheken anhand statistischer Daten erfordert noch größere Vorsicht. Manche Zahlen aus unterschiedlichen Bibliothekstypen sind nicht miteinander vergleichbar. Magazinbibliotheken und Präsenzbibliotheken z. B. auf der Basis der Ausleihzahlen zu vergleichen, wäre einfach Unsinn. Es ist auch nicht so, dass hohe Nutzungszahlen immer das Optimum darstellen. So ist beispielsweise die Zahl der erteilten Auskünfte nicht so einfach zu interpretieren. Sinkende Auskunftszahlen sind bei ansonsten unverändert hohen Nutzungszahlen ein deutlicher Hinweis, dass die Gebrauchstauglichkeit (Usability) der Dienstleistungen ebenso gestiegen ist wie die Informationskompetenz der Kunden. Zwei durchaus positive Entwicklungen, in denen viel Arbeit der Bibliotheksmitarbeiterinnen und -mitarbeiter steckt. Basis jeglicher Vergleichbarkeit von Statistikzahlen ist die Standardisierung der Datenerhebung.

Die Deutsche Bibliotheksstatistik (DBS) leistet für die Standardisierung wichtige Grundlagenarbeit und setzt als die zentrale Bibliotheksstatistik in Deutschland den Standard, welche Daten als relevant anzusehen sind. Bei jeder Kennzahl finden sich sorgfältig erarbeitete Hinweise, wie die Zahl zu verstehen und gegebenenfalls zu erheben ist. Die DBS wird vom Kompetenznetzwerk für Bibliotheken (KNB) organisatorisch und vom Hochschulbibliothekszentrum des Landes Nordrhein-Westfalen technisch betreut. Finanziert wird die DBS von den Bundesländern über die Kultusministerkonferenz (KMK). Eine Teilnahme ist für Bibliotheken nicht verpflichtend, aber sehr anzuraten. Die Daten der DBS sind über das Internet einsehbar und es ist möglich, dort variable, eindimensionale Auswertungen (Verknüpfungen von Zahlen sind nicht möglich) zu machen oder Gesamtauswertungen der letzten Jahre einzusehen.

Auf der Basis der Deutschen Bibliotheksstatistik wird der Bibliotheksindex BIX zur Messung der Leistungsfähigkeit von Bibliotheken erstellt. Beim BIX werden die Bibliotheken in die Sparten Öffentliche Bibliotheken (BIX-ÖB) und Wissenschaftliche Bibliotheken (BIX-WB) eingeteilt und innerhalb jeder Sparte in Vergleichsgruppen mit etwa gleichen Grundvoraussetzungen. Der BIX-ÖB enthält sechs Vergleichsgruppen mit einer Einteilung nach der Einwohnerzahl der Gebietskörperschaften, die Träger der Bibliotheken sind. Die Gruppierung ist so angelegt, dass etwa gleich große Gruppen von Bibliotheken entstehen:

Bis 5.000 Einwohner
5.000 bis 15.000 Einwohner
15.000 bis 30.000 Einwohner
30.000 bis 50.000 Einwohner
50.000 bis 100.000 Einwohner
Ab 100.000 Einwohner

Beim BIX-WB gibt es nur drei Gruppen: einschichtige Universitätsbibliotheken, zweischichtige Universitätsbibliotheken und Hochschulbibliotheken (ehemals Fachhochschulbibliotheken).

War der BIX ursprünglich so angelegt, dass innerhalb der Vergleichsgruppen jeweils ein Ranking erstellt wurde, ist der BIX seit 2012 neu ausgerichtet und nimmt ein Rating pro Vergleichsgruppe vor, indem die Bibliotheken z. B. dem ersten, zweiten oder letzten Drittel ihrer Vergleichsgruppe zugeordnet werden. Zudem wurde die Datenbasis auf der Grundlage der DBS erheblich verbreitet und die am BIX teilnehmenden Bibliotheken können sehen, wo sie innerhalb der Gesamtheit aller an der DBS beteiligten Bibliotheken aus ihrer Vergleichsgruppe stehen.

Das Rating findet separat innerhalb von jeweils vier Zieldimensionen (Angebote, Nutzung/Kundenorientierung, Effizienz/Wirtschaftlichkeit, Entwicklung) statt. Jeder Zieldimension sind mehrere Indikatoren zugeordnet, die zum Rating beitragen. Für die Zieldimension Entwicklung sind es z. B. beim BIX-ÖB die Indizes Erneuerungsquote, Fortbildungsquote und Investition (in €) je Einwohner.

2.4.2 Interviews mit einzelnen Vertretern bestimmter Nutzergruppen

Kundenbefragungen zählen in der Sozialforschung zu den qualitativen Methoden. Sie können mündlich (Interview) oder schriftlich (Papierfragebogen oder Online-Formular) durchgeführt werden. Gerade bei Interviews ist es wichtig, auf Struktur und Standardisierung zu achten, will man vermeiden, dass man am Ende mit einer Befragungsreihe, bestehend aus ein paar netten Gesprächen, dasteht. Im Folgenden wird die Durchführung eines problemzentrierten Interviews beschrieben, bei welchem dem Fragenden eine Position zwischen offener Fragestellung und vollständig vorgegebener Strukturierung des Gesprächsverlaufes zugewiesen wird. So gibt es z. B. keinen Fragenkatalog, über den hinausgehend keinerlei Fragen gestellt werden dürfen, aber es gibt eine Liste mit Standardfragen, die alle gestellt werden müssen. Ideal ist es, wenn der Interviewer möglichst viel von der Materie versteht, also entweder selbst Bibliotheksmitarbeiter ist oder sich hinreichend eingearbeitet hat, um für den Befragten kompetenter Gesprächspartner zu sein. Beim Gespräch selbst ist es gut, wenn der Interviewer den Interviewten möglichst vorrangig erzählen lässt, aber immer wieder eine der Standardfragen einbringt. Es ist insgesamt wichtig, dass dem Interviewten sehr deutlich signalisiert wird, dass er ernstgenommen wird und offen sprechen kann.

Vier Instrumente sind idealerweise für solch ein Interview vorbereitet:
1. Ein Kurzfragebogen soll den biographischen Hintergrund des Befragten festhalten, ohne natürlich Daten abzufragen, die die Anonymität des Interviewten verletzen könnten.
2. Bei bestehender Zustimmung durch den Interviewten, sollte eine Tonträgeraufzeichnung vorgenommen werden, um die erhobenen Daten präzise festzuhalten und den Interviewer dahingehend zu entlasten, dass er sich ganz auf die Gesprächsinhalte konzentrieren kann.
3. Die Liste der Standardfragen ist als das zentrale Instrument des Interviews weiter oben schon angesprochen worden.
4. Zudem sollte eine Liste von Einleitungsfragen existieren, die auf die zentrale Problemstellung im Interview hinführen, zugleich aber offen formuliert sind. Dem Geschick des Interviewers ist es überlassen, die für den Interviewten am besten passende Einleitungsfrage auszuwählen. Die Einleitungsfrage ist deshalb von so großer Bedeutung, da sich am Anfang des Gespräches entscheidet, ob es dem Interviewer gelingt, ein Vertrauensverhältnis zum Inter-

viewten aufzubauen. Dieses Vertrauensverhältnis ist für die Offenheit des Interviewten und damit für die Qualität der Aussagen von ganz entscheidender Bedeutung.

Größter Nachteil der Interviews ist, dass diese Methode gegenüber der Datenerhebung per Fragebogen ungemein personalintensiv ist. Ein weiterer Nachteil kann der „menschliche Faktor" sein, indem zu viel Sympathie oder Antipathie zwischen den Beteiligten das Ergebnis verfälscht. Der Vorteil ist, dass über vertraute verbale Kommunikation oft „zutreffendere" Aussagen erreicht werden als mit einem unpersönlichen Fragebogen.

2.4.3 Umfragen

Schriftliche Umfragen mit ausgedruckten Fragebögen oder Online-Umfragen über das Internet sind die gängigste Methode, sich im Bibliothekswesen Rückmeldungen von der Nutzerschaft zu holen. Zusammen mit den Interviews dürfte diese Form der Befragung einen Anteil von 80 % bis 90 % an der gesamten empirischen Benutzerforschung haben. Aus diesem Grund soll diese Methode, welche sich in die drei Hauptphasen – Planung, Durchführung und Auswertung – unterteilen lässt, etwas genauer betrachtet werden.

Wenn man eine Umfrage für notwendig erachtet und mit der Vorbereitung dazu beginnt, muss man sich über eine Reihe von Festlegungen und Entscheidungen klar werden. Die Finanzierung und die personellen Ressourcen sind Rahmenbedingungen, von denen alle weiteren Entscheidungen abhängen. Sie müssen daher ganz zu Anfang geklärt werden. Nur sorgfältig vorbereitete und durchdachte Umfragen, und dies bedeutet einen Personalaufwand von einigen Wochen, bringen qualitativ wertvolle Erkenntnisse. Man sollte sich durch das breite Angebot an Hilfsmitteln im Internet nicht dazu verleiten lassen, zu glauben, dass Umfragen nebenbei erledigt werden können, noch sollte man seinen Kunden ein ständiges Bombardement mit immer neuen Umfragen zumuten.

Von den finanziellen Rahmenbedingungen hängt es ab, ob man sich die Zusammenarbeit mit einem externen Partner leisten kann und ob dieser Partner eine Firma oder ein soziologisches Institut der Universität ist. Ein externer Partner signalisiert in jedem Fall ein hohes Maß an Professionalität und Objektivität und ist bei allen Umfragen, die das Ziel haben, Unterhaltsträger zu adressieren, unbedingt anzustreben. Auch die Wahl des Mediums (Internet, E-Mail, postalische Umfrage oder ausliegender Fragebogen usw.) und der Umfang der Befragung, sowohl hinsichtlich der Menge der Fragen als auch bezüglich der Menge der ausgegebenen Fragebögen bzw. der angestrebten Antworten, hängen ganz entscheidend vom finanziellen und personellen Rahmen ab. Es gilt zudem zu entscheiden, ob und gegebenenfalls wie man die Aktion bekannt gibt und bewirbt, wie das Anschreiben und wie ein Erinnerungsschreiben bei postalischer bzw. E-Mail-Umfrage formuliert wird. Im Anschreiben sollte enthalten sein, wie man das Ergebnis der Umfrage bekannt machen wird und dass gegebenenfalls Konsequenzen aus dem Ergebnis auch umgesetzt werden. Auf diese Weise kann die Motivation der potentiellen Teilnehmer positiv beeinflusst werden. Der Zeitpunkt der Umfrage muss festgelegt werden. An öffentlichen Bibliotheken sollten Urlaubs- und Ferienzeiten ausgespart werden, es sei denn, man will gerade die Zuhause Gebliebenen erreichen. An Hochschule gilt für Semesterferien und Prüfungszeiten Entsprechendes.

Will man die Fragebögen einfach nur auslegen, so nummeriert man diese am besten durch, um groben Missbrauch zu verhindern. Zudem ist es vorteilhaft, wenn die Fragebögen in der Nähe einer besetzten Theke ausgelegt werden (Rückfragen) und auch Tische bereitstehen, an denen die Bögen ausgefüllt werden können. Für postalische Umfragen und solche per E-Mail sollten die Probanden aus der Zahl der Nutzer per Zufall[7] ermittelt werden. Wichtig ist auch die Wahl der Software, mit der die Umfrage unterstützt und letztlich ausgewertet wird. Wie weiter oben schon erwähnt, finden sich im Internet hierzu einige bewährte Open-Source-Angebote.

Von ganz zentraler Bedeutung ist die Erarbeitung des Fragebogens, dessen Äußeres unbedingt einen soliden und professionellen Eindruck machen sollte (Logo, Layout, Anleitung zur Bearbeitung, Danksagung usw.). Die Fragen müssen sehr sorgfältig und eindeutig formuliert werden, damit man auch wirklich genau das erfragt, was man zu erfahren wünscht. Jede Form von Suggestion ist zu vermeiden. Schon die Formulierung „Wie zufrieden waren Sie mit ..." gibt dem Probanden eine gewisse Richtung vor. Neutraler ist es, zu fragen: „Wie beurteilen Sie ...". Wenn man seinen Fragebogen ohne professionelle Hilfe erstellt hat, so ist ein Pretest unbedingt zu empfehlen. In diesem Pretest wird die Zahl der Probanden auf 5 bis 10 % der später angestrebten Zahl begrenzt. Die Teilnehmer am Pretest erhalten den Fragebogen in der vorliegenden Form sowie zusätzlich einen Bogen, auf dem sie Aussagen zur Verständlichkeit und Klarheit der einzelnen Fragen und des gesamten Fragebogens machen sollen.

---

7 Man kann z. B. die Nutzer derjenigen Nutzergruppen, die man befragen will, entsprechend ihrer Wohnstraße alphabetisieren und bei gleichem Straßennamen mit dem Alphabet des Vornamens fortfahren. Von den so gelisteten Kandidaten wird jeder X. ausgewählt. X ist dabei eine natürliche Zahl größer 1 und wird in Abhängigkeit von der Größe der zu befragenden Gruppe und der Zahl der angestrebten Antworten ausgewählt.

Von Anfang an sollte man die Auswertung der Antworten im Auge haben. Bei geschlossenen Fragen ist die Auswertung wesentlich einfacher als bei offener Fragestellung. Geschlossene Fragen geben die Antwortmöglichkeiten vor, sei es durch die Frage selbst („Haben Sie die Bibliothek im letzten Jahr öfter als zehnmal besucht?") oder durch die ausdrückliche Nennung der Antwortmöglichkeiten („Wie lange soll die Bibliothek abends geöffnet sein: 20.00 Uhr, 22.00 Uhr oder 24.00 Uhr?"). Das Ergebnis einer Umfrage ist den Befragten selbstverständlich in geeigneter Form (Online-Befragung: Im Internet; ausgelegte Fragebögen: An der Auslegestelle per Aushang) zu präsentieren. Gut ist es, schon im Fragebogen oder Anschreiben anzukündigen, wo und wann man das Ergebnis bekanntmachen wird.

Ein ganz wichtiges Thema im Zusammenhang mit der Umfrage ist der Datenschutz. Die Beachtung der Vertraulichkeit durch die Anonymisierung der Ergebnisse muss ebenso zugesichert und eingehalten werden wie der ausschließliche Gebrauch der erhobenen Daten zu den angegebenen Zwecken. Auch wenn Bibliotheken im Allgemeinen als vertrauenswürdig und solide gelten, ist eine Datenschutzerklärung unverzichtbar. Die vollständige Datenschutzerklärung sollte Teil des Fragebogens sein, in den Anschreiben oder Aushängen zur Umfrage sollte der Datenschutz unbedingt angesprochen sein.

2.4.4 Auswertung von Beschwerden und Anregungen

Wer sich als Kunde der Mühe einer schriftlichen Beschwerde bzw. Anregung unterzieht, hat sich entweder sehr geärgert oder ein echtes Anliegen gegenüber der Bibliothek. Daher müssen im Benutzungsbereich die Beschwerden und Anregungen der Kunden gesammelt, kontinuierlich beobachtet und ausgewertet werden. Man kann auf diese Weise durchaus Trends zum Besseren oder Schlechteren erkennen. Wenn sich die Beschwerden über unfreundliches Verhalten der Mitarbeiter häufen, dafür diejenigen über mangelnde Fachkompetenz jedoch gegen Null gehen, so ist es eindeutig, an welcher Stelle Handlungsbedarf besteht. Beschwerden sind aber nicht nur aus dem Blickwinkel der Nutzerforschung wichtig und daher wird der Umgang mit Beschwerden im übernächsten Abschnitt (2.6) noch eingehend betrachtet.

2.5 Ermittlung von Servicequalität und Gebrauchstauglichkeit von Dienstleistungen

Die Ermittlung der Gebrauchstauglichkeit / Usability[8] von Dienstleistungen oder Rechercheinstrumenten, wie z. B einem OPAC, bietet Möglichkeiten, die deutlich über diejenigen der Nutzerforschung hinausgehen. Die Usability eines neuen OPACs oder die Usability eines neuen Fachportals können nota bene **vor** deren erstem Einsatz getestet werden. Usability-Tests haben im Bibliothekswesen leider noch lange nicht die Verbreitung, die sie aufgrund dieses großen Vorteils verdient hätten. Kein Hersteller eines komplexen technischen Gerätes käme auf die Idee, dieses ohne ausreichende Tests in die Hände von Kunden zu geben. Selbstverständlich ist das so, es könnten ja Menschenleben betroffen sein. Unzureichende Recherchesoftware bedroht nicht unmittelbar das Leben unserer Kunden, aber sie raubt ihnen Lebenszeit und dies sollten wir, wenn wir Kundenorientierung ernst nehmen, unter allen Umständen verhindern. Es ist schon erstaunlich, mit welcher Unbekümmertheit den Kunden sogenannte Beta-Versionen, auch bei essentiellen, grundlegenden Rechercheinstrumenten wie dem OPAC, immer wieder angeboten bzw. zugemutet werden.

2.5.1 Mystery Shopping / Silent Shopping

Mystery Shopping ist ein gängiges Verfahren der Marktforschung. Im Bibliothekssektor ist Mystery Shopping ein Werkzeug, um die Servicequalität von Dienstleistungen nach möglichst objektiven Maßstäben zu ermitteln. Personen, die sich als Kunden ausgeben und sich auch wie Kunden verhalten, testen im Rahmen der genauen Vorgaben eines Kriterienkataloges die Dienstleistungen einer Bibliothek hinsichtlich Servicequalität und Serviceorientierung. Ein sehr aufwändiges Verfahren, welches ohne externe Unterstützung nicht durchführbar ist.

Diese Art der Nutzerforschung birgt natürlich die erhebliche Gefahr, dass sie vom Bibliothekspersonal als gegen sich gerichtet empfunden wird. Auch wenn es der Intention von Mystery Shopping vollkommen zu widersprechen scheint, das Personal darüber zu informieren, ist es sehr wichtig, die Mitarbeiter über das Vorhaben und den Ablauf genau aufzuklären. Man kann die Informationen, ohne den Zeitpunkt der Untersuchung zu nennen, z. B. einige Monate vor der Untersuchung geben und dadurch beides erreichen: Das Personal ist miteinbe-

---

[8] Der englische Begriff für „Gebrauchstauglichkeit" ist „Usability". Da „Usability" auch im deutschen Sprachraum deutlich weiter verbreitet ist als der sperrige Begriff „Gebrauchstauglichkeit", verwenden wir überwiegend „Usability".

zogen, wird sich nicht hintergangen fühlen und die Untersuchung wird durch diese Information nicht verfälscht. Es ist wichtig, deutlich zu machen, dass sich Mystery Shopping nicht gegen einzelne Mitarbeiter richtet. Es wird im Gegenteil versucht, einen Gesamteindruck hinsichtlich der Servicequalität zu erzielen[9]. Dafür werden entsprechend eines vorher definierten Kriterienkataloges Daten erhoben und dokumentiert. Besonders wichtig ist dabei, dass die Testkunden nicht subjektiv urteilen, sondern möglichst objektive Beurteilungsstandards des Kriterienkataloges für ihre Bewertung heranziehen.

Als Testpersonen kommen sowohl Laien (z. B. Studierende) als auch Profis (Bibliotheksmitarbeiter auswärtiger Bibliotheken, Auszubildende im Bibliothekswesen, erfahrene Mystery Shopper eines Marktforschungsunternehmens) in Frage. Auch für das Mystery Shopping gilt, dass der Erfolg einer Untersuchung ganz entscheidend von den Vorarbeiten (Kriterienkatalog, Wahl der Testpersonen usw.) abhängt. Je sorgfältiger und überlegter man vorgeht, umso aussagekräftiger wird das Ergebnis sein.

2.5.2 Usability-Tests und verwandte Methoden

Das Qualitätsmerkmal Usability gibt an, wie einfach etwas zu benutzen ist. Es geht genauer gesagt darum, wie schnell Menschen die Benutzung eines Gegenstandes erlernen können, wie effizient sie während seiner Benutzung sind, wie leicht sie sich diesen Vorgang merken können, wie fehleranfällig der Gegenstand ist und wie er den Nutzern insgesamt gefällt. Wenn die Kunden einen Gegenstand weder nutzen möchten noch können, bräuchte dieser eigentlich gar nicht zu existieren. Im Bibliotheksbereich werden eher selten Gegenstände (z. B. ein Selbstverbuchungsplatz), sondern überwiegend Dienstleistungen (z. B. ein Dokumentenlieferservice) und ganz besonders Serviceangebote im Internet (z. B. ein OPAC) auf ihre Usability hin untersucht. Um die Gebrauchstauglichkeit eines Objektes zu untersuchen, gibt es eine Vielzahl von Methoden, die sich in die zwei grundlegende Kategorien „Expertenorientierte Methoden" und „Benutzerorientierte Methoden" einteilen lassen. Für die expertenorientierten Methoden seien der

---

[9] Als günstig hat es sich erwiesen, zusätzlich die Mitarbeiter zu Verbesserungsvorschlägen zu befragen. Diese Befragung kann im Vorfeld, also einige Monate vor dem Mystery Shopping oder im Nachgang durchgeführt werden. Man kann durch Vergleich der Selbsteinschätzung und der Bewertung durch die Tester noch bessere Einblicke in das Dienstleistungsgeschehen der Bibliothek erhalten.

Cognitive Walkthrough[10] und die heuristische Evaluation erwähnt. Die heuristische Evaluation ist für bibliothekarische Online-Angebote sehr gut geeignet und mit webbasierten Kriterienkatalogen wie z. B. BibEval in relativ einfacher und gut angeleiteter Weise auszuführen.

Abb. 4: Die Startseite des Chur Evaluation Laboratory, das den Kriterienkatalog BibEval erarbeitet hat und über das Internet anbietet. (URL: http://www.cheval-lab.ch/usability-in-bibliotheken/leitfaden-bibeval/).

Bei den benutzerorientierten Methoden ist die Methode des „Lauten Denkens" für die Evaluierung von bibliothekarischen Online-Services sehr verbreitet. Mit etwa fünf bis zehn Testpersonen lassen sich die allermeisten Fehler und Ungereimtheiten einzelner Online-Services oder einer gesamten Bibliothekswebsite hervorragend erkennen.

Die Testperson erhält vom Testleiter vorbereitete Aufgaben sowie allgemeine Informationen zum Ablauf der Untersuchung. Sie sitzt dabei an einem Rechner, auf dem sie die Aufgaben bearbeitet, und wird von einer Videokamera mit Mikrophon gefilmt. Die Bildschirmaktivitäten werden mit einem Screencast-Programm aufgenommen. Größter Wert wird darauf gelegt, alle Verhaltensverfälschungen durch vermeintlich sozial erwünschte Reaktionen bei der Testperson auf ein Minimum zu reduzieren. Jeglicher „Prüfungsstress" muss der Testperson genommen werden, da

---

10 Der Cognitive Walkthrough ist eine Methode zur Untersuchung der Gebrauchstauglichkeit (Usability), die den analytischen Evaluationsverfahren zuzuordnen ist und im Gegensatz zu den empirischen Evaluationsverfahren steht. Ein Experte für Usability versetzt sich in die Lage eines angenommenen Kunden und analysiert vorgegebene Handlungsabläufe.

nicht sie, sondern das Produkt auf dem Prüfstand steht. Dies stellt für den Moderator die insgesamt größte Herausforderung dar. Die Testperson spricht, während sie sich an den Aufgaben versucht, ihre Empfindungen und Überlegungen laut mit. Für die Auswertung werden später die Videoaufnahme der Testperson sowie der Ton und das Geschehen auf dem Bildschirm synchron abgespielt.

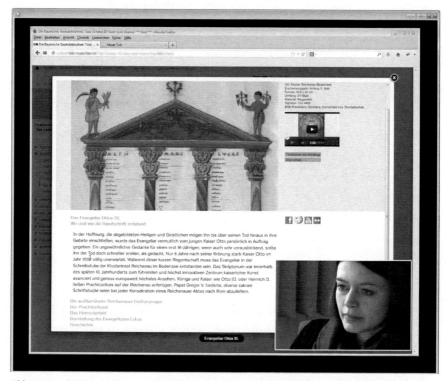

Abb. 5: Gezeigt ist ein Bild aus einem Film einer Usabilitytestsitzung nach der Methode des Lauten Denkens. Die Videoaufnahme der Testerin (incl. Ton) und die aufgezeichneten Aktionen auf dem Bildschirm werden zusammenmontiert und ausgewertet. BSB: Christian Eidloth.

Großer Vorteil dieser Methode ist, dass sich schon mit sehr wenigen Testpersonen mehr als 80 % aller Probleme und Fehler erkennen lassen, die der webbasierte Service für seine Kunden bereithält.

2.6 Beschwerdemanagement

Beschwerden haben eine Eigenschaft, die besonders unangenehm ist. Sie kommen immer zur Unzeit in gehäufter Form, dann wenn ganz offensichtlich etwas nicht rund läuft und man sowieso alle Hände voll zu tun hat, den Missstand zu beheben. Dennoch darf eine Beschwerde **nie** als lästig eingestuft oder empfunden werden. (Wenn dies doch so ist, so sollte man es den Beschwerdeführer umso weniger merken lassen.) Dadurch, dass jemand eine Beschwerde zum Ausdruck bringt, zeigt er unter anderem, dass ihm die Bibliothek, über die er sich beschwert, nicht gleichgültig ist und er zeigt auch, dass er die Hoffnung auf ein Abstellen des Beschwerdegrundes hat. Zwei durchaus positive Ansätze! Die Bibliothek sollte eine Beschwerde deswegen als Chance auffassen, etwas über sich selbst zu erfahren und Dinge in Zukunft besser machen zu können. Aber natürlich gilt es auch, die aktuelle Einzelbeschwerde aufzugreifen, um die Situation zwischen Beschwerdeführer und Bibliothek zu klären und ein Stück zu befrieden.

Nach Möglichkeit sollte jede Beschwerde, die an einen Mitarbeiter persönlich gerichtet ist, von diesem selbst beantwortet werden, nachdem er sich mit seinen Vorgesetzten und Mitarbeitern abgesprochen hat. Alle nichtpersonalisierten Beschwerden sollten von der Abteilung beantwortet werden, die von der Beschwerde betroffen ist. Im Zweifelsfall ist dies die Abteilung für Benutzung.

Die Beschwerden sind grundsätzlich über das gleiche Medium (Post, E-Mail, Telefon) zu beantworten, über das sie auch in der Bibliothek eingegangen sind. Eine Antwort per Brief ist in jedem Fall geeignet und kann als die höflichste Form angesehen werden.

Zwei Arten von Beschwerden sind wegen der jeweils unterschiedlichen Vorgehensweise bei der Beantwortung sowie wegen ihrer Brisanz zu unterscheiden:
1. Beschwerden über Mitarbeiter
2. Beschwerden über Regelungen, Gegebenheiten und Zustände

2.6.1 Beschwerden über Mitarbeiter

Die zwischenmenschliche Kommunikation und die daraus resultierenden Beziehungen sind äußerst komplexe Vorgänge. Dies gilt selbstverständlich auch für die Kommunikation und die Beziehungen zwischen Bibliothekskunden und Bibliotheksmitarbeitern. Man muss sich daher, wenn man als Vorgesetzter durch eine Beschwerde zu einem Konflikt hinzugezogen wird, vor allzu schnellen Urteilen und einseitigen Schuldzuschreibungen hüten. Man sollte als Vorgesetzter oder Kollege, an den eine solche Beschwerde adressiert wird, niemals eine Aussage mit Wertungen treffen, bevor man nicht auch die andere Partei, in der Regel die

Mitarbeiterin oder den Mitarbeiter, gehört hat. Dem Kunden kann daher bei einer mündlichen Beschwerde z. B. folgendes mitgeteilt werden: „*Nach dem, was ich von Ihnen gehört habe, halte ich Ihre Beschwerde für berechtigt. Sie werden verstehen, dass ich für eine abschließende Bewertung auch mit dem betreffenden Mitarbeiter Rücksprache nehmen muss.*" Bis nicht mit jeweils beiden Parteien alleine und unabhängig gesprochen wurde, sind „Gegenüberstellungen" oder „Konfrontationen" unbedingt zu vermeiden. Mit dem Kunden müssen klare Absprachen über das weitere Vorgehen (Folgetermine, Briefe, Telefonate usw.) getroffen werden. In jedem Fall ist es gut, dem Beschwerdeführer zu zeigen, dass seine Meinung interessiert und wichtig ist, indem man ihn z. B. in ein Gespräch über seine Einschätzung der Serviceangebote der Bibliothek verwickelt. Für schriftliche Beschwerden gilt ebenso, dass eine Antwort nur nach Rücksprache mit dem Mitarbeiter erfolgt. Sollte der Mitarbeiter sich in Urlaub befinden oder erkrankt sein, erhält der Bibliothekskunde eine Mitteilung, dass sich eine Antwort wegen des momentan fehlenden, direkt betroffenen Mitarbeiters verzögert.

Nicht jeder Konflikt wird sich in beiderseitigem Einvernehmen lösen lassen. Sehr häufig steht Aussage gegen Aussage. Die Wahrnehmung, die zwei Personen von dem gleichen Ereignis haben, könnte oft unterschiedlicher nicht sein. Beide werden ihre Wahrnehmung aber als die einzig Mögliche ansehen und damit als die objektive Wahrheit in dieser Angelegenheit. Hier empfiehlt es sich, dem Kunden die Situation ganz offen zu schildern. Dabei sollte man allerdings die Wahrnehmung des Kunden niemals in Zweifel ziehen, ihm aber auch klarmachen, dass für die Wahrnehmung des Mitarbeiters das gleiche gilt und dass die Wahrheit meist irgendwo dazwischen liegt. Ob eine Entschuldigung im Namen der Bibliothek angebracht ist, muss aus der jeweiligen Situation heraus spontan entschieden werden. Dabei darf man ruhig seinen eigenen Gefühlen vertrauen. In jedem Fall sollte man dem Kunden abschließend vermitteln, wie sehr man ihn schätzt und sich freut, wenn er auch in Zukunft Nutzer der Bibliothek bleibt.

2.6.2 Beschwerden über Regelungen, Gegebenheiten und Zustände

a. Beschwerden zu Einzelfällen

Die Situation ist insgesamt längst nicht so kritisch wie bei einer Beschwerde über einen Mitarbeiter. Ein typisches Beispiel ist eine Beschwerde über eine als ungerechtfertigt empfundene Mahnung. Im Prinzip sollte man als Vorgesetzter oder Kollege auch bei dieser Art Beschwerde eine Entscheidung erst nach Rücksprache mit dem zuständigen Sachbearbeiter treffen. Andererseits gilt es den Eindruck der Schwerfälligkeit und langwieriger Entscheidungsprozesse gegenüber dem Kunden zu vermeiden, wenn es z. B. nur um eine Mahngebühr von 5.- € geht.

So ist es durchaus sinnvoll, ohne dem Sachbearbeiter dadurch „in den Rücken zu fallen", dass man sofort eine Entscheidung unter Vorbehalt trifft: *„Sollte sich der von Ihnen geschilderte Sachverhalt nach einer Überprüfung für mich weiterhin so darstellen, so werde ich die Mahnung stornieren."*

Voraussetzung für so ein Vorgehen ist, dass Zuständigkeiten und Verantwortlichkeiten innerhalb der Bibliothek klar geregelt und abgesprochen sind. Ein Sachbearbeiter, der seine Befugnisse kennt und dem Kunden gegenüber offenlegt, kommt nicht in die Gefahr, durch eine gegenteilige Entscheidung seines Vorgesetzten sein „Gesicht zu verlieren". Ein Vorgesetzter muss im Gegenzug jedoch auch die Befugnisse seiner Mitarbeiter kennen. Die Entscheidung eines Mitarbeiters aufzuheben, ist ein erheblicher Eingriff in dessen Autonomie und sollte nur in sehr wenigen und gut begründeten Ausnahmefällen erfolgen. Durch fast nichts kann man die Motivation von Mitarbeitern stärker beschädigen als durch das ständige Aufheben von Entscheidungen, die in deren Zuständigkeit fallen. Selbstverständlich hat der Vorgesetzte das Recht, ja sogar die Pflicht, mit seinem Mitarbeiter das Gespräch zu suchen, sobald er feststellt, dass dieser mehrfach anders entschieden hat, als er nach den Vorgaben der Bibliotheksleitung hätte entscheiden sollen.

Den Eindruck der behördenüblichen Schwerfälligkeit vermeidet man übrigens am besten dadurch, dass Einzelfallentscheidungen in der Hierarchie nicht zu hoch aufgehängt werden, sondern so tief wie irgend vertretbar.

Für alle Gespräche mit Kunden gibt es eine einfache Grundregel: Seien Sie dem Kunden gegenüber ehrlich ohne verletzend zu sein! Dies ist nicht immer einfach, gerade dann, wenn es darum geht, ein eindeutiges „Nein" zu setzen: *„Wissen Sie, es liegt durchaus in meinen Möglichkeiten, Ihre Mahnung zu stornieren. Ich werde dies aber nicht tun, da ich ansonsten gegen den Gleichbehandlungsgrundsatz verstoßen würde."* Auch wenn man den kurzfristigen Ärger und Unzufriedenheit von Kundenseite aushalten muss, zahlt sich Ehrlichkeit und höfliche Eindeutigkeit auf Dauer gesehen aus, da sich Komplikationen, Missverständnisse und daraus resultierende Folgetermine vermeiden lassen. Zudem ist die Ehrlichkeit ganz einfach auch der Achtung vor dem Kunden geschuldet.

b. Beschwerden grundsätzlicher Art

Ein typisches Beispiel hierfür ist eine Beschwerde über die Höhe der Mahngebühren. Selbstverständlich gilt es auch hier, den Kunden offen und objektiv über die Verordnungen, Regelungen, Zuständigkeiten und Verantwortlichkeiten zu unterrichten. Weder der Mitarbeiter und meist nicht einmal die Bibliotheksleitung alleine können z.B. die Höhe der Mahngebühren beeinflussen. Man sollte daher auf die zuständige Instanz (z. B. das zuständige Ministerium) hinweisen und auf

Wunsch mit Adressen, E-Mailadressen oder Telefonnummern weiterhelfen. Auch dabei ist Ehrlichkeit geboten und in jedem Fall der Versuch zu unterlassen, eine Gegebenheit oder Verantwortlichkeit, die man selbst ändern könnte, auf einen Vorgesetzten oder eine vorgesetzte Behörde abzuschieben.

2.7 Konfliktbewältigung und „schwierige Benutzer"

Dort, wo Menschen aufeinander treffen, kommt es zu Konflikten. Bibliotheken bilden dabei keine Ausnahme. Wird man als Bibliothekar unmittelbar oder mittelbar in einen Konflikt verwickelt, so gilt es, selbst Ruhe zu bewahren und beruhigend auf alle Beteiligten einzuwirken. Natürlich ist dies nicht leicht, wenn man gerade von einem Kunden schwer beleidigt wurde. Es ist daher keineswegs ein Versagen oder Scheitern, sondern es zeugt von großer Professionalität, wenn man als unmittelbar Beteiligter an einen Konflikt so frühzeitig wie möglich einen Kollegen hinzuzieht und diesem die weitere Gesprächsführung übergibt. So kann man dem Benutzer z. B. folgendes mitteilen: *„Ich denke, wir beide kommen an dieser Stelle nicht mehr weiter. Ich werde daher jetzt Frau XY anrufen und sie bitten, dass sie sich um Ihr Anliegen kümmert. Ich bin überzeugt, dass dies für uns beide eine gute Lösung ist."* Bitte beachten Sie, dass bei dieser Aussage das bestehende Problem, die Beleidigung durch den Kunden, diesem nicht alleine zugeschrieben wird, sondern in die Verantwortlichkeit beider Beteiligter genommen wird. Der Konflikt erhält auf diese Weise keine neue Nahrung und wird im Normalfall nicht weiter eskalieren.

Eine aggressionsfreie Sprache sowohl hinsichtlich des Tonfalls als auch der Wortwahl zeugt immer von einem professionellen Umgang mit Konflikten. Sagen Sie zu einem emotional erregten Kunden niemals: *„Sie haben falsch gehandelt!"* oder *„Ich bin der Meinung, dass Sie falsch gehandelt haben.",* sondern nehmen Sie das Problem ein Stück weit zu sich und sagen höchstens: *„Ihre Handlungsweise bereitet mir Kopfzerbrechen."* oder *„Mit Ihrem Vorgehen habe ich Schwierigkeiten."* Besser noch ist die neutrale Formulierung: *„Ich habe den Eindruck, dass nicht alles gut gelaufen ist."* Die allermeisten Konfliktsituationen lassen sich auf diese Weise beruhigen, aber leider nicht alle. Denn es gibt ihn wirklich, den schwierigen Kunden.

Um es gleich vorweg und ganz deutlich zu sagen: Ein Benutzer, der sich beschwert, ist deswegen **kein** schwieriger Kunde, nicht einmal dann, wenn er seine Beschwerde emotional erregt und laut vorträgt. Im Gegenteil, er sucht die Kommunikation mit der Bibliothek und bietet damit der Bibliothek die Chance auf Erklärungen, Berichtigungen und gegebenenfalls Entschuldigungen. Auch Nutzer, die in einer verbotenen Zone telefonieren, ihr Gebet zwischen den

Regalen sprechen oder einen Müsliriegel im Lesesaal essen, sind keine schwierigen Nutzer. In den meisten dieser Fälle genügt ein freundlicher, jedoch deutlicher Hinweis, um das Fehlverhalten anzusprechen und zu beenden.

Schwierige Benutzer sind Personen, die mit einer mehr oder weniger stark ausgeprägten Persönlichkeitsstörung[11] unterwegs sind. In Deutschland leiden fünf bis zehn Prozent der Bevölkerung an solch einer Persönlichkeitsstörung. Unter den Bibliotheksbesuchern ist dieser Anteil zum Glück deutlich geringer und auch nicht jede Form von Persönlichkeitsstörung führt in Bibliotheken zu Konflikten. Die wirklich heftigen Konflikte mit solchen Personen sind daher relativ selten und ereignen sich auch in stark besuchten Bibliotheken nur wenige Male pro Jahr. Warum diese Ereignisse hier dennoch erwähnt werden, liegt in ihrer völligen Unvorhersehbarkeit und extremen Heftigkeit begründet. Zudem sind Konflikte mit „schwierigen Nutzern" nur sehr schwer zu steuern oder zu beeinflussen. Sie lassen aber einen betroffenen, wenn nicht gar traumatisierten Bibliotheksmitarbeiter zurück, der bei entsprechender Neigung, die Schuld an der Eskalation noch dazu bei sich selbst sucht. Man kann im Rahmen eines Lehrbuches niemand auf solche Situationen wirklich vorbereiten, dennoch sollen diese Schattenseiten des Dienstleistungsberufes auch nicht kommentarlos übergangen werden. Zur Verdeutlichung seien zwei Beispiele erzählt:

Bei der Zugangskontrolle zum Freihandbereich wird ein Mann höflich gebeten, seinen Mantel in der Garderobe abzugeben. In diesem Augenblick explodiert er förmlich, brüllt und tobt und kommt erst 20 Minuten später zur Ruhe, nachdem er den Kollegen an der Zugangskontrolle und eine unbeteiligte Kollegin an der Infotheke niedergeschrien sowie einen weiteren Kollegen in seinem Büro auf das übelste beschimpft hat. Die einfache und höflich vorgetragene Bitte, nochmals zur Garderobe zu gehen und seinen Mantel dort abzugeben, hatte er aufgrund seiner narzisstischen Persönlichkeitsstörung offensichtlich als eine vollkommene Infragestellung und einen direkten Angriff auf seine Person verstanden, ansonsten wäre seine Reaktion nicht verständlich. Da die Identität des Mannes nicht festgestellt werden konnte, blieb seine Handlungsweise für ihn ohne Folgen.

Eine Besucherin in einem kleinen Lesesaal öffnet ohne Rücksprache mit dem Bibliothekspersonal und ohne Abstimmung mit den anderen Besuchern zwei Fenster, obwohl es draußen empfindlich kalt ist. Ein andermal zieht sie Vorhänge zu, obwohl keine Sonne scheint oder sie schaltet eigenmächtig die zentrale

---

[11] Der Begriff „Persönlichkeitsstörung" bezeichnet in der Psychologie und Medizin eine Gruppe von psychischen Erkrankungen, die in der Kindheit oder Jugend beginnen und sich durch abweichende, als starr und unflexibel beschriebene Erlebens- und Verhaltensmuster besonders in für die Person konflikthaften Situationen auszeichnen.

Beleuchtung aus, so dass alle mit Tischleuchten arbeiten müssen. Auf Ermahnungen und Zurechtweisungen reagiert sie mit völligem Unverständnis und heftigen, lauten Erwiderungen. Die Bibliothek verweigert ihr nach mehreren solcher Ereignisse den Zutritt zu diesem Lesesaal und erteilt letztendlich ein Hausverbot. Sie beschwert sich im Gegenzug beim Ministerium und bei einem Landtagsabgeordneten. Aufgrund der Zeugenaussagen einiger anderer Lesesaalbesucher wird die Beschwerde abgewiesen.

Manche männlichen Benutzer überschreiten auch den schmalen Grat zwischen einem harmlosen Flirt und der Belästigung des anderen Geschlechts bis hin zu echt kriminellem Verhalten als Stalker. In allen Fällen dieser Art darf man keine Toleranz zeigen und bei schwerwiegenden Grenzüberschreitungen nicht zögern, in Absprache mit der betroffenen Frau die Polizei um Hilfe zu bitten.

Auch dann, wenn es zu Handgreiflichkeiten zwischen zwei Nutzern kommt oder Gewalt gegen Personen oder Sachen ausgeübt oder angedroht wird, muss sofort die Polizei eingeschaltet werden. Natürlich wäre es in solchen Fällen wünschenswert, die Identitäten der beteiligten Personen zu kennen. Wir sollten daher von den Beteiligten verlangen, sich auszuweisen. Die meisten weigern sich, dies in solchen Momenten zu tun. Versuchen Sie niemals, die Feststellung der Identität zu erzwingen, selbst dann, wenn Sie sich körperlich überlegen glauben. Versuchen Sie genauso wenig, einen Nutzer festzuhalten, bis die Polizei oder weitere Kollegen eintreffen. Körpereinsatz ist nur in Notwehrsituationen gefordert bzw. erlaubt. Man sollte immer daran denken, dass man als Bibliotheksmitarbeiter bezahlt wird, nicht als Held.

In diesem Kapitel wurde von der Kundenorientierung bis hin zum „schwierigen Benutzer" ein ziemlich weiter Bogen gespannt. Das Kapitel soll etwas versöhnlicher enden und daher wird noch kurz ein weiterer Besuchertypus angesprochen, der „Stammkunde". In großen wissenschaftlichen Bibliotheken gibt es Besucher, die über Jahre hinweg täglich viele Stunden in der Bibliothek verbringen. Sie kennen sich bestens aus, sie knüpfen natürlich auch die eine oder andere Beziehung zum Bibliothekspersonal. Irgendwann kommt meist der Tag, an dem sie um besondere Rechte bitten oder, je nach Veranlagung, diese einfordern. Bei aller Achtung vor Prinzipien sollte man an dieser Stelle nicht nur als Behörde, sondern auch als Dienstleister mit menschlichen Zügen handeln und in engen Grenzen kleine Privilegien einräumen. Dies kann bedeuten, dass man den Stammkunden aufgrund des bestehenden Vertrauensverhältnisses manches Präsenzexemplar ausleiht oder ihnen eine telefonische Leihfristverlängerung zugesteht. Im Gegenzug fungieren Stammgäste für eine Bibliothek als zuverlässiges, informatives Frühwarnsystem für alle Stimmungsschwankungen und aufkommende Probleme in der Nutzerschaft.

Weiterführende Literatur

Bekavac, Bernard, Schneider, René u. Schweibenz, Werner (Hrsg.): Benutzerorientierte Bibliotheken im Web. Usability-Methoden, Umsetzung und Trends. Berlin 2011.
Bruhn, Manfred: Kundenorientierung. Bausteine für ein exzellentes Customer Relationship Management (CRM). München 2007 (Beck-Wirtschaftberater).
Bruhn, Manfred u. Stauss, Bernd (Hrsg.): Serviceorientierung im Unternehmen. Wiesbaden 2010.
CHEVAL – Chur Evaluation Laboratory: Leitfaden BibEval. URL: http://www.cheval-lab.ch/usability-in-bibliotheken/leitfaden-bibeval/
Eichhorn, Martin: Konflikt- und Gefahrensituationen in Bibliotheken. Ein Leitfaden für die Praxis. [Bad Honnef] 2007.
Flick, Uwe, Kardorff, Ernst von u. Steinke, Ines (Hrsg.): Qualitative Forschung. Ein Handbuch. Reinbek bei Hamburg 2008.
Georgy, Ursula u. Schade, Frauke (Hrsg.): Praxishandbuch Bibliotheks- und Informationsmarketing. Berlin, Boston 2012 (De-Gruyter-Praxishandbuch).
Hinterhuber, Hans H. u. Matzler, Kurt (Hrsg.): Kundenorientierte Unternehmensführung. Kundenorientierung – Kundenzufriedenheit – Kundenbindung. Wiesbaden 2009.
Meffert, Heribert u. Bruhn, Manfred: Dienstleistungsmarketing. Grundlagen. Konzepte. Methoden. Wiesbaden 2009.
Mühlenkamp, Holger: Zur Ermittlung der Qualität von Bibliotheksdienstleistungen. (B.I.T.online – Innovativ; 8) Wiesbaden 2004.
Poll, Roswitha: Was dabei herauskommt. Wirkungsforschung für Bibliotheken. In: Zeitschrift für Bibliothekswesen und Bibliographie 53 (2006), S. 59–70.
Schumann, Siegfried: Repräsentative Umfrage: praxisorientierte Einführung in empirische Methoden und statistische Analyseverfahren. München 2012.
Weng, Anja: Mystery Shopping in Berliner Bibiliotheken. In: Bibliothek Forschung und Praxis 35 (2011), S. 326–335.
Wilmsmeier, Silke: „…und was haben die Benutzer davon?": Kundenorientierung im Bibliotheks- und Informationswesen. In: Bibliothek Forschung und Praxis 23 (1999), S. 277–317.

3 Buchaufstellung und Signaturen

Sich über die Aufstellung von Büchern Gedanken zu machen, mutet auf den ersten Blick ziemlich trivial an. Doch diese Trivialität ist oft mitentscheidend für den Erfolg einer Bibliothek. Zudem lässt sich mit guter Planung in diesem Bereich viel Geld sparen.

Die Aufstellungsart in Bibliotheken ist natürlich in erster Linie eine Frage des vorhandenen Platzes bzw. der Räumlichkeiten, die zur Verfügung stehen. Auch der Zweck und die Nutzungsfrequenz einer Bibliothek sind wichtige Faktoren, die bestimmte Aufstellungsarten nahelegen. Für die meisten Bibliotheken, öffentliche wie wissenschaftliche, stellt die Freihandaufstellung der neuesten und am stärksten genutzten Literatur das Optimum dar, weil dem Besucher der unmittelbare Zugang zur Literatur ermöglicht wird.

3.1 Prinzipien der Buchaufstellung

Bücher kann man nach den unterschiedlichsten Kriterien aufstellen: Nach der Größe, nach dem Zweck, nach örtlichen Gegebenheiten, nach der Reihenfolge ihrer Erwerbung, nach Benutzungshäufigkeit, nach Fächern bzw. sachlicher Zusammengehörigkeit und sogar nach ästhetischen Gesichtspunkten. Damit in einer großen Büchersammlung die Bücher auch wieder aufgefunden werden, erhalten sie eine Signatur. Diese wird soweit möglich außen gut sichtbar am Buchrücken angebracht und legt den Standort des Buches im Bücherregal (Magazin oder Freihandbereich) in Relation zu allen anderen Büchern fest.

Im normalen bibliothekarischen Umfeld spielen bei der Buchaufstellung drei grundlegende Prinzipien eine Rolle:

– Zunächst einmal können Bücher nach bestimmten Funktionalitäten aufgestellt bzw. aufgeteilt werden. Die Abtrennung der Lehrbuchsammlung vom restlichen Buchbestand oder die Zusammenstellung von Handapparaten sind solche funktionalen Gesichtspunkte.
– Die Aufstellung nach formalen Gesichtspunkten ist für die Aufstellung in Bibliotheksmagazinen die typische, weil platzsparendste Aufstellungsart. Die Bücher werden z. B. chronologisch nach ihrem Zugang aufstellt. Den Büchern wird dabei im einfachsten Fall eine fortlaufende Nummer als Signatur (*Numerus currens*) gegeben. Die Methode ist deshalb so platzsparend, da nur an einer einzigen Stelle mit Zuwachs gerechnet werden muss und deswegen auch nur an einer einzigen Stelle Platz vorgehalten werden muss. Eine weitere formale Aufstellungsmöglichkeit ist die entsprechend einer alphabetischen Ordnung (z. B. der Autoren). Diese formale Aufstellung ist aller-

dings auch nicht viel platzsparender als eine Aufstellung unter sachlichen Gesichtspunkten.
- Die sicher allgemein bekannteste Aufstellungsart ist diejenige nach sachlichen/inhaltlichen Gesichtspunkten. Sie ist typisch für den Freihandbestand d. h. für den für Nutzer unmittelbar zugänglichen Bibliotheksbestand. Die inhaltliche Strukturierung erlaubt es dem Besucher, sich in einem großen Buchbestand schnell zu orientieren und das von ihm Gesuchte zu finden. Auch Bibliotheksneulinge kennen diese Art der Aufstellung aus Buchhandlungen, wo ebenfalls Kriminalromane in einer anderen Ecke zu finden sind als Reiseliteratur oder die Literatur zur nächsten Wirtschaftskrise.

Die Buchaufstellung in Bibliotheken ist oft eine Kombination aus mehreren Prinzipien. Denken Sie z. B. an eine Lehrbuchsammlung (funktionales Prinzip), in der die Lehrbücher nach einer groben Systematik der Fächer aufgestellt sind (sachliches Prinzip) und innerhalb eines Faches nach dem Alphabet des ersten Autors (formales Prinzip).

Bevor die Buchaufstellung näher und unmittelbar betrachtet werden soll, gilt es noch, sich zwei wichtige Gegensatzpaare von Möglichkeiten der Buchpräsentation anzusehen. Es sind dies die Paare „Freihandbestand / Magazinbestand" sowie „Präsenzbestand / Ausleihbestand".

3.2 Freihandbestand versus Magazinbestand

Die Unterscheidung zwischen Freihandbeständen und Magazinbeständen betrifft den Grad der Zugänglichkeit der Büchersammlung für den Benutzer. Bücher in der Freihandaufstellung sind für den Bibliotheksbesucher unmittelbar zugänglich. Man spricht auch von „offenen Beständen".

Benutzer lieben die Freihandaufstellung, denn sie finden sich in einer Situation, die sie aus Buchhandlungen und von ihrer eigenen kleinen Büchersammlung kennen. Sie erhalten einen direkten und sofortigen Überblick über die vorhandene Literatur und können jedes Medium aus dem Regal nehmen und auf Relevanz prüfen. Soweit der Freihandbestand systematisch aufgestellt ist, entfällt auch die Katalogrecherche im Onlinekatalog. Es muss keine Bestellung aus dem Magazin ausgeführt werden und natürlich muss nicht Stunden oder gar Tage gewartet werden, bis das Medium von den Bibliothekaren bereitgestellt wird. Aber wie jedes Paradies birgt auch dieses Paradies Gefahren. Nur allzu leicht glauben die Nutzer, alle einschlägige Literatur direkt vor sich im Regal stehen zu haben. Womöglich wurde aber wenige Minuten zuvor das relevanteste Buch von einem anderen Nutzer entnommen. Gegen diese Gefahren hilft letztendlich dann doch nur eine entsprechend gründliche Katalogrecherche.

Für Bibliotheken halten sich die Vor- und Nachteile der Freihandaufstellung gegenüber der Magazinaufstellung die Waage. Unter dem Gesichtspunkt der Nutzerorientierung – wir haben ja schon ausreichend darauf hingewiesen, dass dies der wichtigste Gesichtspunkt für Bibliotheken sein sollte – ist die Freihandaufstellung optimal. Zwei gewichtige Nachteile sind allerdings damit verbunden: Der Platzbedarf bei der Freihandaufstellung ist wesentlich größer und sie ist deutlich arbeitsintensiver, also mit höherem Personalbedarf verbunden als die Aufstellung in einem Magazin.

In einem Freihandbereich ist der Bediengang zwischen zwei Regalreihen so groß zu halten, dass zwei Personen bequem aneinander vorbeigehen können. Er fällt damit deutlich größer aus (1,10 m bis 1,50 m) als im nichtöffentlichen Magazin (0,80 m bis 0,90 m). Auf weitere Möglichkeiten zum Platzsparen in Magazinen – Formattrennung, Fahrregalanlagen – wird später noch eingegangen.

Ein Freihandbestand ist pflegeintensiv. Er muss nach Möglichkeit wöchentlich geordnet und regelmäßig einer Revision unterzogen werden, denn die Freihandaufstellung bedingt eine viel höhere Gefahr des Verstellens der Bücher oder gar des Diebstahls und der Beschädigung.

Die Freihandaufstellung ist typisch für Öffentliche Bibliotheken, Institutsbibliotheken von Universitäten mit zweischichtigem Bibliothekssystem, Teilbibliotheken einschichtiger Universitätsbibliotheken, Hochschulbibliotheken, Lesesäle von Landes- und Staatsbibliotheken, Lehrbuchsammlungen, Studentenbüchereien sowie Spezialbibliotheken. Wertvoller Altbestand und Sondersammlungen werden nicht in Freihandaufstellung angeboten. Auch hiervon gibt es allerdings Ausnahmen wie z. B. den Forschungslesesaal der Staats- und Universitätsbibliothek Göttingen.

Bei Magazinaufstellung sind der Benutzer- und der Buchbereich streng getrennt und man spricht von „geschlossenen Beständen". Für Benutzer bedeutet dies, dass der Zugang zu den Büchern nur über eine Katalogrecherche und einen Bestellvorgang mit mehrstündiger bis mehrtägiger Wartezeit führt. Ein Schmökern (Browsing), ein Anlesen und damit verbundene „Überraschungsfunde" sind nicht möglich.

Dafür können die Bibliotheken durch eine Magazinaufstellung enorm viel Platz einsparen und diesen optimal nutzen. Die Deckenhöhen in Magazinen können der Greifhöhe eines mittelgroßen Menschen angepasst werden. Fahrregalanlagen können eingebaut werden, und da die Bücher nicht systematisch aufgestellt sind, somit eine thematische Zusammengehörigkeit unwichtig ist, können die Bücher auch getrennt nach Formaten (typisch sind die drei Formate Oktav, Quart und Folio) in die Regale gestellt werden. Dadurch kann der Abstand der

Regalböden optimiert werden. Insgesamt lassen sich auf diese Weise im gleichen Rauminhalt etwa dreimal so viele Bücher unterbringen als bei Freihandaufstellung.

Eine Aufstellung nach rein formalen Gesichtspunkten, man spricht auch von einer mechanischen Aufstellung, erfordert zudem weniger Verwaltungsaufwand, da keine Systemstellen vergeben werden müssen und die Erstellung und Pflege einer Systematik entfällt. Da ausschließlich Fachpersonal Zugang hat, gibt es kaum verstellte Bücher oder Diebstähle und Beschädigungen. Statt großer Revisionen ist die Verfolgung einzelner Verlustfälle meist ausreichend.

Die Magazinaufstellung ist typisch für alle Bibliotheken, deren Bestand sich auf mehrere Millionen Bücher beläuft wie Nationalbibliotheken, Landes- und Staatsbibliotheken und Zentralbibliotheken von Universitäten. Alle Bibliotheken versuchen dabei so vorzugehen, dass selten benutzte Literatur in die Magazine kommt und neuere, häufig genutzte im Freihandbereich steht, auch wenn dieser sich auf den begrenzten Raum eines Lesesaales beschränken muss.

3.3 Freihandmagazine

Einigen Bibliotheken ist es gelungen, ihre vorhandenen Magazine in öffentlich zugängliche Freihandmagazine umzuwandeln. Natürlich ist dies nur in den Fällen möglich, in denen keinerlei feuerpolizeilichen oder sonstigen sicherheitsrelevanten Bedenken bestehen. Die frei zugänglichen Bestände verbleiben dabei meist in formaler Aufstellung in den bisherigen magazinartigen Räumlichkeiten. Eine Katalogrecherche ist für die Kunden zur Ermittlung der Signatur eines gesuchten Buches zwar weiterhin unabdingbar, im Erfolgsfall kann jedoch durch den Nutzer sofort und ohne Wartezeit auf das gefundene Werk zugegriffen werden. Diese Form der Bestandspräsentation ist bei manchen Bibliothekaren nicht sehr beliebt, da hierbei die klassische Dreiteilung der Bibliotheksräumlichkeiten in öffentlich zugänglichen Benutzungsbereich, geschlossenen Magazinbereich und Verwaltungsbereich aufgehoben wird.

Die positive Resonanz der Nutzer und das dauerhafte weitgehend reibungslose Funktionieren von Freihandmagazinen zeigen allerdings eindrücklich, dass die freie Zugänglichkeit der Bestände nicht notwendigerweise mit einer sachlichen Aufstellung verbunden sein muss.

3.4 Präsenzbestand versus Ausleihbestand

Diese Unterscheidung betrifft den Grad der Ausleihbarkeit der Bestände bzw. den Ort ihrer Benutzung. Präsenzbestände verbleiben dabei grundsätzlich in den Räumlichkeiten der Bibliothek und werden allenfalls über Nacht oder über ein Wochenende, soweit die Bibliothek am Wochenende geschlossen ist, ausgeliehen. Oft kommt nur ein kleiner, privilegierter Kreis von Nutzern (z. B. die Professoren einer Hochschule) in den Genuss dieser Sonderausleihe.

Präsenzbibliotheken sind im angelsächsischen Raum (reference libraries) wesentlich stärker verbreitet als in Deutschland. Die Deutsche Nationalbibliothek stellt in Deutschland das prominenteste Beispiel einer reinen Präsenzbibliothek dar. Die großen deutschen Staats- und Universitätsbibliotheken sind trotz ihres Archivierungsauftrages typische Ausleihbibliotheken, die ihr neuestes Bestandssegment mit gewissen Einschränkungen in eine Ausleihe nach Hause geben. Die Vorteile einer Präsenznutzung sind dabei folgende:

- da sich die Bücher immer im Haus befinden, können mehrere Benutzer kurzfristig darauf zugreifen
- die strengen Zulassungsformalitäten für Nutzer können entfallen
- Bestellung und Ausleihe entfallen (nicht für Präsenzbestände, die vom Magazin in die Lesesäle bereitgestellt werden, genauer in die Lesesäle ausgeliehen[12] werden)
- keine Gefährdung der Bücher durch unsachgemäßen Transport von und zur Bibliothek
- keine Verluste durch nicht zurückgegebene Bücher
- die Bedingungen unter denen die Bücher kopiert werden, können kontrolliert, d.h. weitgehend buchschonend ausgestaltet werden

Die Nachteile der Präsenznutzung sind:
- der Benutzer ist an die Öffnungszeiten der Bibliothek gebunden
- nicht jeder Benutzer kann oder will in einem Lesesaal arbeiten
- das Platzangebot in einem Lesesaal ist beschränkt
- erhöhte Gefahr durch Diebstahl, da keine Kontrolle durch Ausleihverbuchung
- ständige Aufsicht im Lesesaal sowie an den Zu- und Ausgängen ist notwendig
- der Benutzer kann nicht (ohne weiteres) gleichzeitig mit den Büchern aus mehreren Präsenzbeständen arbeiten

---

[12] Es ist eindeutiger, von einer Ausleihe zu sprechen, da die Werke nur für einen einzigen Nutzer im Lesesaal bereitgestellt werden.

Typische Präsenzbestände sind Nachschlagewerke und Lexika sowie Quellenwerke, Handbücher, Wörterbücher, Bibliographien und Kataloge. Dazu kommen alle „gefährdeten" Werke wie der Altbestand (z. B. älter als hundert Jahre), wertvolle Bücher (Kunstdrucke, Faksimile-Ausgaben usw.), Loseblattausgaben, ungebundene Zeitschriftenhefte und Kleinschrifttum. Manche Bibliotheken leihen auch Zeitschriftenbände nicht aus, da die heute gängigen (weil bezahlbaren) Klebebindungen nicht für das Kopieren mit üblichen Kopierern geeignet sind. In der kontrollierten Umgebung der Bibliothek können z. B. ausschließlich buchschonende Aufsichtsscanner zum Einsatz kommen.

Typische Präsenzbibliotheken sind Nationalbibliotheken, Fach- und Spezialbibliotheken, Behörden- und Parlamentsbibliotheken sowie Instituts- und Seminarbibliotheken.

Von Ausleihbestand bzw. einer Ausleihbibliothek wird gesprochen, wenn die Bücher dem Leser auf Zeit (meist für vier Wochen) zur häuslichen Benutzung überlassen werden. Die Vorteile eines Ausleihbestandes sind:
- der Benutzer kann mit den Büchern zu Hause arbeiten und ist damit von den Öffnungszeiten und den Bedingungen in einem Lesesaal unabhängig
- gleichzeitige Bearbeitung von Büchern aus mehreren Bibliotheken ist möglich (dieser Vorteil besteht nur bedingt, da auch viele Bibliotheken das Mitbringen der nutzereigenen Bücher und von entliehenen Büchern anderer Bibliotheken in ihre Lesesäle und Freihandbereiche zulassen)
- keine Aufsicht notwendig
- Diebstahl nicht möglich (jedoch Unterschlagung durch Verweigerung der Rückgabe)

Die Nachteile eines Ausleihbestandes sind:
- Zulassungsformalitäten sind unverzichtbar
- Ausleihe muss von der Bibliothek eingerichtet und verwaltet werden
- Mahnverfahren ist notwendig
- die Gefahr einer möglichen Beschädigung durch den Transport und sonstige unsachgemäße Behandlung der Bücher (z. B. Anstreichungen und Einträge im Buch) ist größer
- Buchverluste durch Verweigerung der Rückgabe
- die Bücher sind für die Zeit der Ausleihfrist für andere Benutzer nicht zugänglich

Ausleihbestände sind üblicherweise Studienliteratur, Bestände der Lehrbuchsammlungen, populäre Literatur und Belletristik sowie Kinder- und Jugendliteratur.

Typische Ausleihbibliotheken sind universitäre Zentralbibliotheken, wissenschaftliche Allgemeinbibliotheken, Hochschulbibliotheken, Stadtbibliotheken und Büchereien. Reine Präsenz- und reine Ausleihbibliotheken sind eher selten; meist gibt es Mischformen aus beiden Typen, wobei der Schwerpunkt auf einer der beiden Möglichkeiten liegt. Auch der Archivauftrag einer Bibliothek rechtfertigt bei objektiver Betrachtung nicht hundertprozentig den Präsenzcharakter einer Bibliothek, da die Diebstahlsrate in Präsenzbeständen relativ hoch ist und durchaus die Größenordnung von nicht zurückgegebenen oder beschädigt zurückgegebenen Ausleihbeständen erreicht. Buchsicherungsanlagen bieten keinen hundertprozentigen Schutz und haben nur bei „Gelegenheitsdieben" eine abschreckende Wirkung. Die annähernd perfekte Diebstahlssicherung gab es wohl nur im Mittelalter als die Bibliotheksbände mit schweren Eisenketten an den Regalen befestigt waren.

3.5 Aufstellungsarten

Es gibt im bibliothekarischen Umfeld vier grundlegende Aufstellungsarten. Die Aufstellung nach der Farbe der Buchrücken kommt allenfalls in bibliothekarischen „Showrooms", wie den Prunksälen von Klosterbibliotheken, vor:
- systematische Aufstellung (sachliches Prinzip)
- mechanische („akzessorische") Aufstellung (formales Prinzip)
- Gruppenaufstellung (sachliches Prinzip)
- alphabetische Aufstellung (formales Prinzip)

3.5.1 Systematische Aufstellung

Das Ordnungsprinzip der systematischen Aufstellungsart ist ein System der Wissenschaften, welches in einer Klassifikation oder Systematik abgebildet wird. Die Klassifikation / Systematik dient als Arbeitsgrundlage, indem die Bücher entsprechend ihrem Inhalt einer bestimmten Systemstelle zugeordnet werden. Die Bibliothek hat dabei immer die zwei Möglichkeiten, sich entweder eine eigene Systematik zu erstellen, die genau auf ihren Buchbestand und das Erwerbungsprofil abgestimmt ist (z. B. ist die Universitätsbibliothek der Technischen Universität München so vorgegangen) oder sich einer der bestehenden Klassifikationen zu bedienen. Beispiele für verbreitete Klassifikationen im Bereich der wissenschaftlichen Bibliotheken sind die Regensburger Verbundklassifikation (RVK), die Dewey-Dezimalklassifikation (DDC) oder die Universelle Dezimalklassifikation (UDC). Im öffentlichen Bibliothekssektor sind die Allgemeine Systematik für

Öffentliche Bibliotheken (ASB) oder die Klassifikation für Allgemeinbibliotheken (KAB) Beispiele für verbreitete Systematiken. Der Vorteil einer hauseigenen Systematik ist, dass man sie schnell und unbürokratisch den neuen Entwicklungen der Wissenschaften aber auch des eigenen Hauses anpassen kann. Dafür muss diese Anpassungsarbeit von dieser Bibliothek im Alleingang erbracht werden. Schließt man sich einer bestehenden Systematik an, so sind Änderungen nur noch in Abstimmung mit den anderen Anwenderbibliotheken, meist über eine zentrale Redaktion, möglich. Dafür profitiert man von der Arbeit aller beteiligten Institutionen. Erstbesucher der Bibliothek haben die Systematik womöglich schon an andrer Stelle kennengelernt und orientieren sich dadurch wesentlich einfacher.

Die systematische Aufstellung im Freihandbestand ist das Ideale für den Benutzer, aber die aufwendigste Präsentationsform für die Bibliotheksverwaltung. Der Bibliothekskunde kann sich direkt am Regal orientieren. Da die Literatur zu einem Thema weitgehend zusammengefasst ist, erhält er einen schnellen Überblick über die Literatur eines Faches und falls ein Buch ausgeliehen ist, kann er meist auf ein anderes zum gleichen Thema ausweichen. Die Arbeit mit dem Katalog kann für den Nutzer häufig entfallen, auf jeden Fall dann, wenn es ihm nur um einen Einstieg in sein Thema und nicht um einen vollständigen Überblick geht.

Die Nachteile betreffen meist nur die Bibliotheksverwaltung. Da im Prinzip bei jeder Systemstelle im Bestand Platz für Neuzugang gelassen werden muss, beansprucht diese Aufstellungsart sehr viel Raum. Eine Systematische Aufstellung ist zudem arbeitsintensiv. Dies beginnt bei der Einarbeitung eines Werkes mit der Zuweisung einer Systemstelle und ist natürlich verbunden mit der laufenden Pflege dieser Systematik. Jede Systematik unterliegt – wie die Wissenschaften – einem ständigen Wandel, daher müssen gelegentlich Bücher umsigniert werden oder es muss durch Rücken in den Regalen Platz für neue Bücher geschaffen werden. Für die Bibliotheksbesucher gilt es, sich mit der Systematik vertraut zu machen, um effizient damit arbeiten zu können und der Umgang mit den tendenziell langen Signaturen erschwert dieses Arbeiten zusätzlich.

3.5.2 Mechanische Aufstellung

Die Bücher werden nach dem Zugang in der Bibliothek aufgestellt, ohne jede Rücksichtnahme auf ihren Inhalt. Da die Aufstellung mechanisch („akzessorisch"), nach einer laufenden Nummer erfolgt, spricht man auch von Numerus currens. Bei dieser Aufstellungsart, die nur bei Magazinbeständen vorkommen sollte – aber wie wir weiter oben gesehen haben, auch in Freihandmagazinen den

Besuchern mit Erfolg „zugemutet" wird –, ist eine Unterteilung nach Formaten üblich, um den Platzgewinn noch zu steigern. Zeitschriften und Serien werden gewöhnlich in eigenen Gruppen mit mechanischer Ordnung zusammengefasst. Die Vorteile dieser Aufstellungsart liegen eindeutig bei der Bibliotheksverwaltung, da die einfach zu bildenden Signaturen auch von angelernten Kräften vergeben werden können. Für die Magazinbewirtschaftung und den Betrieb einer großen Bibliothek ist es außerdem sehr hilfreich, dass die am stärksten genutzte Literatur, die neuesten 10 bis 20 Jahrgänge, sehr einfach von der älteren und weniger nachgefragten Literatur getrennt werden kann. Jede größere Bibliothek hat schwerer zugängliche Magazinbereiche oder gar Außenmagazine und wird solche Maßnahmen bei der Magazinbewirtschaftung ergreifen.

Für Nutzer ist diese Form der Buchpräsentation, wenn auch nicht gerade ungeeignet, so doch deutlich schlechter geeignet als die systematische Aufstellung. Das direkte Auffinden eines Buches ohne Kenntnis der Signatur d.h. in der Regel ohne Katalogrecherche ist nicht möglich.

3.5.3 Gruppenaufstellung

Die Gruppenaufstellung ist eine Mischung aus den beiden vorgenannten Aufstellungsarten. Die Bücher werden in verschiedene sachliche Gruppen eingeordnet; innerhalb der Gruppen folgt die Aufstellung formalen Prinzipien. Dies kann eine mechanisch-chronologische Ordnung nach dem Zugang sein und man spricht in diesem Fall von einer „offenen Gruppe" oder eine alphabetische Ordnung, meist nach dem Verfassernamen, und man spricht von einer „geschlossenen Gruppe". Die Gruppenaufstellung wird häufig in Kombination mit der Formattrennung angewandt. Gibt es wenige große (weite) Gruppen (Größenordnung: 20–40 Gruppen mit mehreren tausend Büchern pro Gruppe), liegen die Eigenschaften der Gruppenaufstellung mehr bei denen der mechanischen Aufstellung. Bei vielen kleinen (engen) Gruppen (Größenordnung: 200–400 Gruppen mit mehreren hundert Büchern pro Gruppe) ähneln die Merkmale eher der systematischen Aufstellung.

Bei einem kleineren Buchbestand (ein- bis zweihunderttausend Bände) ist bei engen Gruppen am Regal noch eine grobe sachliche Orientierung möglich. Gruppenaufstellung findet sich daher auch bei kleineren Freihandbeständen, wobei die Pflege einer Gruppensystematik wesentlich weniger aufwendig ist als die Pflege einer ausführlichen Systematik.

Bei offenen Gruppen gibt es Neuzugang nur am Ende einer Gruppe. Dies ist platzsparend und es muss anders als bei geschlossenen Gruppen nicht ständig gerückt werden. Bei manchen Bibliotheken ist insbesondere der Altbestand im Magazin in Sachgruppen kombiniert mit Formattrennung aufgestellt.

Bei einem größeren Buchbestand ist eine sachliche Orientierung am Regal nicht mehr gegeben und daher konsequenterweise die mechanische Aufstellung im Hinblick auf die Magazinbewirtschaftung klar zu bevorzugen.

3.5.4 Aufstellung nach dem Alphabet der Autoren oder der Titel

In seltenen Fällen findet man neben den drei oben angesprochenen Möglichkeiten zur Aufstellung noch Sonderformen wie eine Aufstellung nach dem Alphabet der Autoren oder nach dem Alphabet der behandelten Personen (Künstler, Architekten usw.). Insbesondere in kleineren Instituts- oder Lehrstuhlbibliotheken trifft man auf solche Sonderformen, die für ausgewiesene Kenner eines Faches eine sehr gute Orientierung bieten, denn diese wissen sehr genau, welcher Autor zu welchem Thema veröffentlicht hat. Für Neulinge und Studierende sind solcherhand alphabetisch aufgestellte Fachbibliotheken nur über die Kataloge vollständig zugänglich.

3.6 Buchformate

In Bibliotheken werden in der Regel drei gängige Formate anhand der Höhe des Buchrückens unterschieden. Das Oktav-Format umfasst alle Bücher bis zu einer Buchrückenhöhe von maximal 25 cm. Die Formatbezeichnungen lauten meist 8 °, 8 oder A. Da das Oktav-Format mit Abstand das häufigste Format ist, wird beim Oktav-Format auch sehr oft auf die Angabe der Formatbezeichnung verzichtet. Dem Quart-Format sind alle Bücher mit 25 bis 35 cm Buchrückenhöhe zugeordnet und man findet die Formatbezeichnung 4 °, 4 oder B. Das Folio-Format, das größte der Standardformate, beinhaltet alle Bücher mit einer Buchrückenhöhe über 35 cm. Die Formatbezeichnung lautet 2 °, 2 oder C. Die Formatbezeichnungen sind in der Regel Teil der Signatur.

Neben diesen drei Standardformaten gibt es Sonderformate für Atlanten sowie spezielle Tafelwerke mit deutlich über 50 bis 60 cm Buchrückenhöhe. Diese Sonderformate sind außer in geowissenschaftlichen Bibliotheken eher selten und werden von Bibliotheken in der Regel in speziellen Regalen für Überformate oder einfach liegend (sehr platzaufwendig aber auch sehr buchschonend) aufbewahrt.

3.7 Signaturen und Signatursysteme

Die Signatur (auch Standortnummer oder Standortbezeichnung) bestimmt den Standort eines Buches / Mediums im Gesamtbestand einer Bibliothek, ist darüber hinaus das Bindeglied zwischen Bestand und Katalogen, indem die Signatur im Katalog bei der entsprechenden Titelaufnahme verzeichnet wird und dient insgesamt zur Aufrechterhaltung einer vorgegebenen Ordnung.

Während eine Lokalsignatur den Standort des Buches in Relation zu allen anderen Büchern exakt festlegt, erlaubt eine bewegliche Signatur die leicht zu handhabende Umstellung eines Buches beispielsweise aus einer Fachbereichsbibliothek an das Magazin einer Universitätsbibliothek. Zu diesem Zweck enthält die bewegliche Signatur ein Lokalkennzeichen (LKZ), welches z. B. für eine Teilbibliothek, eine Institutsbibliothek oder das Magazin stehen kann. Wenn an beiden Standorten die gleiche Aufstellungsart gewählt wurde (z. B. systematische Aufstellung), so muss – für beide Standorte gilt exakt die gleiche Aufstellungssystematik – nur das Lokalkennzeichen geändert werden, das in der Regel aus zwei bis vier Ziffern besteht und den ersten Bestandteil der Gesamtsignatur bildet.

> Beispiel: Das „Handbuch der sonderpädagogischen Psychologie" bekommt die (systematische) Signatur DT 1000 B726. Es erhält zunächst das Lokalkennzeichen „72" für die entsprechende Teilbibliothek und somit die Gesamtsignatur: 72 DT 1000 B726. Wird das Handbuch ans Magazin gestellt (weil eine Neuauflage erscheint), kennzeichnet das geänderte LKZ „0001" den neuen Standort am Magazin: 0001 DT 1000 B726.

Eine Gruppensignatur gilt für mehrere Bände, eine Individualsignatur kennzeichnet jeden Band einzeln. Waren Gruppensignaturen früher weit verbreitet, so sind sie durch den mittlerweile nahezu flächendeckenden Einsatz der Datenverarbeitung sehr selten geworden. Ein IT-System braucht zwingend eindeutige Individualsignaturen, um fehlerfrei arbeiten zu können.

> Beispiel: Die 142 Bände der Weimarer Goethe-Ausgabe von 1887 ff. erhalten für die Freihandaufstellung die (systematische) Gruppensignatur 910 d 2261. Wenn sie in die Katalogdatenbank und ins Ausleihsystem aufgenommen werden, erhalten die Einzelbände Individualsignaturen: 910 d 2261-1 -- 910 d 2261-2 usw.

Sogenannte reine oder homogene Signaturen bestehen nur aus Zahlen oder nur aus Buchstaben.

> Beispiele: 4 88.1234 oder 960-18

Gemischte Signaturen bestehen aus Zahlen und Buchstaben.

> Beispiele: 4 Bavar. 99.99 oder Z 42.13-5

Gemischte Signaturen sind insgesamt wesentlich einprägsamer und daher homogenen Signaturen vorzuziehen. Arabische Zahlen sind von der Lesbarkeit her grundsätzlich besser als römische und Großbuchstaben entsprechend eindeutiger als Kleinbuchstaben.

> Beispiele für missverständliche Signaturen: DD.I 82.72 oder Philol. 18 g missverständlich zu Philol. 18 q (Gleiches gilt z. B. für handschriftliche Exponenten wie i oder l.)

3.8 Anforderungen an Signaturen

Signaturen sollten möglichst kurz und einfach, leicht zu schreiben, zu lesen, gut auszusprechen und zu hören, zu merken und zu ordnen sein. Ganz entscheidend ist, dass sie EDV-gerecht sind. Probleme bereiten insbesondere Exponenten[13] (hochgestellte Kleinbuchstaben oder Ziffern), Sonderzeichen und Bruch-Signaturen. In diesem Punkt ist ein wesentlicher Nachteil alter (v. a. handschriftlicher) Kataloge zu sehen, die noch nicht konvertiert, d. h. in eine Datenbank überführt worden sind und in diesem Zuge EDV-kompatibel gemacht wurden. Benutzer bedürfen bei der Arbeit mit solchen Signaturen der besonderen Hilfe des Bibliothekspersonals.

3.8.1 Aufstellungsart und Signatur

Je nach Aufstellungsart haben sich unterschiedliche Signaturtypen gebildet. Dies bedeutet im Umkehrschluss, dass man von einer bekannten Signatur meist auf die Aufstellungsart schließen kann.

Bei systematischer Aufstellung besteht die Signatur grundsätzlich aus Systemstelle und Buchnummer. Die Art und Form der „weiteren Unterscheidungen" hängt davon ab, ob innerhalb einer Systemstelle sachlich, alphabetisch oder mechanisch aufgestellt wird.

---

[13] Um an großen Bibliotheken mit hohem Neuzugang die fortlaufenden Nummern nicht allzu groß werden zu lassen, wurden sie mit Ziffern- oder Buchstabenexponenten (hoch gestellte Ziffern oder Kleinbuchstaben) aufgeteilt: z. B. Anat. 834^a, Anat. 834^b, Anat. 834^c, Anat. 834^d usw.

Beispiele für Signaturen bei systematischer Aufstellung:

Hbl/026 C 354-2 (Lesesaalsystematik der Bayerischen Staatsbibliothek nach Hirschberger)

Dabei ist: Hbl Lokalkennzeichen; 026 Systemstelle bzw. Notation; C Länderschlüssel; 354 Formalschlüssel; -2 Bandzählung

99/ZG 9170 P527(3)-5+4 (Regensburger Verbundklassifikation)

Dabei ist: 99 Lokalkennzeichen; ZG 9170 Systemstelle bzw. Notation bestehend aus Hauptgruppe und Untergruppe; P527 Cutterung bzw. Verfasser-Titel-Code; (3) Auflage; -5 Bandzählung; +4 Zählung der Mehrfachexemplare

0003/PHY 081f 2011 L 12-2(5)+3 (Systematik der TUB München)

Dabei ist: 0003 Sigel bzw. Lokalkennzeichen; PHY 081f Systemstelle bestehend aus mnemotechnischer Hauptgruppe, Untergruppe (drei Ziffern) und Formalschlüssel (f steht z. B. für Monographie); 2011 Erwerbungsjahr (nicht Erscheinungsjahr!); Formatangabe mit einem Großbuchstaben A, B oder C, bei Lehrbüchern steht ein L; 12 laufende Ziffer; -2 Bandzählung; (5) Auflage; +4 Zählung der Mehrfachexemplare

Bei mechanischer Aufstellung besteht die Signatur mindestens aus der Formatangabe (das Standardformat Oktav wird häufig nicht angegeben), dem Zugangsjahr und der laufenden Nummer.

Beispiele für Signaturen bei mechanischer Aufstellung:

4° 89.1786-5,2,a (Numerus-Currens-Signatur mit mehrteiliger Bandzählung)
B 36.821,III(1 (Numerus-Currens-Signatur mit Unterreihe und Bandangabe)
Z 2000.336-1990/91 (Numerus-Currens-Zeitschriftensignatur mit Jahrgangsangabe)

Bei Gruppenaufstellung besteht die Signatur aus der Gruppenbezeichnung und einer Individualisierung, entweder durch die Verschlüsselung des Verfassernamens (alphabetisch) oder durch die Verwendung einer laufenden Nummer (bei mechanischer Unterordnung). Dazu kommt eventuell die Formatangabe.

Beispiele:
2 Eph. pol. 89 d-3,1
Dabei ist: 2 Formatangabe; Eph. pol. Fachgruppe; 89 laufende Nummer; d Exponent; 3,1 mehrteilige Bandzählung
PVA 2000.34-1
Dabei ist: PVA funktionale Gruppe (Zugangsart Pflichtabgabe); 2000 Jahresangabe; 34 laufende Nummer; 1 Bandangabe

Philol. 25 t,NF, II-73

Dabei ist: Philol. Fachgruppe; 25 laufende Nummer; t Exponent; NF Unterreihe („Neue Folge"); II „Unter-Unterreihe"; 73 Bandangabe

3.8.2 Alphabetische Unterordnung nach der Cutter-Methode

Diese Methode wurde von dem amerikanischen Bibliothekar Charles A. Cutter (1837–1903) entwickelt. Sie dient bei alphabetisch geordneten Beständen (z. B. Belletristik) der Vergabe von Individualsignaturen. Zum gleichen Zweck wird sie bei systematischer Aufstellung zur Untergliederung innerhalb einer Systemstelle verwendet.

In der Regensburger Verbundklassifikation (RVK) bilden Notation und „Cutterung" (Verfasser-Titel-Code) im Normalfall zusammen die Individualsignatur. Dem Anfangsbuchstaben des Verfassernamens (oder eines anderen alphabetischen Ordnungskriteriums) wird eine ein- bis dreistellige Zahl zugeordnet, die die folgenden Buchstaben ersetzt. Die jeweiligen Ziffernfolgen und ihre Verschlüsselung werden den sog. Cutter-Tafeln entnommen („*Cutter Sanborn Three-Figure Author Table*"). Wenn ein Name in den Tafeln nicht enthalten ist, so ist die Zahl des alphabetisch vorausgehenden Namens zu verwenden.

Sind innerhalb einer Systemstelle mehrere Werke eines Verfassers vorhanden, so wird z. B. auch der Sachtitelanfang „gecuttert", damit eine Individualsignatur entsteht. Man spricht dann von einer Zusatzcutterung.

Beispiele:
64/GM 7651 G727 (einfache Cutterung)
99/ZX 1800 A512 P2 (Mehrfachcutterung)
Vor der systematischen Signatur steht jeweils das Lokalkennzeichen, in diesen Fällen ein Standort in einer Fachbereichsbibliothek.

Weiterführende Literatur

Deutsches Institut für Normung: DIN-Fachbericht 13, Bau- und Nutzungsplanung von Bibliotheken und Archiven: Ersatz für DIN-Fachbericht 13:1998. Berlin u.a. 2009.
Handbuch zur Regensburger Verbundklassifikation. Materialien zur Einführung. Wiesbaden 2008.
Lohse, Hartwig: Buchaufstellung in deutschen wissenschaftlichen Bibliotheken. Bonn 1974.

4 Magazine und Magazinverwaltung

4.1 Ideale Bedingungen zur Lagerung von Büchern

Die Art der Aufbewahrung der Bücher muss in wissenschaftlichen Bibliotheken sowohl der Benutzungs- als auch der Archivfunktion gerecht werden. Die Bücher müssen nicht nur dauerhaft über Jahrzehnte und Jahrhunderte verwahrt werden, sondern werden immer wieder für einen kurzen Zeitraum der Ausleihe zur Verfügung gestellt. Daher müssen Magazinräume ein Klima aufweisen, das Büchern und anderen Medien eine möglichst lange Lebensdauer garantiert, sie aber auch als Arbeitsplätze der Magazinmitarbeiter geeignet macht. Besonders schädlich sind rasche Veränderungen des Raumklimas. Daher muss es in Büchermagazinen möglich sein, die wichtigsten Klimaparameter – die Temperatur und die relative Luftfeuchte – zu überwachen und zu steuern. Kellerräume, die nicht ausreichend klimatisiert sind, oder Räume ohne Heizung sind als Büchermagazine schlicht ungeeignet. Ideal für Magazine sind hingegen Räume mit dickem Ziegelmauerwerk (50 cm und mehr), welches kurzfristige Temperatur- und Feuchtigkeitsschwankungen weitgehend ausgleicht. Unter diesen Bedingungen kann sogar, abgesehen von unzureichend isolierten Kellerräumen, auf eine teure Vollklimatisierung verzichtet und eine im Unterhalt wesentlich kostengünstigere Be- und Entlüftungsanlage in Kombination mit einer Heizung installiert werden.

Bei der Festlegung der idealen Klimabedingungen für ein Bibliotheksmagazin gilt es einige Gegebenheiten zu berücksichtigen:
- chemische Reaktionen, auch diejenigen, die zum Abbau von Bibliotheksmaterialien beitragen, sind umso langsamer, je tiefer die Temperatur ist
- kalte Luft kann weniger Wasser aufnehmen als warme Luft. Die relative Luftfeuchte ist daher bei tieferen Temperaturen schwerer kontrollierbar
- für Magazinmitarbeiter, für die das Bibliotheksmagazin ein Dauerarbeitsplatz ist, sind Temperaturen unter 18 °C kaum zumutbar
- für Medien, die für eine Ausleihe bestellt und bereitgestellt werden, dürfen sich die Klimabedingungen nicht wesentlich verändern, da die Medien ansonsten einer zeit- und personalaufwendigen Akklimatisation unterzogen werden müssten
- ab einer relativen Luftfeuchtigkeit von ca. 60 % beginnt sich bei Raumtemperatur mikrobiologisches Leben zu entwickeln. Und dieses Leben wird umso reger, je höher die relative Luftfeuchte oder die Temperatur ansteigt. Nahezu alle Materialien aus denen Bücher bestehen, sind organischen Ursprungs und kommen bestens als Nährboden für Mikroorganismen in Frage

Ideale Bedingungen zur Lagerung von Büchern — 53

Abb. 6: Ein moderner Magazinraum mit einer elektronisch gesteuerten Fahrregalanlage und ausreichenden Verkehrsflächen. BSB: H.-R. Schulz.

Abb. 7: Die Magazinierung von Altbestand stellt die Bibliotheken vor ganz besondere Herausforderungen. In Kapitel 7 wird darauf ganz besonders eingegangen. BSB: H.-R. Schulz.

- verschiedenartige in Bibliotheken aufbewahrte Medien und deren Materialien brauchen unterschiedliche Klimawerte (siehe Tab. 1.)

Unter Berücksichtigung aller Aspekte und nach dem heutigen Stand der Wissenschaft sind eine Temperatur von 17 °C bis 19 °C sowie eine relative Luftfeuchtigkeit von 50 % für Bücher ideal. Hinzu kommt, dass bei diesen Klimawerten neben Papier auch Pergament, Leder, Mikrofilme und Schwarzweißfotografien ein Klima im für sie optimalen Bereich vorfinden.

Für wertvolle Bücher, aber auch leicht beschädigte Bücher ist die Aufbewahrung in temperaturausgleichenden Kassetten aus säurefreiem Karton unbedingt zu empfehlen, da zudem jeder Abrieb bei Entnahme des Buches sowie ein versehentliches Anstoßen vermieden werden.

Tab. 1.: Für Bibliotheksmaterialien sind nach DIN ISO 11799 Anhang B folgende Werte für Temperatur und relative Luftfeuchte als optimal anzusehen.

Bibliotheksmaterial	Temperatur (°C)	Relative Luftfeuchte (%)
Papier	14–18 ± 1	35–50 ± 3
Pergament, Leder	2–18 ± 2	50–60 ± 3
Mikrofilm	21 ± 2	20–50 ± 5
Farbfilm (Negativ)	bis 10 ± 2	20–50 ± 5
Schwarzweißfotografie	18 ± 2	30–50 ± 5
Farbfotografie	2 ± 2	30–40 ± 5

Es sei nochmals betont, dass bei anhaltendem Regenwetter selbst in geschlossenen Räumen die relative Feuchte schon mal sehr schnell auf 65 % und mehr steigt. Ganz besonders trifft dies für Kellerräume zu. Daher ist in Magazinen unbedingt Sorge zu tragen, dass durch geeignete Be- und Entlüftung, verbunden mit einer Feuchtigkeitsregulation, die relative Luftfeuchte in dem idealen Bereich nahe 50 % verbleibt.

Bei den biologischen Schädlingen sind besonders die Schimmelpilze mit ihren papierzerstörenden und gesundheitsschädlichen Eigenschaften zu beachten. Die auskeimenden Sporen zerstören die Papierstruktur und machen damit das gesamte Buch unbrauchbar. Gesundheitliche Risiken entstehen durch die toxische und allergene Wirkung des Schimmelpilzes und seiner Sporen in hoher Konzentration. In geringer Konzentration sind Schimmelsporen jedoch allgegenwärtig und neben der Kontrolle von Temperatur und relativer Luftfeuchte sind eine ausreichende Belüftung oder ein permanentes Absaugen der Raumluft über spezielle Filter die beste vorbeugende Maßnahme gegen einen Schimmelbefall.

Bücher, auf denen es trotz aller Vorsicht zur sichtbaren Schimmelbildung gekommen ist, müssen vom restlichen Bestand sofort separiert werden und unbedingt einer fachmännischen Desinfektion und Reinigung unterzogen werden. Bücher mit akuten Wasserschäden sind besonders stark gefährdet und sollten umgehend bei –20 °C bis –30 °C tiefgefroren werden, um sie anschließend einer effizienten Gefriertrocknung zu unterziehen. Hierbei wird dem gesamten Buch das gefrorene Wasser durch schonende Sublimation[14] entzogen.

Zur genauen Messung und Überwachung der Klimadaten werden Thermohygrometer verwendet, deren Nutzung allerdings relativ umständlich ist. Elektronische Messgeräte, sog. Datalogger, die ihre Messergebnisse über das Datennetz auf einen Arbeitsplatzcomputer zur Auswertung geben, sind im täglichen Betrieb ungleich komfortabler und mittlerweile weit verbreitet. Sie verdrängen die alten Thermohygrometer mit ihren Messblättern und ihrer umständlichen Eichung.

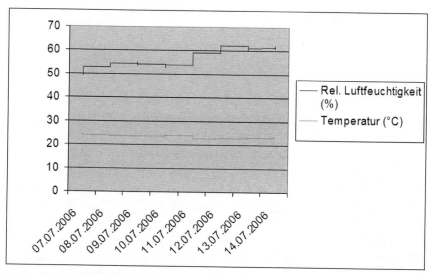

Abb. 8: Datalogger-Messung im Tiefkellermagazin der UB München in einer extrem schwülheißen Juliwoche 2006 mit ausgiebigen Schauern und Gewittern.

Neben zu hoher Luftfeuchte und Temperatur stellt der ultraviolette Anteil des Lichtes die größte unmittelbare Gefahr für Bücher dar. Den Leuchtkörpern in einem Magazinraum muss daher einiges an Beachtung geschenkt werden, denn

---

14 Die Sublimation ist der Phasenübergang eines Stoffes, in unserem Fall Wasser, vom festen Aggregatzustand direkt in den gasförmigen. Wasser sublimiert bei einem Luftdruck unter 0.006 bar und unterhalb einer Temperatur von 0 °C.

neben den Buch schonenden Aspekten müssen sie zugleich ein angenehmes ermüdungsfreies Arbeiten ermöglichen. Herkömmliche Leuchtkörper sind ungeeignet und es empfiehlt sich UV-arme Leuchtstoffröhren einzusetzen, die parallel zu den Regalachsen angebracht werden. Eine Lichtstärke von 200 bis maximal 300 Lux ist dabei ausreichend, um den Magazinmitarbeitern das problemlose Ablesen der Signaturen zu ermöglichen. Da aber auch UV-armes Licht den Büchern auf Dauer Schaden zufügt, sollte in den aktuell nicht begangenen Magazinbereichen kein Licht brennen. Ideal ist eine über Bewegungsmelder gesteuerte Lichtanlage. Es versteht sich von selbst, dass die direkte Sonneneinstrahlung unter allen Umständen zu vermeiden ist.

Für besondere Materialien gilt es in Bibliotheken auch besondere Lagerbedingungen zu schaffen. Farbfotografien, Negative von Farbfilmen und Magnetbänder (z. B. Videokassetten) werden am besten bei 2 °C bis 7 °C (Kühlschranktemperatur) und einer relativen Luftfeuchte von 30 % bis 40 % gelagert. Auf die optimalen Bedingungen für das „Alte Buch" wird im Kapitel 6 noch näher eingegangen.

4.2 Regalanlagen

Regale sind das zentrale Einrichtungselement in Magazinräumen, das wichtigste „Arbeitsmittel" der Magazinmitarbeiter neben den Bücherwagen sowie der unmittelbare Aufbewahrungsort der Medien. Aus diesen Gründen verdienen sie Beachtung. Regalanlagen in Magazinen werden ausschließlich unter funktionalen Gesichtspunkten und nicht unter ästhetischen Gesichtspunkten erworben. Dennoch üben mit Büchern bestückte Magazine auf die meisten Menschen einen großen Reiz aus und sind begehrtes Ziel bei Führungen oder Tagen der offenen Tür. In manchen älteren Magazinräumen finden sich noch Regale aus Holz oder Metallregale mit Holzfachböden. Werden heute neue Regale in ein Magazin eingebaut, so gebietet schon der Brandschutz die ausschließliche Verwendung von Stahlregalen. Die Fachböden eines Standardregals sind ca. 1 Meter breit und die Regale zwischen 2 Meter und maximal 2,25 Meter hoch, so dass die Bücher auch vom obersten Fachboden ohne zusätzliche Hilfsmittel wie Tritthocker entnommen werden können. Die berühmte verschiebbare Buchregalleiter – in manchen Filmen dekorativ eingesetzt – ist in Standardmagazinen fehl am Platz. Sie verlangsamt das Ausheben und Rückstellen der Bücher und ist darüber hinaus ein unnötiges Unfallrisiko. Die Tiefe der Regalbleche ist bei diesen Anlagen innerhalb gewisser Grenzen (in der Regel zwischen 20 bis 50 Zentimeter) frei wählbar und kann so den Büchern angepasst werden. 25 Zentimeter Tiefe hat sich für Oktav- und Quart-Formate als ausreichend erwiesen. Nur die Folianten müssen in Regalen mit tieferen Blechen untergebracht werden (30 bis 50 Zentimeter). Die Tragfähigkeit eines Fachbodens (Fachlast) sollte so ausgelegt sein, dass er auf Dauer eine Nutzlast von nicht weniger als 70 Kilogramm tragen kann, ohne sich zu verformen.

Wichtig ist, dass sich die Fachböden trotz hoher Stabilität leicht aus- und einhängen lassen und dass diese mit hoher Variabilität alle paar Zentimeter (ca. 1,5 bis max. 2,5 Zentimeter) in den Regalkorpus eingehängt werden können. Die üblichen Regale in Magazinen sind sogenannte Mittelpfostenregale[15]. In einem Regal mit sechs Einlegeböden können durchschnittlich 200 Bände untergebracht werden. In Magazinen sind die Achsabstände gering (ca. 1,20 Meter bis 1,40 Meter), so dass sich Durchgangsbreiten für die Bediengänge von nur 80 Zentimeter bis einen Meter ergeben.

Bei der Auswahl der Regalanlage ist neben der Stabilität ganz besondere Beachtung auf die Beschichtung der Fachböden zu legen. Eine einfache Lackierung bietet den Büchern keinen ausreichenden Halt, und sie rutschen bei der kleinsten Berührung nach allen Seiten weg. Heute werden Speziallackierungen angeboten, die leicht gekörnt oder mit verschiedenen Zusatzstoffen versehen sind, die die Oberfläche stumpf machen und so ein allzu leichtes Rutschen der Bücher verhindern, ohne wiederum so grobkörnig zu sein, dass die Bucheinbände Schaden nehmen.

In sogenannten Kompaktmagazinen sind Fahrregalanlagen installiert, bei denen durch elektrisches oder mechanisches Verschieben von ganzen Regalachsen an der jeweils benötigten Stelle ein Bediengang geöffnet werden kann. Die verschiebbaren Regalachsen können bis zu 8 Meter lang sein und sind idealerweise in Blöcken von jeweils neun verschiebbaren Achsen, gefolgt von einer fest verankerten Achse, angeordnet. Innerhalb eines solchen Blocks kann jeweils nur ein einziger Bediengang geöffnet werden, in dem die rechts und links von diesem Gang sich befindenden Achsen zusammengeschoben werden. Die verschiebbaren Regalachsen laufen dabei auf Schienen, die senkrecht zu den Regalachsen angeordnet und fest in den Estrich des Magazinraumes eingelassen sind. Bei der Installation von Fahrregalanlagen in bestehende Magazinräumlichkeiten muss vor allem auf das Vorhandensein einer ausreichenden Statik geachtet werden, da auf gleichem Raum etwa 80 % bis 100 % mehr Medien untergebracht werden können. Von großer Bedeutung ist hierbei der DIN-Fachbericht 13 „Bau- und Nutzungsplanung von wissenschaftlichen Bibliotheken", der erstmals 1988 erschien, dessen letzte Ausgabe von November 2009 datiert und der als wichtiges

---

15 In Bibliotheksmagazinen finden Mittelpfostenregale und Rahmenregale Verwendung. Letztere sind womöglich etwas stabiler, dafür können bei Mittelpfostenregalen die Fachböden schneller ausgewechselt werden bzw. in der Höhe verstellt werden.

Planungsinstrument für die Berechnung von Raumgrößen sowie Deckenlasten dient.

Moderne Fahrregalanlagen besitzen zusätzlich zum elektrischen Antrieb eine elektronische Steuerung. Diese gewährleistet, dass
- die Regalachsen nicht ruckartig anfahren sondern mit einer sehr sanften Beschleunigung starten,
- die Regalachsen ebenso nicht abrupt abgebremst werden und somit die Bücher nicht verrutschen,
- die Regalachsen nach einer definierbaren Zeit der „Untätigkeit" automatisch in eine „Schlafstellung" fahren, bei der alle Regalachsen gleichweit voneinander entfernt sind und somit eine optimale Luftzirkulation sichergestellt ist,
- der gewählte Bediengang mit einem einzigen kurzen Knopfdruck geöffnet wird. Der Mitarbeiter, der diesen Bediengang betreten möchte, kann dies sofort tun und muss nicht wie beim elektrischen Antrieb ohne elektronische Steuerung solange den Öffnungsschalter drücken, bis die Regale vollständig aufgefahren sind. Durch diese „Kleinigkeit" kann bei der Nutzung elektronisch gesteuerter Regalanlagen gegenüber rein elektrisch angetriebenen oder gar handbetriebenen Regalen eine Arbeitszeitersparnis von 10 bis 15 % (!) erzielt werden.

Wie für manche Materialien (s. o.) besondere klimatische Bedingungen notwendig sind, so gibt es für andere Materialien besondere Aufbewahrungsutensilien. Für Kleinschrifttum werden Kapseln, Schachteln oder Mappen – alle aus säurefreiem Karton – verwendet, in denen die Blätter vertikal aufbewahrt werden. Mikroformen, Diapositive, Videokassetten, Tonbänder u. ä. müssen besonders staub-, licht- und feuchtigkeitsgeschützt aufbewahrt werden. Hierfür gibt es spezielle Dosen und Kassetten aus Kunststoff oder Blech.

Wie wichtig das Thema Durchlüftung der Magazinräume ist, wurde weiter oben schon angesprochen. Doch nicht nur mit technischen Anlagen, sondern durch Art wie die Regale mit Büchern bestückt werden, kann ein wichtiger Beitrag zu einer guten Durchlüftung geleistet werden. Über die Anzahl der Bücher auf einen Meter gibt es unterschiedliche Ansichten. In manchen Bibliotheken stehen die Bücher dicht gedrängt in den vollen Regalen. Das sieht zwar auf den ersten Blick sehr ordentlich aus, nimmt aber den Büchern jegliche Luft, die sie dringend brauchen, um zu „atmen" und sich so dem Raumklima anzupassen. Zudem ist die mechanische Belastung beim Entnehmen und Einstellen der Bücher sehr hoch. Mehr als 35 durchschnittlich dicke Bücher sollten nicht auf einem Meter untergebracht sein. Um die Luftzirkulation weiter zu fördern, sollte in den Regalanlagen, wenn möglich, das unterste Regalblech erst 10 Zentimeter über dem Boden angebracht werden. Auch zwischen einer Lage Büchern und dem darüber liegenden, nächsten Regalblech ist ein Abstand von mindestens 5 Zentimeter einzuhalten. Wer es einmal gesehen hat, wie schnell ein schlecht durchlüftetes Magazin vom Schimmel befallen werden kann, der wird diese Vorsichtsmaßnahmen sehr ernst nehmen.

4.3 Bestandsverwaltung, Magazinverwaltung

Die Aufgaben der Bestandsverwaltung sind für das gute Funktionieren einer Bibliothek von absolut grundlegender Bedeutung und vollziehen sich vom Publikum unbemerkt im Hintergrund. Alle konventionellen Services bei denen Medien verliehen, versandt oder gescannt werden müssen, basieren auf den Magazindiensten. Die Organisation des Magazindienstes hat daher direkte Auswirkungen auf die Zuverlässigkeit und Schnelligkeit vieler Services. Die wichtigsten Aufgaben sind:
- das Einstellen der Neuzugänge (Neuerwerbungen),
- das Heraussuchen der von Nutzern oder aus dienstlichen Gründen bestellten Bücher und ihre Weiterleitung an die jeweilige Ausleihstelle (Fernleihe, Ortsleihe, Lesesaalleihe) bzw. den Besteller,
- das Wiedereinstellen der zurückgegebenen Bücher,
- die Aufrechterhaltung der Ordnung im Magazin und die Durchführung von Umzügen,
- die Aufrechterhaltung der Funktionstüchtigkeit der technischen Einrichtungen wie Regalanlagen, Buchförderanlagen, Bücherwagen, Bestellscheindrucker (Magazindrucker) usw.
- die Überwachung der Klimaparameter,
- u. U. die Wahrnehmung von Fahrdiensten (Verkehr mit Ausweichmagazinen oder Teilbibliotheken),
- die Buchpflege (Pflege der Einbände (sollte nur unter Anleitung von Buchrestauratoren oder Buchbindern erfolgen); Anbringen neuer Signaturetiketten; Einlegen schützenswerter Bücher in Kassetten aus säurefreiem Karton usw.),
- Beratung der Bibliotheksleitung bei der Planung der Magazinbelegung und der ggf. notwendigen Umzüge.

4.3.1 Ablauf einer Buchbestellung im Magazin

Mittels des Online-Kataloges (OPAC oder mobiler OPAC) können die Benutzer sich via Internet über den Bestand der Bibliothek informieren und die gewünschten Bücher direkt bestellen, sofern sie bereits über ein Nutzerkonto der Bibliothek verfügen. Die Signatur eines Buches ist dabei das Verbindungsglied zwischen dem Katalog und dem Standort des Buches im Magazin. Jede einzelne Medienbestellung löst den Ausdruck genau eines Bestellscheines aus. In den Bibliotheken, die ihren Nutzern den hervorragenden Service einer Sofortbedienung bieten können, erfolgt der Ausdruck sehr zeitnah und das Ausheben des Buches findet innerhalb kurzer Zeit statt. Optimal ist es, wenn die Sofortbedienung nahezu für die gesamte Öffnungszeit der Bibliothek gilt, häufig ist das Angebot aber auf bestimmte Kernzeiten begrenzt. Ideal für Bibliotheken mit Sofortbedienung ist zudem eine flexible Buchförderanlage mit zahlreichen „Bahnhöfen" im Magazinbereich und kleinen Förderbehältern für jeweils nur wenige Bücher.

In den meisten anderen Bibliotheken ohne Sofortbedienung werden die Bestellungen zunächst auf einem Server gespeichert und mehrmals täglich nach Signaturen und innerhalb der Signaturen sortiert ausgedruckt, um ein effektives Abarbeiten der Bestellungen am Regal zu ermöglichen. Die Bestellscheine enthalten hervorgehoben die Signatur, die Mediennummer[16] und die Ausgabestelle (z.B. Lesesaalleihe) sowie Angaben über den Besteller und wenige bibliographische Daten zum Buch selbst. Die ausgedruckten Bestellscheine werden auf die einzelnen Magazinmitarbeiter verteilt, um die entsprechenden Bücher aus den Regalen zu entnehmen. Für jedes Buch, das von seinem Standort am Magazin entfernt wird – auch zu dienstlichen Zwecken – sollte ein Repräsentant (Vertreter) eingestellt werden. An großen Bibliotheken gibt es verschiedenfarbige Repräsentanten für Bücher, die in die Ortsleihe oder zum Buchbinder gegangen sind, für Bücher, die in Handbibliotheken stehen und solche, die vermisst sind. So ist jedes Buch nachweisbar, d. h. der Magazinmitarbeiter kann angeben, wenn das Buch nicht am Standort ist, ob es verliehen, an einem Sonderstandort oder eben nicht auffindbar ist. Bei wertvollem Altbestand wird oft eine Kopie oder ein Zweitdruck des Bestellscheins in eine Tasche des Repräsentanten eingesteckt. Darüber hinaus sollte der Status[17] eines jeden Buches immer im Ausleihsystem dokumentiert und somit jederzeit nachprüfbar sein. In solch einem Fall werden nur sehr, sehr selten Bücher bestellt, die nicht aktuell im Magazin verfügbar sind, da z. B. die Bestellung für Bücher, die auf das Verlustkonto verbucht wurden, zurückgewiesen würde und bei ausgeliehenen Büchern eine Vormerkung angeboten würde. Da dieser „Idealfall" aber leider nicht immer erreicht ist, kennzeichnen die Magazinmitarbeiter diejenigen Bestellscheine handschriftlich, für

---

16 Mit der maschinenlesbaren Mediennummer wird die Ausleihe der Medien im Ausleihsystem gesteuert. Bei sehr wenigen Bibliotheken sind Signatur und Mediennummer identisch.
17 Unter dem Status eines Buches ist seine Verfügbarkeit für die Ausleihe zu verstehen. Beispiele für Statusangaben sind: Verliehen, bestellt, bereitgestellt, Verlust, nicht ausleihbar Präsenzbestand usw.

die das entsprechende Buch nicht auffindbar ist. Die Nutzer erhalten dann statt des bestellten Buches zwar nur diesen „Nullschein", wissen nun aber immerhin, dass – und meist auch warum – das bestellte Buch nicht auffindbar ist. Die ausgehobenen Bücher werden von den Magazinmitarbeitern vorsortiert und direkt an die gewünschte Leihstelle oder an einen zentralen Sortierraum versandt. Große Bibliotheken haben solch eine Logistikleitstelle oder Sortierraum, in dem die Bücher gesammelt, entsprechend ihrer Destination sortiert und per Transportanlage oder Bücherwagen weitergeleitet werden. Moderne Buchförderanlagen werden elektronisch gesteuert und fahren im Idealfall alle Magazinbereiche und alle Leihstellen direkt an. Ein Bestellvorgang ist für den Magazinbereich dann abgeschlossen, wenn entweder das Medium mit beigefügtem Bestellschein oder der Nullschein weitergegeben wurde.

4.3.2 Ablauf einer Buchrückgabe im Magazin

Hat der Benutzer seine Bücher zurückgegeben, werden sie grob sortiert und den einzelnen Magazinabschnitten bzw. Magazinstandorten wieder zugeführt. Ebenso erreichen die neu erworbenen und katalogisierten Bücher ihren Bestimmungsort. Auf langen Sortiertischen, die mit den einzelnen Signaturanfängen beschriftet sind, werden die Bücher erneut sortiert, diesmal bis auf die Ebene der Einzelsignatur. Anschließend werden die vorsortierten Bücher auf Bücherwagen geladen und in die Regale eingestellt. Eine Hilfestellung und erhebliche Erleichterung bieten nun die Repräsentanten, welche die Standorte für die einzustellenden Bücher kennzeichnen. Trotzdem ist das Rückstellen der Bücher eine heikle Tätigkeit, die nur von erfahrenem Magazinpersonal durchgeführt werden sollte. Es braucht nur einen kleinen Handgriff, um ein Buch falsch einzustellen und es auf Jahre oder Jahrzehnte der weiteren Nutzung zu entziehen. Regelmäßige Revisionen des Buchbestandes wären natürlich angebracht, aber bei Büchermassen, die in die Millionen gehen, sind diese Aktionen sehr personalintensiv und kaum bezahlbar.

Eine spannende Frage ist, ob Magazine mit hauptamtlichen, verbeamteten Offizianten oder mit zeitlich befristet angestellten Hilfskräften (z. B. Studierenden) effektiver und flexibler betrieben werden können. Beide Varianten mit allen denkbaren Zwischenstufen existieren mittlerweile im Bibliothekswesen. Beide Varianten scheinen auch hinreichend gut zu funktionieren, trotz ursprünglich großer Bedenken gegen den Magazinbetrieb mit Studierenden. Selbstverständlich ist ein Magazinbetrieb mit Studierenden kostengünstiger zu realisieren und meist auch flexibler. In Archivbibliotheken, insbesondere in solchen mit alten und wertvollen Büchern, wird jedoch noch überwiegend mit hauptamtlichem

Magazinpersonal (Offizianten) gearbeitet, das dauerhaft angestellt oder gar verbeamtet ist. Eine hohe Personalfluktuation bedeutet für wertvollen Buchbestand ein erhöhtes Sicherheitsrisiko.

4.4 Bücherumzüge zwischen und innerhalb von Magazinstandorten

Ein wichtiger Aspekt im Rahmen der Magazinbewirtschaftung ist die Wahl des Magazinbereiches für die Bücher einer bestimmten Signatur[18]. Die meisten großen Bibliotheken haben sowohl ideale, leichtzugängliche als auch abgelegene Magazine oder gar Außenmagazine. Die relativ häufig genutzten Signaturen (z. B. die neuesten Numerus Currens-Jahrgänge) werden in ersteren, die selten bestellten in letzteren untergebracht, um die Belastung der Bücher wie der Mitarbeiter durch die täglichen Buchtransporte aufgrund von Bestellungen so gering wie irgend möglich zu halten.

Man kommt daher nicht daran vorbei, die Magazinbelegung ständig zu optimieren und dafür auch Umzüge in Kauf zu nehmen. Bei der Vorbereitung von Umzügen größerer Mengen an Büchern könnte der erste Gedanke sein, eine Speditionsfirma zu beauftragen, um sich Personalkosten und eigene Mühe zu sparen. Mit Hilfe einer Speditionsfirma lassen sich hunderttausende von Büchern in kürzester Zeit bewältigen, aber die Kosten sind ebenfalls nicht unerheblich und die Nachbearbeitung des nicht immer eins zu eins umgesetzten Bestandes erfordert oft einen langen Zeitraum, belastet das eigene Personal im Routinebetrieb erheblich und macht dadurch die zunächst erzielten Personaleinsparungen teilweise wieder zunichte. Dabei darf niemals vergessen werden, dass verstellte Bücher dem Benutzungsbetrieb vorübergehend oder dauerhaft entzogen sind. Die Erfahrung zeigt, dass es besser und billiger ist, die Büchertransporte mit einem kleinen Umzugsteam aus einer Mischung von erfahrenem Fachpersonal und geschulten Hilfskräften in eigener Regie durchzuführen. Selbstverständlich braucht man dazu auch einen eigenen LKW oder ein entsprechendes Mietfahrzeug zusammen mit einem Fahrer, wenn der Umzug über zwei Standorte hinweg erfolgt. Ebenso sind spezielle Bücherwagen für Umzüge notwendig. Diese muss man jedoch nur einmal erwerben und kann sie für einen nahezu unbegrenzten Zeitraum einsetzen.

---

[18] Der Begriff Signatur wird einerseits für die eindeutige Buchstaben-Zahlen-Kombination verwendet, die den Standort eines Mediums in Relation zu den anderen Medien in einer Bibliothek festlegt. Andererseits wird Signatur auch etwas ungenau für eine Gruppe von Medien mit gleichem Signaturanfang verwendet: z. B. P.o.germ., Art., 2002 A usw.

Bevor ein Umzug gestartet wird, müssen die einzelnen Arbeitsschritte klar durchdacht sein. Die tägliche Transportmenge und der Transportweg innerhalb und außerhalb der Gebäude werden festgelegt. Die nötige Anzahl von Buchtransportwagen unter Berücksichtigung der Buchformate wird bereitgestellt. Hierbei kann es sich um zwei- bis dreistöckige Wagen handeln, auf denen die Bücher durch Feststellbügel oder auch breite Gummibänder justiert werden können, um das nötige Standvermögen zu gewährleisten.

Beim Wiedereinstellen der Bücher am neuen Standort wird deren Reihenfolge überprüft, was bei einer ansteigenden numerischen Reihenfolge sehr schnell geht. Fehlende Bücher werden vermerkt und später durch Verlustrepräsentanten ersetzt und in den Katalogen bearbeitet. Bei springenden Signaturen oder Signaturen mit einem oder mehreren Exponenten wird das entsprechende Repertorium oder ein Katalogausdruck zu Rate gezogen. So kann ohne großen zusätzlichen Zeitaufwand während des Umzugs eine partielle Revision des Bestandes erfolgen. Falsch signierte Bücher können später überprüft, korrigiert und ihrem richtigen Standort zugeleitet werden. Auch die Möglichkeit zu solchen Teilrevisionen ist ein gewichtiges Argument, die Umzüge mit eigenem Personal durchzuführen.

Da die Bücher während des gesamten Umzugs in ihrer ursprünglichen Reihenfolge verbleiben und durch die nummerierten Transportwagen leicht zu lokalisieren sind, können Bestellungen der Benützer für jedes Buch und zu jeder Zeit erledigt werden!

Jeder, der mit Büchern in alten Magazinen zu tun hat, wird schnell die Bekanntschaft mit dem Staub machen, der sich die Jahre über dort angesammelt hat. Deshalb bietet ein Umzug neben den jährlichen Routinereinigungen eine günstige Gelegenheit, dem leidigen Staubproblem zu Leibe zu rücken. Neben den Büchern müssen dabei auch die Regale einer gründlichen Reinigung unterzogen werden. Die Bücher werden mit regelbaren Staubsaugern bei schwacher Saugleistung und unter Verwendung von buchschonenden Naturhaarbürsten gereinigt.

4.5 Magazinzugang, Revision und Bestandserhaltung

Während an den Universitätsbibliotheken das wissenschaftliche Personal früher freien Zutritt zum Magazin hatte, hat heute selbst das Bibliothekspersonal keinen unbeschränkten Zutritt mehr. Der Magazinzugang ist in den meisten Bibliotheken streng geregelt und nur auf den Personenkreis beschränkt, der aus dienstlichen Gründen unbedingt Zugang haben muss.

Um verstellte Bücher aufzufinden und Verluste festzustellen, sollte in regelmäßigen Abständen (ideal sind 5 bis 10 Jahre) eine Revision des Bestandes durchgeführt werden. Hierzu werden die Bücher im Regal mit dem Standortkatalog verglichen. In großen Bibliotheken ist es meist unmöglich, Gesamtrevisionen durchzuführen; hier sollten wenigstens Teilrevisionen stattfinden, vor allem für häufig benutzte Bestände und für besonders wertvolle Bestände. Im Zeitalter elektronischer Kataloge dient ein Ausdruck in dem die Bestände entsprechend den Signaturen geordnet sind als Standortkatalog.

Als Bestandserhaltung wird die systematische Langzeitsicherung der Bestände einer Sammlung bezeichnet, in erster Linie die physische Erhaltung der Originale, aber auch die Übertragung der Inhalte auf Sekundärmedien, um wenigstens den Informationsgehalt zu sichern. Sie umfasst alle Vorkehrungen und Tätigkeiten, die dazu dienen, Kulturgut allgemein, speziell Archiv- und Bibliotheksgut, vor Beschädigung und Untergang zu bewahren und seiner Zweckbestimmung gemäß, die Zugänglichkeit auch noch für künftige Generationen zu sichern.

Die Bestandserhaltung umfasst:
- Erkennen von Schäden und deren Ursachen
- qualitative und quantitative Beurteilung von Schäden
- Material- und Technikkenntnis
- Steuerung der Lagerungsbedingungen
- objektgerechte Benutzung
- Aufklärung über Schadenspotentiale
- Maßnahmen zur Schadensbegrenzung
- Restaurierung und Konservierung
- Schutz-, Sicherheits- und Ersatzverfilmung oder -digitalisierung
- Notfallplanung

In kleineren Bibliotheken fällt die Bestandserhaltung häufig dem Benutzungsbereich zu, da er auch sonst für den Buchbestand zuständig ist. In größeren Bibliotheken gibt es eigene Abteilungen oder Referate für diese Aufgabe, manchmal ist auch die Abteilung für das Alte Buch zuständig. Im Kapitel 7 wird auf Bestandserhaltung und Bestanderhaltungsmanagement noch detaillierter eingegangen.

4.6 Speicherbibliothekskonzept

Die Idee einer Speicherbibliothek ist nicht neu. Um 1900 kam aus den USA die Anregung, für die weniger benutzte oder sogar „tote" Literatur, Außenmagazine einzurichten und die zentralen Bücherspeicher auf diese Weise zu entlasten. Der Präsident der Harvard University schlug vor, in einem Vorort Bostons für Harvard und die benachbarten Universitäten ein solches Sammelmagazin zu bauen.

In Deutschland verabschiedete der Wissenschaftsrat 1986 seine „Empfehlungen zum Magazinbedarf wissenschaftlicher Bibliotheken". Kernaussage der Empfehlungen war, dass der lokale Magazinbedarf der Bibliotheken durch entsprechende bibliotheksfachliche Maßnahme begrenzt werden muss. Eine finanzielle Förderung von neuen lokalen Magazinbauten sollte nur noch erfolgen, wenn
- für die Förderung beantragende Region/Bundesland ein regionales Magazinkonzept vorliegt, d. h. selten gefragte Literatur nur noch an einer Stelle in der Region auf Dauer gesammelt wird,
- Anstrengungen zur Schaffung einer „Speicherbibliothek" in der Region unternommen werden,
- der künftige Magazinbedarf durch geeignete bibliothekarische Maßnahmen prospektiv begrenzt wird, d. h. der Zugang bestimmter Literatur beschränkt wird, also insbesondere die Erwerbungen über Tausch und Geschenk auf das notwendige Maß reduziert werden und vor allem
- die Aussonderung entbehrlicher Literatur regelmäßig erfolgt bzw. intensiviert wird.

Ein Beispiel für eine deutsche Speicherbibliothek ist die in den 70er Jahren geplante Anlage in Garching bei München, deren erster Bauabschnitt im Oktober 1989 eröffnet wurde. Sie war der erste Neubau dieser Art in Deutschland. Der zweite Bauabschnitt wurde 2005 eröffnet. Ihre wesentlichen Merkmale sind:
- Hochfunktionaler Magazinbau, der in vier Bauabschnitten realisiert werden soll und im Endausbau ein Fassungsvermögen von deutlich mehr als 10 Millionen Bänden aufweisen soll
- Realisierter erster Bauabschnitt auf ca. 7.000 qm Hauptnutzfläche mit Platz für rund 2,7 Millionen Bände
- Realisierter zweiter Bauabschnitt auf über 9.000 qm Hauptnutzfläche mit Platz für rund 3,2 Millionen Bände
- Die Magazine verteilen sich in beiden Bauabschnitten auf je vier Etagen; platzsparende Aufstellung der Bände nach Format; zu über 95 % mit Kompaktregalanlagen ausgestattet
- Ideales Buchklima (18 ° C; 50 % relative Luftfeuchte)

Ende 1995 war der erste Bauabschnitt voll belegt. Die für diesen Zeitpunkt geplante Fertigstellung des zweiten Bauabschnittes gelang erst zehn Jahre später. Zwischenzeitlich hat sich das Konzept der Speicherbibliothek Garching nachhaltig geändert:
- Der Ausbau zu einer selbständig agierenden Speicherbibliothek wird nicht mehr angestrebt. Die Räume dienen ausschließlich als zentrales Außenmagazin für die BSB München

- Die ursprünglich geplante Einrichtung einer Buchrestaurierungs- und Bestandserhaltungsabteilung mit dem Betrieb einer eigenen Papierentsäuerungsanlage ist entfallen.
- Ebenso ist der ursprünglich geplante Lesesaal entfallen. Die „Speicherbibliothek" wird als ausschließliches Bücherdepot genutzt, das vor Ort selbst keine Benutzungsdienste anbietet.
- Entsprechend den neuen Planungen wurde der ursprünglich geplante Baukörper verändert. Nach dem zweiten Bauabschnitt ist in Zukunft noch der Anbau von zwei weiteren Bauabschnitten gleicher Machart möglich.

Im Bereich der Speicherkonzeptionen ist in den letzten Jahren in Deutschland eine deutliche Abwendung vom Gedanken zentraler regionaler Speicherbibliotheken zu beobachten. Die wenigen bestehenden kooperativen Modelle (z. B. in Nordrhein-Westfalen mit Bochum oder in Hessen mit Arolsen bzw. dem alten Bücherturm der Deutschen Bibliothek in unmittelbarer Nähe zur UB Frankfurt) sind gescheitert. Es gewinnt mehr und mehr die Einsicht an Boden, dass je nach den Besonderheiten einer Bibliotheksregion nur in einer Kombination von zentral-dezentralen Archivierungskomponenten sinnvolle und effizient arbeitende Speicherlösungen entwickelt werden können. Von der zeitweilig verfolgten Idee einer mehr oder minder selbständig agierenden, mit eigenem Personal ausgestatteten, regionalen Speicherbibliothek muss aufgrund der bisherigen Erfahrungen Abstand genommen werden. Eine „Speicherbibliothek" ist derzeit nur im Sinne einer Magazinerweiterung bzw. eines zusätzlichen Außenmagazinstandortes einer bereits bestehenden und mit Archivierungsfragen befassten Bibliothek denkbar. So hat in jüngster Zeit die Staatsbibliothek zu Berlin in Berlin-Friedrichshagen ein Speichermagazin für die beiden Stammhäuser der Bibliothek gebaut.

Weiterführende Literatur

Deutsches Institut für Normung: DIN ISO 11799. Information und Dokumentation – Anforderungen an die Aufbewahrung von Archiv- und Bibliotheksgut. Berlin u. a. 2009.

Deutsches Institut für Normung: DIN-Fachbericht 13, Bau- und Nutzungsplanung von Bibliotheken und Archiven: Ersatz für DIN-Fachbericht 13:1998. Berlin u.a. 2009.

Giovannini, Andrea: De tutela librorum : la conservation des livres et des documents d´archives = die Erhaltung von Büchern und Archivalien. Baden 2010.

Glauert, Mario: Klimaregulierung in Bibliotheksmagazinen. In: Hauke, Petra u. Werner, Klaus Ulrich (Hrsg.): Bibliotheken bauen und ausstatten. Bad Honnef 2009, S. 158–173.

Hilpert, Wilhelm u. Trzcionka, Karsten: Sag mir wo die Bücher sind… Organisation und Logistik der Bewirtschaftung des Buchbestandes der Bayerischen Staatsbibliothek. In: Griebel, Rolf u. Ceynowa, Klaus (Hrsg.): Information Innovation Inspiration. 450 Jahre Bayerische Staatsbibliothek. München 2008.

5 Regeln für die Benutzung einer Bibliothek

5.1 Benutzungsrelevante Rechtsvorschriften

Im Grundgesetz für die Bundesrepublik Deutschland heißt es in Artikel 5 Absatz 1.: „Jeder hat das Recht, …sich aus allgemein zugänglichen Quellen ungehindert zu unterrichten". Damit ist nicht nur eine Unterrichtung aus der tagesaktuellen Presse gemeint, sondern dieses Recht auf Informationsfreiheit betrifft insbesondere auch den Medienbestand von Bibliotheken und Archiven sowie verwandten Bildungseinrichtungen. Diese erhalten dadurch an höchst prominenter Stelle im Grundgesetz, allerdings ohne namentliche Nennung, ihre Legitimation und ihren Auftrag.

Bibliotheken brauchen darüber hinaus ein konkretes rechtliches Fundament, auf dessen Basis sie ihre Aufgaben, wie den Dienstleistungsbetrieb oder z. B. die Einforderung von Pflichtstücken, organisieren können. Insbesondere die Beziehung zwischen der Bibliothek und den Kunden muss geregelt sein, indem die Rechte und Pflichten von Bibliothek und Kunden festgelegt sind. Dabei gilt es zwei grundsätzliche Ausprägungen des Benutzungsverhältnisses zu unterscheiden. Es kann sich um ein öffentlich-rechtliches oder um ein privatrechtliches Rechtsverhältnis handeln. Im Falle eines öffentlich-rechtlichen Rechtsverhältnisses ist das Benutzungsverhältnis für gewöhnlich in einer Satzung geregelt. Die prominenteste Ausnahme bilden die staatlichen Bibliotheken in Bayern, deren Beziehung zu ihren Nutzern im Rahmen einer Verordnung geregelt ist. Liegt ein privatrechtliches Rechtsverhältnis vor, so regeln allgemeine Geschäftsbedingungen (AGBs) auf der Basis der §§ 305 ff. des Bürgerlichen Gesetzbuches (BGB) das Benutzungsverhältnis.

Die Festlegung des Rechtscharakters des Benutzungsverhältnisses obliegt den Trägern der Bibliotheken. Kommt es zu einem Rechtsstreit zwischen einem Kunden und einer Bibliothek, so sind, je nach dem Rechtsverhältnis, unterschiedliche Rechtswege vorgegeben. Im Falle eines öffentlich-rechtlichen Nutzungsverhältnisses führt der Weg über die Verwaltungsgerichtsordnung sowie die Verwaltungsverfahrens- und Verwaltungsvollstreckungsgesetze des jeweiligen Landes oder des Bundes. Liegt ein privatrechtliches Nutzungsverhältnis vor, so sind das Bürgerliche Gesetzbuch und die Zivilprozessordnung maßgeblich.

Die Öffentlichen Bibliotheken sind überwiegend Einrichtungen in der Trägerschaft von Städten und Gemeinden und ihre Benutzungsordnungen sind teils öffentlich-rechtlich und teils privatrechtlich gestaltet, wobei die Rechtsformen, die einem privatrechtlichen Nutzungsverhältnis zugrunde liegen, von einem kommunalen Eigenbetrieb, über einen Regiebetrieb bis hin zu einer GmbH reichen können. Wissenschaftliche Bibliotheken sind mit ihren übergeordneten Aufgaben aufgrund der Kulturhoheit der Länder meist diesen zugeordnet und ihr Benutzungsverhältnis hat in der Regel einen öffentlich-rechtlichen Rechtscharakter. Die überwiegende Mehrzahl der wissenschaftlichen Bibliotheken ist zudem Teil einer Hochschule und die Hausordnung, die Bibliotheksordnung und die Gebührenordnung sind nicht selten Bestandteil von hochschulinternen Regelungen.

Für den Bibliotheksbetrieb vor Ort sind neben der Benutzungsordnung die Gebührenordnung und die Hausordnung die wichtigsten rechtlichen Regelwerke. In manchen Fällen sind Hausordnung und/oder Gebührenordnung in der Benutzungsordnung integriert. Für den Fernleihbetrieb kommen als weitere benutzungsrelevante Regelwerke noch die deutschlandweite Leihverkehrsordnung[19] und gegebenenfalls Leihverkehrsordnungen innerhalb einzelner Bundesländer hinzu. Diese Rechtsvorschriften auf der Stufe von Satzungen – manchmal auch auf der Stufe von Rechtsverordnungen – müssen in allen Punkten gesetzeskonform sein, d. h. sie dürfen den höherrangigen Gesetzen nicht widersprechen. Für den Benutzungsbetrieb von Bibliotheken sind eine ganze Reihe von Gesetzen relevant und zu beachten. Die wichtigsten sind das Urheberrechtsgesetz, das Jugendschutzgesetz, das Bundesdatenschutzgesetz, das Telemediengesetz und für Universitäts- und Hochschulbibliotheken vor allem die Hochschulgesetze der Bundesländer.

5.2 Benutzungsordnung

In einer Benutzungsordnung sind neben Grundfragen des Benutzungsverhältnisses vor allem der Zweck und die Aufgaben der Bibliothek, ihre Rechte und Pflichten sowie die Rechte und Pflichten der Nutzer geregelt. Auch wenn Benutzungsordnungen von den unterschiedlichsten Trägern der Bibliotheken erstellt werden, so haben sie doch, von einigen individuellen Ausprägungen abgesehen, ein großes Maß an Gemeinsamkeit. Ihre wichtigste Aufgabe ist es, für Rechtssicherheit und für eine gewisse Standardisierung der Dienstleistungen einer Bibliothek zu sorgen. Ihren Nutzern muss die Bibliothek Gelegenheit geben, von der Benutzungsordnung Kenntnis zu erlangen. Dieser Pflicht ist durch Aushang der Benutzungsordnung an prominenter Stelle, z. B. im Eingangsbereich der Bibliothek genüge getan. Darüber hinaus ist es empfehlenswert, durch einen schriftlichen Hinweis, der allen neu zugelassenen Nutzern ausgehändigt wird, auf

---

[19] Die Leihverkehrsordnung wird von der Kultusministerkonferenz ausgearbeitet und in jedem Bundesland separat als Verordnung in Kraft gesetzt.

die Benutzungsordnung hinzuweisen. Eine Selbstverständlichkeit, aber keine Pflicht ist es, dass Bibliotheken ihre jeweilige Benutzungsordnung auch auf ihrer Website publik machen.

Eine Benutzungsordnung klärt im Allgemeinen folgende Regelungsgegenstände:
- Legitimation und Geltungsbereich
- den Rechtscharakter des Benutzungsverhältnisses
- Zweck und Aufgaben der Bibliothek
- Benutzerkreis / Benutzungsberechtigte
- Zulassungsmodalitäten
- Datenschutz
- Hausrecht und Verhalten in der Bibliothek
- Benutzung innerhalb der Bibliothek (Mediennutzung, Lesesäle, Vervielfältigungen, Auskünfte, Sondermaterialien)
- Benutzung außerhalb der Bibliothek (v. a. Bestellung, Ausleihe, Leihfristen, Rückgabe)
- Leihverkehr (Fernleihe)
- Ausschluss von der Benutzung
- Haftungsfragen
- Inkrafttreten (Gültigkeitszeitraum) der Benutzungsordnung

Da Bibliotheken unterschiedliche Aufgaben haben und unterschiedlichen Zwecken dienen, gibt es keine (Muster-)Benutzungsordnung für sämtliche Bibliotheken.

5.2.1 Legitimation und Geltungsbereich

Die Legitimation für eine wissenschaftliche Bibliothek ist oft ein zugrundeliegendes Hochschulgesetz oder ein Gesetz über die Einrichtung von Behörden. Im kommunalen Bereich kann es ein entsprechender Stadt- oder Gemeinderatsbeschluss zur Einrichtung einer Bibliothek sein. In der Einleitung der Benutzungsordnung sollte darauf verwiesen werden.

In einer Benutzungsordnung muss zudem deren Geltungsbereich eindeutig festgelegt sein. Dies ist sehr einfach, wenn sie nur für eine einzige Bibliothek gilt. Gilt eine Benutzungsordnung für mehrere Bibliotheken, so werden diese oft explizit genannt, um die Eindeutigkeit zu gewährleisten.

5.2.2 Rechtscharakter des Benutzungsverhältnisses

Der Rechtscharakter des Benutzungsverhältnisses ist von ganz grundlegender Bedeutung und muss in der Benutzungsordnung genannt sein[20]. Kommt es z. B. zu einer gerichtlichen Auseinandersetzung zwischen einer Bibliothek und einem Nutzer, so findet der Prozess bei privatrechtlichem Rechtscharakter vor einem Amtsgericht statt, bei öffentlich-rechtlichem Rechtscharakter vor einem Verwaltungsgericht. Auch das Vorgehen beim Mahnverfahren für nicht oder verspätet zurückgegebene Bücher hängt entscheidend vom Rechtscharakter ab.

5.2.3 Zweck und Aufgaben der Bibliothek

Die Zweckbestimmungen und die Aufgaben werden in der Regel möglichst allgemein umrissen. Am häufigsten genannt werden:
- Für Hochschulbibliotheken: Forschung, Lehre und Studium
- Für Öffentliche Bibliotheken: Bildung und Informationsversorgung, Aus- und Fortbildung, Freizeitgestaltung, Leseförderung (bei Kindern und Jugendlichen)
- Für Wissenschaftliche Bibliotheken ohne Hochschulzugehörigkeit: Förderung von wissenschaftlichen Zwecken, Förderung der beruflichen Arbeit und der Fort- und Weiterbildung.

Wie in unserer kurzen Aufzählung auch, fehlt bei vielen wissenschaftlichen Bibliotheken ohne Hochschulzugehörigkeit die Zweckbestimmung für „Ausbildung und Studium", die man dort durchaus erwarten könnte, da Studierende und Schüler auch in diesen Bibliotheken die zahlreichste Klientel darstellen. Dies als kleines Beispiel dafür, dass rechtliche Grundlagen und äußere Realität nicht immer übereinstimmen müssen.

5.2.4 Benutzerkreis / Benutzungsberechtigte

Der Kreis der Nutzungsberechtigten für die Ausleihe nach Hause kann sehr eng (die Hochschulangehörigen; die Einwohner einer Gemeinde) oder sehr weit (alle Personen mit Wohnsitz in der Bundesrepublik) gezogen sein. Die meisten wissen-

---

[20] Wenn die Benutzungsordnung, wie z. B. für die staatlichen wissenschaftlichen Bibliotheken Bayerns, in Form einer Verordnung veröffentlicht wird, so ist per se klar, dass damit ein öffentlich-rechtlicher Rechtscharakter verbunden ist und dies ist nicht mehr gesondert erwähnt.

schaftlichen Bibliotheken verlangen auch ein Mindestalter von 16 oder 18 Jahren. Es wird zudem festgelegt, ob auch institutionelle Nutzer – für wissenschaftliche Bibliotheken üblich – zugelassen sind. Für die Nutzung der Präsenzbestände oder die Bestellung von Magazinbüchern in einen Lesesaal / Freihandbereich gibt es an wissenschaftlichen Bibliotheken meist nur die Einschränkung hinsichtlich des Mindestalters. Der Besuch ausländischer Wissenschaftler und Gäste, ohne Wohnsitz in Deutschland, ist an wissenschaftlichen Forschungsbibliotheken jederzeit hoch willkommen.

5.2.5 Zulassungsmodalitäten

Auch wer zum Kreis der Benutzungsberechtigten gehört, muss erst zugelassen werden. Bibliotheken vertrauen ihren Kunden Medien von erheblichem Wert an. Bei wissenschaftlichen Bibliotheken handelt es sich dabei nicht selten um einige tausend Euro. Es ist daher ein berechtigtes Interesse der Bibliotheken, die persönlichen Daten (Namen, Geburtsort und -tag, Adresse) der Kunden anhand von amtlichen Ausweisen zu prüfen und festzuhalten. Um Rechtsansprüche gegenüber Nutzern durchsetzen zu können, die z. B. Bücher entliehen haben und diese nicht zurückgeben, ist ein Wohnsitz in Deutschland unabdingbar. In der Benutzungsordnung werden die Dokumente genannt, die für die jeweilige Nutzergruppe zur Zulassung notwendig sind. Für erwachsene deutsche Kunden ist der Personalausweis in der Regel alleine ausreichend. Wer nur einen Reisepass vorweisen kann oder den Ausweis eines ausländischen Staates, der benötigt zusätzlich eine aktuelle Meldebescheinigung seiner Wohnsitzgemeinde in Deutschland. Minderjährige brauchen eine Einverständniserklärung der Erziehungsberechtigten und von institutionellen Nutzern wird eine entsprechende unterzeichnete Erklärung eines Mitarbeiters mit Prokura verlangt.

Die Zulassung wird letztendlich mit der Aushändigung eines Benutzerausweises abgeschlossen.

5.2.6 Datenschutz

Die Verarbeitung von personenbezogenen Daten in automatisierten Verfahren ist grundsätzlich verboten. Ausnahmen sind erlaubt, wenn entsprechend § 14 des Bundesdatenschutzgesetzes (BDSG) der Betroffene zugestimmt hat oder wenn eine Rechtsvorschrift dies vorsieht. Der § 14 des BDSG fordert allerdings zwingend, dass die Verarbeitung personenbezogener Daten zur Erfüllung der in der

Zuständigkeit der verantwortlichen Stelle liegenden Aufgaben erforderlich ist und sie für die Zwecke erfolgt, für die die Daten erhoben worden sind.

Den Kunden wird entsprechend in einer Datenschutzerklärung versichert, dass die Bibliothek die personenbezogenen Daten nur für den ordnungsgemäßen Bibliotheksbetrieb erhebt und verarbeitet. Personenbezogene Daten werden an Dritte zudem nur übermittelt, wenn dies zur Erfüllung der Aufgaben notwendig ist. Der Kunde hat ein Auskunftsrecht über die zu seiner Person gespeicherten Daten sowie darüber, an wen diese Daten gegebenenfalls übermittelt wurden. Um die Zustimmung der Kunden zu dokumentieren, sollte bei der Zulassung hierzu eine schriftliche Erklärung vom Kunden unterschrieben werden.

5.2.7 Hausrecht und Verhalten in der Bibliothek

Auf die Hausordnung und das Hausrecht wird in der Benutzungsordnung verwiesen und nicht selten ist die Hausordnung in der Benutzungsordnung integriert. In der Regel übt der Bibliotheksleiter (bei Hochschulbibliotheken der Präsident/Rektor der Hochschule) das Hausrecht aus und kann andere Personen mit der Wahrnehmung des Hausrechtes beauftragen.

Das Verhalten in der Bibliothek wird in jedem Fall in der Hausordnung thematisiert und daneben auch in der Benutzungsordnung. Der Schwerpunkt der Benutzungsordnung liegt dabei meist auf dem Umgang mit den Medien und den technischen Einrichtungen der Bibliothek. Auch auf das Verhalten gegenüber anderen Benutzern und das Stören der ruhigen Arbeitsatmosphäre in Lesesälen wird eingegangen. Die Hausordnungen regeln hingegen überwiegend das allgemeine Verhalten, wie das Mitbringen von Haustieren oder das Rauchen.

5.2.8 Benutzung innerhalb der Bibliothek

Sowohl die Nutzung der Freihandbestände als auch der Magazinbestände wird hier grundsätzlich geregelt. Sehr häufig sind die Freihandbestände zugleich Präsenzbestände, können jedoch z. T. über Nacht oder das Wochenende nach Hause ausgeliehen werden. Für die Magazinbestände ist festgelegt welche Mediengruppen (z. B. Zeitschriftenhefte und -bände, Kunstbücher, broschierte Bücher usw.) nur in den Freihandbereich bzw. Lesesaal ausgeliehen werden dürfen. Auch die Länge der Leihfrist und die Anzahl der pro Person maximal ausleihbaren Werke, sind hier festgelegt.

Statt solche Parameter (Leihfristen, Anzahl der ausleihbaren oder bestellbaren Medien usw.) in einer Benutzungsordnung genauestens zu regeln, ist es allerdings praktikabler, in der Benutzungsordnung festzulegen, dass diese Parameter in gesonderten Ausführungsbestimmungen festgelegt werden. Anpassungen sind auf diese Weise wesentlich einfacher vorzunehmen.

Weitere Regelungspunkte an dieser Stelle sind die Zugänglichkeit von Freihandbereichen oder Lesesälen, die Nutzung von Sondermaterialien (hier reicht die Palette von schützenswerten, alten und seltenen Werken bis hin zu solchen Werken mit geschichtsverfälschendem oder gewaltverherrlichendem Inhalt, die nur gegen eine Bestätigung des wissenschaftlichen Interesses und auf keinen Fall an Personen unter 18 Jahren ausgegeben werden sollten) sowie das Angebot an Reproduktionsmöglichkeiten und den damit verbundenen Restriktionen, im Interesse der Bestandserhaltung und selbstverständlich auch des Urheberrechts.

Ein immer wieder auftauchender Streitpunkt zwischen einigen Nutzern und einer Bibliothek ist die Tiefe der Auskunftserteilung. Daher ist es gut, wenn auch dieser Punkt in der Benutzungsordnung angesprochen wird und die Grenzen der Beratung und Auskunftserteilung festgehalten sind. Die wenigsten Bibliotheken können es sich aufgrund ihrer begrenzten personellen Ressourcen leisten, auf Nutzerwunsch Bibliographien oder auch nur Teilbibliographien zu erstellen.

5.2.9 Benutzung außerhalb der Bibliothek

Die Ausleihbarkeit bestimmter Medientypen oder Mediengruppen ist für die Ausleihe nach Hause ein wichtiges Thema. Die meisten Bibliotheken leihen z. B. ältere Werke (älter als 100 Jahre) grundsätzlich nicht nach Hause aus. Statt wiederum alles bis in kleinste Details zu regeln, ist es auch an dieser Stelle in der Benutzungsordnung besser, der Bibliothek das Recht einzuräumen, bestimmte Mediengruppen oder Einzelmedien von der Ausleihe nach Hause auszunehmen und dies in Ausführungsbestimmungen genauestens festzuhalten. Das gleiche gilt für eine weitere Reihe von Parametern und Festlegungen, die für die Ausleihe nach Hause relevant sind:

– Maximale Anzahl der Bestellungen
– Bereitstellungsfrist / Sofortausleihe
– Buchabholung durch Bevollmächtigte
– Maximale Anzahl der ausgeliehenen Werke
– Leihfrist
– Leihfristverlängerungen
– Vormerkungen
– Dauerausleihen

Ganz besonders wichtig für die Ausleihe nach Hause ist, dass die Kunden entliehene Werke mit Ablauf der Leihfrist unaufgefordert zurückgeben müssen und dass ansonsten der Ablauf eines detailliert zu beschreibenden Mahnverfahrens in Gang gesetzt wird. Ein Hinweis auf die dabei entstehenden Gebühren oder Entgelte darf an dieser Stelle nicht fehlen.

Manche Bibliotheken machen die Zahl der maximal ausleihbaren Werke von der Nutzergruppe abhängig. Auch dies wäre an dieser Stelle in der Benutzungsordnung zu regeln oder es wäre auf Ausführungsbestimmungen zu verweisen.

5.2.10 Leihverkehr

Die Teilnahme am Leihverkehr (deutsche Fernleihe) ist in vielen Benutzungsordnungen festgeschrieben. Dabei ist dann für gewöhnlich ein Hinweis auf die Leihverkehrsordnung in der jeweils gültigen Form angeführt.

5.2.11 Ausschluss von der Benutzung

Einen eigenen Paragraphen erhält in der Regel der „Ausschluss von der Benutzung", sofern er nicht gemeinsam mit den Zulassungsmodalitäten in einem Paragraphen ausgeführt ist. Neben dem unbefristeten Ausschluss gibt es die milderen Varianten mit zeitlicher Befristung oder den Teilausschluss, der eine Ausleihe nach Hause aber nicht in den Lesesaal unterbindet. Ob ein unbefristeter Ausschluss rechtlich zulässig ist, darf in Zweifel gezogen werden, wenn man z.B. bedenkt, welch hohes Gut das Recht auf freien Zugang zu Informationen darstellt.

5.2.12 Haftungsfragen

Bibliotheken haften natürlich nicht für die Richtigkeit des Inhaltes von Büchern, die sie bereitstellen. Für erteilte Auskünfte besteht aber womöglich eine gewisse Haftung und so wird dieses Thema in Benutzungsordnungen angesprochen. Allerdings kann davon ausgegangen werden, dass eine Haftung nur bei grober Fahrlässigkeit gegeben wäre. Generell kann man sagen, dass Bibliothekare keinerlei medizinische oder juristische Auskünfte erteilen sollten und auch zum Wert von Büchern, aus dem Besitz von Nutzern, sollten sie sich nicht äußern, sondern auf das Verzeichnis der Antiquarischen Bücher (ZVAB) oder auf einen örtlichen Antiquar verweisen.

Es ist zu empfehlen in der Benutzungs- oder Hausordnung einen Hinweis zu geben, dass Besucher für die von ihnen mitgebrachten Gegenstände (Garderobe, Laptop, Bücher usw.) selbst verantwortlich sind und eine Haftung der Bibliothek bei Abhandenkommen ausgeschlossen ist.

5.2.13 Inkrafttreten

Das letzte Kapitel einer Benutzungsordnung betrifft das Datum des Inkrafttretens dieser Benutzungsordnung und des Außerkrafttretens der vorherigen Benutzungsordnung.

5.3 Hausordnung und Gebührenordnung

Ergänzend zur Benutzungsordnung existieren an den meisten Bibliotheken eine Hausordnung und eine Gebührenordnung. In den Hausordnungen sind Einzelheiten zum Verhalten in den Räumen der Bibliothek geregelt, wie man sie auch in anderen öffentlichen Gebäuden findet. Typische Beispiele für solche Regelungstatbestände sind das Mitbringen von Tieren, das Rauchen, das Nutzen von Mobiltelefonen aber auch die Kontrollrechte der Bibliothek und die Ausweispflicht der Besucher sowie die Behandlung von Fundsachen.

In der Gebührenordnung oder der Entgeltordnung ist geregelt, für welche Leistungen der Bibliothek die Nutzer zu bezahlen haben und wie hoch diese Beträge sind. Im Prinzip sind vier Gründe / Begründungen für die Erhebung von Gebühren und Entgelten auszumachen. Zum ersten sind es Gebühren und Entgelte, die bei Versäumnissen oder bei „Verschulden" der Nutzer entstehen. Typische Beispiele sind Zahlungen im Falle von Ausweisverlust, Buchverlusten oder Mahnungen zu Leihfristüberschreitungen. Zum zweiten sind es Gebühren und Entgelte, die bei kostenintensiven nicht alltäglichen Leistungen der Bibliothek entstehen. Typische Beispiele sind die Erstellung von Digitalisaten und Reproduktionen auf Nutzerwunsch oder das Versenden von bestellten Medien direkt an die Adresse des Nutzers. Zum dritten sind es Gebühren oder Entgelte, die in geringer Höhe erhoben werden und die überwiegend den Zweck haben, weitaus teurere Leistungen der Bibliotheken vor dem Missbrauch durch unsinnige Nutzung zu schützen. Typische Beispiele sind die Gebühren, die für das Anstoßen einer Fernleihe erhoben werden oder die Vormerkgebühren – wobei letztere eher dem Schutz des aktuellen Entleihers dienen als dem Schutz der Bibliothek. Die letzte und vierte Art von Gebühren sind Benutzungsgebühren, die für eine begrenzte Dauer (z. B. ein Monat ein Jahr) für die Benutzung der Bibliothek entrichtet werden müssen.

Weiterführende Literatur

Deutscher Bibliotheksverband: Kommunen fürchten höhere Kosten. Ergebnisse des Workshops über ein Bibliotheksgesetz in Rheinland-Pfalz. In: Buch und Bibliothek 64 (2012), S. 566.

Deutscher Bibliotheksverband (Hrsg.): Rechtsvorschriften für die Bibliotheksarbeit. (Bibliotheksrecht; 3) Wiesbaden ^{5}2009.

Kirchner, Hildebert u. Wendt, Rosa Maria: Bibliotheksbenutzungsordnungen. (dbi-materialien; 93) Berlin 1990.

Lieberknecht, Sabine u. Pinkas, Claudia (Hrsg.): Rechtsvorschriften für die Bibliotheksarbeit. Wiesbaden 2009.

6 Rechercheinstrumente

6.1 Der Benutzerkatalog

Bibliotheken sind nicht eine beliebige Ansammlung von Büchern. Das gilt nicht nur dafür, welche Bücher sich in einer Bibliothek befinden, die Sammlung, die zu den Bedürfnissen der Bibliotheksnutzer passen muss, wenn sie für die Nutzer gewinnbringend sein soll, sondern auch dafür, wie die Bücher in der Sammlung organisiert sind, dass sie vom Benutzer gefunden werden können. Grundsätzlich handelt es sich dabei um ein Problem, das vor allem durch eine große Menge verschiedener Bücher und Dokumente entsteht. Ein Nutzer, der nur die Auswahl zwischen wenigen Titeln hätte, könnte sich den Überblick, ob ein für ihn relevantes Buch in der Bibliothek vorrätig ist, leicht durch Augenschein verschaffen, sofern er denn vor Ort wäre. Aber sobald die Menge eine gewisse Größe erreicht, und sehr viele Bücher müssen es dafür noch gar nicht sein, kann die gewünschte Literatur nur noch methodisch aufgefunden werden. Wenn man es sehr prinzipiell ausdrücken möchte, kann man sagen, dass die Methode ermöglichen muss, dass der Nutzer ausgehend von den Informationen, die er über das oder die Medien besitzt, zu dem oder den betreffenden Medien in der Bibliothek geführt wird.

Die zunächst naheliegende Methode ist die, die Bücher in einer bestimmten Ordnung aufzustellen, so dass mit einer dazu passenden Beschreibung oder Information über das Buch, dieses innerhalb der Ordnung identifiziert werden kann. Bücher können z.B. alphabetisch nach ihren Autoren oder den Titeln aufgestellt werden, nach ihrem Erscheinungsdatum oder dem Datum des Eingangs in die Bibliothek oder auch thematisch nach den darin vorkommenden Inhalten. Je nachdem muss der Benutzer über die geforderte Information verfügen, die der Ordnung zugrunde liegt, also über den Namen des Autors (in der richtigen Schreibweise) oder das Erscheinungsjahr oder über ein Wissen, worum es im betreffenden Werk geht.

Aber auch diese Methode ist sehr begrenzt, zunächst einmal weil selbst dann, wenn sich mehrere Ordnungsprinzipien kombinieren lassen, dies nur eine recht beschränkte Abbildung der möglichen Informationen erlaubt, über die ein Nutzer ggf. verfügt. Zum anderen, und damit zusammengehörend, stößt die Möglichkeit auch schnell an praktische Grenzen, weil sie bei größeren Büchermengen erfordert, dass der Nutzer große Regalbereiche mit Büchern seriell abarbeiten müsste, wenn innerhalb der vorhandenen Ordnungsprinzipien nicht von vornherein ein genauerer Bereich bekannt ist, wo ggf. gesucht werden soll. Bei einer Bibliothek mit beispielsweise 10 Millionen Bänden, müssten man kilometerweit gehen, wenn man innerhalb eines Themas nach einem bestimmten Autor suchen wollte, selbst wenn innerhalb der thematischen Aufstellung, die Autoren alphabetisch sortiert sein sollten. So etwas ist nicht praktikabel.

Schon seit sehr langer Zeit, werden Bücher in Bibliotheken deshalb zweistufig auffindbar gemacht. Es werden eine oder mehrere Beschreibungen der Medien in einem Katalog festgehalten, in dem auch in Form einer Signatur niedergelegt ist, wo sich das betreffende Medium in der Aufstellungsordnung befindet. Die Beschreibungen der Medien im Katalog werden methodisch und damit einheitlich erstellt. Dies hat ebenso zum Ziel die Beschreibung auffindbar zu machen. Methodisches Vorgehen hat immer Nachvollziehbarkeit und Wiederholbarkeit zum Ziel. Dieses wiederum kann unterschiedlichen Zwecken dienen. In der Bibliothek dient es dazu, ein oder mehrere Werke für den Benutzer identifizierbar, auffindbar zu machen. Identifiziert wird jeder Gegenstand (und damit auch ein Buch) durch eine Kenntnis von Merkmalen, die ihn auszeichnen und durch die Kenntnis, wie man diese Merkmal in der Wirklichkeit auch feststellen kann. Zu sicheren Ergebnissen kommt man bei Büchern (wenn man nicht gleich einen identifizierenden Schlüssel wie die ISBN-Nummer oder eine Katalognummer bzw. Signatur in der Bibliothek kennt), durch die Kenntnis von Autor, Titel, Ausgabe, ggf. noch Verlag. Das sollte nur auf ein bestimmtes Werk zutreffen. Zugleich kann an einem Buch aber noch sehr viel mehr beschrieben werden, was es im Zweifelsfall auffindbar machen könnte und zugleich kann der Nutzer mit sehr vielen unterschiedlichen Beschreibungen an die Bestände einer Bibliothek herantreten und damit für ihn relevante Literatur suchen. Das methodische Vorgehen hat zur Folge, dass Katalogeinträge überhaupt gefunden werden können (wie das von statten geht, soll hier ausgeklammert bleiben) und vor allem, dass sie mit den Beschreibungen der Benutzer gefunden werden können, die dafür allerdings zunächst in die Beschreibungen des Katalogs transformiert werden müssen, sofern der Nutzer nicht, gewissermaßen als sein eigener Katalogexperte, sie schon passend abgibt.

In der „guten alten Zeit" wurde diese Transformation durch einen Bibliothekar als „Übersetzer" ausgeführt. Der Nutzer kam in die Bibliothek und befragte den Bibliothekar als Kenner des Bibliothekskatalogs und des Bestandes, der die Beschreibung des Nutzers mit seinem Hintergrundwissen und vor allem mit seinem Wissen über die Katalogregeln anreicherte und dadurch das gewünschte Werk im Katalog identifizierte, wo er wiederum sehen konnte, wo und auf welche Weise das physische Buch in der Bibliothek zu finden und ggf. zur Verfügung zu stellen wäre.[21]

---

21 Grundsätzlich gibt und gab es hier viele Facetten, abhängig von der Größe und Art der Bibliothek, ihrer Entstehung usw. Der Katalog könnte schlicht auch im Kopf des Bibliothekars stecken,

Abb. 9: Gezeigt ist der Katalogsaal einer Bibliothek zu Anfang des 20. Jahrhunderts. Nutzer hatten hier keinen Zutritt und nur erfahrene Bibliothekare durften mit dem Katalog arbeiten. Jede an der falschen Stelle einsortierte Katalogkarte hätte bedeutet, dass das betreffende Werk auf viele Jahre hinweg nicht mehr auffindbar gewesen wäre. Bayerische Staatsbibliothek München: Bildarchiv.

Diese ausführliche „katalogtheoretische" Einleitung mag verwundern, aber die Konsequenzen daraus sind durchaus relevant. Zunächst wird klar: Zumindest eine größere Bibliothek wird ohne Katalog praktisch unbenutzbar. Dies mag auch als simpler Erfahrungswert plausibel sein, wenngleich es gewiss nichts schadet, sich klar zu machen, warum das so ist. Die zweite Seite ist aber nicht so selbstverständlich: Die geschilderten Schritte der Transformation von Beschreibungen können in ganz unterschiedlicher Qualität und unterschiedlich effizient vollzogen werden und wie dies von statten geht, ist keineswegs selbstverständlich und

---

der den Bestand sehr genau kennt, die darin enthaltenen Bücher, genauso wie den Ort, an dem sie tatsächlich physisch zu finden sind. Vom Klischee her entspricht das dem idealen Bibliothekar, aber und de facto entspräche es wohl auch dem idealen Katalog, nämlich einem Katalog, der den Nutzer im wahrsten Sinne des Wortes versteht. Tatsächlich bleibt diese Variante aber doch auf eine Bibliothek letztendlich sehr überschaubaren Umfangs beschränkt, kann in Einzelfällen aber durchaus eine Rolle spielen, wenn man z.B. an kleinere Institutsbibliotheken denkt oder überschaubare Spezialsammlungen.

entscheidet ganz grundlegend darüber, wie gut der Bibliothekskatalog seinen Zweck erfüllt und dies kann wiederum entscheidend dafür sein – gemäß der zuerst genannten Überlegung im Hinblick auf die Bedeutung des Katalogs –, wie gut eine Bibliothek überhaupt benutzbar ist.

6.2 Der elektronische Benutzerkatalog – OPAC (Online Public Access Catalogue)

Schon seit vielen Jahren ist es kein geschriebener Katalog mehr, der in den Bibliotheken zum Einsatz kommt, sondern ein elektronische Katalog im Netz[22] und gewiss hat dies in den letzten Jahren den Nutzern viele Vorteile gebracht. Zunächst hat sich die „Nutzerschnittstelle" enorm verbreitet, denn selbst in dem Fall, in dem ein Nutzer nicht darauf angewiesen ist, einen Bibliothekar zu konsultieren sondern einen Bandkatalog oder Zettelkatalog zur Recherche verwenden kann, ist die maximale Zahl derer, die dies zugleich tun können, sehr beschränkt. Diese Schranken fallen, wenn eine fast beliebige Anzahl an Recherchierenden über eine Webschnittstelle möglich ist.[23] Des Weiteren ist der Zugriff auf einen Zettel- oder Bandkatalog auch sehr viel aufwändiger insofern der Bibliothekskunde dafür die Bibliothek aufsuchen muss und nicht zu beliebiger Zeit und von beliebigem Ort recherchieren kann, wie es bei den elektronischen Katalogen im Internet der Fall ist.

Elektronische Benutzerkataloge stehen im deutschen Sprachraum seit Anfang der 90er Jahre zur Verfügung und haben dabei fast die ganze Geschichte des Internets und World Wide Web (WWW) bis heute durchlaufen, von Telnet-Anwendungen über Java-Applets hin zu den heute gängigen Webtechnologien. Dabei wurde zunächst mit wenigen Abstrichen der Katalog so zur Verfügung gestellt, wie er durch die Erschließung aufgebaut wurde, d.h. die Suche des Nutzers erfolgte tatsächlich in der Katalogdatenbank oder einer Kopie davon. Freilich wurden dem Nutzer dafür nicht einfach die Katalogisierungskategorien zum Retrieval zur Verfügung gestellt, die, egal ob in einem internen Format oder dem MAB-Format, für ihn gänzlich unverständlich gewesen wären.

---

22 Die englische Bezeichnung für diesen elektronischen Katalog (OPAC – Online Public Access Catalogue) ist auch in Deutschland recht weit verbreitet. Zugleich findet sich diese Bezeichnung im englischen Sprachraum selbst eher selten. Dort ist meist nur noch von Catalogue oder Online Catalogue die Rede.

23 De facto sind auch die parallelen Zugriffe auf Bibliothekskataloge im Internet oft beschränkt, zum Teil aus technischen Gründen, manchmal nur aus Gründen beschränkender Lizenzen. In der Regel werden diese Grenzen aber nur selten erreicht und fallen dann gewissermaßen als „Fehler" auf.

Schon von den Grundfunktionen her hat der OPAC eine komplexe Aufgabe zu erfüllen. Zunächst müssen die gewünschten Titel für den Nutzer darüber auffindbar sein, was heißt, dass die Katalogdaten, die ja an bibliothekarische Zwecke angepasst sind, durchsuchbar gemacht werden müssen. Dafür muss es eine Möglichkeit geben, Kategorien (z. B. Autor, Titel, Verlag usw.) zu definieren, unter denen dem Benutzer neben einer einfachen „Einschlitz-Suche" (Google-like), das Durchsuchen des Kataloges erlaubt ist. Es muss aber auch definiert werden können, welche Inhalte dabei tatsächlich durchsucht werden und wie sie ihm präsentiert werden. Auf die besonderen Probleme, die mit dieser Suche verbunden sind, soll weiter unten noch genauer eingegangen werden.

Das Auffinden des Nachweises gewünschter Titel ist aber nur selten das Endziel eines Bibliothekskunden, meist richtet sich sein Interesse eher auf die Zurverfügungstellung der betreffenden Dokumente selbst. Dazu müssen im Benutzerkatalog nicht nur der Bestand und der Verfügbarkeitsstatus der einzelnen Bücher nachgewiesen werden. Es muss auch möglich sein, dass der Benutzer eine Bestellung tätigt, die einerseits den Ausleihstatus des Buches ändert, andererseits zu einem Bestellzettelausdruck führt, zuletzt auch noch im Benutzerkonto verbucht wird und somit die Kontrolle über Ausleihe und Rückgabe des Mediums erlaubt.

Hinter diesen prinzipiellen Anforderungen stecken weitere komplexe Aufgaben. Dabei muss an dieser Stelle gesagt werden, dass hier ein weiter Begriff des Benutzerkatalogs zugrunde gelegt wird, so dass das Ausleihsystem mit dazu gezählt wird, was rein technisch oft eine getrennte Komponente darstellt und gewiss, sind es auch unterschiedliche Benutzungsaspekte, die in den beiden Komponenten zum Vorschein kommen. Aber im Hinblick auf das Gesamtziel, des Auffindens und der Bereitstellung von Bibliotheksbeständen bilden die Systeme für den Nutzer eine Einheit, genauso wie für den Bibliothekar. Dazu gehört dann auch, dass hier eine Art Rechtekonzept umgesetzt werden kann. D.h. dass es möglich sein muss, Bestandsgruppen zu bilden und die jeweiligen Bände – meist auf der Basis des Standorts bzw. des Signaturbeginns – diesen Gruppen zuzuordnen. So kann die Ausleihe für ältere und wertvollere Bücher auf die Bereitstellung in Lesesälen beschränkt oder gänzlich ausgeschlossen werden, ebenso wie die Verleihbarkeit von Präsenzbeständen beispielsweise. Andererseits soll dies nicht Unterschiedslos für alle Nutzer der Bibliothek gelten. Wissenschaftler mit speziellem Bedarf mögen besondere Bestände zur Verfügung gestellt werden, die für Studenten nicht ohne weiteres zugänglich sind und wiederum anderes mag für Mitarbeiter oder Dienstkonten der Bibliothek als eigener Nutzergruppe gelten. Bei der Rechteverwaltung geht es aber nicht nur darum, ob und in welcher Weise bestimmte Bestände überhaupt genutzt werden dürfen, sondern auch beispielsweise um Ausleihfristen, Bestell- und Ausleihkontingente, Mahnstufen und Gebühren, die mit einer Rückgabemahnung verknüpft sind usw. Für einen Bestellvorgang, müssen dann all diese Faktoren und die damit verknüpften Konsequenzen durch das System berücksichtigt werden. Sobald nun eine Bibliothek einen größeren und differenzierteren Bestand besitzt und zugleich ebenso eine differenzierte Nutzerschaft, wie dies zweifellos bei großen Universitätsbibliotheken oder wissenschaftlichen Universalbibliotheken der Fall ist, kann es schnell notwendig werden, viele Parameter im System zu verwalten. Das Ziel dabei ist es, einerseits einen bestmöglichen Service zu bieten, angepasst an die Bedürfnisse der jeweiligen Nutzergruppen, andererseits einen effektiven Bestandsschutz zu gewährleisten.

Ein Blick auf diese Gesamtkomponente aus Benutzerkatalog und Ausleihsystem lässt schnell klar werden, dass es sich hier technisch gesehen um das Herz der Bibliothek handelt oder vielleicht auch um das Gehirn, ohne die eine Benutzung der Bestände kaum möglich ist. Der „Wert" einer Bibliothek liegt in ihren Beständen, aber diese bleiben tot, wenn sie nicht über eine effektive Nutzerschnittstelle vermittelt werden.

6.3 Das Umfeld des OPACs – Suchmaschinen

Die Entwicklung elektronischer Kataloge war in vielerlei Hinsicht ein großer Fortschritt, weil der Bibliothekskatalog leichter zugreifbar wurde und auch schneller durchsucht werden konnte. Zugleich bleibt es eine enorm schwierige Aufgabe den OPAC so zu gestalten, dass er einfach zu bedienen ist und möglichst alle Benutzerbedürfnisse erfüllt. Verschärft wird dieses Problem durch die Tatsache, dass Bibliothekskataloge im Internet in einem Umfeld stehen, das die Erwartungen und Gewohnheiten der Nutzer prägt. Schon seit etlichen Jahren zeigt sich, dass für viele Bibliothekskunden, gerade auch die wissenschaftlichen Nutzer, die Bibliothek nicht mehr unbedingt als erster Ansprechpartner betrachtet wird, wenn es um Informationssuche geht. Schon in einer Studie von OCLC aus dem Jahr 2005,[24] wird von Studenten und Wissenschaftlern angegeben, dass die Informationssuche von über 70 % mit einer Recherche in einer Internetsuchmaschine begonnen wird. Zum einen mag dies aus Nutzungsgewohnheiten herrühren, die mehr im Alltag verortet sind, wo sich Google und andere Suchmaschinen als nützliche Instrumente mit oftmals verblüffend relevanten und verlässlichen Ergebnissen erwiesen haben. Zum anderen hat das natürlich auch damit zu tun, dass mit Projekten wie Google Scholar oder der Google Buchsuche, die Suchmaschinen speziell für die wissenschaftliche Recherche optimiert wurden. So überrascht es nicht, dass sich dieser

---

24 http://www.oclc.org/reports/2005perceptions.en.html

Trend bis zum Jahr 2010 weiter verstärkt hat und Collegestudenten ihre Informationssuche zu 83 % mit einer Internetsuchmaschine begannen. Es ist nicht davon auszugehen, dass sich dies gegenwärtig abgeschwächt hätte.

Nicht selten wird dieser Umstand von Bibliothekaren beklagt, die gerne hervorheben, dass in diesen Rechercheumgebungen der Suchmaschinen keine geprüft verlässlichen Informationen vorliegen und das deep web, also Informationen, die nur in gewissermaßen abgeschlossenen Datenbanken vorhanden sind, nicht durchsucht wird. Gewiss ist hier viel Wahres daran, aber weder die Klage noch das Anliegen, die Nutzer umzuerziehen, erscheinen hilfreich.

Aussichtsreicher ist dagegen ein Blick auf die Probleme der eigenen Suchumgebungen und die Chancen, die sich ergeben, wenn es gelingen könnte, die Stärken der Suchmaschinen auch in die bibliothekarischen Rechercheinstrumente zu integrieren.

6.4 Das Dilemma der Suche – Precision und Recall

Wie eingangs schon dargelegt wurde, geht es bei der Katalogsuche darum, mit einer Beschreibung, über die der Nutzer verfügt, ein Dokument oder eine Menge von relevanten Dokumenten im Bibliotheksbestand zu finden, indem die Beschreibungen des Nutzers den Beschreibungen, die der Katalog enthält, zugeordnet werden. Prinzipiell werden zu dem Zweck Zeichenfolgen auf der Basis ganzer Wörter verglichen. Traditionell gibt es dafür eine große Bandbreite von Möglichkeiten:

Die Beschreibung im Katalog ist strukturiert, d.h. es werden verschiedene Beschreibungsaspekte eines Werkes unterschieden, wie Titel, Autor, Schlagwort usw. Der Vergleich der Zeichenketten kann dies berücksichtigen oder in allen möglichen Kategorien suchen, was die gefelderte Suche von der einfachen Suche, der Einschlitzsuche, unterscheidet. Wenn mit mehreren Begriffen gesucht wird, können diese auf verschiedene Weise miteinander verknüpft sein. Es kann entweder die genaue Kombination der Begriffe gesucht werden, was einer Phrasensuche entspricht oder die Begriffe werden mit sogenannten Bool'schen Operatoren verknüpft (und / oder / und nicht). Bei „oder" genügt es, wenn einer oder eine beliebige Kombination der verwendeten Suchbegriffe in einer Titelaufnahme vorhanden sind, bei „und" müssen alle gesuchten Begriffe im entsprechenden Nachweis vorhanden sein und bei „und nicht" muss ein Begriff vorhanden sein und der andere darf nicht vorhanden sein.

Der Hintergrund für das Angebot dieser unterschiedlichen Möglichkeiten besteht darin, dass dies Recherchen mit unterschiedlicher Präzision möglich macht. Die Wahrscheinlichkeit überhaupt einen Treffer zu finden, ist selbstverständlich größer, wenn man nur nach dem Vorkommen eines Begriffes oder vielleicht sogar eines Wortteiles bei einer trunkierten Recherche, also bei einer Recherche mit abgekürzten Begriffen, sucht. Wenn andererseits mehrere Begriffe kombiniert werden und diese zusätzlich in bestimmten Kategorien vorkommen müssen, wird die Wahrscheinlichkeit deutlich geringer, dass genau diese Kombination in vielen Titelaufnahmen vorkommt. Bei einem ideal funktionierenden Katalog und einer idealen Suchanfrage würden wir erwarten, dass mit einer passenden Rechercheanfrage alle relevanten Treffer geliefert werden und auch alle Treffer relevant sind. Aber schon die tägliche Erfahrung zeigt uns, dass das nicht der Fall ist. Weder sind in den Ergebnismengen unserer Suchanfragen alle Treffer relevant, noch ist alles, was wir wissen wollen, in den Ergebnismengen unserer Suchanfragen enthalten. Beide Aspekte lassen sich prinzipiell messen und die Informationswissenschaft hat dafür Begriffe geprägt: Das Verhältnis zwischen den relevanten Treffern einer Treffermenge und der gesamten Trefferanzahl dieser Treffermenge bezeichnet man als „Precision", das Verhältnis zwischen den relevanten Treffern in einer Treffermenge und den relevanten Informationsobjekten in der Ausgangsmenge, die durchsucht wurde, bezeichnet man als „Recall". In einer idealen Suche hätten beide Parameter den Wert 1, normalerweise sind sie kleiner 1. Um eine hohe Suchgenauigkeit zu erreichen (hoher Wert für Precision), müssen wir möglichst spezifisch suchen, wodurch die Wahrscheinlichkeit sinkt, dass unsere Beschreibung, die wir dafür verwenden, auch mit allen Beschreibungen übereinstimmt, die für die möglicherweise relevanten Treffer vorhanden sind. Man denke hier nur an unterschiedliche Schreibweisen, Synonymie oder eben auch gänzlich abweichende Beschreibungen eines Themas. Es erhöht sich damit also häufig die Wahrscheinlichkeit, dass wir nicht mehr alle relevanten Treffer bekommen. Vielleicht finden wir den einen eigentlich gewünschten Treffer gar nicht. Umgekehrt können wir eher unspezifisch suchen, mit der Konsequenz, dass die in der Suche verwendeten Beschreibungsterme auch in Datensätzen vorhanden sind, die für das Ziel unserer Suche nicht relevant sind. Wir erhöhen damit zwar den Recall, finden aber doch nicht, was wir suchten, weil wir die unüberschaubare Ergebnismenge nicht mehr verarbeiten können. Dies kann man als das Dilemma der Recherche bezeichnen. Klar ist bei all dem, dass sich diese Probleme erst dann einstellen, wenn man es mit vielen Daten zu tun hat, also mit umfangreichen Beständen und einem entsprechend großen Katalog. Das hat zwei Gründe: Zum einen erhöht sich damit die Wahrscheinlichkeit, dass sich dieselben Beschreibungselemente in gänzlich unterschiedlichen Titelaufnahmen finden, zum anderen wird erst bei einer großen Ausgangsdatenmenge, die Treffermenge so groß, dass es für den Nutzer nicht mehr möglich ist, in einer Durchsicht der Treffer, die relevanten Ergebnisse aus der Gesamttreffermenge herauszusuchen.

Ist der Benutzer durch den Online-Katalog, den OPAC, jetzt vom Regen in die Traufe geraten? Diese Schlussfolgerung wäre sicherlich verfehlt, aber genauso verfehlt wäre es, anzunehmen, dass mit der Computernutzung allein alle Probleme gelöst wären, die durch einen großen Bibliotheksbestand entstehen, denn ein Problem hat oder hatte der Computer bis jetzt in jedem Fall: Während der Bibliothekar in den meisten Fällen kraft seiner menschlichen (im Gegensatz zur künstlichen) Intelligenz oder kraft seines Einfühlungsvermögens oder einer Kombination aus beiden Fähigkeiten, vor allem aber in der Folge eines echten Dialogs mit seinem Kunden, wusste was der Benutzer meint, stellte sich hier der Computer meistens recht dumm und störrisch an. Was nicht in sein Schema passt, führt zu falschen Ergebnissen oder zur Fehlermeldung und zu nichts weiter.

6.5 Vorbild WWW – Suchmaschinentechnologie im OPAC

Prinzipiell stehen wir bei der Suche im Internet, die inzwischen zu den gängigen Kulturtechniken gehört, vor denselben Problemen. Die Datenmengen, die dort vorhanden sind und in denen es gilt, die gewünschte Information zu finden, sind gewaltig. Fast ist es schon müßig hier Zahlen anzugeben, da sie sich ohnehin in kürzesten Abständen verdoppeln, aber von Billionen von Webseiten ist schon seit einigen Jahren die Rede. Bei der Suche im Internet wirkt der Vergleich mit der Stecknadel im Heuhaufen geradezu als Untertreibung und es liegt auf der Hand, dass das Dilemma der Recherche dort ein virulentes Problem darstellt. Wenn aber dem tatsächlich so ist, warum greifen dann so viele Menschen ausgerechnet auf das Internet zurück, um zu ihren Informationen zu kommen? Müssten sie nicht stets an der Tatsache verzweifeln, in all der Informationsfülle ausgerechnet das von ihnen gewünschte nicht identifizieren zu können?

Das heute nicht mehr wegzudenkende Zaubermittel heißt hier Suchmaschine. Zunächst sind diese Suchmaschinen nichts anderes als der bekannte Bibliothekskatalog.[25] Das Kernstück dieser Suchmaschinen ist ein Index der Webseiten, den man sich der Einfachheit halber so vorstellen kann, wie den guten alten Index, den man auch am Ende eines wissenschaftlichen Buches findet. In einem solchen Index sind die Begriffe, nach denen man in einer schnell durchsuchbaren Anordnung (beispielsweise alphabetisch) sucht, aufgeführt, und bei ihnen ist jeweils vermerkt, wo diese Begriffe zu finden sind. Im Buch sind es die Seitenzahlen, bei den Suchmaschinen sind es die Internetadressen der Websei-

---

25 Auf die grundlegenden Technologien der Suchmaschinen, den Einsatz von Crawlern, um Webseiten überhaupt zu finden, und die Indextechnologien soll hier nicht eingegangen werden.

ten, aus denen die Begriffe stammen. Anders als in den aus den Büchern bekannten Indizes, sind bei den Indizes der Websuchmaschinen nicht nur die besonders Sinn tragenden Begriffe der gesuchten Webseiten aufgeführt, sondern prinzipiell alle Begriffe dieser Seiten, wobei nur wenige Begriffe, die offensichtlich für die Suche keinen Sinn ergeben, wie z. B. die Artikel „der", „die", „das" ausgeschlossen werden. So etwas nennt man einen Volltextindex. Die Existenz eines solchen Index allein erklärt aber sicher noch nicht, warum mit Hilfe der Suchmaschinen tatsächlich die Informationen gefunden werden, die man sucht. Das Problem vor dem die Bibliotheken stehen, nämlich das Problem des Identifizierens, ist damit ja nicht per se gelöst. In mancherlei Hinsicht stehen die Suchmaschinen noch viel schlechter da als die Bibliotheken, da für die Webseiten kaum Beschreibungen existieren, die nach bestimmten Regeln vorgenommen worden wären. Auch sind die Inhalte der Webseiten zu verschiedenartig, um noch eine überschaubare Kategorisierung zu gestatten.

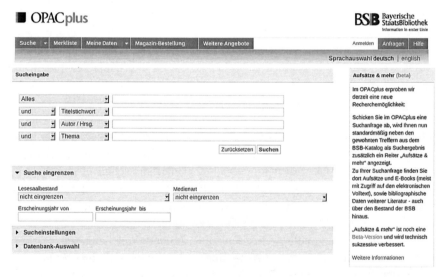

Abb. 10a: Gezeigt ist die Eingabemaske der „Erweiterten Suche" eines derzeit üblichen OPACs. Die Suchfelder und deren Verknüpfung mit dem Boolschen Operator „und" sind vorgegeben, können aber den Suchbedürfnissen des Nutzers völlig flexibel angepasst werden. Eingrenzungen der Suche hinsichtlich eines Lesesaalbestandes, einer Medienart oder des Erscheinungsjahres sind schon an dieser Stelle möglich.

Letztendlich steht damit für die Suche im WWW grundsätzlich stets ein gesamter Index zu Verfügung, in dem mit allen eingegebenen Suchbegriffen gesucht wird. Bei der unvorstellbaren Anzahl an Webseiten, deren Produktion praktisch auch keinerlei Restriktionen unterliegt und einem in den gängigen Sprachen prinzipiell beschränkten Vokabular ist die Wahrscheinlichkeit, als Treffer stets sehr viele Webseiten zu erhalten, sehr groß. Ich gehe nicht davon aus, dass „analytische Ontologie" sehr populär ist, aber die Suche mit diesen Begriffen liefert in einer der bekannten Suchmaschinen immerhin noch 291.000 Treffer. Dabei ist zu berücksichtigen, dass beide Begriffe in einer aufgeführten Webseite vorkommen müssen und dass vermutlich der Begriff „Ontologie" schon gar nicht mehr so weit verbreitet ist. Stünde allein diese Suchmöglichkeit zur Verfügung und würden die Treffer in zufälliger Reihenfolge angezeigt, wäre vermutlich das WWW schon längst seiner Unbenutzbarkeit anheimgefallen, da es unmöglich wäre aus einer solchen Treffermenge ohne weitere Hilfsmittel die wirklich gewünschten und relevanten Dokumente herauszusuchen.

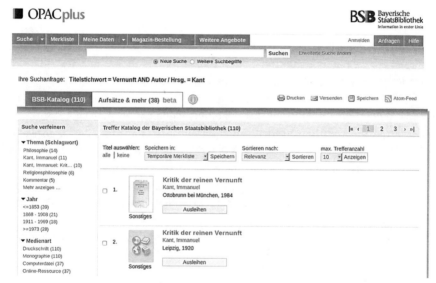

Abb. 10 b: Die Trefferanzeige des OPACs bietet am linken Rand zahlreiche Möglichkeiten zur weiteren Eingrenzung des Suchergebnisses.

6.6 Recherchestrategien im Internet

Zunächst bieten alle Suchmaschinen die Möglichkeit nicht nur mit Stichworten, sondern mit genauen Wortgruppen zu suchen, deren exaktes Vorkommen in den Webseiten schon viel weniger wahrscheinlich ist als das bloße Vorkommen der einzelnen Begriffe. Müssen die Begriffe „analytische Ontologie" beisammen stehen, sind es nur noch 3.920 Webseiten, die gefunden werden. Anderseits ist diese Strategie auch nur von begrenztem Wert. Nicht immer werden dem Suchenden entsprechende Phrasen bekannt sein, unter denen seine Suche sinnvoll begrenzt werden kann. Und vor allem werden diese Phrasen auch nicht immer in der gewünschten Weise dort stehen, wo sie eigentlich stehen sollten.

Dies berührt auch gleich wieder das Problem des „Nicht-Zusammen-Passens" der Beschreibungen, das schon bei den Bibliothekskatalogen eine wichtige Rolle gespielt hat. Es droht in jedem Fall die Gefahr, dass nun der „Recall" zu klein wird. Denn nicht nur, dass das Problem vorhanden ist, dass man aus den 3.920 Treffern die relevanten Seiten nicht mehr herausfinden kann. Vielleicht sind sie auch gar nicht enthalten, weil ein Autor die englische Schreibweise „ontology" verwendet. Die Suchmaschinen bedienen sich deshalb an dieser Stelle einer Reihe linguistischer Verfahren, um auch unscharfe oder approximative Suchverfahren zu gestatten. Dabei werden nicht nur Umlaute normalisiert, so dass diese in unterschiedlichen Schreibweisen gefunden werden, es werden die Suchbegriffe auch auf die Stammformen reduziert, sowohl im Index wie auch beim Absetzen der Suche, ein Verfahren, das als Lemmatisierung bezeichnet wird. Damit werden bei der Suche nach „Biergarten" auch Biergärten gefunden, mit der „Identität" werden auch „Identitaet" und „Identitaeten" identifiziert.

Wie weiter oben schon erwähnt, verschärft sich damit aber auch wiederum das Problem der Genauigkeit. Zwar kommt vielleicht zu den vielen unnützen Biergärten der wahrhaft gesuchte Biergarten dazu, mit ihm aber auch weitere untaugliche Biergärten, aus denen es den gewünschten herauszufischen gilt. Die Suchmaschinen mussten deshalb neue Suchstrategien entwickeln, Strategien, die entweder die Suchbegriffe implizit um Merkmale erweitern, die eine bessere Identifikation der gewünschten Webseite erlauben, oder Strategien, die es dem Benutzer ermöglichen, selbst zu besseren Suchbegriffen zu kommen, d. h. selbst mehr über das von ihm gesuchte Objekt herauszufinden, um neue Merkmale zu benennen, die schließlich eine Identifikation des Gemeinten erlauben.

6.7 Gezielte Suche in Schritten: „Drill Down"

Beginnen wir mit der zweiten Strategie, den Drill-Downs, einer Suchstrategie, die im Internet, wie im Alltag greift. Wir beginnen mit einer eher vagen Beschreibung oder Vorstellung eines gesuchten Gegenstandes. Mit der vagen Beschreibung wird etwas herausgegriffen, und zwar wird nicht etwas Vages identifiziert, sondern viele konkrete Entitäten werden herausgegriffen, weil auf viele Entitäten die vage Beschreibung zutrifft. Über diese Menge versucht man sich dann einen Überblick zu verschaffen, um zu sehen, welche Merkmale sie besitzen könnten, die eventuell zur Identifikation des gesuchten Gegenstandes führen.

Für die große und vor allem unstrukturierte Anzahl an Webseiten im WWW ist das allerdings wiederum eine schwierige Aufgabe, da sich diese große Anzahl an Webseiten automatisiert kaum kategorisieren lässt. Die Methode der Drill-Downs, der schrittweisen Suchverfeinerung, obwohl mit der Suchmaschinentechnologie im Web entstanden, findet sich deshalb auch eher bei den Warensystemen, wie Ebay und Amazon, wo die beschriebenen Elemente ohnehin schon bestimmten hierarchisch geordneten Kategorien zugewiesen sind: Mit „Harry Potter" als Suchbegriff findet man unter den käuflichen Dingen eben nicht nur Bücher, sondern auch Artikel aus dem Bereich „Spiele und Freizeit", „Software", „DVD" bis hin zu „Haushalt und Küche". Die Kategorien können dann nahezu beliebig verfeinert und zur weiteren Sucheinschränkung angeboten werden, bis man schlussendlich beim „Harry-Potter-Kochlöffel" landet und mit Erstaunen feststellt, dass man gerade den gesucht hat.

Dass dieses Verfahren der schrittweisen Sucheinschränkung der Recherche in Bibliothekskatalogen besonders entgegenkommt, ist klar, da ja hier die Beschreibungen nach exakten Kategorien vorgenommen wurden, die nun auch für die Verfeinerung eines Suchergebnisses verwendet werden können. Wiederum scheint es so, als wären die Internetsuchmaschinen in einer sehr viel schlechteren Lage als die elektronischen Kataloge der Bibliotheken. Warum sind dann diese Instrumente so beliebt und erfolgreich?

6.8 Sortierung nach Wichtigkeit: „Relevance-Ranking"

Kommen wir für die Antwort auf diese Frage auf die erste Strategie zurück, die oben erwähnt wurde: Es wird für die Auswahl der Treffer nicht nur das bloße Vorkommen meiner Suchbegriffe, also das Vorhanden-Sein der identifizierenden Merkmale verwendet. Die Webseiten werden zugleich auch unter anderen Aspekten betrachtet. Das geheimnisvolle Zauberwort heißt hier Relevanz oder wie es in dem Zusammenhang gebräuchlich ist „Relevance-Ranking", wobei ein ganz schlichter Gedanke hinter dieser Relevanz steckt: Bei der enormen Anzahl an Dokumenten im Internet ist die Wahrscheinlichkeit sehr groß, dass meine Suchbegriffe in einer Vielzahl von Webdokumenten enthalten sind. Vermutlich habe ich meine Suchbegriffe schon so gewählt, dass sie nach Möglichkeit das von mir gewünschte Dokument oder auch mehrere gewünschte Dokumente identifizieren sollen. Nun können dieselben Begriffe aber in Dokumenten vorkommen, in denen es genau um die Sache geht, die sie bezeichnen, zugleich aber auch in anderen Dokumenten, die mit dem intendierten Gegenstand nichts zu tun haben. Wie kann nun die Suchmaschine herausfinden, ob ein Dokument für den Suchbegriff wichtig ist oder nicht? Schließlich weiß ich das manchmal erst, wenn ich ein Dokument wirklich gelesen habe. Andererseits lesen auch wir de facto nicht immer ein Buch oder auch nur eine Webseite, um zu wissen, ob es darin immer um das geht, was mich interessiert. Auch wir haben Methoden der Vorauswahl, die noch kein vollständiges Durchdringen eines Textes erfordern und trotzdem eine gute Beurteilung der Wichtigkeit eines Dokuments gestatten.

6.8.1 Textstatistische Verfahren

Schauen wir deshalb zuerst nochmals zurück auf den Index, der den Suchmaschinen zugrunde liegt, die Liste aller Begriffe, die in den vielen Dokumenten im Web vorkommen. Die Technik des Index ist keine Erfindung des Internetzeitalters, ja noch nicht einmal eine Erfindung der Computertechnologie. Antonio Zara, Bischof von Petina soll erstmals seiner 1614 in Venedig erschienenen Enzyklopädie „Anatomia ingeniorum et scientiarum"[26] einen Index angefügt haben. Und dass sich einem solchen Index wichtige Informationen entnehmen lassen, war den Lesern auch schnell offensichtlich. So meint Thomas Carlyl, dass ihm ein Register ohne Buch schon manchmal genützt habe, ein Buch ohne Register aber nie.[27] Den meisten Lesern ist das intellektuelle „Relevance-Ranking" in einem Register durchaus intuitiv klar: Stehen neben einem Begriff mehr Seitenzahlen als neben anderen Begriffen, kommt er also in dem konsultierten Werk häufig vor, ist er vermutlich für das betreffende Werk wichtiger als andere Begriffe, die nicht so häufig vorkommen, vorausgesetzt, es handelt sich überhaupt um einen Sinn tragenden Begriff. Stehen im Register hinter einem Begriff mehrere aufeinander folgende Seiten, d. h. kommt der Begriff an dem betreffenden Ort häufig in kürzerem Abstand vor, geht es an dieser Stelle vermutlich wirklich um die Sache und nicht um irgendetwas anderes. Genauso kann auch im Webindex verfahren werden: Kommt ein Begriff häufiger in einem Dokument vor, ist dieses vermutlich relevanter als ein anderes Dokument, in dem er nicht so häufig vorkommt. Kommt der Begriff in einem Dokument häufig und noch dazu in kurzem Abstand vor, ist die Wahrscheinlichkeit noch größer, dass es wirklich um die gemeinte Sache geht.

Auch andere Faktoren können eine Rolle spielen, wie wir aus eigener Erfahrung wissen: Kommt ein Begriff im Titel eines Dokuments vor oder in einer Überschrift, so halten wir dies auch für wichtiger als sein Auftauchen in einer Fußnote. Da Webseiten nicht völlig unstrukturiert sind, können ähnliche Methoden auch

---

26 ZARA, Antonio: Anatomia ingeniorum et scientiarum. - Venezia, 1615.
27 Zitiert nach: REINERS, Ludwig: Stilkunst. - München, 1991. - S. 509.

hier angewandt werden. Diese Verfahren zur Einordnung der Relevanz eines Treffers werden „textstatistische Verfahren" genannt.

Weil es im Detail zwar viele Unterschiede zwischen verschiedenen textstatistischen Relevanzverfahren geben kann, weil andererseits aber die prinzipiellen Möglichkeiten begrenzt sind und relativ klar auf der Hand liegen, ist es für die Ersteller von Webseiten auch leicht möglich, die Seite so zu gestalten, dass sie unter bestimmten Begriffen gefunden wird und im Ranking weiter oben rangiert. Handelte es sich dabei nur um die Bemühung, die eigene Webseite klar zu beschreiben und unter den korrekten Gesichtspunkten leicht auffindbar zu machen, so wäre ein solches Vorgehen ja nur wünschenswert. Das wird dann schlicht als Suchmaschinen-Optimierung von Webseiten bezeichnet. Da es aber im Internet inzwischen um viel Geld geht und hier unter anderem die Laufkundschaft zählt, also auch die, die auf einen Link klicken, obwohl sie die entsprechende Seite gar nicht sehen wollten, ist ein großes Potential für Betrüger entstanden, die unter Vortäuschung falscher Tatsachen ihre Seiten in den Vordergrund spielen. Trotz unterschiedlicher Abwehrmaßnahmen kommt es hier leicht zu einem Wettlauf zwischen Hase und Igel, in dem die Betrüger stets sagen „Ich bin schon da". Und tatsächlich gab es schon Zeiten, in denen die Websuchmaschinen geradezu in einer Krise steckten, weil man ihren Ergebnissen einfach nicht mehr vertrauen konnte.

6.8.2 Linktopologische Verfahren

Die Lösung konnte nur darin bestehen, zu Verfahren zu kommen, die möglichst unabhängig von den Erstellern der jeweiligen Webseiten sind. Und wiederum hat sich eine Technik etabliert, die aus dem normalen Umgang mit wissenschaftlicher Literatur vollkommen geläufig ist, deren Anwendung auf die Webdokumente aber den entscheidenden Fortschritt in der Suchmaschinentechnologie zur Folge hatte. Eine relevante Informationsquelle hat man auch schon zur Zeit der vornehmlich papiergebundenen Dokumente nicht nur durch Recherche in Katalogen und Bibliografien entdeckt, sondern gerade im Hinblick auf ihre Relevanz auch den Zitaten anderer Autoren entnommen. Wurde ein Werk von vielen Autoren und besonders von vielen Autoritäten zitiert, dann konnte man fast vollkommen sicher sein, dass es sich um ein wichtiges Werk zu einem bestimmten Thema handelte.

Wenn man die Intertextualität von Zitaten in der wissenschaftlichen Literatur einmal vernachlässigt und sich nicht auf das Zitat, sondern auf den Beleg des Zitats konzentriert, dann ist ein Zitat in unserem Zusammenhang zuerst einmal ein Verweis, der durch seinen Kontext ein gewisses Gewicht erhält. Verweise sind nun etwas sehr typisches für HTML-Dokumente im Internet. Ein Link ist ein Verweis auf ein anderes Dokument, der zugleich eine technische Verknüpfung mit diesem Dokument ermöglicht. Im Hinblick auf den Verweischarakter ist der Link nichts anderes als ein Zitat, und als solches verleiht er dem Dokument, auf das er verweist, ein gewisses Gewicht. Das ist der schlichte Grundgedanke, der dem berühmten Pagerank-Verfahren,[28] einem linktopologischen Verfahren zugrunde liegt, welches der Suchmaschine Google zu ihrem Siegeszug verhalf. Im einfachsten Modell könnte man das so ausdrücken, dass eine Webseite um so relevanter ist, je mehr andere Webseiten auf diese verweisen, je öfter sie also zitiert wird. Ganz so krude kann dieses Rankingverfahren bzw. dieser Ranking-Parameter aus verschiedenen Gründen allerdings nicht verwendet werden. Schon die Analogie zur intellektuellen Zitationsgewichtung, wie sie weiter oben dargestellt wurde, ließe sich so nicht einmal annähernd abbilden, da schon in der früheren Papierwelt ein Zitat, das von einer Autorität stammte, einem Werk mehr Gewicht verlieh als ein beliebiges anderes Zitat. Hinzu kommt das Problem, dass bei einem schlichten Zählen der Links, die auf ein Werk verweisen, der Manipulation des Verfahrens durch die Ersteller der Webseiten Tür und Tor geöffnet würden. Sie müssten nur mehrere Seiten ins Netz bringen, die mit einer Vielzahl von Links auf sich gegenseitig verweisen. Dem Pagerank-Verfahren liegt deshalb ein komplizierter rekursiver Algorithmus zugrunde, der versucht auch diese Schwierigkeiten zu berücksichtigen. Außerdem werden durch diese Verfahren gewissermaßen Autoritäten identifiziert, deren Zitate ein größeres Gewicht besitzen und es werden manipulative Zirkel und Ähnliches ausgeschlossen. Auf Details soll hier nicht näher eingegangen werden.

6.8.3 Die Relevanz eines Dokuments

In die tatsächliche Relevanzgewichtung einer Seite gehen derzeit sowohl die Faktoren der textstatistischen Verfahren als auch der linktopologischen Verfahren in sehr komplexen Berechnungen ein, deren Geheimnisse von den jeweiligen Suchmaschinenbetreibern wohl gehütet werden. Genau durch diese Verfahren gelang den Suchmaschinen aber der entscheidende Durchbruch, der sie derzeit zu den meistgenutzten Informationslieferanten macht und gelegentlich den Neid der Bibliotheken als Institutionen der Informationsversorgung auf sich zieht.

Etwas vereinfachend lässt sich das Erfolgsgeheimnis der Internetsuchmaschinen so charakterisieren: Wohlbekannte, der menschlichen Intelligenz geradezu

---

[28] Das Verfahren ist benannt nach dem Google-Gründer Larry Page, der das Verfahren zusammen mit Sergey Brin an der Stanford-University entwickelte.

intuitiv zugängliche heuristische Vorgehensweisen wurden einem maschinellen Verfahren zugänglich gemacht. Das ist deshalb möglich, weil der schwierige intuitive Teil des heuristischen Verfahrens nach wie vor dem Menschen überlassen bleibt. Er muss genauso mit dem richtigen Suchbegriff starten, wie er auch den Link auf das relevante Dokument setzen muss. Danach kommen mechanische Fleißarbeiten, die man getrost einer Maschine überlassen kann, weil sie das besser kann als der Mensch. Dabei darf nicht übersehen werden: Auch die beste Auszählmethode vollbringt keine Wunder. Wenn sich das Dokument x mit der wahren sachlichen Autorität nicht durch eine Vielzahl von Referenzen auszeichnet, dann erscheint es in den riesigen Treffermengen auch nicht in den vorderen Rängen und bleibt unbeachtet.

Die kritischen Anmerkungen sollen indes die Verdienste der Suchmaschinentechnologie nicht schmälern, was angesichts ihrer Erfolge auch ein unsinniges Unterfangen darstellte. Vielmehr war der Gedanke naheliegend, diese Verfahren auch im Umfeld des Bibliothekskatalogs fruchtbar zu machen, da hier doch mit strukturell ganz ähnlichen Problemen gekämpft wird.

6.9 Suchmaschinentechnologie im Bibliothekskatalog

Seit bald 10 Jahren kommt deshalb Suchmaschinentechnologie auch in Bibliothekskatalogen zum Einsatz. Zunächst erfordert dies, dass ein eigener Index erstellt wird, der als erstes den großen Vorteil besitzt, sehr schnell durchsucht werden zu können. Vor dem Einsatz der Suchmaschinentechnologie waren Online-Kataloge großer Bibliotheken bei Anfragen, die zu hohen Treffermengen führten, schon sehr langsam geworden. Bedeutender in unserem Zusammenhang sind aber die oben erwähnten Suchverfahren, die nun helfen, das hartnäckige Identifikationsproblem in den Griff zu bekommen.

Ohne prinzipiellen Unterschied zum Vorgehen bei den Internetsuchmaschinen konnten die linguistischen Verfahren der unscharfen Suche, Normalisierung und Lemmatisierung Anwendung finden, die ja zuerst einmal nur eine Seite des Identifikationsproblems lösen, nämlich das Problem, mit der eigenen Beschreibung die gewünschte Katalogaufnahme aus formalen Gründen nicht zu finden. Dass damit die Treffermenge zuerst vergrößert wird, verschärft natürlich wiederum den zweiten Teil des Problems, nämlich den, die wahrhaft gewünschten Katalogaufnahmen aus der Treffermenge heraus zu fischen.

Dass das Drill-Down-Verfahren, für die Standard-Internetsuchmaschine nur sehr eingeschränkt geeignet, für den Bibliothekskatalog wie maßgeschneidert ist, wurde oben schon erwähnt. Wird mit relativ vagen Begriffen eventuell noch über alle Kategorien hinweg gesucht, ein Vorgehen, das sich gerade im Gefolge der

Nutzung der Internetsuchmaschinen weitgehend eingebürgert hat, so entfaltet das Verfahren der Drill-Downs gerade unter diesen Voraussetzungen seine volle Wirkung. Für eine eher thematisch orientierte Suche ist der Nutzen des Verfahrens offensichtlich. Vor der Einführung der Suchmaschinentechnologie war beispielsweise eine sachliche Suche nach Literatur über die Rolle der Schriftsteller und der Literatur im Dritten Reich in einem größeren Bibliothekskatalog sicherlich ohne bibliothekarische Vorkenntnisse nicht trivial. Die Recherche mit den Begriffen „Deutschland" und „Geschichte" über alle Suchkategorien, ähnlich wie bei einer Google-Suche, wäre schon aus Gründen der Performanz gescheitert, aber auch mit den zu erwartenden zigtausenden Treffern hätte man wohl nicht viel anzufangen gewusst, obwohl die Frage nach Literatur und Schriftstellern im Dritten Reich zweifellos zur deutschen Geschichte gehört. Jetzt werden unter dem Drill-Down der Kategorie „Schlagwort" zur weiteren thematischen Eingrenzung unter anderem zuerst das Schlagwort „Drittes Reich" aufgeführt und im zweiten Schritt kommt man mit der Eingrenzung „Schriftsteller" auf überschaubare und relevante Treffer im zweistelligen Bereich, ohne dass diese Begriffe so im Titel eines Werkes zu finden sein müssten, wie zum Beispiel „1933: Verbrannte Bücher – Verbannte Autoren".

Damit erweist sich als Besonderheit des Drill-Down-Verfahrens der Browsing-Charakter, der mit einer Suche im Schlagwortindex, die es auch früher schon gab, nicht verglichen werden kann, da auch diese schon eine genauere Kenntnis der Beschlagwortung voraussetzt. Jetzt aber kann ich bei einem, wenn auch sehr vage eingegrenzten Thema in einer Liste einen Überblick über die tatsächlich verwendeten Schlagworte finden.

Auch die zweite, für den Erfolg der Internetsuchmaschinen maßgebliche Methode der Sortierung nach Relevanz wurde inzwischen in den meisten Bibliothekskatalogen eingeführt. Drei Faktoren werden hier primär ausgewertet:
- Die Aktualität eines Titels, für die zuerst das Erscheinungsjahr des Dokuments und – sofern diese Information nicht vorhanden ist – der Zeitpunkt der Erstellung der Katalogaufnahme herangezogen werden.
- Das Vorkommen der Suchbegriffe in bestimmten Kategorien des Katalogsatzes. Dieser Faktor gehört zu den textstatistischen Verfahren und wird in den Internetsuchmaschinen analog angewandt.
- Zuletzt wird noch bewertet, wie häufig der Suchbegriff enthalten ist und wie nahe die einzelnen Vorkommnisse des Suchbegriffs oder der Suchbegriffe zusammenstehen.

Auch diese textstatistischen Verfahren zur Sortierung nach Relevanz erbringen immer wieder bessere Erfolge im Vergleich zur alphabetischen Standardsortierung der Treffermenge. Noch ist aber der Nutzen im Bibliotheksumfeld begrenzt, verglichen mit den dramatischen Verbesserungen bei den Internetsuchmaschinen. Eine Suche in einem Index aus Katalogdaten unterscheidet sich grundlegend von einer Suche in einem Volltextindex. Die Schlussfolgerungen, die wir aus der Häufung des Vorkommens eines Begriffs in einem Text im Hinblick auf die Relevanz des Textes für das Thema ziehen, das mit diesem Begriff in Beziehung steht, sind normalerweise bei reinen Titeldaten nicht mehr möglich. Der Grund liegt schlichtweg darin, dass in Titeln eine solche Häufung gar nicht der Fall ist.

Auch die linktopologischen Verfahren, die letztendlich auf den Verweisungsstrukturen, den Zitatbeziehungen zwischen Texten beruhen, finden hier noch nicht Eingang, obwohl sich Buchtitel auch gelegentlich auf andere Texte beziehen. In den seltensten Fällen dürfte die Verweisung allerdings so eindeutig auswertbar sein, wie dies bei Verlinkungsstrukturen in Webseiten der Fall ist.

6.9.1 Weiterentwicklung der Suchmaschinentechnologie im Bibliothekskatalog

Die Schwächen des Bibliothekskatalogs im Hinblick auf die Relevanzsortierung beruhen also in erster Linie auf dem Umstand, dass die Stärken dieser Verfahren sich auf mehr oder minder mechanische Methoden der Analyse von Volltexten, die miteinander verknüpft sind, beziehen. Solange dem OPAC nur Titelinformationen zur Verfügung stehen, werden diese Methoden nie voll greifen. Gerade dieser Umstand ist aber derzeit einem tief greifenden Wandel unterworfen. Die Katalogdaten werden in relativ kurzer Zeit mit elektronischen Volltextdaten in einem Umfang verknüpft sein, den man noch vor wenigen Jahren kaum für möglich gehalten hätte. Drei Faktoren seien hier erwähnt:

- Daten zur Kataloganreicherung: In erheblichem Ausmaß werden derzeit Daten zur Kataloganreicherung in den Bibliothekssystemen gespeichert. Gemeint sind damit elektronische Volltextinformationen aus Abstracts, Inhaltsverzeichnissen, Klappentexten und Rezensionen.
- Immer mehr Texte liegen neben der gedruckten Fassung auch als digitale Volltexte oder E-Books vor. Inwieweit diese Daten in den Indizes der Suchmaschinen genutzt werden dürfen, ist derzeit noch nicht vollkommen geklärt und sicherlich von Fall zu Fall unterschiedlich, aber entsprechende Funktionen bei Online-Buchhändlern, wie Amazon mit der Anzeige von kleinen Textausschnitten („Snippets"), zeigen das Potenzial dieser Datenbasis und der darauf aufbauenden Technologien.
- Nicht zuletzt wird durch die enormen Anstrengungen im Bereich der Retrodigitalisierung, wie sie z.B. im Rahmen der Public-Private-Partnership zwischen der Bayerischen Staatsbibliothek und der Firma Google zum Ausdruck

kommen, eine noch vor wenigen Jahren kaum für möglich gehaltene Menge an elektronischer Volltextinformation für den Katalog nutzbar.

Dass dadurch die textstatistischen Verfahren schon ihre volle Wirkung entfalten könnten, bedarf vermutlich keiner weiteren Erklärung. Zugleich ist es so, dass ein Katalog, der sowohl Volltextinformationen wie auch reine Kataloginformation enthält, auf ganz eigene Probleme stößt, schon allein weil es nicht ohne Weiteres klar ist, wie die Treffer, die aufgrund von Fundstellen im Volltext in der Treffermenge vorhanden sind im Vergleich gewichtet werden sollen zu solchen Nachweisen, für die nur Metadaten vorhanden sind. De facto sind trotz der verbesserten Möglichkeiten hier derzeit in erster Linie offene Probleme vorhanden.

Ähnliches trifft auf das Zitationsranking zu. In wie weit sich aus dieser erweiterten Datenbasis aber auch Verweisungsinformationen entnehmen lassen, ist nicht ohne weiteres klar. Zwar sind in vielen Fällen solche Informationen in der Form klassischen Zitierens vorhanden, diese in den Texten mit einer eindeutigen Zuweisung zu Titeldaten auch zu identifizieren, wird jedoch kein einfaches Unterfangen sein. Schon jetzt sind es wiederum die Internetsuchmaschinen, die hier durch automatischen Vergleich von Volltexten die entsprechenden Techniken entwickeln, um Zitate in verschiedenen Texten zu entdecken und die Texte einander entsprechend zuzuordnen. Was die Relevanzsortierung im Hinblick auf Zitatverweise betrifft, könnten aber auch aus anderen Richtungen entscheidende Impulse kommen. Zwei Möglichkeiten stehen hier prinzipiell zur Verfügung:
- Dokumente werden nicht nur im Bibliothekskatalog aufgeführt sondern auch in anderen bibliografischen Datenbanken und thematisch orientierten Fachdatenbanken. In einem ersten Schritt wäre es leicht vorstellbar, dass zur Relevanzgewichtung der Nachweis eines Dokuments in weiteren fachlich orientierten Datenbanken ausgewertet werden könnte.
- Immer stärker werden sowohl in Fachdatenbanken wie auch in originär vorliegenden elektronischen Volltexten Verweise auf andere Texte formalisiert direkt als Link oder analog zu Links als „digital object identifier" (DOI) niedergelegt. Dadurch wird es immer häufiger möglich sein, wie bei den Internetsuchmaschinen auch, Verweisungsstrukturen maschinell zu identifizieren und entsprechend auszuwerten.

Obwohl diese Möglichkeiten seit langer Zeit bekannt sind, wurden sie bislang von den Bibliotheken oder den Herstellern von Bibliothekssystemen noch nicht ausgeschöpft und für alle Nutzer ist es offensichtlich, dass die Relevanzsortierung in Bibliothekskatalogen noch nicht den Standards entspricht, die von einer Suchmaschine erwartet werden.

6.9.2 Wohin geht das Relevance-Ranking?

Diese Technik wird weder bei den Internetsuchmaschinen noch im Bibliothekswesen auf dem Status Quo verharren. Das Verfahren, sich an den Zitatverweisungen eines Textes für seine Relevanzeinschätzung zu orientieren, beruht ja auf der simplen Annahme, dass das, was von anderen für wichtig gehalten wird, auch für mich und meine Intentionen zur Identifikation von Informationen nicht unwichtig sein kann. Nun sind Zitate aber nicht die alleinige Möglichkeit, die Relevanzeinschätzung anderer bezüglich eines Dokuments zu erschließen. Auch das Verhalten eines Nutzers bzw. eines Kunden, der einen Text herunterlädt, ein Buch bestellt oder auch nur weitere Informationen über die Volltextanzeige zu einem Titel einholt, kann zu einem gewissen Grad als Relevanzeinschätzung interpretiert werden. So werten Online-Buchhändler aus, wie oft ein Buch gekauft oder auch nur der Nachweis als Volltreffer angesehen wird. Prinzipiell können auch diese Informationen in die Relevanzgewichtung eines Treffers innerhalb einer Treffermenge Eingang finden. Zu denken ist hier im Bibliotheksumfeld an die Anzahl der Entleihungen eines Titels, das Vorkommen eines Titels in impliziten oder expliziten Empfehlungen der Benutzer[29] und ähnliche Daten, die sich schlicht aus dem Rechercheverhalten der Benutzer ergeben.

Zuletzt sei noch eine Möglichkeit der weiteren Differenzierung des Verfahrens erwähnt, nämlich die Personalisierung. Die Einschätzung der Relevanz eines Titels kann von Nutzer zu Nutzer, wie auch von Nutzergruppe zu Nutzergruppe ganz unterschiedlich ausfallen. Einem Studenten in den Anfangssemestern seines Studiums ist ggf. mit einem Lehrbuch zu einem Thema mehr gedient als mit der jüngst erschienenen Habilitation, die wiederum für den Promovenden zum selben Thema relevanter ist, als das für ihn schon bekannte Lehrbuch. Wenn man auf die prinzipiellen Überlegungen vom Anfang dieses Artikels zurückgeht, lässt sich Relevanz eines Treffers auch als die Wahrscheinlichkeit dafür beschreiben, dass das in einer Treffermenge „angebotene" Objekt dem gemeinten Gegenstand des Benutzers entspricht. Und was jemand meint und sucht, hängt wiederum mit seinen persönlichen Umständen zusammen, die sich wiederum auch aus seiner sozialen Position ergeben können. Die Relevanzkriterien eines Benutzers

---

[29] Auch diese impliziten und expliziten Empfehlungen sind aus dem Bereich des Online-Handels bekannt. Die impliziten Empfehlungen entstehen aus der statistischen Auswertung des Kaufverhaltens oder auch nur des Rechercheverhaltens der Kunden und werden meistens folgendermaßen wiedergegeben: „Kunden die dieses Produkt gekauft haben, haben auch jenes Produkt gekauft" oder „Kunden, die diesen Titel angesehen haben, haben auch jenen Titel angesehen". Explizite Empfehlungen werden über Kundenrezensionen eingeholt und oftmals mit einem schematischen Bewertungssystem, z. B. einer Anzahl vergebener Sterne, dargestellt.

können damit durchaus im Zusammenhang mit einer Nutzergruppe stehen, die sich eventuell in einem Bibliothekssystem identifizieren lässt.

Welche Daten im Bereich der Bibliothek hier eine Rolle spielen, um die Relevanzgewichtung nochmals zu verbessern und den letztlich individuellen Bedürfnissen anzupassen, sei hier offen gelassen. Dass in den Bibliothekssystemen, die ja auch jetzt schon meistens verschiedene Nutzergruppen unterscheiden, in dieser Hinsicht ein Potenzial zur Verbesserung des Relevance-Rankings vorhanden ist, scheint offensichtlich.

6.10 Web 2.0 im Benutzerkatalog

Nicht nur die Nutzung der Suchmaschinentechnologie hat das Internet und die Bibliotheken in den letzten Jahren geprägt. Mehr als das waren es wohl die sozialen Medien und die technischen Voraussetzungen dafür, die eine neue Wahrnehmung des Internets und neue Paradigmen der Nutzung von Webinhalten geschaffen haben.

Gemeinsam ist diesen zusätzlichen Informationen des Web 2.0 zweierlei: Zum einen ergänzen sie häufig das „objektive" Angebot durch eine „persönliche" oder „wertende" Komponente. Da geben ganz ausdrücklich Menschen ihre Meinung zu einem Buch oder einem anderen Produkt wieder und bewerten dieses explizit. Diese „nicht objektiven" Informationen helfen den Nutzern des Informationsportals, Entscheidungen zu treffen, bieten Aspekte, die die Bildung einer eigenen Bewertung unterstützen. Aber gerade aus dieser Perspektive ist auch klar, dass solche Elemente gar nicht vom primären Informationsanbieter selbst beigesteuert werden können. Zum einen ist das ein Mengenproblem, denn weder Amazon, noch die Bibliotheken hätten die Kapazität und auch nicht die Kompetenz für alle in Frage kommenden Titel Bewertungen zu vergeben. Es ist aber auch eine Frage der Glaubwürdigkeit und des Vertrauens. Der Kunde vertraut dem Urteil eines anderen Kunden mehr als dem Händler, der ja in erster Linie am Verkauf der Ware interessiert ist. Vor diesem Problem stehen Bibliotheken nicht, sind dafür aber als staatliche Institution zur Neutralität verpflichtet und dürfen von daher keine persönlichen Wertungen in den sonst neutralen Katalog einbringen.

Die Web 2.0 Lösung für dieses Problem ist unter dem neudeutschen Ausdruck „Crowdsourcing" bekannt geworden und besteht eben darin, dass die Kunden die wertenden und nicht objektiven Inhalte selbst einbringen. Sie schaffen damit einen entscheidenden Mehrwert, den der primäre Informationsanbieter selbst gar nicht erzeugen könnte, der aber inzwischen so selbstverständlich wurde, dass er von den Nutzern erwartet wird.

In vielen Fällen setzen diese wertenden Elemente einen Bezug auf eine Gemeinschaft voraus. Ich beschäftige mich mit den Interessen und Wertungen der Menschen, mit denen ich etwas gemeinsam habe, deren Wertungen für mich von Belang sind. Das heißt aber auch, dass sich die Beiträge der Community aus unterschiedlichen Portalen nicht einfach in jedem Fall übertragen lassen. Für einen Professor wird häufig die Meinung eines Fachkollegen relevanter sein als die Ansichten einer beliebigen anderen Person. Für die wissenschaftlichen Bibliotheken, deren Dienste für die ganz besondere Community der Wissenschaftler, Forschenden und Lernenden bereitgestellt werden, wird es deshalb auch nicht einfach sinnvoll sein – wenn es überhaupt technisch und rechtlich möglich wäre –, z.B. die Kommentare aus dem Online-Buchhandel zu übernehmen. Ihr Katalog muss auch durch die Inhalte ihrer eigenen Benutzer oder von Benutzern bereichert werden, die ihren eigenen Benutzern hinreichend ähnlich sind. Das wiederum heißt, dass die Elemente des Web 2.0 in die Kataloge der Bibliotheken selbst eingebracht werden müssen, um sie auf die Höhe der Zeit zu bringen.

Klar ist damit aber auch, dass sich der Charakter der Benutzerkataloge ein wenig ändert. Die Bibliotheken geben etwas ab von ihrer Autonomie und gestatten einen Einfluss, den Sie nur zu einem gewissen Ausmaß kontrollieren können. Zugleich stehen die Bibliotheken aber auch weiterhin unter der Forderung, als wissenschaftliche Einrichtung einen Service zu bieten, der bestimmte Standards im Hinblick auf die Seriosität seiner Angebote erfüllt. Die von den Nutzern eingebrachten Inhalte müssen wenigstens minimalen Anforderungen im Hinblick auf ihre politische Korrektheit entsprechen, dafür trägt die Bibliothek die Verantwortung.

Im Folgenden sind mögliche Web 2.0 Elemente für den OPAC aufgeführt. Es wäre jedoch an dieser Stelle unsinnig eine systematische und vollständige Aufzählung der Web 2.0 Services erstellen zu wollen, die in diesem Zusammenhang relevant sind. Auch die OPACs der Bibliotheken sind nicht so einheitlich, dass eine einzige Standardlösung für jeden Katalog sinnvoll wäre und zugleich entwickeln sich diese Services laufend weiter, so dass jede Auseinandersetzung mit dem Thema vorläufig bleiben muss. Dennoch seien beispielhaft einige Elemente aufgeführt, die für eine Integration in die OPACs der Bibliotheken in Frage kommen und in unterschiedlichen Bibliothekskatalogen auch zum Einsatz gebracht wurden:

1. Schon mehrfach wurde zuvor die Möglichkeit erwähnt, dass Benutzer Kommentare zu einzelnen Titeln eingeben. In den Bibliotheksanwendungen sollte diese Funktion nur den eingetragenen Benutzern der Bibliothek nach Anmeldung im Bibliothekssystem offen stehen, so dass jederzeit nachvollzogen werden kann, von wem welcher Kommentar stammt. Zugleich muss es möglich sein, dass die Kommentare von anderen Nutzern – auch solchen, die

nicht angemeldet sind – als hilfreich oder weniger hilfreich bewertet werden können. Daneben muss, prominent platziert, eine Möglichkeit vorhanden sein, unangemessene Kommentare an einen Administrator zu melden, so dass diese Kommentare zeitnah gelöscht und ggf. für den Kommentator entsprechende Konsequenzen gezogen werden können. Mit solchen Maßnahmen könnte sichergestellt werden, dass die Bibliotheken ihrer Verantwortung für die eingegebenen Kommentare nachkommen, ohne dass jeder Kommentar vorweg kontrolliert werden muss.

2. Ein nächstes sehr weit verbreitetes Merkmal des Web 2.0 ist die Möglichkeit für Benutzer, direkt den gefundenen Titel zu bewerten. Die bekannte Darstellung in Form von maximal fünf Sternen, erscheint auch geeignet für Bibliotheksanwendungen. Die Eingabe sollte für angemeldete Benutzer zusammen mit dem Verfassen einer Rezension möglich sein und später ggf. verändert werden können. Bei der Anzeige des Titels wird der Durchschnitt der abgegebenen Bewertungen angezeigt, mit der Angabe, auf wie vielen Bewertungen dieser Wert beruht. Bei den einzelnen Kommentaren sind dann die jeweiligen Bewertungen zu sehen.

3. In vielen sozialen Netzwerken wird den Nutzern die Möglichkeit geboten, die vorhandenen Inhalte mit eigenen Schlagworten, sogenannten Tags, zu versehen. Dieses „social tagging" ermöglicht eine sachliche Erschließung des Webangebots, die in jedem Fall sehr nahe an der Art und Weise ist, wie die Benutzer selbst die von ihnen gesuchten Inhalte konzeptualisieren. Durch eine Visualisierung in sogenannten Tagclouds, in welchen die häufig vergebenen Schlagworte größer angezeigt werden, als seltener vergeben Tags, wird auch sichtbar, welche Aspekte in einer Gemeinschaft von besonderer Bedeutung sind. Diese Erweiterung der verbalen Erschließung darf aber nicht in Konkurrenz zur Beschlagwortung der Bibliothekare gesehen werden, die nach strengen Regeln erfolgt und sich eines normierten Vokabulars bedient. Beide Beschlagwortungen sollen suchbar sein, am besten auch in getrennten Suchen. Die Tags der Nutzer sollten aus der Vollformatanzeige des Treffers von angemeldeten Benutzern eingegeben werden können. Auch hier muss eine Funktion zur Meldung unangemessener Schlagworte existieren, denn selbst mit Beschlagwortung kann Missbrauch getrieben werden.

4. Schon jetzt bieten die meisten OPACs für die Nutzer eine Möglichkeit, sich Literaturlisten abzuspeichern. Unter dem Aspekt von Web 2.0 sind hier Erweiterungen wünschenswert, die es den Benutzern erlauben, die Literatur in ihren Listen mit Anmerkungen zu versehen und vor allem ihre Listen auch anderen Benutzern zugänglich zu machen, diese Listen zu teilen. Die Aufnahme eines Titels in eine thematische Liste kann eine wichtige zusätzliche Information zu diesem Titel darstellen. Deshalb soll bei den jeweiligen Titeln

in der Vollformatanzeige die Möglichkeit vorhanden sein, in solche Listen zu verzweigen, in denen der Titel vorkommt.
5. Eine in ihrer Wirkung sehr ähnliche Funktion stellen die sogenannten impliziten Empfehlungen dar. Diese Empfehlungslisten sind vor allem aus dem Internetbuchhandel bekannt, haben inzwischen aber auch schon in einer Reihe von Bibliotheksanwendungen Einzug gehalten. Dort sind solche Listen z.B. überschrieben mit: „Benutzer, die diesen Titel recherchierten, interessierten sich auch für...". Anschließend folgen dann thematisch verwandte Titel, die aus einer Beobachtung des Recherchverhaltens der Nutzer des Katalogs statistisch ermittelt wurden. Ein sehr erfolgreicher Service, wurde hier von der UB Karlsruhe in Zusammenarbeit mit dem Institut für Informationswirtschaft und -management unter dem Namen BibTip entwickelt. Von der DV-technischen Implementierung abgesehen, die aber auch keine große Hürde darstellt, entstehen durch einen solchen Dienst keine weiteren Aufwände für die Bibliothek. Für einen Benutzerkatalog auf der Höhe der Zeit darf dieser Service nicht fehlen.
6. Die Möglichkeit, sich mit „Feeds" aktiv informieren zu lassen, wird im Web inzwischen an vielen Stellen angeboten. Im Bibliotheksbereich kann diese Technologie als komfortable Methode für einen Neuerwerbungsdienst genutzt werden. Der Benutzer speichert dann eine bestimmte Rechercheanfrage als Feed, die von seinem Feedreader automatisch durchgeführt wird und ihn informiert, wenn ein neuer Titel zu dieser Anfrage in der Bibliothek vorhanden ist.
7. Zusammenfassend sei noch ein ganzes Bündel an Möglichkeiten im Kontext von Web 2.0 nur erwähnt: Da ist zunächst die Verknüpfung des Katalogs mit Bookmarkingdiensten und anderen sozialen Netzwerken. Hier geht es darum, dass aus einem Treffer im Katalog, der Link auf diesen Treffer in die jeweiligen Bookmarkingdienste und sozialen Netzwerke übergeben werden kann. Dem Benutzer soll damit die Möglichkeit zur Verfügung gestellt werden, seine Rechercheergebnisse mit seiner Arbeitsumgebung im Web zu verknüpfen. Ebenso muss für einen bestimmten Treffer ein sogenannter „Permalink", d.h. ein Link mit einem persistenten Identifier generiert werden können, damit der Verweis auf eine bestimmte Katalogaufnahme in unterschiedlichen Kontexten und auch nach längerer Zeit im Web zitierbar bleibt.
8. Nur angedeutet werden können an dieser Stelle die vielfältigen Möglichkeiten, die Nachweise im Katalog durch sogenannte Mashups mit Informationen aus anderen Anwendungen anzureichern, bzw. in diese anderen Anwendungen vom Katalog aus zu verlinken. Beispielhaft seien hier Google-Books oder Amazon genannt, wo sich durchaus wichtige Informationen und Services für

den Benutzer finden lassen, die die Informationen aus dem Katalog erweitern.
9. Die Vernetzung unterschiedlicher Anwendung im Web 2.0 kann aber nicht nur aus der Perspektive der „eigenen" Anwendung betrachtet werden, die um die Features anderer Services bereichert wird. Mindestens genauso wichtig ist es, die eigenen Dienste in andere Umgebungen hinein zur Verfügung zu stellen. Immer bedeutender wird der Trend, dass sich der Endanwender im Netz seine persönliche präferierte Arbeitsumgebung schafft und aus dieser heraus arbeiten möchte. Hier sind offene Schnittstellen für die Bibliotheksanwendungen gefordert, die es gestatten, die Dienste der Bibliotheken auch aus anderen Anwendungen heraus wahrzunehmen. Ein erster Schritt kann es sein, sogenannte „Suchwidgets" also kleine Recherchefenster für soziale Netzwerke wie Facebook zu ermöglichen. Aber auch die Unterstützung von Schnittstellen für Literaturverwaltungsprogramme, die gerade an Universitäten stark im Einsatz sind, ist gefragt.

Kaum ein OPAC verzichtet heute gänzlich auf die Integration dieser Web 2.0 Möglichkeiten und manche Dienste wie die impliziten Empfehlungen, die Verlinkung in soziale Netzwerke oder Feeds gehören gewissermaßen zum Standard. Umgekehrt haben sich die Dienste, die einer expliziten Aktivität des Nutzers bedürfen weit weniger etabliert und können im Bibliotheksumfeld nicht als große Erfolge betrachtet werden, verglichen mit den impliziten Services. Das hat gewiss verschiedene Gründe, von denen nur zwei hier angeführt seien, die durchaus zusammenhängen. Zum einen sind in Bibliothekskatalogen sehr viele Werke verzeichnet, die prinzipiell bewertet und kommentiert werden können und die Gemeinschaft der Nutzer, die solche Bewertungen vornehmen kann, ist vergleichsweise klein. Die Wahrscheinlichkeit hier zu einer nennenswerten Anzahl an Katalogeinträgen zu kommen, die tatsächlich mit Kommentaren, Tags oder Bewertungen angereichert sind, bleibt gering. Zum anderen muss für Nutzer ein Anreiz vorhanden sein, sich mit ausdrücklichen Beiträgen an einer Datenplattform zu beteiligen. Dafür kann es verschiedene Motive geben, die Sichtbarkeit des eigenen Beitrags, den Austausch mit Gleichgesinnten, wichtige Informationen, die zurückkommen, Ansehen in einem „virtuellen" Bekanntenkreis usw. Oftmals sind dafür spezifische Interessensgemeinschaften vorausgesetzt oder eben Plattformen mit sehr hoher Nutzungsrate. Bibliothekskataloge passen in dieses Schema normalerweise nicht hinein, noch nicht einmal der wohl größte Katalog im Web, der WorldCat.[30]

---

30 Vgl. http://www.worldcat.org

6.11 Umfassende Literatursuche – Discovery Services

Grundsätzlich ist davon auszugehen, dass die Literatursuche von Bibliotheksnutzern inhaltlich ausgerichtet ist, auch wenn sie vielleicht nur ein ganz bestimmtes Buch suchen, also eigentlich nicht thematisch suchen. Aus dieser Perspektive ist es dann nur ein Hinnehmen des Unvermeidbaren, wenn sich ein Nutzer auf die Recherche im Bestand einer bestimmten Bibliothek beschränkt. Zugleich ist diese Beschränkung heute alles andere als selbstverständlich, schon allein, weil Bibliotheken z.B. über die Fernleihe selbst den Service anbieten, Bücher und Kopien auch aus anderen Bibliotheken zu besorgen. Auch dafür müssen Nutzer oftmals in Regionalkatalogen recherchieren, was über eine Portalfunktionalität über die Oberfläche des OPACs der eigenen Bibliothek möglich sein sollte. Dieses Problem der Notwendigkeit der Recherche über den lokalen Katalog hinaus betrifft aber nicht nur Bestände, die in der eignen Bibliothek nicht vorhanden sind. Vor allem betrifft es auch oft große Teile des Bestandes, die zwar vorhanden sein könnten, im lokalen Katalog aber nicht nachgewiesen sind, nämlich Aufsätze aus Zeitschriften und Datenbanken.

Durch die zunehmende Bedeutung digitaler Ressourcen haben sich diese Probleme nochmals verschärft. Digitale Medien haben die Informationslandschaft radikal verändert. Das hat drei Gründe:

1. Durch elektronische Volltexte, die als Ganzes durchsucht werden können, ist eine neue Art von suchbarer Information entstanden. Informationen können gefunden werden, ohne dass dafür ein sequentielles Lesen notwendig ist, wie es zuvor der Fall war.
2. Es gibt viele Ressourcen, die wissenschaftlich zwar relevant sind, sich aber nicht in den klassischen Kanon der Forschungsliteratur einreihen (Webseiten, Blogs, Forschungsdaten usw.) und deshalb über die klassischen Werkzeuge wie den OPAC nicht gefunden werden können.
3. Fachbibliographische Information steht inzwischen zum größten Teil nur digital in Fachdatenbanken zur Verfügung, die selbst wiederum erst gefunden werden müssen und dann eigene Kenntnisse erfordern, um aus ihnen die gewünschten Informationen zu entnehmen.

Diese Umstände haben, im Hinblick auf die Nutzung der bibliothekarischen Rechercheinstrumente für den Nutzer zu einer schwierigen Situation geführt. So stand bislang der Nutzer vor dem Problem, für eine inhaltlich umfassende Recherche, normalerweise auf eine Vielzahl an bibliothekarischen Rechercheinstrumenten angewiesen zu sein: Lokaler OPAC, regionale Verbundkataloge, Aufsatzdatenbanken und Fachdatenbanken. Der Wechsel zwischen unterschiedlichen Oberflächen führt zu offenen Fragen, zu welchen Zwecken welche Datenbank benötigt wird, macht das Erlernen unterschiedlicher Anwendungen notwendig und entspricht auch nicht den Nutzungsgewohnheiten bei den großen Suchmaschinen, wo die Kunden gewöhnt sind, so viele Informationen wie möglich gebündelt zu erhalten. In der Folge wird ein ggf. notwendiger Wechsel zwischen unterschiedlichen Rechercheumgebungen oftmals nicht vollzogen und das Serviceangebot der Bibliothek wird nicht in dem Maß wahrgenommen, wie es eigentlich möglich und den Bedürfnissen der Nutzer angemessen wäre.

Um dem Problem der zunehmend zerstreut vorliegenden Informationen wie auch dem gestiegenen Erwartungsdruck, alles über einen einzigen Sucheinstieg zu finden, zu begegnen, wurden von den Bibliotheken Portallösungen für eine integrierte Suche in unterschiedlichen Datenbanken geschaffen. Rückblickend kann klar gesagt werden, dass dieser Versuch die vorliegenden Probleme nur unzureichend beseitigt. Die übergreifende Suche in mehreren Datenbanken war nie in einer zufriedenstellenden Qualität möglich – höchstens für kleine thematisch begrenzte Ausschnitte. Dies hat wiederum die Bibliotheken veranlasst, in eigenen Suchindizes größere Datensammlungen zu erstellen, die verschiedene Informationsquellen in einer einheitlichen Suche zur Verfügung stellen sollten. Hier ein umfassendes Angebot zu erreichen ist allerdings weder wirtschaftlich noch vermutlich überhaupt für die Bibliotheken möglich. Weder einer einzelnen Bibliothek, noch einem Konsortium wird es gelingen, mit der notwendigen Vielzahl an Verlagen entsprechende Lizenzvereinbarungen zu schließen, um die Rechte zu erhalten, alle notwendigen Daten in einem einzigen Index zu vereinigen. Hinzu kommt ein enormer technischer und organisatorischer Aufwand, nicht nur diesen Index zu erstellen, sondern ihn auch laufend zu aktualisieren. Eine große Fülle an Fachinformation bliebe bei einem Ansatz, der von Bibliotheksseite versucht, die gewünschten Daten in einem eigenen Index zu vereinigen grundsätzlich ausgeklammert, der personelle Aufwand und die zu erwartenden Sachkosten wären bei einem entsprechenden Versuch schwer abzuschätzen aber sicherlich extrem hoch.

An dieser Stelle setzen die so genannten Discovery Services kommerzieller Anbieter an, die große übergreifende Datensammlungen von Fachinformation in Zusammenarbeit mit den Anbietern dieser Informationen erstellen und den Bibliotheken ermöglichen, in diese Indizes ihre eigenen Daten zu integrieren (Katalogdaten, Metadaten von Digitalisaten, Volltextdaten). Erst dadurch ist ein Ansatz möglich, der die oben beschriebenen Probleme zu lösen vermag und für den Benutzer einen einfachen und einheitlichen Sucheinstieg für lokale Katalogdaten, Fachinformation, Metadaten von genuin elektronischen Dokumenten und Volltexten aus Digitalisaten schafft („One Stop Shop"). Noch ist der Markt hier sehr beschränkt und nur wenige Anbieter stehen den Bibliotheken derzeit zur Auswahl. In der Grundidee und dem Servicekonzept stimmen diese Anbieter allerdings weitgehend überein. In jedem Fall wird der Discovery Service als „software as a service" angeboten, d.h. die Daten und auch die Recherchefunktionalität für den Index werden vom Anbieter zur Verfügung gestellt und nicht beim Lizenznehmer gehalten. Der große Index, in den eben auch die Daten der einzelnen Bibliothek integriert werden, wird entweder über eine eigene Oberfläche des Service-Anbieters für den Nutzer recherchierbar gemacht oder eine Programmierschnittstelle (API), erlaubt die Integration in die lokale Oberfläche des je eigenen OPACs.

Beide Konzepte besitzen Vor- und Nachteile. Das Hauptproblem der Bereitstellung des Service über die Oberflächen der Index-Anbieter besteht darin, dass in dem Fall meistens die Dienste für den lokalen Zugriff nicht nahtlos integriert werden können und dafür eine Verlinkung in den jeweiligen OPAC erfolgen muss. Eine solche Benutzerführung wird schnell unübersichtlich und kann die Akzeptanz der Dienstleistung erheblich beeinträchtigen. Umgekehrt kann es beim Angebot über die Integration in den lokalen OPAC schwierig werden, die Suche als Recherche in einem einzigen großen Suchraum zu gestalten. Bleiben die Indexdaten des Discovery Service von den Daten des lokalen Katalogs in der Ergebnisanzeige getrennt, damit die für den lokalen Katalog gewohnten Funktionalitäten ohne Einschränkung angeboten werden können, kann es auch hier für den Nutzer schwierig werden, einzuschätzen, an welcher Stelle er was genau erwarten darf.

Dieser letzte Punkt trifft aber den Discovery Service als Ganzen: In den Discovery Services werden Daten aus unterschiedlichen Quellen eingesammelt, von Fachdatenbanken, großen Zeitschriftenplattformen, regionalen Katalogen, Volltextdatenbanken usw., mit unterschiedlichen Metadatenschemata und unterschiedlicher Erschließungstiefe. Allein die Dublettenproblematik stellt eine hohe Hürde dar und wurde bislang nie fehlerfrei gelöst. Aber auch die Zuordnung der für den Nutzer jeweils gegebenen Service-Möglichkeiten für den Dokumentzugriff bleibt problematisch, so dass dem Nutzer nicht immer klar sein kann, wie er zu den gewünschten Dokumenten kommt.

Mit ihrer Grundidee, alle für den Nutzer relevanten Nachweise bis hin zu Volltextdaten in einem Index zu integrieren, nehmen die Anbieter von Discovery Services prinzipiell das Konzept von Suchmaschinen auf, die ja auch die Daten über die Ressourcen im Internet in einem großen Index halten. Im Unterschied zu den von den Suchmaschinen indizierten Quellen, handelt es sich bei den Quellen des Discovery Service in vielen Bereichen aber nicht um frei zugängliche Dokumente oder Datenbanken, sondern um Material, das von den Bibliotheken für ihre Nutzer lizenziert wird. Gerade darin besteht ein großer Vorteil dieser Services gegenüber den freien Angeboten wie der Google Buchsuche oder Google Scholar. Andererseits macht es notwendig, dass den Nutzern bestimmter Bibliotheken auch nur der Ausschnitt des Index' angeboten wird, der für sie gemäß den

Lizenzen ihrer Bibliothek zugänglich ist. Das wiederum macht einen Abgleich zwischen den Lizenzinformationen einer Bibliothek und den Daten des Discovery Service notwendig, der ständig aktualisiert werden muss. Auch dies ist kein unerheblicher Aufwand.

Zuletzt sei noch darauf hingewiesen, dass sich durch die riesigen Datenmengen selbstverständlich das Dilemma der Recherche prinzipiell verschärft. Gerade die Methode der nachträglichen Sucheinschränkung durch Drill-Downs erhält hier eine hohe Bedeutung und wird um Kategorien, wie die Suche im lokalen Bestand oder digital direkt zugängliche Ressourcen erweitert. Erschwerend wirkt sich dabei allerdings aus, dass durch die uneinheitlichen Daten nicht für jeden Datensatz die Beschreibungskategorien gegeben sein können, die für die nachträgliche Einschränkung des Suchergebnisses benötigt werden. So können die Ergebnisse in den Drill-Downs lückenhaft bleiben, ohne dass dies dem Benutzer transparent wäre. Solche Konsequenzen sind in jedem Fall bedenklich, weil dadurch potenziell verfügbare Information „verschwindet".

Obwohl die Discovery Services nun schon seit einigen Jahren auf dem Markt sind und inzwischen in zahlreichen Bibliotheken zum Einsatz kommen, darf dieses Serviceangebot noch als relativ junge Dienstleistung betrachtet werden, mit der noch Erfahrungen gesammelt werden müssen. Bei aller Kritik greifen sie gewissermaßen unumgängliche Probleme auf, die schon allein durch die veränderten Nutzergewohnheiten im Umfeld des WWW entstehen. Es wird dementsprechend nicht die Alternative sein, sich von diesem Dienst wieder zu verabschieden, sondern die Aufgabe darin bestehen, die aktuellen Probleme zu lösen.

6.12 Entdecken statt zu suchen? – „Serendipität"

Schon im Namen „Discovery Service" steckt ein Versprechen, von dem man gegenwärtig ein wenig bezweifeln kann, dass es durch die angebotenen Dienste auch wirklich eingelöst wird. Auch hier ist die Grundidee, ähnlich wie beim Relevance-Ranking, aus der analogen Welt übernommen, und meint die Tatsache, dass Nutzer auch auf Informationen stoßen können, die sie ursprünglich gar nicht gesucht hatten, die sich aber dennoch als sehr gewinnbringend erweisen. Ein Musterbeispiel stellt eine systematisch aufgestellte Freihandbibliothek dar, wo es eben nicht selten für den Nutzer der Fall ist, dass er beim Blick in die Regale Literatur entdeckt, die „überraschenderweise" für ihn nützlich ist. Das Beispiel zeigt aber auch gleich, dass die Entdeckung nicht wirklich rein zufällig ist. Wenn Bücher systematisch, also nach Themen sortiert aufgestellt sind, ist es eben nicht zufällig, dass Bücher nebeneinander stehen, die auch inhaltlich zueinander passen. Zufällig kann es aber gewissermaßen dem Nutzer erscheinen, dass er dort ein bestimmtes Buch findet, das ihm aktuell weiterhilft, ohne dass er genau dieses gesucht hätte. Für diese Art der Eignung einer Rechercheumgebung in systematischer Weise zufällig nützliche Informationen zur Verfügung zu stellen, hat sich in den letzten Jahren der Begriff der „Serendipität" eingebürgert.[31]

Voraussetzung in den Recherchesystemen, in Analogie zur Buchsuche am Regal, ist die Anzeige von Listen, die thematisch verwandte Dokumente gemeinsam gruppiert. Der Fachausdruck dafür heißt „Browsing". Dazu werden verschiedene Methoden verwendet: Zunächst kann schon der Sucheinstieg über eine Fachauswahl erfolgen, aber auch die nachträglichen Sucheinschränkungen können das ermöglichen, wenn die Ergebnislisten so beschränkt werden, dass z.B. die Anzeige auf bestimmte Themen via Schlagwort begrenzt wird. Ein anderer Dienst, der speziell dieses Merkmal in der Rechercheumgebung unterstützen soll, ist der implizite Recommenderdienst. Wenn ich erfahre, wofür sich auch andere Nutzer interessiert haben, die diesen Titel recherchiert haben, kann ich gut überraschend auf für mich wichtige Literatur kommen. Auch hier steckt, ähnlich wie bei der Beschlagwortung, eine intellektuelle Leistung dahinter, die allerdings gar nicht bewusst erbracht wurde, um die Retrievalmöglichkeiten eines Systems zu verbessern, aber dennoch wertvolle Informationen bereitstellt.

6.13 Suchbegriffe und das Gemeinte: Semantische Technologien – zukünftige Möglichkeiten?

Die Suche im Internet, steht wie Recherchen in Bibliothekskatalogen prinzipiell vor einem Problem, das sich einfach dadurch ergibt, dass natürlichsprachige Kommunikation, menschengemäße Kommunikation, eben auf mehr basiert als auf dem Vergleich von Zeichenfolgen. In dieser Hinsicht war der echte Dialog mit einem Bibliothekar, der „seinen" Katalog kannte und für den Nutzer das oder die gewünschten Dokumente suchte, überlegen. Zunächst einigten sich die beiden Gesprächspartner in einem Dialog über das in der Suche Gemeinte, um Missverständnisse und Mehrdeutigkeiten auszuschließen, was oftmals ein gemeinsames Hintergrundwissen voraussetzte. Eine Unterscheidung zwischen dem Gesagten und dem Gemeinten gibt es bei der klassischen Suche in elektronischen Katalogen nicht, die auch bei aller Anwendung von Suchmaschinentechnologie auf dem Vergleich von Zeichenfolgen beruht. Mehrdeutigkeiten durch Homonymie führen genauso zu falschen Treffern, wie Synonyme nicht gefunden werden und

---

[31] Die Verwendung dieses Begriffs ist nicht scharf abgegrenzt. Vgl. dazu http://de.wikipedia.org/wiki/Serendipität.

Mehrsprachigkeit der Nutzer keine Berücksichtigung finden kann. Die Trefferlisten liefern eben zu viele und zu wenige Treffer zugleich, was auch durch nachträgliche Sucheinschränkungen nicht mehr ausgeglichen werden kann.

Ein Ansatz, diesem Problem entgegenzuwirken, besteht in dem Versuch, die Kataloginformation thematisch anzureichern und wenigstens im Bereich der thematischen Suche[32] gewissermaßen den Dialog mit dem Bibliothekar als Dialog mit dem Recherchesystem zu simulieren, darin das thematisch Gesuchte eindeutig zu klären und auf dieser Basis dann die dazu passenden Werke anzuzeigen. Diese Technologien sind erst im Entstehen und keineswegs bereits etabliert, aber auch die großen Suchmaschinen forschen mittlerweile auf diesem Gebiet und so scheint es fast unumgänglich, dass sich die Recherchetechnologie in diese Richtung weiterentwickeln wird.

Die grundlegende Idee lässt sich so formulieren: Zunächst wird die Suche des Nutzers an eine Wissensbasis adressiert, die man sich der Einfachheit halber, als eine Art Lexikon oder Thesaurus vorstellen kann und die ersten Ergebnisse werden aus dieser Wissensbasis präsentiert, d.h. er bekommt eine Rückmeldung im Sinne lexikalischen Wissens, das auf ganz unterschiedliche Art dargestellt werden kann, textuell, graphisch (z.B. auch als Landkarte), als vernetzte Begriffe usw. Auf dieser Grundlage überprüft und präzisiert der Nutzer seine Suchterme, in dem er gezielt thematische eindeutige Konzepte[33] aus der Wissensbasis auswählt, unter Umständen auch durch weiteres Navigieren über logisch miteinander verbundene Begriffe usw. Anschließend werden ihm in der endgültigen Ergebnisliste die bibliographischen Nachweise angeboten, die wiederum mit den entsprechenden Konzepten der Wissensbasis verknüpft sind. Zugleich sind bei der Anzeige der bibliographischen Treffer Verweise auf damit verknüpfte Themen oder sogar logisch miteinander verbundene Themenkomplexe vorhanden, die ihm wieder ein weiteres Navigieren zu sachlich damit verknüpften Dokumentnachweisen ermöglicht.

In mancher Hinsicht ist dieses Vorgehen nicht wirklich neu, insofern auch die klassische Sacherschließung durch Beschlagwortung prinzipiell denselben

---

[32] Diese thematische Suche ist in dem Zusammenhang von der sogenannten „known item search" zu unterscheiden, bei der ein ganz spezielles Buch oder ein ganz spezieller Aufsatz gesucht wird, für den ggf. Titel und Autor oder auch weitere Informationen bekannt sind. Zwar kann es auch hier durch unterschiedliche Schreibweisen oder fälschliche Informationen zu Fehlern kommen. Rechtschreibkorrektur, Vorschlagslisten bei der Eingabe der Suchbegriffe usw. können dem aber oft effektiv abhelfen. Grundlegende Probleme, wie bei der thematischen Suche existieren hier nicht.

[33] Der Ausdruck „Konzept" wird im Folgenden für eine semantisch eindeutige Einheit, einen inhaltlich eindeutigen Begriff verwendet. Er steht damit im Kontrast zur sogenannten verbalen Expression, den verschiedenen Ausdrucksweisen für dieses Konzept.

Weg eingeschlagen hat. Dieses neue Modell darf auch nicht als Konkurrenz zu dem etablierten Ansatz verstanden werden, der allerdings in der Vergangenheit an enge Grenzen gestoßen ist:
- Das kontrollierte Vokabular der Schlagworterschließung sorgte zwar für Eindeutigkeit, war aber den Nutzern oft nicht präsent und teilweise durch die zeitaufwändige Pflege der Normdateien auch nicht auf dem aktuellen Stand der sich schnell entwickelnden Wissenschaften.
- Wissenschaftliches Vokabular ist prinzipiell multilingual, wie wissenschaftliche Publikationen international sind. In der klassischen Beschlagwortung spielt dies aber nur eine geringe Rolle.
- Die Beschlagwortung bezieht sich nur auf das ganze Buch oder speziell relevante Teile davon, nicht aber auf kleinere Teile eines Dokuments, die dennoch relevant sein können.
- Die logische Struktur der Normdateien wurde bislang nicht in relevanter Weise in die Katalogrecherche einbezogen. Ein Navigieren über miteinander verknüpfte Begriffe der Normdateien war nicht möglich.
- Die Begriffe, die ein Dokument sachlich beschreiben, begrenzen sich auf einige wenige sinntragende Ausdrücke aus dem Titel und die intellektuell vergebenen Schlagwörter und decken damit nur wenige der insgesamt möglichen Suchterme ab.

Der oben geschilderte neue Ansatz zielt dementsprechend darauf ab, die Wissensbasis mit einem multilingualen und aktuellen wissenschaftlichen Vokabular zur Verfügung zu stellen. Es soll eine reichhaltigere und zugleich tiefere Verknüpfung zwischen den zu erschließenden Dokumenten und der Wissensbasis geschaffen werden. Und vor allem soll die Suche durch ein Navigieren über die logische Struktur der Wissensbasis unterstützt werden.

SLUB Semantics – Beispiel für eine semantische Technologie

Ein vielversprechender Schritt in diese Richtung wurde mit dem Projekt SLUB Semantics gemacht, auf das im Folgenden ganz kurz eingegangen werden soll, mehr um das prinzipielle Vorgehen zu erläutern, als um genau diese eine Anwendung vorzustellen. Denn welche Wege hier zukünftig eingeschlagen werden, ist gewiss noch eine weitgehend offene Frage. Die Grundlegende Funktionsweise von SLUB-Semantics sei hier aber kurz skizziert:
1. Inhaltliche Anreicherung der Katalogdaten mit Wikipedia-Konzepten:
- In einem ersten Schritt werden hier die Titeldaten durch die Zusammenführung der Informationen unterschiedlicher bibliographischer Datenbanken so

weit als möglich angereichert, damit als Ausgangsquelle eine breite bibliographische Erschließung z. B. auch mit Schlagworten vorliegt.
- Im zweiten Schritt erfolgt die Zuordnung von Konzepten der Wikipedia zu den jeweiligen Titeldatensätzen durch computerlinguistische Methoden. D.h. es wird mit den Informationen der Titelaufnahmen eine Suche in den gesamten Wikipediaeinträgen vorgenommen und anschließend die Wahrscheinlichkeit berechnet, dass ein bestimmtes Wikipedia-Konzept relevant ist zur thematischen Einordnung für einen Titeldatensatz.
- Wikipedia-Konzepte sind Teil der Wikipedia, sie stellen damit Konzepte im oben angeführten Sinne dar, sind eindeutig, verknüpft mit verschiedenen verbalen Expressionen und über die sogenannten „interlanguage links", die intellektuell von den Autoren der Wikipedia vergeben werden, auch multilingual mit den entsprechenden Artikeln in den Wikipedias verschiedener Sprachen verknüpft.
- Zuletzt werden die Katalogeinträge mit den IDs der für sie relevanten Wikipedia-Konzepte verknüpft und damit der Katalog um eine sehr weite inhaltliche Erschließung angereichert.
2. Die prinzipiell selbe Anreicherung erfolgt auch für die Sucheingabe des Nutzers. Auch hier werden die Suchterme zunächst an mehrere, eben mehrsprachige, Wikipedia-Datenbanken gerichtet und die Suchanfrage wiederum durch eine Zuordnung von als relevant erkannten Wikipedia-Konzepten angereichert.
3. Zuletzt muss nur noch festgestellt werden, welchen Katalogeinträgen dieselben Wikipedia-Konzepte zugeordnet sind, wie sie der Suchanfrage zugeordnet wurden. Diese Katalogeinträge können dann als thematisch gemeinte Suchergebnisse angezeigt werden.

Bei SLUB-Semantics wird die Überprüfung auf das Zutreffen der thematischen Zuordnung nicht als gesonderter „Dialogschritt" vorweg durchgeführt, sondern erfolgt zusammen mit der Ergebnisanzeige. Hier werden die Wikipedia-Konzepte als Sucheinschränkung in einem Facettenbaum angeboten. Hat der Nutzer beispielsweise mit dem inhaltlich mehrdeutigen Ausdruck „Python" gesucht, kann er später auswählen, ob er damit die Programmiersprache, eine Schlange aus der Familie der Pythons, ein technisches Konzept oder einen literarischen Begriff meinte.

Die Möglichkeiten der Multilingualität seien an einem einfachen Beispiel erläutert. Sucht der Nutzer mit dem Begriff „Normalverteilung" findet er eben auch englische Titel über „Continuous univariant distribution", auch dann, wenn „Normalverteilung" für diesen Titel nicht als Schlagwort vergeben sein sollte.

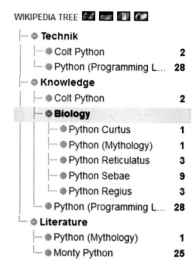

Abb. 11: Dem Nutzer wird eine Auswahl angeboten und er kann die Mehrdeutigkeit seines Suchbegriffes reduzieren.

6.14 Noch tiefere Erschließung? – Ein Ausblick

Auch wenn die Funktionsweise von SLUB-Semantics nur angedeutet wurde, scheint der Wert dieser Methode auf der Hand zu liegen, zumal rein maschinelle Verfahren zu der skizzierten Erweiterung der Recherchemöglichkeiten führen, außer durch das aufwändigere System also keine zusätzliche Arbeit in der Bibliothek für die erweiterte Erschließung anfällt. Zugleich bleiben dabei immer noch Wünsche offen, weil die Erschließung ja auch hier nicht wirklich in die Tiefe eines Werkes eindringt, nicht die einzelnen Teile eines Buches bis zu den Seiten hinab mit Themenerkennung anreichert.

Damit das möglich würde, müssten die Verfahren nochmals erweitert und verfeinert werden und die computerlinguistische Durchdringung der Werke müsste das gesamte Werk als elektronischen Text einbeziehen. Angesichts der Tatsache, dass mittlerweile immer mehr Dokumente, vor allem auch aus dem Altbestand, aber auch bei aktuellen e-Books, als digitale Volltexte vorliegen, erscheint das nicht abwegig. Andererseits würde in einem solchen Fall wohl die Wikipedia als Wissensbasis für die Erschließung kaum noch genügen, da es bei so detaillierter Erschließung ja auch um hochspezialisiertes Wissen gehen kann, das über eine enzyklopädisch allgemeine Wissensbasis nicht zur Verfügung steht.

Ein Ansatz für diese erweiterte Strategie könnte deshalb darin bestehen, ein solches Vorgehen zunächst auf spezialisierte, fachlich begrenzte Kollektionen anzuwenden und für diese z.B. im Zusammenhang mit Forschungsprojekten auch spezialisierte Suchmaschinen aufzubauen. Im Hintergrund müssten dafür aber auch hochspezialisierte Wissensbasen zur Verfügung stehen, die ggf. speziell für diese Projekte aufgebaut werden. Zwar ist das im Moment noch Zukunftsmusik, aber in Konzepten wird darüber schon nachgedacht und die Notwendigkeit für diese Erschließungsformen ergibt sich gewissermaßen von alleine durch die immer größeren Mengen an Volltextdaten, die auch in der Zukunft effektiv recherchierbar bleiben sollen. Auch bei den Internetsuchmaschinen haben sich neue Recherchetechnologien oftmals aus der schlichten Notwendigkeit ergeben, dass der vorhandene Suchraum mit den etablierten Methoden nicht mehr beherrschbar war.

Dieselbe Problematik lässt sich auch bei den Discovery Services feststellen: Discovery Services und semantische Technologien haben begonnen die Rechercheinstrumente im Bibliotheksbereich zu verändern. Dabei blieben leider diese beiden neueren Entwicklungen bislang getrennt, obwohl sie sich eigentlich ideal ergänzen müssten. Durch die großen Datenmengen in den Discovery Services werden Methoden eine immer größere Bedeutung bekommen, die eine gezieltere und effektivere Recherche oder effektivere Einschränkungen der Rechercheergebnisse gestatten. Aus dieser Perspektive wird es schlichtweg notwendig sein, auch in den Discovery Services die semantischen Verfahren zum Einsatz zu bringen, ohne dass derzeit dafür schon konkrete Entwicklungen bekannt wären.

Seitdem Bibliotheken mehr als nur eine Hand voll Bücher enthalten, spielt der Katalog als Zugriffsinstrument eine entscheidende Rolle, die mit dem Anwachsen des Bestandes ständig an Bedeutung gewonnen hat. Ein Buch, das über den Katalog nicht zu finden ist, existiert praktisch für den Nutzer nicht und verbraucht nur unnötigen Raum in den Regalen. In den letzten Jahren hat sich aber erwiesen, dass es nicht nur darauf ankommt, die Bestände einer Bibliothek möglichst genau zu erschließen, sondern dass eine mindestens ebenso wichtige Aufgabe darin besteht, diese Erschließung dem Nutzer in einer brauchbaren Weise zur Verfügung zu stellen. Verschärft wurde das Problem, durch das Umfeld der Datenrecherche im Internet mit sehr effizient arbeitenden Suchmaschinen, die Nutzererwartungen und Gewohnheiten prägen und zugleich auch ein konkurrierendes Informationsangebot zur Verfügung stellen. Die bibliothekarischen Rechercheinstrumente, allen voran der OPAC, nehmen damit eine Schlüsselstellung für den Bibliotheksservice überhaupt ein. Viele Dienstleistungen können gar nicht bereitgestellt werden, wenn der OPAC nicht zur Verfügung steht. Die Weiterentwicklung dieser Recherchekomponenten gehört deshalb auch zu den vitalen Interessen einer Bibliothek, die ihre Bedeutung als Informationsdienstleister nicht verlieren möchte.

Weiterführende Literatur

Gillitzer, Berthold; Weber, Andreas: Des OPACs neue Kleider – vom Benutzerkatalog zur Suchmaschine: neue Möglichkeiten für Bibliothekskataloge zur Suchmaschinentechnologie. In: Bibliotheksforum Bayern N.F. 1 (2007), S.218–221.

Schneider, Alexandra: Moderne Retrievalverfahren in klassischen bibliotheksbezogenen Anwendungen : Projekte und Perspektiven. Berlin 2008.

Witten Ian H.; Gori, Marco; Numerico, Teresa: Web Dragons: Inside the Myths of Search Engine Technology. Amsterdam u.a. 2007.

7 Das Alte Buch in der Benutzung

Das Alte Buch und die Benutzung sind eigentlich ein Widerspruch in sich. Unter dem Aspekt der Bewahrung des den Bibliotheken anvertrauten kulturellen Erbes für die kommenden Generationen verfügt einerseits jeder Benutzungsvorgang über ein nicht unerhebliches Gefährdungspotential, das selbst unter äußerst strikten Auflagen zu irreversiblen Schäden führen kann. Andererseits ist die Originalbenutzung mitunter eine *conditio sine qua non* für den Fortgang kulturwissenschaftlicher Forschung, für die die Bibliotheken mit historischen Buchsammlungen eine vorrangige Dienstleistungsfunktion wahrnehmen. Eine Bibliothek, deren Altbestand wagenburggleich verschlossen und unzugänglich ist, wird sich in der öffentlichen Wahrnehmung zu einem nicht existenten Einrichtungsbereich entwickeln, dessen Finanzierung aus Steuergeldern ein kostenbewusster Unterhaltsträger über kurz oder lang in Frage stellen wird. Das kulturelle Erbe der Bibliotheken muss sichtbar und im Bewusstsein einer interessierten Öffentlichkeit verankert sein – geheimnisumwitterte Dornröschentürme mit analogen Informationsträgern sind in einer nahezu alles offenlegenden digitalen Welt nicht von Belang, sie geraten in Vergessenheit und damit nicht selten unter die Räder des Sparzwangs bei Kommunen und Ländern.

Angesichts der virtuellen Selbstauflösung von Bibliotheken dürfte aber gerade der auratische Charakter des Alten Buchs ein zentraler Schlüssel zur Existenzsicherung in der Zukunft sein. Begegnungsräume, Lernorte, den strukturierten bzw. erschlossenen Zugang zu Informationen in einer digitalen Umgebung und deren Vermittlung, all das kann eine Bibliothek in ihrem Dienstleistungsspektrum anbieten, ein Alleinstellungsmerkmal leitet sich daraus aber nicht zwingend ab, auch ein privater Dienstleister könnte dieses Angebotsportfolio übernehmen. Der museale Bereich des Alten Buchs mit seinen vielfach unikalen Objekten hingegen bleibt als ebenso bestandsstrukturierende wie identitätsstiftende Einheit bestehen, mag auch der im Zeichen von ökonomischer Effizienz, Gebrauchs- und reiner Nutzerorientierung stehende bibliothekarische Diskurs nur zu gerne das Ende aller Nischen beschwören und damit den vermeintlich „toten" oder „unbrauchbaren" Winkeln in der Bestandstektonik den Kampf angesagt haben, um dem drohenden Magazininfarkt in vielen Häusern zu entgehen. Bibliokratische Aussonderungsaktionen ohne Sinn und Verstand oder Veräußerungsabsichten bei historischen Sammlungen führen schnell zu einem gewaltigen Rauschen im Blätterwald des Feuilletons und damit zu öffentlichem Ärger, da kann es auch für einen selbstbewussten südwestdeutschen Ministerpräsidenten auf der Suche nach lukrativen Einnahmequellen für die defizitäre Staatsschatulle eng werden und eine Bibliotheksleitung gar vor Gericht landen. Sensationsfunde, die eine auf Sorgfalt und Autopsie beruhende Erschließungsarbeit beim Alten

Buch ermöglicht, gelangen hingegen auf die Titelseiten überregionaler Tageszeitungen und in die Abendnachrichten zur besten Sendezeit. Das Alte Buch und die Bibliothek als physischer Ort sind symbiotisch, sie werden auch in Zukunft als Hort der kulturellen Überlieferung, als Schatzhaus des Wissens gelten.

Das Oxymoron des Alten Buchs, der kontradiktorische Charakter von Altbestandsbenutzung und -bewahrung ist nicht neu, er prägte nachhaltig das professionelle Selbstverständnis der Altbestandsbibliothekare. Separierte und besonders geschützte Bestände gibt es in Bibliotheken seit Jahrhunderten. Die Separierungspraxis der Frühen Neuzeit war allerdings nicht nur dem materiellen Wert eines Objektes geschuldet, sondern trug zumeist auch einer zensorischen „Giftschrank"-Mentalität Rechnung. Zunächst stellten Bibliothekare vor allem Handschriften und Inkunabeln getrennt auf, im 19. Jahrhundert kam es dann zur Bildung von Sondersammlungen mit wertvollen und seltenen Drucken. Solche Rarasammlungen älteren Ursprungs führen Bibliotheken unter verschiedensten Bezeichnungen bis heute fort.

Rara sind Bücher und andere Bibliotheksmaterialien wie Einbände oder Druckgraphiken, die sich durch Seltenheit und überragenden Wert aus der gesamten Bestandstektonik einer Bibliothek hervorheben. Handschriften, Inkunabeln und vielfach auch Nachlassmaterialien besitzen sui generis Raracharakter. Der bibliothekarische Sprachgebrauch schränkt deshalb den Begriff Rara im allgemeinen auf Druckwerke seit dem Beginn des 16. Jahrhunderts ein. Als Charakteristika für Rara lassen sich folgende Merkmale unterscheiden, von denen für das einzelne als wertvoll zu bezeichnende Buch im Regelfall mehrere zutreffen:

- besondere Seltenheit (*Unica*, Einzelbesitz in Deutschland u. ä.)
- überragende wissenschaftliche oder literarische Bedeutung (vor allem bei Erstausgaben)
- individuelle Besonderheit bzw. intrinsischer Wert (prominente Marginalien, besondere Zusätze)
- hervorragende Illustrationen
- buchgeschichtliche Bedeutung
- bemerkenswerter Einband
- hoher Handelswert auf dem Antiquariatsmarkt
- illustre Provenienz und lokale Bedeutung

Der Umkreis der Bibliotheksbestände, die als wertvoll sowie selten einzustufen und entsprechend zu sichern sind, muss heute sehr viel weiter gezogen werden als bei der Anlage älterer Rarasammlungen. Nahezu alle Rahmenbedingungen, die auf die Bewertung eines Buches Einfluss nehmen können, haben sich in den letzten drei Jahrzehnten stark verändert. Gerade die wirtschaftliche und politische Entwicklung seit 1989 hat auf dem Antiquariatsmarkt zu exorbitanten

Preissteigerungen und einer ausgeprägten Verknappung des Angebots geführt. Der Wandel des kulturellen Bewusstseins, eine Neu- und Umwertung der Überlieferung sowie veränderte Interessen, Fragestellungen und Ergebnisse der kulturwissenschaftlichen Forschung ließen bislang unbeachtet gebliebene Einzelwerke oder Schriftengattungen in den Rang von wichtigen Textzeugen aufsteigen und somit an Wert gewinnen. Zu solchen Sondersammlungen gehören beispielsweise:

- Exlibrissammlungen
- Flugschriften und Flugblattsammlungen
- Sondersammlungen mit akademischen Thesenblättern, Vorlesungsverzeichnissen, Totenzetteln und -roteln, Jubel- und Leichenpredigten, Theaterzetteln oder Schulprogrammen
- Graphik- und Plakatsammlungen
- Wandkartensammlungen
- Foto- und Filmsammlungen
- Einbandsammlungen

7.1 Altbestandsmagazinierung

Die Art der Aufbewahrung muss in Bibliotheken sowohl der Benutzungs- als auch der Bewahrungsfunktion gerecht werden. Die Magazine müssen ausreichend beleuchtet und klimatisch so geregelt sein, dass den verwahrten Objekten eine möglichst lange Lebensdauer beschieden ist, die Räume aber auch als Teilzeitarbeitsplätze tauglich sind. Ideal für Magazine sind Räume mit dickem Ziegelmauerwerk, das Temperatur- und Feuchtigkeitsschwankungen weitgehend verhindert. Unter diesen Bedingungen kann auf eine teure Vollklimatisierung verzichtet und eine im Unterhalt kostengünstigere Be- und Entlüftungsanlage installiert werden.

Für die Sondermagazinierung des herausragenden Altbestandes gelten hingegen besondere Bedingungen. Zu den notwendigen Umweltbedingungen der Deponierung wertvoller Handschriften und Bücher zählen eine Temperatur von 16° bis 18° Celsius, eine relative Luftfeuchtigkeit von etwa 50% bis 55% und ein Lichtschutz; ideal ist eine über Bewegungsmelder gesteuerte Beleuchtungsanlage. Vorsorge ist ebenfalls gegen Staub und chemische Einflüsse aus der Umwelt, gegen einen Befall von Mikroorganismen und Schadinsekten zu treffen. Es ist bekannt, dass eine erhöhte Temperatur die organischen Materialien Papier, Pergament und Leder austrocknen lässt und zugleich in Gang befindliche chemische Prozesse beschleunigt. Zu hohe Feuchtigkeit begünstigt die Ansiedlung schädlicher Mikroorganismen. Durch zu lange Trockenperioden werden die Materialien brüchig. Als besonders schädlich haben sich dauerhafte Schwankungen der Temperatur und Luftfeuchtigkeit erwiesen, die am besten eine Vollklimatisierung unterbindet. Die klimatischen Bedingungen in Sondermagazinen sind engmaschig zu kontrollieren. Zur Messung der Klimadaten werden Thermohygrometer verwendet, deren Nutzung aber relativ umständlich ist. Neue elektronische Messgeräte wie Datalogger, die über einen Rechner ausgewertet werden, sind mittlerweile in Gebrauch und verdrängen die alten Thermohygrometer mit Messblättern. Datalogger kamen bislang vor allem zum industriellen Einsatz für Routinemessungen beim Umweltschutz, in der Hydrologie, Meteorologie, Grundwasser- und Gasüberwachung sowie der Prüftechnik. Der Messwertspeicher ist bei mobilen Geräten für 130.000 Messungen ausgelegt, die eingebaute Lithium-Batterie verfügt über eine Lebensdauer von mehreren Jahren. Die Einstellungsoptionen der Messintervalle liegen zwischen zwei Sekunden und 24 Stunden. Der Datalogger kann per Software konfiguriert und mit einer Infrarot-Schnittstelle ausgelesen werden. Die Daten werden in der mitgelieferten Software betrachtet oder als Datei gespeichert. Diese können dann mit den gängigen Softwareprogrammen weiterverarbeitet werden.

Abb. 12: Ein Datalogger im Einsatz.

Zur Regalierung sind ausschließlich Metallregale zu verwenden; dabei muss ins Kalkül gezogen werden, dass Handschriften- und Raramagazine vielfach auch Objekte mit Über- oder Sonderformaten beherbergen, die Einlegeböden mit entsprechender Größe benötigen. Gerade für anatomische Atlanten oder Kartenwerke der Frühen Neuzeit empfiehlt sich eine horizontale Lagerung in Sonderanfertigungen, dies gilt auch für graphische Materialien, die sich am besten in Kartenschränken unterbringen lassen. Die Schubladen sind im Regelfall in den DIN-Formaten einteilbar, eine kugelgelagerte Schubladenführung mit speziellen Kunststoffummantelungen sorgt für einen geräuscharmen Lauf, die Teleskopauszüge sind bei hochwertigen Produkten bis zu 40 Kilogramm belastbar; bei der Beschaffung sollte nicht am falschen Ort gespart werden, da eine optimale Objektunterbringung immer Vorrang genießt. Handschriften und Nachlassmaterialien sind grundsätzlich in alterungsbeständigen Schutzverpackungen zu archivieren, dies sollte auch bei alten Drucken mit schützenswerten Einbänden geschehen. Die Vorteile der Schutzverpackung liegen auf der Hand:

- Schutzverpackungen halten Staub und Licht beim Transport zwischen Magazin und Sonderlesesaal ab.
- Klimaschwankungen bei Umlagerungen und Transporten werden abgemildert.
- Endogene Prozesse wie Papieralterung und Säurebildung können abgebremst werden, weil sie beispielsweise unter Lichteinwirkung schneller verlaufen. Auch dient eine alkalische Pufferung in den Verpackungsmaterialien als zusätzliche Hilfe gegen die Säurebildung im Papier.
- Bei potentiellen Havarien macht es einen sehr großen Unterschied aus, ob Wasser direkt mit dem Kulturgut in Berührung kommt, oder ob zunächst einmal ein Karton feucht wird. Bei Bränden können Schutzverpackungen Rauchgase weitgehend von den Objekten fernhalten, und auch die Hitzeeinwirkung kann durch sie gemindert werden.

Ein Spezialfall unter den Schutzverpackungen für Kulturgut bilden Verpackungen für fotografische Dokumente. Hierzu gehören Filme, Negativstreifen, Papierabzüge, Kontaktabzüge, Glasplatten, Diapositive und in neuerer Zeit auch Digitaldrucke. Anders als bei herkömmlichem Bibliotheksgut, das zum überwiegenden Teil aus Papiermaterialien besteht, gibt es bei Fotodokumenten eine große Materialvielfalt, die vor allem der technischen Entwicklung seit der Entstehung der Photographie geschuldet ist. Solche zumeist sehr fragilen Dokumente dauerhaft zu erhalten, ist eine besondere Herausforderung der Bestandserhaltung und Sondermagazinorganisation. An die Lagerungsbedingungen und den Umgang mit diesen Objekten sind deutlich höhere Anforderungen zu stellen als bei herkömmlichem Bibliotheksgut. Neben einer eigenen räumlichen Unterbringung innerhalb des Sondermagazins und einer konsequenten Klimatisierung (als Minimalanforderung dürfen Kühlaggregate mit dem konstanten Wert von 12° Celsius und einer

Abb. 13: Schutzverpackungen für Handschriften.

relativen Luftfeuchtigkeit von ca. 40 % bis 45 % gelten; mit einer Lagerungstemperatur von 7 °Celsius lässt sich die zehnfache Haltbarkeit der Objekte gegenüber einem Archivraum mit 24 ° Celsius erreichen, gelingt es, zusätzlich auch die Luftfeuchtigkeit von 40 % auf 15 % zu senken, lässt sich der Haltbarkeitsfaktor nochmals verdoppeln) kommt den Verpackungen eine herausragende Bedeutung für den Schutz vor mechanischen Beschädigungen und vor chemischen Veränderungen zu. Bei der Planung, Herstellung und Anwendung von Schutzverpackungen für photographische Dokumente sind folgende Grundsätze zu beachten:

1. Alle Objekte sollten einzeln verpackt werden, damit es nicht zu chemischen Wechselwirkungen kommt. Außerdem können so mechanische Beschädigungen vermieden werden (beispielsweise kann durch Reibung zweier Papierabzüge aneinander die Fotoschicht des untenliegenden Abzugs zerkratzt werden, noch größer sind die Gefahren, wenn mehrere Glasplatten zusammen verpackt werden).
2. Als Lagerungseinheit im Magazin sind diese kleinstteiligen Einheiten natürlich Unfug. Deshalb wird eine Umverpackung benötigt, die eine Anzahl Einzelobjekte aufzunehmen vermag, sie vor mechanischer Beschädigung schützt und eine handhabbare Lager- und Transporteinheit garantiert. Während bei herkömmlichem Bibliotheksgut eine alkalische Pufferung in den Verpackungsmaterialien als zusätzliche Hilfe gegen die Säurebildung im Papier und als Schutz vor Umwelteinflüssen gerne gesehen wird, sollen fotografische Objekte damit nicht in Berührung kommen, weil eine chemische Reaktion zwischen der Puffersubstanz und den Chemikalien der Fotoschich-

ten nicht ausgeschlossen werden kann. Daher dürfen nur ungepufferte, pH-neutrale Papierwerkstoffe unmittelbaren Kontakt zu den fotografischen Objekten haben.

Ferner ist in den Sondermagazinen für eine erhöhte Objektsicherheit Sorge zu tragen; dazu zählen beispielsweise eine eigene Schließanlage mit Sicherheitstüren, besonders gesicherte Tresore für herausragende Prachtstücke (Zimelien), Erschütterungs- oder Bewegungsmelder. Jeder Benutzungsvorgang – auch ein bibliotheksinterner – ist sorgfältig zu dokumentieren. Es empfiehlt sich, Bestellscheine nach Benutzungszeitraum oder Signaturengruppen geordnet über einen Zeitraum von mehreren Jahren aufzubewahren, um auch rückwirkend einen Benutzungsvorgang rekonstruieren zu können. Solange Einzelobjekte mit wertvollem oder unikalem Charakter sich im allgemeinen Magazinbereich in der Masse der Gebrauchsliteratur zu verstecken vermögen, unterliegen sie einem magazinimmanenten Schutz, der mit der Überführung in ein Raramagazin zunächst entfällt. So ist der Zugang zu diesen sicherheitssensiblen Räumen einer Bibliothek rigoros zu beschränken; nur der Kreis von Mitarbeiterinnen und Mitarbeitern, die mit der Bearbeitung und Betreuung der Sonderbestände unmittelbar befasst sind, sollte ein kontrollierter Zutritt ermöglicht sein. Der unter Umständen einmal notwendige Zugang für betriebsfremde Personen wie Reinigungskräfte, Handwerker oder Inspekteure für den Brandschutz bedarf einer sorgfältigen und dauerhaften Überwachung. Für die erstmalige Einrichtung von sicherheitssensiblen Sondermagazinen bieten die Landeskriminalämter ihre Unterstützung und Beratung an.

7.2 Bestandserhaltungsmanagement

Als Bestandserhaltung wird die systematische Langzeitsicherung der Bestände einer Sammlung bezeichnet, in erster Linie die physische Erhaltung der Originale, aber auch die Übertragung der Inhalte auf Sekundärmedien. Sie umfasst alle Vorkehrungen und Tätigkeiten, die dazu dienen, Kulturgut allgemein, speziell Archiv- und Bibliotheksgut, vor Beschädigung und Untergang zu bewahren und seiner Zweckbestimmung gemäß die Zugänglichkeit auch noch für künftige Generationen zu sichern.

Bestandserhaltung umfasst:
- Erkennen von Schäden und deren Ursachen
- qualitative und quantitative Beurteilung von Schäden
- Material- und Technikkenntnis
- Steuerung der Lagerungsbedingungen

- objektgerechte Benutzung
- Aufklärung über Schadenspotentiale
- Maßnahmen zur Schadensbegrenzung
- Restaurierung und Konservierung
- Schutz-, Sicherheits- und Ersatzverfilmung bzw. -digitalisierung
- Notfallplanung

Allgemein sind Schadensfälle in interne Notfälle und externe Katastrophen zu untergliedern. Die Unterscheidung erfolgt nach der jeweiligen Zuständigkeit: Während Katastrophen als Großschadensereignisse wie Erdbeben, Hochwasser, Wirbelstürme oder militärische Auseinandersetzungen in das gesetzlich geregelte Aufgabengebiet des Zivilschutzes fallen, liegen Vorbeugung und Planung interner Notfälle im Verantwortungsbereich von Bibliotheken bzw. deren Notfall- und Sicherheitsbeauftragten. Oberstes Ziel der Notfallvorsorge muss grundsätzlich die Vermeidung von Havarien sein. Gerade im Hinblick auf die Prävention kann die bauliche Ausstattung von Bibliotheken hier einen entscheidenden Beitrag leisten. Sicherheitsvorkehrungen spielen nicht nur bei der Planung von Neubauten oder Gebäuderenovierungen eine Rolle, sie sind auch im Alltagsbetrieb zu thematisieren, wenn es darum geht, Versäumnisse der Vergangenheit zu korrigieren oder Rettungs- und Bergungsmaßnahmen durch Bereitstellung entsprechender Pläne und Materialien optimal vorzubereiten. Daher ist eine vorausschauende Notfallplanung sinnvoll, immer verbunden mit der Hoffnung, dass sie bloße Theorie bleiben und nicht zur praktischen Anwendung kommen möge, wiewohl regelmäßige praktische Notfallübungen angeraten sind, um im Ansatz eine Rettungsroutine des Notfallteams zu gewährleisten. Ratschläge und Empfehlungen für einen Notfallplan, der beschreibt, wie vorzugehen ist und welche Maßnahmen aus restauratorischer Sicht prioritär anzugehen sind, wenn Bücher einer Kontamination mit Wasser ausgesetzt waren (dies ist in der Regel das Hauptproblem – ein Brand schafft meist mehr Schäden in Folge des Löschwassers als durch das Feuer selbst), sind zahlreich zu erhalten. Exemplarisch sei hier auf den „Rahmenplan für Notfallmaßnahmen in den bayerischen staatlichen Bibliotheken" hingewiesen, den die *Kommission Altes Buch* (KAB) der bayerischen staatlichen Bibliotheken auf der Basis des Rahmenplans für Notfallmaßnahmen in den Staatlichen Archiven Bayerns 2008 erstellte. Es gilt, sich dieses Wissen anzueignen sowie kurz und übersichtlich aufbereitet für den konkreten Notfall abrufbar vorzuhalten. Wer sich mit der Erhaltung des Kulturgutes beschäftigt, wird rasch erkennen, dass die Notfallplanung als Teilelement des regulären Bestandserhaltungsmanagements zu betreiben ist. So gilt auch für den spezifischen Fall der Notfallplanung: Als oberste Priorität ist eine ebenso institutionalisierte wie ausreichende Prävention und Prophylaxe anzusehen, damit irreversible Schäden gar nicht erst entstehen können.

Die Bestandserhaltungsbemühungen in deutschen Bibliotheken haben sich in den vergangenen zwei Jahrzehnten nicht zuletzt auf der Ebene der Bundesländer enorm intensiviert, konzentrieren sich in diesem Kontext aber überwiegend auf kostenintensive Behandlungsmaßnahmen zur Schadensbegrenzung und -behebung. Die behandelten Kulturobjekte sind im Regelfall nach der Durchführung den gleichen Aufbewahrungs- und Nutzungskonditionen im Magazin ausgesetzt, die kausal mit dem vorläufig behobenen Schadensbild verbunden waren und es in Zukunft mit großer Wahrscheinlichkeit auch sein werden. Ein innerbetriebliches Bestandserhaltungssystem, das diesen essentiellen Aspekt der Prävention ins Kalkül zieht, wird langfristig die aufwendigen und kostentreibenden Instandsetzungsmaßnahmen deutlich reduzieren. Gerade der objektgerechten Handhabung von Bibliotheksgut beim Ausheben, Ablegen, Einstellen sowie bei allen Transport- und Benutzungsvorgängen kommt dabei eine zentrale Rolle zu. Im Rahmen der Bereitstellung für eine Nutzung müssen Mitarbeiter entsprechend sensibilisiert, geschult und gegebenenfalls auch kontrolliert werden. Verbindliche Festlegungen, wie die einzelnen internen Arbeitsprozesse objektgerecht zu erfolgen haben bzw. der Umgang mit Bibliotheksgut in der Alltagsarbeit zu handhaben ist, sind aufzustellen und in die Praxis umzusetzen. Mit dem bequemen Abwälzen von Sorgfalts- und Schadensersatzpflicht auf den Benutzer ist es nicht getan, wenn die Objekte wie Kraut und Rüben im Regal stehen, riesige Büchertürme auf Transportwagen zum Einsturz gelangen und eine Magazinhygiene über Jahre sträflich vernachlässigt wird. Ein zielorientiertes, präventives Bestandserhaltungsmanagement muss daher auch die Einführung ebenso einheitlicher wie objektgerechter Umgangs- und Aufbewahrungsformen als verbindliche hausinterne Standards implizieren.

7.3 Sonderlesesaal

Bibliotheken mit umfangreichem historischem Buchbestand unterhalten im Regelfall einen eigenen Lesesaal für den besonders wertvollen bzw. schützenswerten Bereich des Alten Buches. Idealerweise ist dabei die bisweilen noch übliche getrennte Benutzung nach Handschriften, Rara und Nachlässen einerseits, alten Drucken bis 1850 oder 1900 andererseits bereits überwunden und eine räumliche Konzentration der gesamten Altbestandsbenutzung erreicht.

Professionell geführte Altbestandslesesäle müssen bestimmte Ausstattungsmerkmale erfüllen. Die Räumlichkeit muss zunächst einmal ausreichend dimensioniert sein; so sind beispielsweise für 20 Lese-, vier technische Arbeits-

(Lesegeräte für Mikroformen und Benutzer-PC) sowie zwei Aufsichtsplätze ca. 175 Quadratmeter zu kalkulieren. Da es sich bei den zur Nutzung bereitgestellten Objekten nicht selten um Sonder- oder Überformate handelt, müssen die Benutzerarbeitsplätze entsprechend großzügig gestaltet sein; die Vorstellung von legebatterieartigen Standardarbeitsplätzen greift hier zu kurz. Entsprechende Sicherheitsvorkehrungen, die das Gefährdungspotential auf ein Minimum reduzieren, sollten mit einer Buchwaage und einer Videoüberwachungsanlage getroffen sein. Aus Gründen des Arbeitsschutzes und der Objektsicherheit sollten ferner die sanitären Rahmenbedingungen der Benutzung möglichst gut gestaltet sein; ein Waschbecken mit einem Warmwasseranschluss darf nicht fehlen. Bei einer insuffizienten Klimatisierung des Gebäudes ist zumindest für die Sommermonate eine Luftkühlung in Erwägung zu ziehen; dies gilt auch für die Installation eines licht- wie wärmeabweisenden Lamellenvorhangs an Fensterfronten. Die für die Benutzung von Altbeständen sinnvollen Hilfsmittel wie Bücherstützen, Bleischlangen oder Baumwollhandschuhe und eine obligatorische Verwendung von Bleistiften gehören zu den selbstverständlichen Rahmenbedingungen der Altbestandsbenutzung; Reproduktionen dürfen nur vom Bibliothekspersonal unter Einsatz buchschonender Technik angefertigt werden. Für die Bereitstellung der Objekte müssen genügend Tresore bzw. Wertschutzschränke vorhanden sein. Eine größere Handbibliothek zur Buch- und Handschriftenkunde sowie Quellenkunde des Mittelalters und der Frühen Neuzeit sollte ebenfalls vor Ort zur Verfügung stehen. Als Richtschnur für die Altbestandsbenutzung kann das seit dem 1. Februar 2008 im Bibliotheksverbund Bayern eingeführte „Altbestandszertifikat" angesehen werden, das verbindliche Benutzungsbedingungen auflistet. Mit der Anmeldung zum Zertifikat weist eine Bibliothek nach, dass sie in der Lage ist, mit Dokumenten aus dem Altbestand sachgerecht umzugehen. Es dient der gebenden Bibliothek als Informationsgrundlage bei der Entscheidung, ob ein Dokument im Original an die nehmende Bibliothek ausgeliehen werden kann. Die nehmende Bibliothek verpflichtet sich, die Bedingungen gemäß dem Altbestandszertifikat einzuhalten, sofern ein Werk durch einen Einlegestreifen entsprechend gekennzeichnet in den Leihverkehr gegeben wurde. Die Behandlung eines Dokumentes nach dem Altbestandszertifikat ist der gebenden Bibliothek vorbehalten, sie entscheidet, ob und nach welchen Kriterien ein Werk in den Leihverkehr gegeben werden kann.

Abb. 14: Buchwaage mit einem Folianten.

Eine eindeutige und auf amtlichen Ausweisen basierende Identifikation des Benutzers vor dem Benutzungsvorgang ist eine Grundvoraussetzung der Objektsicherheit außerhalb der Sondermagazine. Von studentischen Benutzern kann eine schriftliche Referenz des betreuenden Hochschullehrers verlangt werden, aus der Thema, Umfang und Zielsetzung der Arbeit hervorgehen. Auf den Datenschutz der Klientel ist dabei größtmögliche Sorgfalt zu legen. Als ein besonderes Problem der Altbestandsbenutzung hat sich die vergleichsweise hohe Negativquote in der Benutzung – sprich, die ungenutzten Bestellungen – herauskristallisiert; die Quote der Brachbestellungen kann unter Umständen bei über 30 Prozent liegen. Die Kosten pro bestelltem Buch, das seinen Nutzer – aus welchen Gründen auch immer – nicht findet, sind gerade in der Altbestandsbenutzung nicht unerheblich. Sie ergeben sich aus den anteiligen Pauschalsätzen pro Arbeitsstunde, die im einfachen Dienst über 25,- € und im gehobenen Dienst an die 45,- € betragen können. In der Kalkulation schlagen ferner anteilig potentielle Betriebsausgaben wie Fahrten zu Ausweichmagazinen zu Buche. Ungeachtet der Kostenfrage ist natürlich der Transport, selbst bei allen Schutzvorkehrungen gegen innerbetriebliche Schadensrisiken, eine Belastung per se für die

Wertobjekte, die bei einer Brachbestellung ebenso ärgerlich wie unnötig ist. In vielen Häusern hat sich ferner der Trend einer abnehmenden Originalbenutzung vor Ort in den vergangenen Jahren verstetigt. Dies ist zum einen auf die zunehmende digitale Sichtbarkeit von Altbeständen zurückzuführen, die einen Zugang zum Textzeugen ortsunabhängig ermöglicht. Zum anderen hat die Reform der Studiengänge im Zuge des Bologna-Prozesses, der auf einen einheitlichen europäischen Hochschulraum abzielt, zu einer starken Verschulung und rigiden Zeitgestaltung in den Hochschulen geführt, die einer studentischen Klientel die notwendigen zeitlichen Freiräume geraubt haben; so ist ein Einbruch der Benutzungszahlen von bis zu 30 % nicht zuletzt wohl auch diesem betrüblichen Sachverhalt geschuldet.

Die Klientel des Alten Buches ist prinzipiell international; so suchten beispielsweise den Lesesaal Altes Buch der Universitätsbibliothek München in den vergangenen Jahren Wissenschaftler aus mehr als 20 Ländern auf. Auf den internationalen Charakter gilt es sich einzustellen. Forscher aus Nordamerika suchen nicht selten innerhalb von drei Wochen ein halbes Dutzend Bibliotheken in Westeuropa auf und wollen folglich ihr eng getaktetes Arbeitsprogramm möglichst zügig abspulen, wohingegen für Hochschullehrer aus Japan oder Süd-Korea der Antrittsbesuch beim Abteilungsleiter grundsätzlich am Anfang ihrer Arbeit vor Ort steht; auch wenn es bei diesen Treffen mit dem obligatorischen Austausch der Visitenkarten selten zu mehr als einem Austausch verbaler Freundlichkeiten kommt, gliche es einer groben Taktlosigkeit, diesen Akt asiatischer Höflichkeit abzulehnen. Nicht nur in diesem Fall hat sich der Altbestandsbibliothekar auf die Heterogenität seiner Benutzer einzustellen, dies gilt nicht minder im Umgang mit der inländischen Klientel. Auch hier ist das Spektrum breit gestreut. Es reicht vom völlig selbständigen, mit den Standards der Altbestandsbenutzung bestens vertrauten Forscher bis hin zum hochbetagten pensionierten Oberstudienrat, der als Heimatforscher seinen Besuch zwei Wochen vorher mit einem auf der Schreibmaschine verfassten, mit Tipp-Ex korrigierten Brief ankündigt und Bestellungen via OPAC nicht zu tätigen vermag. Für beide Benutzertypen ist ein individuell zugeschnittener Betreuungsgrad sicherzustellen, der mitunter auch zeitraubend sein kann.

Der das Tagesgeschäft zu einem erheblichen Teil füllende Bereich der qualifizierten schriftlichen Benutzerauskunft stellt beim Alten Buch besondere Anforderungen an den Bibliothekar. Ein souveräner, auch im Detail belastbarer Überblick über die Bestandsgenese und -tektonik des Hauses, ein professioneller Umgang mit den zentralen Nachweisinstrumenten, solide Kenntnisse in den Hilfswissenschaften, vor allem in der Paläographie, Kodikologie sowie der Buch- und Bibliotheksgeschichte, Vertrautheit mit wissenschaftlichen Fragestellungen sowie Publikations- und Ausstellungserfahrung gehören zu den Kernkompetenzen des

Altbestandsbibliothekars. Für die Leitungsebene sollten solide Kenntnisse der Alten Sprachen eine Selbstverständlichkeit sein, bei umfangreicheren Judaica-Beständen sind sie um mehr als nur passive Hebräischkenntnisse zu erweitern. Ohne eine aktive Beherrschung des Englischen und Französischen ist ein ebenso effizienter wie produktiver Informationsaustausch mit der oftmals internationalen Klientel nur sehr eingeschränkt möglich, die zumindest passive Beherrschung einer weiteren modernen europäischen Fremdsprache wie Italienisch oder Spanisch ist für die Bewältigung der Anfragen aus allen Herren Ländern in jedem Fall von Vorteil. Die grammatikalisch und orthographisch korrekte Beherrschung der deutschen Muttersprache in Wort und Schrift ist nicht eine Zier des Altbestandsbibliothekars, sondern Pflicht; dem grassierenden Virus des „Denglischen" gilt es Einhalt zu gebieten. Zur Seriosität des Altbestandsbibliothekars gehört es auch, dass er ein Stück weit kritische Distanz zum ökonomistischen Plastikwortschatz zu wahren weiß, der die bibliothekarische Zunft seit ein paar Jahren prägt. Die Wissenschaftsaffinität und der akademische Erfahrungshorizont sollten durch ein kultur- oder geisteswissenschaftliches Studium, das mit einer Promotion abgeschlossen wurde, zum Ausdruck kommen; entakademisierte *Information Broker* sind im Alten Buch fehl am Platz, sie werden von ihrer Klientel im Regelfall nicht als kompetente Wissenschaftspartner wahrgenommen.

7.4 Analoge und digitale Sekundärformen

Die digitale Transformation der kulturellen Überlieferung hat die Arbeitsfelder des Altbestandsbibliothekars geradezu revolutioniert und nicht zuletzt die vergleichende Erschließungsarbeit und die Benutzung unter Schonung des Originals erheblich vereinfacht. Gleichzeitig ist zu konstatieren, dass der Medienwandel vom analogen ins digitale Zeitalter gravierende Qualitätsprobleme impliziert und die Langzeitarchivierung in jedem Fall verkompliziert. Die Digitalisierung lässt sich nicht als triviale und vollständige Transformation eines materialen Originals in ein qualitativ gleichwertiges Digitalisat begreifen; es handelt sich um eine komplexe mediale Transformation, die am Ende nur das erhält, was der zeitgenössische kulturelle Rahmen als relevant zu fixieren vermag und sich mit den gegebenen technischen Möglichkeiten umsetzen lässt. Die digitale Version des kulturellen Erbes ist nicht mehr als ein äußerst hilfreiches Surrogat, sie ist aber in keinem Fall ein Äquivalent, das beispielsweise die physische Beseitigung des analogen Originals per se erlaubt.

Die Übertragung der Textinformation auf alternative Datenträger in Mikroform ist eine Entwicklung aus der ersten Hälfte des 20. Jahrhunderts. Als Pionier des Mikrofilms darf der britische Optiker und Gerätemacher John Benjamin

Dancer (1812–1887) gelten, dem es 1839 erstmals gelang, Photographien von Mikroskopaufnahmen auf Silberfilm zu bannen. Das Verfahren und die Konstruktion von Lesegeräten entwickelte der französische Chemiker und Photograph René Dagron (1819–1900) in der zweiten Hälfte des 19. Jahrhunderts fort. Ab 1920 archivierte der New Yorker Banker George McCarthy Kopien von Bankaufzeichnungen auf Mikrofilm und verkaufte seine Entwicklung 1928 an Eastman Kodak. 1938 gründete Eugene Power *University Microfilms* und archivierte Dokumente des Britischen Museums auf Mikrofilm. Power erkannte einen Nischenmarkt in der Publikation von Dissertationen auf Mikrofilm, der Doktoranden billiger als eine Printveröffentlichung kam. Als dieser Markt wuchs, begann das Unternehmen auch Zeitungen und andere Periodika abzufilmen.

Kein anderes analoges Medium verfügt über eine vergleichbar hohe Datendichte und Langzeitstabilität wie der Mikrofilm. Unter der Voraussetzung, dass die Filme bei geringer Luftfeuchtigkeit und möglichst kühl gelagert werden, kann man für das Trägermaterial Polyester und eine Beschichtung aus Silberhalogenid eine Lebensdauer von mehr als 500 Jahren prognostizieren. Filmen mit einem Acetatkern, die bis etwa 1970 verwendet wurden, kann immerhin noch eine Haltbarkeit von wenigstens 300 Jahren vorhergesagt werden. Diazo- und Vesikularfilme haben selbst bei Dunkellagerung unter 21° Celsius nur eine Lebensdauer von 100 Jahren. Bei intensiver Benutzung, die mit großem Lichteinfall und Temperaturschwankungen verbunden ist, verringert sich die Haltbarkeit, so dass diese Filme lediglich als Arbeitsexemplare, nicht jedoch als langfristiges Speichermedium dienen können. Das Problem aller digitalen Speichermedien sind ihre entdinglichten Daten, deren Lesbarkeit zwingend an Rechnerprogramme gebunden ist. Auch wenn das Speichermedium erhalten und noch lesbar ist, kann unter Umständen ein Zugriff auf die gespeicherten Informationen unmöglich sein. Da digital gespeicherte Informationen nicht unmittelbar zugänglich vorliegen, sondern binär codiert sind, ist es nur möglich, die Informationen zu lesen, wenn ein Programm und ein Betriebssystem vorliegen, die den Inhalt einer Datei zu decodieren wissen. Da viele Betriebssysteme und Programme ein proprietäres Verfahren einsetzen, um die Daten zu codieren, ist eine Lesbarkeit von Daten nicht mehr sicher gegeben, wenn ein Betriebssystem oder ein Programm nicht weiterentwickelt wird. Gleichwohl hat sich mit PDF/A ein Format zur Langzeitarchivierung digitaler Dokumente herauskristallisiert, das von der International Organization for Standardization (ISO) als Untergruppe des Portable Document Format (PDF) genormt wurde. Die Norm legt fest, wie die Elemente der zugrundeliegenden PDF-Versionen im Hinblick auf die Langzeitarchivierung verwendet werden müssen. Dabei gibt es sowohl zwingend vorgeschriebene als auch nicht zugelassene Bestandteile. Bei einer konsequenten Nutzerausrichtung verfügt die Digitalversion gegenüber der Mikroform einen entscheidenden Vorteil: Sie ist ortsunabhängig nutzbar und wird heute als Dienstleistungsstandard erwartet; und gerade dieser Aspekt hat im Benutzungsalltag die Mikroformen in den vergangenen Jahren völlig marginalisiert, wiewohl sie aus Gründen der Langzeitarchivierung als das geeignetere und langlebigere Speichermedium anzusehen sind.

Es gibt heute einen breites Spektrum an abgesicherten Erkenntnissen zur Durchführung von Digitalisierungsarbeiten, die freilich nicht mechanisch angewendet werden können: Was für die Digitalisierung von Handschriften des Mittelalters als unverzichtbare konservatorische Sorgfalt zu gelten hat, kann für die Bearbeitung von Massenschrifttum des späten 19. Jahrhunderts unnötig zeitraubend und überteuert sein. Die Digitalisierung ist für eine wissenschaftliche Informationseinrichtung des 21. Jahrhunderts eine normale Dienstleistung, keine Sonderaufgabe; der digitale Zugang bildet die Regel und nicht die Ausnahme. Gleichwohl gelten konservatorische Mindestanforderungen, die im Alten Buch nicht unterschritten werden sollten; dazu zählen:

- Eine mechanische Belastung für das Buch (nach den Erfahrungen mit der Digitalisierung beim VD 16 verfügen 70 % der Bücher nur über einen 90°-Öffnungswinkel) ist zu unterbinden.
- Die Vorlagenhalterung folgt den technik- und materialbedingten Vorgaben des Buches und nicht umgekehrt.
- Die Verwendung einer Andruckhilfe bei konservatorisch anspruchsvollen Materialien ist abzulehnen, kann jedoch für andere, weniger anspruchsvolle Vorlagen als Option genutzt werden.
- Die Aufnahme erfolgt berührungsfrei.
- Die Belichtung des Objekts ist kurz sowie völlig UV- und IR-emissionsfrei.

Die digitale Sichtbarkeit des Alten Buchs hat sich durch die Massendigitalisierung im Rahmen einer Public-Private-Partnership zwischen der Bayerischen Staatsbibliothek München sowie der Österreichischen Nationalbibliothek in Wien und Google enorm erhöht. Ob weitere Bibliotheken mit ihrem umfangreichen Altbestand in ein Massendigitalisierungsprojekt einsteigen werden, ist momentan noch offen. Erst mit dem Abschluss der beiden Großvorhaben wird sich erweisen, inwieweit ein solches Vorhaben noch sinnvoll angegangen werden kann. Setzt man aber die frühneuzeitlichen Buchproduktionszahlen mit dem Scanvolumina der beiden Projekte in Relation, zeichnet sich eine Abdeckungsquote ab, die weitere Massendigitalisierungsvorhaben im deutschsprachigen Raum als vergleichsweise unrentabel erscheinen lässt, da die hohe Mehrfachdigitalisierungsrate in keinem günstigen Verhältnis zu den Folgekosten steht; es sind gerade die steigenden Energie- und damit nicht zuletzt auch Umweltkosten, die eine kritische Überprüfung von Massendigitalisierungsprojekten in der Zukunft angeraten sein lassen. Es verbleiben freilich noch genug Werke, die aufgrund ihrer besonderen Ausstattungsmerkmale, illustrer Provenienzen oder anderen Formen des intrinsischen Wertes digitalisiert werden könnten, obwohl schon eine digitale Sekundärform in einer anderen Bibliothek besteht. Solche Objekte fischt man aber quasi mit der Angel und nicht mit einem Treibnetz, dessen immense Beifangrate von Mehrfachdigitalisaten allein schon aus Kostengründen unsinnig wäre. So wird sich das Hauptaugenmerk der Digitalisierungsinitiativen in der Zukunft vor allem auf den Unikalcharakter konzentrieren; damit gewinnen auch Rarasammlungen für die digitale Sichtbarkeit des historischen Buchbestandes einen profilschärfenden Stellenwert.

7.5 Ausstellungen

Innerhalb des Aufgabenspektrums wissenschaftlicher Bibliotheken haben eigene Altbestandsausstellungen sowie die Ausleihe historischer Buchbestände für Ausstellungen von anderen Bibliotheken, Museen, Archiven, Klöstern, staatlichen, kommunalen und privaten Organisationen in den letzten drei Jahrzehnten immer stärker an Bedeutung gewonnen. Im Sinne einer breiten, nicht allein lokal beschränkten Informations- und Öffentlichkeitsarbeit haben sich die Bibliotheken diesen historischen und politischen Bildungsinitiativen für breite Bevölkerungsschichten nicht verschlossen, sondern sie gemäß ihrem kulturpolitischen Bildungsauftrag nach Kräften zu unterstützen versucht. Angesichts stetig steigender Bitten um Leihgaben waren sie gleichwohl gezwungen, strenge Kriterien bei der Beurteilung der Ausstellungsanfragen bereits im Vorfeld anzulegen und ebenso sorgfältig alle konservatorischen Belange sowie sicherheitstechnischen Maßnahmen einzufordern, um Schadensgefahren für die von ihnen verwalteten, vielfach singulären Kulturzeugnisse abzuwenden. Miniaturhandschriften, illustrierte Drucke, Zeitungen sowie andere Schriften auf säurehaltigem Papier und Autographen mit verblassenden Schriften, um nur einige Gattungen der für Ausstellungen relevanten Bibliotheksbestände anzuführen, zählen zu den gefährdetsten Kulturgütern unserer Zeit. Gerade bei großen Ausstellungen sind oft monatelang die gleichen Seiten aufgeschlagen, und die Exponate werden mitunter kräftig niedergebunden, um nicht zusammenzuklappen. Dadurch können zum einen Einband und Buchblock erhebliche Beschädigungen erleiden, zum anderen verblassen Schrift und Bilder selbst bei gedämpfter Beleuchtung infolge der konstanten Lichteinwirkung. Die Gefahr des Ausbleichens ist umso größer, wenn bei bekannten und daher immer wieder nachgefragten Handschriften und alten Drucken stets die gleichen attraktiven Blätter aufgeschlagen werden. Vor allem bei Mischausstellungen, bei denen die Organisatoren Objekte verschiedener Art zeigen und mitunter keine speziellen Räumlichkeiten oder Verhältnisse für die Buchexponate schaffen, ist das Gefährdungspotential bis hin zu irreversiblen Schäden besonders groß. Darüber hinaus ist grundsätzlich zu erwägen, ob Bücher, die vorrangig der wissenschaftlichen Arbeit zur Verfügung zu stehen haben, über Monate hinweg der regulären Benutzung entzogen sein müssen, nur damit, unter Umständen Tausende von Kilometern entfernt, eine Doppelseite in einer Vitrine gezeigt werden kann.

Insbesondere die zum Teil recht negativen Erfahrungen, die die Bayerische Staatsbibliothek mit der Beschickung einer großen Anzahl wertvoller Handschriften, Drucke und Einbände für zwei Repräsentationsausstellungen im Zusammenhang mit dem kulturellen Rahmenprogramm der Olympischen Sommerspiele 1972 in München machen musste, schärften das Bewusstsein unter den Bibliothekaren, dass eine Ausarbeitung verbindlicher Richtlinien bei der Ausleihe von historischen Buchbeständen dringend erforderlich sei. Auch die Kommission für Handschriftenfragen des Vereins deutscher Bibliothekare betonte auf einer Sitzung im Dezember 1972 in Würzburg die Notwendigkeit, eine Vereinheitlichung der Verfahrensweisen in den einzelnen Bibliotheken herbeizuführen. Nach eingehenden Beratungen über die organisatorischen, juristischen, konservatorischen sowie kulturpolitischen Aspekte und Konsequenzen des gesamten Problemkomplexes in den Jahren 1973/74 mündeten die gemeinsamen Bemühungen um klare Richtlinien in einem Regelwerk, in dem die Meinungen, Wünsche und Erfahrungen vieler Bibliotheken mit ausstellungsrelevanten Beständen ihre Berücksichtigung fanden. Nachdem die Generaldirektion der Bayerischen Staatlichen Bibliotheken Anfang Januar 1975 die endgültige Fassung in ihrem Bereich für verbindlich erklärt hatte, verabschiedete elf Monate später die Kommission für Handschriftenfragen auf ihrer Sitzung in Frankfurt ein in allen Bundesländern anwendbares Regelwerk, dessen spezifisch bayerische Passagen zuvor sinngemäß umformuliert worden waren.

Die Forderung des Handschriftenspezialisten Otto Mazal, dass sich wissenschaftliche Bibliotheken grundsätzlich nur an Ausstellungen mit bedeutsamer kultureller und wissenschaftlicher Zielsetzung beteiligen sollten, spielt heute eine untergeordnete Rolle. Altbestandsbibliothekare sollten Leihgaben nicht verweigern, nur weil ihrer Ansicht nach der zu erwartende wissenschaftliche und bildungspolitische Wert der Ausstellung eine Ausleihe der Exponate nicht rechtfertigt; es gehört nicht zu ihren Aufgaben, solche stark individuell abhängigen und von fachwissenschaftlichen Diskurskonjunkturen geprägten Urteile zu fällen. Vielmehr sollte für sie bei den Anfragen unterschiedlichster Ausstellungsorganisatoren mit erheblich differierenden Intentionen und Präsentationsmöglichkeiten ihre Dienstleistungsfunktion als Kultur- und Bildungsträger im Vordergrund stehen. Ebenso sollte eine Bibliothek auch nicht eine wissenschaftliche

Bearbeitung der Exponate, die nach Möglichkeit neueste Forschungsergebnisse zusammenfassen und ihren Niederschlag in anspruchsvollen Ausstellungskatalogen finden sollte, zur Bedingung für eine Ausleihe machen.

Förderlich für eine reibungslose und konstruktive Zusammenarbeit zwischen Leihgeber und -nehmer ist die Personalebene. Wenn das gesamte Ausstellungswesen ausschließlich in den Verantwortungsbereich des Altbestandsbibliothekars im Einvernehmen mit der Direktion fällt, bleiben zeitverzögernde und verwaltungsintensive Koordinierungsprobleme aufgrund ungeklärter Kompetenzverteilung aus. Antragsbearbeitung und -entscheidung obliegen ausschließlich dem Altbestandsbibliothekar als zentraler Kontaktperson, der die Direktion über die Ausstellungsanträge gleichwohl regelmäßig informiert.

Ein besonderes Augenmerk ist immer auf die konservatorischen Gegebenheiten des Präsentationsortes zu legen. Bei allen Ausstellungen sollte die Beleuchtung den Wert von 50 Lux bei einer relativen Luftfeuchtigkeit von 50 % bis 55 % und eine Raumtemperatur von 18 ° bis 20 ° Celsius nicht überschreiten. Schwankungen von Temperatur und relativer Luftfeuchtigkeit sind möglichst auszuschließen, um das Wachstum von Mikroorganismen nicht zu begünstigen. Alle Exponate müssen auf einer säurefreien und alterungsbeständigen Unterlage liegen. Weil die derzeit in der Diskussion stehenden Luftschadstoffe für Handschriften und alte Drucke zweifelsohne eine erhebliche Gefährdung darstellen, wird die Filterung von Zu- oder Umluft mit Aktivkohle im Ausstellungssaal zwar empfohlen, aber nicht zur Bedingung erklärt, da sie aus Kostengründen vor allem von kleineren Ausstellungsorganisatoren nicht geleistet werden kann. Bücher mit einem sogenannten „festen Rücken" dürfen nicht in einem Winkel von 180 ° aufgeschlagen werden, sondern sind mittels Stützen nahezu im rechten Winkel (90 °–120 °) zu halten, um Schäden an Rücken, Falz und Buchblock zu vermeiden. Dass trotz der Berücksichtigung aller in der Bestandserhaltungsforschung diskutierten Schädigungsparameter eine Beeinträchtigung der Objekte im Zuge einer Ausstellung nicht ausgeschlossen werden kann, muss Bibliotheken zwar stets bewusst sein, aber nicht zu dem Schluss führen, Bitten um Leihgaben möglichst restriktiv zu behandeln. Vielmehr muss ihr Hauptanliegen sein, angesichts der bibliothekspolitisch gewollten öffentlichen Nutzung der historischen Buchbestände Schadenspotentiale im Vorfeld weitestgehend zu minimieren. Bei der Forderung nach entsprechenden konservatorischen Rahmenbedingungen kann eine rein passive Erwartungshaltung nie von Vorteil sein, gerade kleineren Ausstellungsorganisatoren mit beschränkten Präsentationsmöglichkeiten und unzureichendem konservatorischen Wissen sollten Bibliotheken ihre ebenso kompetente wie pragmatische Hilfe anbieten. Diese zusätzliche Dienstleistung liegt ohnehin insofern nahe, als bei der im Vorfeld zu erfolgenden Autopsie der gewünschten Objekte immer detaillierte Aufnahmelisten über den Erhaltungszustand sowie unter Umständen notwendige kleinere Reparaturen zu führen sind. Dies hat zur Folge, dass die Leihnehmer zum einen die Entleihungsbedingungen leichter einhalten können, zum anderen sich das Bewusstsein für die Problematik der Bestandserhaltung im konkreten Fall aktiv von der Bibliothek aus schärfen lässt. Auch ein Ortstermin erlaubt eine Kontrollmöglichkeit, wenn Unklarheiten über die konservatorischen Gegebenheiten vor Ort nicht im Schriftverkehr mit den Leihnehmern zu beseitigen sind.

Dreh- und Angelpunkt für Ausstellungsanfragen bildet der Leihvertrag, dessen Formular den Ausstellungsorganisatoren schon bei der Antwort auf die erste schriftlich geäußerte Bitte um Exponate als Anlage zur Verfügung gestellt werden sollte. Er führt zunächst sämtliche Leihgaben mit Signatur sowie Wertangabe auf, verpflichtet die Ausstellungsorganisatoren, die Exponate als Besitz der Bibliothek auszuweisen, und regelt die zeitliche Befristung der Ausleihe. Abgesehen von eher seltenen Sondervereinbarungen sollten die Objekte nicht länger als drei Monate außer Haus gegeben werden. Bei der Bestimmung der Wertangaben hat sich das *Jahrbuch der Auktionspreise* als erste Orientierungshilfe in der Praxis bewährt. Freilich können die dort aufgeführten, unter Umständen in den einzelnen Jahren auch Schwankungen unterliegenden Angaben nur Approximativwerte bieten, zumal sich der intrinsische Wert einzelner Objekte aufgrund ihrer Provenienz oder besonderer beziehungsweise einmaliger Ausstattungsmerkmale nicht immer finanziell beziffern lässt. Über die Bestimmung der Wertversicherungsangaben hinaus hat der Blick in die Preislisten von Antiquariatskatalogen die Aufgabe, bei Verlust die gleichwohl langwierige, mühsame und oft unbefriedigende Ersatzbeschaffung auf dem Antiquariatsmarkt ohne größere finanzielle Einbußen zu ermöglichen.

Weiterhin regelt der Leihvertrag, dass der Transport der gewünschten Objekte auf Kosten und Gefahr des Leihnehmers erfolgt. Die in bibliothekarischen Fachkreisen mitunter erhobene Forderung, dass Objekte in der Regel durch Kuriere der Bibliothek zu transportieren seien, kann aus ebenso organisatorischen wie personellen Gründen auch nur in seltenen Fällen berücksichtigt werden; im Prinzip ist es nicht zwingend erforderlich. In der überwiegenden Mehrzahl der auswärtigen Ausstellungsangelegenheiten vertrauen Bibliotheken auf die Professionalität von im Umgang mit Bibliotheksgut erfahrenen Speditionen, mit denen sie zum Teil schon seit Jahrzehnten reibungslos kooperieren. Auf eine sorgfältige und konservatorische Richtlinien berücksichtigende Verpackung der Leihgaben unter Aufsicht sollte in jedem Fall geachtet werden. Entgegen den Empfehlungen des Regelwerkes fertigen nicht alle Bibliotheken Schutzfilme bzw. Digitalisate der angeforderten Exponate vor ihrer Herausgabe an, es sei denn, dass sich die erbetenen Objekte ohnehin schon auf der je nach Erhaltungszustand zeitlich gestaffelten Prioritätenliste zur Digitalisierung befinden. Des weiteren wird der Entlei-

her gemäß Leihvertrag verpflichtet, die Exponate konservatorisch und materiell zu sichern; die Objekte dürfen nur in verschlossenen Vitrinen gezeigt werden. Der Anforderungskatalog an Ausstellungsvitrinen umfasst:
- stabiles Untergestell aus Vierkant-Stahlrohr mit schlagfesten Lackierungen
- Vollglassturz aus einbruchsicherem Sicherheitsglas mit UV-Schutz
- Glassturz mit einem Scharnier hinten, mit Gasdruckfeder arretierbar, in einem Mindestwinkel von 60° leicht zu öffnen
- keine Sogwirkung beim Öffnen und Schließen des Glassturzes
- Verschluss mit einheitlichen Steckschlössern
- Vitrinenboden einbruchsicher und nicht brennbar
- Einbauten (Pult) schwer entflammbar und zum Zwecke des variierbaren Beziehens mit Stoffen leicht entnehmbar, Bezugsstoff in der Regel dunkel (schwarz-grau) und für Befestigungen mit Nadeln geeignet
- Beleuchtung im Glassturz mit dimmbarem Kaltlicht (Glasfaserlicht oder Leuchtdioden)
- keine Wärmeübertragung von Trafos, Vorschaltgeräten und Lampen in den Vitrinenraum
- Verblendung von Trafo und Lampen (Sichtschutz von vorne)
- luftdichte Ausführung der Durchführungen für Glasfaserkabel in den Innenraum
- Möglichkeit der Stromversorgung von Vitrine zu Vitrine
- Anschlusskabel mindestens drei Meter lang und am Vitrinenboden aufzurollen und zu befestigen

Darüber hinaus erlegt der Leihvertrag den Ausstellungsorganisatoren die Verpflichtung auf, die Präsentationsräume und deren Zugänge während der Öffnungszeiten unter ständiger Aufsicht zu halten. Außerhalb der Öffnungszeiten muss eine Sicherung der Ausstellung durch eine Alarmanlage oder besondere Schließvorrichtungen gegeben sein. Diese Auflagen erfüllen aber heutzutage nahezu alle öffentlichen Ausstellungsräume in der Bundesrepublik, liegen sie doch im ureigensten Interesse der Organisatoren selbst, deren langfristige Seriosität wesentlich von ihrer sicherheitstechnischen Kompetenz abhängt.

Abb. 15: Vitrine mit neuzeitlicher Handschrift.

Der Entleiher haftet für Verlust, Untergang oder Beschädigung der Exponate. Die Ausstellungsorganisatoren sind verpflichtet, die Leihgaben „gegen alle Gefahren" in der sich aus den Wertangaben ergebenden Höhe bei einer anerkannten und leistungsfähigen Versicherungsanstalt zu versichern. Von diesem Grundsatz können Bibliotheken bei öffentlichen Einrichtungen abweichen, die wie sie selbst nach dem Prinzip der sogenannten Selbstversicherung haften. So gilt beispielsweise für entleihende bayerische staatliche Institutionen das Selbstversicherungsprinzip des Freistaats Bayern gemäß den Verwaltungsvorschriften Nr. 2.4 zu Artikel 34 der Bayerischen Haushaltsordnung (VV-BayHO). Bei den Versicherungspolicen ist immer auf die einzelne Aufführung der Objekte zu achten, um potentiellen Rechtsstreitigkeiten bei nur summarischer Auflistung oder gar Vermengung mit bibliotheksfremdem Ausstellungsgut im Schadensfall gleich von vornherein vorzubeugen. Für mögliche Bearbeitungs- oder Verfahrensfehler beim Vertragsabschluss mit einer Versicherungsgesellschaft haftet der Leihnehmer. Die Leihgaben verlassen auch grundsätzlich erst nach Vorliegen einer gültigen Police die Bibliothek. Schließlich haben sich die Ausstellungsorganisatoren zu verpflichten, unverzüglich jede Veränderung, Beschädigung oder gar Verlust der

Leihgaben anzuzeigen. Dass die Objekte nicht Dritten überlassen werden dürfen und der Bibliothek jederzeit auf Verlangen zugänglich zu machen sind, versteht sich von selbst. Die Herstellung von Photographien für Katalog- und Pressepublikationen bedarf vor allem bei Handschriften und seltenen Drucken einer besonderen Genehmigung. Belegexemplare für Zwecke der bibliotheksinternen Dokumentation dürfen erwartet werden, die die Ausstellungsorganisatoren aber meist unaufgefordert von sich aus zur Verfügung stellen. Nach Beendigung der Ausstellung und Rücktransport der Exponate sind die einzelnen Objekte einer sorgfältigen Prüfung zu unterziehen, bevor sie an ihren Standort reponiert werden.

Planerische Sorgfalt, klare sowie effiziente Kompetenzverteilung, ebenso pragmatische wie konservatorisch notwendige Hilfsangebote für Leihnehmer und der enge personelle Kontakt mit kooperationswilligen und gegenüber der Bibliothek loyalen Ausstellungsorganisatoren sind Garanten für eine positive Bilanz bei der Leihgabe historischer Buchbestände für öffentliche Ausstellungen. Bibliotheken vermögen damit nicht nur einen erheblichen Beitrag zur Bestandsvermittlung zu leisten, sondern auch aktiv an der Gestaltung eines geschärften Bewusstseins der interessierten Öffentlichkeit für die in allen über historische Buchbestände verfügenden Einrichtungen drängende Problematik der dauerhaften Bestandssicherung mitzuwirken. Ihre Teilnahme auf dem Sektor historischer und politischer Bildungsarbeit belegt eindeutig, dass sich die Bewahrung einzigartiger Kulturgüter für künftige Generationen und ihre Nutzung außerhalb der engen Grenzen des Wissenschaftsbetriebs nicht ausschließen müssen. Im Gegenteil, als Gedächtnisinstitutionen sollten sie zu keiner Zeit beabsichtigen, nur ein von wenigen Spezialisten genutztes „Altbestandsgrab" zu pflegen. Sie haben vielmehr das Ziel zu verfolgen, den Zutritt in die Welt der schriftlichen Zeugen unserer Vergangenheit den interessierten Laien möglichst weit zu eröffnen und nicht vorbehaltsbeladen wie Dornröschens Turm zu verschließen. Nur wenn sie die Herausforderungen einer sich wandelnden öffentlichen Kulturlandschaft mit ihren mannigfaltigen Ausdrucksformen – und hierzu zählt gewiss der nach wie vor ungebrochene Ausstellungsboom zu allen nur erdenklichen Jubiläen – auf dem Weg vom analogen ins digitale Zeitalter ohne Berührungsängste annehmen, werden sie auch zu Beginn des dritten Jahrtausends mit ihren Bücherschätzen ihrer Rolle als Bildungs- und Wissensarsenal gerecht werden und auch so die Existenzberechtigung ihrer Altbestandspflege in den Augen eines ebenso kostenbewussten wie öffentlichkeitsorientierten Unterhaltsträgers behaupten können.

Weiterführende Literatur

Brinkhus, Gerd u. Schibel, Wolfgang: Historische Bibliotheksbestände im Abseits? In: *Bibliotheksdienst* 35 (2001), S. 427–438.

Deutsches Bibliotheksinstitut (Hrsg.): Zur Praxis des Handschriftenbibliothekars. Beiträge und Empfehlungen (Zeitschrift für Bibliothekswesen und Bibliographie – Sonderhefte; 60). Frankfurt/Main ²1995.

Hähner, Ulrike: Schadensprävention im Bibliotheksalltag (Bibliothekspraxis; 37). München 2006.

Hofmann, Rainer u. Wiesner, Hans-Jörg: Bestandserhaltung in Archiven und Bibliotheken. Berlin u. a. ³2011.

Kuttner, Sven: Universitätsbibliotheken als Leihgeber historischer Buchbestände für öffentliche Ausstellungen: Erfahrungen an der UB Marburg. In: Bücher, Bilder, Autographen. Ausstellungen in der Universitätsbibliothek Marburg zwischen Kriegsende und Jahrtausendwende (Schriften der Universitätsbibliothek Marburg; 106). Marburg 2001, S. 203–215.

Kuttner, Sven: Brachbestellungen in der Altbestandsbenutzung. Eine Umfrage an der UB München und ihre Ergebnisse. In: *Bibliotheksdienst* 42 (2008), S. 634–640.

Mazal, Otto: Zur Praxis des Handschriftenbearbeiters. Mit einem Kapitel zur Textherstellung (Elemente des Buch- und Bibliothekswesens; 11). Wiesbaden 1987.

Weber, Hartmut (Hrsg.): Bestandserhaltung. Herausforderung und Chancen (Veröffentlichungen der Staatlichen Archivverwaltung Baden-Württemberg; 47). Stuttgart 1997.

8 Benutzung von Freihand- und Lesesaalbeständen

8.1 Die Freihandbibliothek

Umberto Ecos satirischen Empfehlungen zur Organisation einer Bibliothek gipfeln in der Aussage: „So darf er [der Benutzer] auf keinen Fall, nie und nimmer, außer bei seinen kurzen Besuchen im Lesesaal, Zugang zu den Bücherregalen selbst haben."

Im Umkehrschluss bedeutet dies, dass eine Bibliothek, die ihre Besucher wirklich glücklich machen will, ihnen so viele Bücher wie nur irgend möglich in freier und direkter Zugänglichkeit anbietet. Im Zuge dieser Erkenntnis ermöglichen durchgängig alle öffentlichen Bibliotheken in Deutschland und alle seit den 60er Jahren des letzten Jahrhunderts neu errichteten Hochschulbibliotheken den Nutzern den direkten Zugang zu einem großen Teil ihrer jeweiligen Bestände.

Die Idee der Freihandbibliothek stammt aus dem angelsächsischen Raum und wurde in Deutschland zu Beginn des 20. Jahrhunderts nur sehr zögerlich akzeptiert. 1910 waren die Hamburger Bücherhallen die erste Freihandbibliothek Deutschlands und sollten für sechs Jahre auch die einzige bleiben. Heute hat es gerade in den öffentlichen Bibliotheken eine ganz große Bedeutung den Besuchern den unmittelbaren Kontakt mit den Büchern zu ermöglichen, um ihnen die Auswahl der Lektüre durch Schmökern und Anlesen zu erleichtern. Die Besucher sind dieses Vorgehen aus Buchhandlungen gewöhnt und erwarten zu Recht, dass die Angebote der Bibliotheken diesem Standard entsprechen. Natürlich gibt es auch in größeren öffentlichen Bibliotheken Magazine. Dort wird Literatur eingelagert, die nach wie vor als wichtig angesehen, aber eher selten benutzt wird (z.B. Literatur zur Region, ältere Jahrgänge von Zeitschriften und regionalen Zeitungen).

An der Stadtbibliothek Münster wurde die Hinwendung zum Nutzer konsequent weiter gedacht und ein dreigliedriges Bibliothekskonzept entwickelt, das vom Bibliothekseingang aus gedacht einen Nahbereich, einen Mittelbereich und einen Fernbereich umfaßt. Im Nahbereich stehen Lexika und Nachschlagewerke sowie Literatur zu aktuellen Schwerpunktthemen. Die Schwerpunktthemen wechseln und die Literatur wird regelmäßig ausgetauscht, um sie auf dem neuesten Stand zu halten. Sie steht im Eingangsbereich der Bibliothek, um Besucher, die eher zufällig vorbeisehen, an die Bibliothek zu binden, und zudem sollen regelmäßige Besucher neben ihren ursprünglichen Interessen zusätzlich an die Schwerpunktthemen herangeführt werden. Der Mittelbereich entspricht dem üblichen Freihandbereich und die Bestände sind hier systematisch aufgestellt.

Der Fernbereich ist der Magazinbereich mit den seltener genutzten, älteren und manchmal auch wertvollen Beständen.

Nochmals fortentwickelt wurde dieser Weg im Konzept der fraktalen Bibliothek. Der Mittelbereich wird, wie schon der Nahbereich im Fall der dreigliedrigen Bibliothek, nicht sachlich systematisch, sondern nach Themen und Interessensgebieten gegliedert. Jedem Thema wird ein Raumsegment zugewiesen, dessen Ausgestaltung völlig auf das jeweilige Thema abgestellt ist. Alle Medien (Audio-. Audiovisuelle- und Printmedien), die dem Thema zuzuordnen sind, finden sich an dieser Stelle. Die meisten Besucher fühlen sich in einer solchermaßen gegliederten Bibliothek weitaus wohler als in einer, die nur nach formalen und sachlich systematischen Gesichtspunkten strukturiert ist.

Auch wissenschaftliche Bibliotheken und hier vor allem die Hochschulbibliotheken haben sich seit den 60er Jahren zunehmend als Freihandbibliotheken etabliert. Das typische Bibliothekssystem einer Universität in der Vor- und Nachkriegszeit war ein zweischichtiges System mit einer zentralen Magazinbibliothek sowie einem bis mehreren Lesesälen auf der einen Seite und zahlreichen weitgehend unabhängig agierenden Instituts-, Seminar-, Lehrstuhl- oder Fakultätsbibliotheken auf der anderen Seite. Die Erkenntnis, dass solch ein Bibliothekswirrwarr für effektives Studieren und Forschen ungeeignet ist, fand in den Hochschulgesetzen der Länder seinen Niederschlag. Die Universitätsbibliothek wurde per Hochschulgesetz zur „zentralen Einrichtung" der Hochschule erklärt. Der damit eingeleitete Prozess führte dazu, dass die meisten Universitäten heute ein einschichtiges Bibliothekssystem haben. Auch in einem einschichtigen System gibt es eine zentrale Organisationseinheit, die sich um zentrale Aufgaben kümmert. Das kann der Betrieb eines zentralen Lesebereiches mit Nachschlagewerken, Grundlagenliteratur und Bibliographien sein sowie der Betrieb eines zentralen Magazins für weniger wichtige Literatur. Des Weiteren sind häufig die Lehrbuchsammlung, die Lizenzierung von elektronischen Ressourcen oder die Bereitstellung der rechnerbasierten Bibliotheksverwaltungssysteme zentral organisiert. Daneben gibt es in den einschichtigen Bibliothekssystemen in der Regel für jede Fakultät eine große Teilbibliothek, die der Zentralbibliothek direkt unterstellt ist und mit dieser bei Erwerbung, Katalogisierung sowie dem Angebot an elektronischen Ressourcen eng zusammenarbeitet, wenn diese Aufgaben nicht sogar vollkommen zentral erledigt werden. Sehr oft ist es so, dass der zentrale Lesebereich und mehrere „Teilbibliotheken" ein großes Freihandkontinuum bilden, dessen Zugänglichkeit in den Abendstunden oder an Wochenenden sehr einfach, d.h. mit wenig Personal, ermöglicht werden kann. Manche dieser Freihandkontinua umfassen mehrere hunderttausend Bände, die systematisch aufgestellt sind und so organisiert sind, dass die fachlich zugehörigen Zeitschriften und Nachschlagewerke beim jeweiligen Fach stehen. Bis auf Zeitschriften, Bibliographien, Nachschlagewerke, Quellenwerke und Handbücher ist der Bestand meist ausleihbar.

In den letzten Jahren befinden sich insbesondere die zentralen Lesebereiche in einem langsamen aber stetig fortschreitenden Wandel. Die gedruckten Bibliographien sind weitgehend durch lizensierte oder frei verfügbare Datenbanken abgelöst worden. Auch die gedruckten Zeitschriften und Nachschlagewerke verlieren allmählich ihre Bedeutung und werden durch elektronische Ausgaben ersetzt. Die freiwerdenden Regale wurden vielfach abgebaut und dafür Nutzerarbeitsplätze eingerichtet, ein großer Teil davon als PC-Arbeitsplätze. Seitdem der typische Bibliotheksbesucher jedoch in enger Symbiose mit seinem Laptop, Netbook oder Tablet lebt, werden an vielen Bibliotheken auch die PC-Arbeitsplätze nach und nach durch „normale" Leseplätze ersetzt.

8.2 Der Allgemeine Lesesaal

Ein Allgemeiner Lesesaal findet sich in den „klassischen" Magazinbibliotheken wie den Zentralbibliotheken der Universitätsbibliotheken alten Typs sowie großen wissenschaftlichen Allgemeinbibliotheken (z. B. Staats- und Landesbibliotheken). Die typische Bestandsgröße liegt bei 10.000–50.000 Bänden und kann in Einzelfällen auch über 100.000 Bände betragen. Der Medienbestand des Lesesaales ist ein Präsenzbestand und wird allenfalls über Nacht ausgeliehen. Er ist systematisch aufgestellt und enthält Nachschlagewerke (Enzyklopädien, Lexika, ein- und mehrsprachige Wörterbücher, Verzeichnisse aller Art, biographische Nachschlagewerke, Register), einführende Werke, Handbücher, Quellenwerke, Gesetzessammlungen und große Kommentare. Bibliographien und Bibliothekskataloge anderer Bibliotheken finden sich nur noch in den wenigen Fällen, in denen kein elektronisches Parallelangebot besteht.

Der Allgemeine Lesesaal als Typ befindet sich zurzeit ebenso in einer Umbruchphase, wie dies weiter oben für den zentralen Lesebereich einschichtiger Universitätsbibliotheken konstatiert wurde. Immer mehr Nachschlagewerke und Quellen werden nicht mehr als Papierausgaben erworben, sondern in elektronischer Form. Die Nutzung eigener elektronischer Geräte wird für die Besucher zur Regel und steht in Widerspruch zu dem Bedürfnis nach einem ruhigen Arbeits- und Leseraum. Um diese eigenen mobilen Endgeräte optimal einsetzen zu können, wird WLAN von den Besuchern als Standardservice erwartet. Die Allgemeinen Lesesäle sind in den großen Magazinbibliotheken auch die Orte für das Bereitstellen und das Lesen der Präsenzbestände aus den Magazinen. In großen angelsächsischen Bibliotheken wie der British Library ist der gesamte Magazinbestand Präsenzbestand, an vergleichbaren deutschen Bibliotheken sind dies meist nur die Zeitschriften und die Bücher, die älter als hundert Jahre sind bzw. als wertvoll und selten angesehen werden (siehe auch Kap. 3). In den Abendstunden und an Wochenenden sind die Lesesäle heute vielfach ohne weitergehenden bibliothekarischen Service geöffnet. Dies bedeutet, dass sie natürlich organisatorisch so angelegt sein müssen, dass der Kunde auch zu diesen Zeiten die bereitgestellten Magazinbücher (offene Bereitstellung) nutzen kann und im Freihandbereich durch gute Beschriftung und ein Leitsystem selbstständig Orientierung findet. Viele Bibliotheken gehen dazu über, räumlich geeignete Lesesäle zunehmend für Repräsentationszwecke bzw. Veranstaltungen, Konzerte oder Vorträge zu nutzen. Ziel der Bibliotheken ist dabei die Erschließung neuer Kundenkreise, wobei zu bedenken ist, dass aktuelle Kunden nicht selten äußerst verärgert auf Beeinträchtigungen durch Veranstaltungen reagieren.

Abb. 16: Der neue Lesesaal der Staatsbibliothek zu Berlin ist ein gelungenes Beispiel dafür, wie ein moderner Lesesaalbau in alte Bausubstanz integriert werden kann. Staatsbibliothek zu Berlin-PK: Carola Seifert.

Das größte Konfliktpotential rund um die Lesesäle besteht jedoch zwischen den Lesern, die in ruhiger Atmosphäre die Präsenzbestände einsehen möchten, und den „Lernern", die überwiegend, aber eben nicht nur, mit eigenen Unterlagen arbeiten und den Lesesaal als sozialen Raum begreifen, der auch dem Austausch mit Kommilitonen und Mitschülern dient. Bibliotheken sind gut beraten, solche

Konflikte nicht unbeachtet zu lassen, sondern durch räumliche oder organisatorische Strukturierung an ihrer Entschärfung zu arbeiten.

8.3 Teilbibliotheken und Fachlesesäle

Teilbibliotheken mit einem fachlichen vorgegebenen Profil finden sich in streng einschichtigen Bibliothekssystemen, zunehmend aber auch an Universitäten alten Typs durch Zusammenlegung von Institutsbibliotheken und Lehrstuhlbibliotheken. Im weiteren Sinne können auch einzelne Freihandbereiche großer öffentlicher Bibliotheken mit fachlicher Ausrichtung als Teilbibliotheken oder Fachlesesäle bezeichnet werden. Dabei ist die Abgrenzung zwischen Teilbibliotheken und Fachlesesälen keineswegs eindeutig zu treffen.

Abb. 17: In Teilbibliotheken und Fachlesesälen muss die technische Ausstattung aber z. B. auch die Tischgröße den Anforderungen der Besucher gerecht werden, wie hier im Lesesaal für Musik, Karten und Bilder der Bayerischen Staatsbibliothek. BSB: H.-R. Schulz.

Als Fachlesesaal wird ein Freihandbestand zu einem einzelnen Fachgebiet (z. B. Theoretische Physik) oder höchstens einer Gruppe von eng zusammengehörigen Fächern (z. B. Organische Chemie und Pharmazie) bezeichnet. Teilbibliotheken sind im Allgemeinen Freihandbibliotheken zu umfassenderen Fachgebieten (z. B.

Naturwissenschaften, Wirtschafts- und Sozialwissenschaften, Pädagogik und Psychologie, Geschichts- und Altertumswissenschaften). Vor allem die Größe und die Tiefe des Medienbestandes geben einen Anhaltspunkt, ob von Teilbibliothek oder Fachlesesaal zu sprechen ist. Eine Teilbibliothek sollte den zugehörigen aktuellen deutschsprachigen und englischsprachigen Bestand ziemlich vollständig anbieten, ein Fachlesesaal nur in deutlich engerer Auswahl. Die Bestandsgröße universitärer Teilbibliotheken reicht von zwanzigtausend bis zu mehreren hunderttausend Bänden, in Fachlesesälen geht der Bestand nur selten über fünfzigtausend Bände hinaus. Fachlesesäle bieten Präsenzbestand, Teilbibliotheken sowohl Präsenz- als auch Ausleihbestand an und beinhalten neben fachlichen Nachschlagewerken (Fachlexika, -wörterbücher, -adressbücher, -verzeichnisse) die gesamte sich im Bestand befindende aktuelle Fachliteratur einschließlich wichtiger Zeitschriften, d. h. neben Hand- und Lehrbüchern auch speziellere wissenschaftliche Literatur mit Ausnahme von Dissertationen, Kongressschriften u. ä. Die Bestimmung ist besser umgekehrt zu treffen: Nur veraltete Literatur, alte Auflagen und wenig gefragte Literatur wird nicht in den universitären Teilbibliotheken aufgestellt, sondern magaziniert.

Die Tendenz geht von den kleineren Fachlesesälen hin zu integrierten Teilbibliotheken, soweit es dafür organisatorische und räumliche Möglichkeiten gibt.

Zwischen dem Typus „Allgemeiner Lesesaal" und dem „Fachlesesaal" gibt es selbstverständlich ebenfalls Übergangsformen. So sind die Allgemeinen Lesesäle der Staats- und Landesbibliotheken einerseits typische Vertreter des Typus „Allgemeiner Lesesaal", andererseits, aber hinsichtlich der jeweiligen Regionalliteratur typische Fachlesesäle.

8.4 Organisation von Lesesälen und Freihandbibliotheken

8.4.1 Bestandspflege

Die Buchauswahl und die Arbeit am Bestandsprofil liegen entweder bei den Referenten einer zentralen Buchbearbeitungsabteilung (integrierte Erwerbung und Katalogisierung) oder bei den jeweiligen Fachreferenten einer Universitätsbibliothek. Allgemeine Lesesäle werden bisweilen von einem Referenten komplett betreut. Ideal erscheint ein kooperativer Bestandsaufbau von Fachreferenten (Erwerbungsreferenten) und den Bibliotheksmitarbeitern, die vor Ort bestimmte Teile eines Allgemeinen Lesesaals bzw. einer Teilbibliothek betreuen und die Benutzerstruktur und die Benutzerwünsche am besten kennen. Die Buchbearbeitung, v. a. die Bestellung und Akzessionierung, die Formalerschließung und die verbale Sacherschließung, erfolgen entweder in den jeweiligen Abteilungen der Zentralbibliothek (so tendenziell in den integrierten Systemen der neueren Universitätsbibliotheken) oder aber dezentral in der jeweiligen Fachbereichsbibliothek (häufig noch in den alten Universitätsbibliotheken) bzw. in der Lesesaalverwaltung. Die Systematisierung für die Freihandaufstellung obliegt meist dem jeweiligen Fach- oder Lesesaalreferenten.

Die laufende Bestandspflege, d. h. die Aussonderung veralteter Bestände, die Umsystematisierung einzelner Titel oder auch größerer Gruppen des Bestandes, die Bearbeitung von Benutzervorschlägen oder die Weitergabe beschädigter Bücher an die Einbandstelle u. a. m. ist Aufgabe der Bibliothekare und Referenten des Lesesaals bzw. der Teilbibliothek.

Im großen Bibliotheken kann es also sein, dass den Erwerbungsreferenten (z. B. zuständig für bestimmte Länder oder Sprachen) die Buchauswahl, den Fachreferenten die Beschlagwortung und den Lesesaalreferenten die Systematisierung und Bestandspflege obliegt. In Universitätsbibliotheken hat in der Regel ein Fachreferent diese drei Rollen inne.

8.4.2 Benutzerbetreuung

Ein Lesesaal oder eine Teilbibliothek, die nicht an einem größeren Freihandkontinuum angeschlossen sind, benötigen in der Regel eine eigene Zugangs- bzw. Ausgangskontrolle. Diese Funktion kann bei entsprechender Gestaltung der Zugangs- bzw. Ausgangstheke auch bei starkem Benutzeraufkommen von einer einzigen Person wahrgenommen werden. „Entsprechende Gestaltung" bedeutet, dass z.B. durch Drehsperren oder ähnliche Vorrichtungen, die von dem Mitarbeiter bedient werden können, der Zutritt für Nutzer unterbunden wird, solange der Mitarbeiter eine Ausgangskontrolle durchführt und umgekehrt. Einige Hochschulbibliotheken gehen mittlerweile soweit, dass sie bei vorhandener Buchsicherungseinrichtung[34] auf eine Zugangs- und Ausgangskontrolle vollkommen verzichten und den Zutritt zum Freihandbereich in jeder Kleidung und mit jeder Tasche erlauben. In solchen Fällen können sich sogar die Garderobenbereiche innerhalb des Freihandbereiches befinden. Die Erfahrungen dieser Bibliotheken mit diesem Vorgehen sind überwiegend positiv. Ein Mehr an Freiheit, das eine Bibliothek anbietet, führt auf der Seite der studentischen Nutzer durchaus zu einem Mehr an Bereitschaft, Verantwortung für „ihre" Bibliothek zu übernehmen.

---

[34] Diebstahlssicherung auf der Basis von elektromagnetischen Sicherungsetiketten oder RFID-Etiketten.

Die wenigsten Bibliotheken können in ihren Teilbibliotheken und Lesesälen während der gesamten Öffnungszeit eine besetzte Informationstheke anbieten, manche haben nicht einmal das Personal, um dies in den Zeiten der stärksten Nutzung tun zu können. Dennoch kann man sehen, dass es den allermeisten Bibliotheken gelingt, zwischen den Informationsbedürfnissen der Besucher und den gegebenen Personalkapazitäten Kompromisse und Lösungswege zu finden, die für alle Beteiligten zufriedenstellend sind.

8.4.3 Aufteilung von Lesesälen und Freihandbereichen

Je stärker ein Lesesaal oder eine Teilbibliothek frequentiert sind, umso wichtiger ist es, dass es gelingt, den Raum so zu strukturieren, dass Bereiche für stilles Arbeiten und solche für halblaute (z.B. Buchbereitstellung) bzw. laute (z.B. Kopieren) Tätigkeiten entstehen. Folgende Bereiche sind grundsätzlich zu unterscheiden:
- der Garderobenbereich *(laut)*
- die Eingangskontrolle und die Zulassung: falls es Teilbenutzerausweise (nur für Bestellungen in den Lesesaal) gibt *(laut)*
- der Kopierbereich *(laut)*
- der Auskunftsplatz *(halblaut)*
- der Freihandbestand *(halblaut)*
- die „technischen" Arbeitsplätze: *(halblaut)*
    - PC-Arbeitsplätze mit verschiedenen Möglichkeiten bzw. Berechtigungen: OPAC-Arbeitsplätze, Intranet-Arbeitsplätze mit Zugang zu den CD-ROM-Datenbanken und elektronischen Zeitschriften der Bibliothek, Internet-Arbeitsplätze, Multimedia-Arbeitsplätze
    - Mikroformen-Leseplätze
    - Laptop-Arbeitsplätze mit Steckdosen und WLAN (Laptops sind vom Besucher selbst mitzubringen)
- die Buchbereitstellung aus dem Magazin und die Buch *(halblaut)*
- die Buchrückgabe *(halblaut)*
- Arbeitskabinen (Carrels), Gruppenarbeitsräume u. ä. *(still bzw. halblaut)*
- die Benutzerarbeitsplätze (ggf. getrennt in reine Leseplätze und Arbeitsplätze an denen die Nutzung eines Laptop erlaubt ist) *(still)*

Das Vorhandensein, die Größe und Bedeutung sowie die räumliche Organisation der einzelnen Bereiche sind abhängig vom Lesesaaltyp und von der Art der Institution: In großen Fachbereichsbibliotheken (Teilbibliotheken) haben der Freihandbestand, die Leseplätze und der Kopierbereich zentrale Bedeutung, in Allgemeinen Lesesälen wissenschaftlicher Magazinbibliotheken spielen die Buchbereitstellung inklusive Buchausleihe und Rücknahme, die Mikroformen-Arbeitsplätze und der Auskunftsplatz eine relativ gesehen größere Rolle.

Abb. 18: Von der Bibliothek bereitgestellte Bildschirmarbeitsplätze erfreuen sich noch immer großer Beliebtheit. Da jedoch immer mehr Lesesaalbesucher ein mobiles IT-Gerät wie Laptop oder Tablet mit sich führen, wird ihre Bedeutung nachlassen. BSB: H.-R. Schulz.

8.4.4 Bestandspräsentation

Die Freihandbestände (Bücher, Zeitschriftenbände, Mikroformen, AV-Medien) werden grundsätzlich systematisch aufgestellt. Ungebundene Zeitschriftenhefte werden oft in einem eigenen Lesesaal ausgelegt oder bei dem zugehörigen, gebundenen Teil der Zeitschrift in sogg. Huber-Fächern. Der Bestand muss so aufgestellt und beschildert werden, dass er möglichst einfach, d. h. grundsätzlich ohne Katalogrecherche zu benutzen ist. Neben jedem Fachgebiet sollten sich ausreichend Ablage- und Leseplätze befinden. Die Verwendung einer verbreiteten Aufstellungssystematik ist in jedem Fall einer selbst erstellten Systematik vorzuziehen.

Größere Freihandbestände müssen laufend, z. B. immer morgens vor der Öffnung für das Publikum, neu geordnet werden. Natürlich muss dabei nicht jeden Tag der Gesamtbestand durchgearbeitet werden, aber innerhalb von zwei bis vier Wochen sollte dies in Abhängigkeit von der Nutzungsintensität durchaus der Fall sein. In regelmäßigen mehrjährigen Abständen sollten Freihandbestände zudem einer Revision unterzogen werden. Das ist weder spektakulär noch medienwirksam. Es ist einfach nur guter Service für die Bibliothekskunden.

Die Lesesaal- bzw. Teilbibliotheksbestände sollten vollständig im Online-Katalog verzeichnet sein. Über die Suche mit einer trunkierten Systemstelle müssen alle Medien zu dieser Systemstelle gefunden werden. Über das Lokalkennzeichen des Lesesaales in Verbindung mit einem Trunkierungszeichen muss der Gesamtbestand gefunden werden, um ihn z. B. in Kombination mit anderen Suchbegriffen zu verwenden.

8.4.5 Kontrolle und Buchsicherung

Da Freihandbestände in besonderem Maße durch Diebstahl und Beschädigung gefährdet sind, ist die Zuverlässigkeit der Ein- und Ausgangskontrolle insbesondere für Archivbibliotheken von großer Wichtigkeit. Es besteht die Möglichkeit, den Personalausweis, den Studentenausweis oder die Benutzerkarte beim Betreten des Lesesaals zu kontrollieren und/oder festzuhalten, mit welchen Medien (eigene Bücher oder solche anderer Bibliotheken, Bücher aus dem Magazin) der Benutzer in den Lesesaal kommt. Dies ist sehr einfach durch Verwendung von Zählkarten oder Vordrucken möglich. Aber auch im Lesesaal selbst können und sollten in unregelmäßigen Abständen Kontrollen durchgeführt werden.

Die Bestände eines Freihandbereiches können darüber hinaus auf elektronischem Weg vor Diebstahl geschützt werden. Zwei Technologien haben sich hierfür etabliert, die elektromagnetische Mediensicherung und diejenige unter Einsatz von RFID (Radio Frequenz Identifikation). Dazu werden im ersten Fall magnetisierte Bimetallstreifen (meist in Verbindung mit dem Medienetikett) in die Bücher geklebt. An den Ausgängen werden sog. Antennen (Detektoren) angebracht, die beim Passieren eines „gesicherten" Buches ein akustisches Warnsignal ausstoßen und/oder eine Kamera aktivieren. Die Magnetstreifen können für eine gewollte Ausleihe entsichert werden, indem sie partiell entmagnetisiert werden. Bei Anbringung des Metallstreifens unter dem Medienetikett, ist es möglich, das Einlesen (Einscannen) der Mediennummer und die Entmagnetisierung in einem Arbeitsgang vorzunehmen. An den Handscannern der Ausleihe wird dazu zusätzlich ein Permanentmagnet installiert. Bei der Rücknahmeverbuchung kann der Metallstreifen entsprechend wieder „aktiviert" bzw. „scharf" gemacht werden. Ausschlaggebend für Magnetisierung oder Entmagnetisierung ist, in welcher Richtung der Permanentmagnet über den Metallstreifen geführt wird. Es ist wichtig, zu wissen, dass die Detektionsrate solcher Sicherungssysteme im Echtbetrieb allenfalls bei 80 bis 90 % liegt.

Im zweiten Fall werden RFID-Medienetiketten verwendet. Die RFID-Technologie ist derzeit die Schlüsseltechnologie der Logistikbranche. Sie steuert zurzeit die Warenströme auf der Ebene der Container, Paletten und aller Verpackungseinheiten oberhalb der Einzelverpackung. Im Bibliothekswesen werden RFID-Systeme seit mehr als zehn Jahren eingesetzt, überwiegend in „umsatzstarken" Bibliotheken, für welche die logistischen Probleme eine echte Herausforderung darstellen. Es sind dies im Wesentlichen größere öffentliche Bibliotheken oder Bibliothekssysteme und Hochschulbibliotheken. Die Einsatzgebiete reichen von der teilautomatisierten Unterstützung der Ausleihe über die Selbstverbuchung sowie die Buchsicherung bis zur Inventur des Buchbestandes

Ein RFID-System besteht grundsätzlich aus zwei Teilen, dem Transponder und dem Lesegerät. Der Transponder (oder Tag) befindet sich am Objekt (z. B. Buch), das Lesegerät ist zumeist stationär an der Stelle, an der die Identifikation stattfinden soll, positioniert. Im Falle der Buchsicherung ist das Lesegerät ein Gate, welches für einen Laien nicht von einem Gate der elektromagnetischen Sicherung zu unterscheiden ist. Beide Teile, Transponder und Lesegerät, besitzen eine Antenne zum Senden und Empfangen von Radiosignalen sowie einen Chip zur Verarbeitung der jeweiligen Signale. Das Lesegerät ist an eine Stromversorgung und über das IT-Netzwerk an das Bibliothekssystem angeschlossen. Die mittels Radiowellen ausgetauschten Signale sind codiert. Im Falle der Buchsicherungssysteme sendet der Transponder auf einer Frequenz von 13,56 MHz. Diese Frequenz ist weltweit für RFID-Systeme zugelassen. Der Transponder besitzt keine eigene Batterie, er wird vielmehr per Induktion vom Lesegerät mit Strom versorgt. Dies macht ihn prinzipiell sehr langfristig nutzbar. Mit dem ISO Standard 15693 stehen heute nicht-proprietäre RFID-Transponder für die Buchetiketten zur Verfügung. Dies stellt sicher, dass die vorhandenen Lösungen für Erweiterungen offen und zukunftsorientiert sind.

RFID-Etiketten besitzen einige Eigenschaften, die sie grundlegend von Barcode- oder OCR-Etiketten, aber auch den Etiketten mit elektromagnetischer Buchsicherung (EM-Etiketten) unterscheiden:
1. Das „Ansprechen" und „Lesen" der Etiketten ist durch alle nichtmetallischen Werkstoffe hindurch möglich (z. B. Buchdeckel).
2. Im Lesefeld eines Lesegerätes können mehrere Transponder-Etiketten gleichzeitig angesprochen werden.
3. Ausgewählte Informationen können auf dem Transponder verändert werden (z. B. der Ausleihstatus).

Die Aussage unter 3. gilt auch für EM-Etiketten, allerdings kann bei EM-Etiketten nur ein einziges Merkmal, das des Ausleihstatus (Magnetisierung und Entmagnetisierung) verändert werden.

Die Transponder-Etiketten können ebenso wie die EM-Etiketten zusätzlich mit Barcode, Klarschrift und/oder einem Eigentumsvermerk bedruckt werden. Damit kann sichergestellt werden, dass der Übergang von Vorläufersystemen zur RFID-Technologie nahtlos abläuft. D.h. bisher eingesetzte Technologie, wie Barcode- oder OCR-Lesegeräte, können weiterhin und solange eingesetzt werden, wie es notwendig erscheint.

8.5 Zeitschriftenlesesaal, Zeitschriftenpräsentation und Speziallesesäle

„Alte" Universitätsbibliotheken, d. h. duale oder zweischichtige Bibliothekssysteme bzw. große wissenschaftliche Magazinbibliotheken, verfügen bisweilen über einen eigenen Zeitschriftenlesesaal. Die Mitarbeiter, die diesen Lesesaal betreuen, sind dann auch für die Akquise der Zeitschriftenhefte zuständig. Dies ist überaus sinnvoll, denn niemand kann den Kunden besser Auskunft darüber geben, ob ein Zeitschriftenheft eingetroffen ist, wann es voraussichtlich eintreffen wird und warum das so sehnsüchtig erwartete Heft sich verspätet. Das zentrale Arbeits- und Auskunftsinstrument in der Zugangsverwaltung von Zeitschriften ist der Kardex, in dem der Hefteinlauf verzeichnet wird und in dem auch ersichtlich ist, wie viele Hefte pro Jahr und wann ungefähr diese zu erwarten sind. Solange der Kardex in einem einzigen Exemplar in Papierform geführt wurde, war sein Standort in einem Zeitschriftenlesesaal, sowohl für Kunden wie für Bibliothekare ideal. Heute wird der Kardex in elektronischer Form geführt und eine Entkopplung von Zeitschriftenakquise und Zeitschriftenlesesaal wäre zumindest vorstellbar.

Die Aufgaben eines klassischen Zeitschriftenlesesaales sind folgende:
– Verwaltung aller laufenden Zeitschriften, v. a. Bestellung und Abbestellung von Zeitschriften, Registrierung der einlaufenden Hefte, Anmahnen fehlender Hefte, Systematisierung, Signaturvergabe – soweit diese Tätigkeiten nicht bei einer Arbeitsgruppe der Erwerbungsabteilung liegen
– Auslage aller dafür geeigneten bzw. vorgesehenen Titel entsprechend einer Systematik
– gesicherte Aufbewahrung und Bereitstellung nur eingeschränkt benutzbarer Titel
– Organisation von Zeitschriftenumläufen innerhalb der Hochschule oder der Bibliothek

- Auslage wichtiger Tageszeitungen
- Beschaffung und Bereitstellung elektronischer Zeitschriften in Zusammenarbeit mit der Erwerbungsabteilung oder einer speziellen Arbeitsgruppe
- Information und Beratung
- Kontrolle

Abb. 19: Mit Huberfächern lassen sich ungebundene Zeitschriften auf übersichtliche und repräsentative Weise anbieten. Auf leichtgängigen Klappen weist die Farbkopie eines Titelblattes auf die jeweilige Zeitschrift hin. Hinter der geöffneten Klappe finden sich die neuesten, ungebundenen Hefte dieser Zeitschrift.

Ein großer Teil der Fachzeitschriften einer „alten" Universitätsbibliothek befindet sich in den jeweiligen Teilbibliotheken und Institutsbibliotheken und wird dort eigenständig verwaltet. Durch die Zunahme der elektronischen Erscheinungsform erhält die zentrale Erwerbung jedoch eine immer größere Bedeutung.

Neue Universitätsbibliotheken, d. h. einschichtige Bibliothekssysteme mit großen Freihandbeständen, stellen ihre Bestände an gebundenen und ungebundenen Zeitschriften in den jeweiligen Teilbibliotheken zur Verfügung: Während die gebundenen Jahrgänge in den allgemeinen Bestand integriert sind (häufig am Anfang der Systemstellen), werden die aktuellen, ungebundenen Hefte in geeigneter Form, z. B. in sog. Zeitschriften-Türmen oder in Regalen mit Huberfächern in einem eigenen Bereich (nahe am Eingang bzw. bei der Kopierstelle), angeboten. Sobald ein Jahrgang vollständig ist, wird er von der Teilbibliothek zum Binden gegeben (und anschließend katalogisiert), um danach wieder in den Fachbestand eingereiht zu werden. Allgemeine bzw. fächerübergreifende Zeitschriften werden im zentralen Lesebereich der Zentralbibliothek aufgestellt.

Die Sicherung der oft teuren Zeitschriftenhefte vor Diebstahl ist ein ganz besonderes Problem. Die dünnen Hefte sind sehr einfach z. B. zwischen eigenen Arbeitsunterlagen aus der Bibliothek zu schmuggeln. Eine Möglichkeit ist, die oben beschriebenen Bimetallstreifen in den Falz der Hefte einzukleben oder kleine RFID-Etiketten an unauffälliger Stelle unterzubringen. Beim Buchbinder werden dann beim Aufschneiden des Falzes die Sicherungen wieder entfernt, und der neu gebundene Band kann wie die anderen Bücher über das Medienetikett gesichert werden.

Das Angebot und der Zugriff auf elektronische Zeitschriften wird in Kap. 9 „Benutzung Digitaler Medien" ausführlich besprochen.

Abb. 20: Die hier gezeigte Präsentationsform für ungebundene Zeitschriftenhefte in tiefen und offenen Regalen ist zwar nicht so übersichtlich und repräsentativ wie die Präsentation in Huberfächern, dafür lassen sich aber auf gleichem Raum wesentlich mehr Zeitschriften unterbringen. BSB: H.-R. Schulz.

Neben dem Allgemeinen Lesesaal, dem Fachlesesaal und dem Zeitschriftenlesesaal gibt es Lesesäle für bestimmte Publikationsformen. Am häufigsten ist sicher der Lesesaal für Handschriften und das Alte Buch anzutreffen. Dieser Typ Lesesaal und seine Besonderheiten werden in Kap. 6 „Das Alte Buch in der Benutzung" besprochen. Weitere Sonderlesesäle, etwa für Karten und Bilder, für Musikalien oder für Mikroformen sind seltener. Es ist selbstverständlich, dass diese Sonderlesesäle so ausgestattet sein müssen, dass sie den Besuchern die Nutzung der jeweils angebotenen Publikationsformen in optimaler Weise ermöglichen. In einem Musiklesesaal darf erwartet werden, dass das Abspielen verschiedener Tonträger und das Mitlesen in einer Partitur gleichzeitig möglich sind oder dass ein Mikroformenlesesaal über die entsprechenden Lesegeräte und Reproduktionsmöglichkeiten verfügt. Analoges gilt für Teilbibliotheken für Musik und/oder Geowissenschaften.

8.6 Die Lehrbuchsammlung

Lehrbuchsammlungen wurden nach dem Zweiten Weltkrieg in den meisten deutschen Universitätsbibliotheken entsprechende den Empfehlungen des Wissenschaftsrates von 1964 eingerichtet. Auf eine gut ausgestattete Lehrbuchsammlung können bis zu 25 % der Entleihungen an einer Universitätsbibliothek oder Hochschulbibliothek entfallen.

Folgende Aussagen und Charakteristika sind für die meisten Lehrbuchsammlungen gültig:
1. Die Lehrbuchsammlung enthält die für das Studium meistverlangte grundlegende Literatur, insbesondere Lehrbücher, Studienliteratur und Standardwerke der Massenfächer.
2. Die Bestandsgröße beträgt ca. 15.000 bis 50.000 Bände mit 3.000 bis 7.500 verschiedenen Titeln.
3. In den Massenfächern sind Mehrfachexemplare in stärkerer Staffelung mit bis zu 200 Exemplaren enthalten.
4. Zur Nutzung sind in der Regel nur die Studierenden der jeweiligen Hochschule zugelassen.
5. Die Lehrbücher sind in grob systematischer Freihandaufstellung zugänglich.
6. Ein Exemplar eines jeden Titels sollte als Präsenzexemplar in der Lehrbuchsammlung selbst und/oder im Lesesaal bzw. in einer Teilbibliothek stehen.
7. Lehrbuchsammlungen werden stark frequentiert und sind daher in der Nähe des Eingangsbereiches einer Bibliothek zu positionieren.
8. Die Erwerbung für die Lehrbuchsammlung orientiert sich sehr strikt am tatsächlichen Bedarf. Die Bedarfsfeststellung erfolgt über Wunschbuch, OPAC-Briefkasten, Abstimmung mit Lehrstühlen und Daten aus dem Ausleihsystem.

9. Bis auf das jeweilige Präsenzexemplar sind alle Lehrbücher vor Ort sofort ausleihbar. Eine Bestellung wie für Magazinbücher oder eine Vormerkung auf zurzeit entliehene Werke sind meist nicht möglich.
10. Für Exemplare der Lehrbuchsammlung gelten häufig längere Leihfristen (3 Monate, 1 Semester). Dafür ist eine Leihfristverlängerung oft nicht vorgesehen.
11. Für die Lehrbuchsammlungen existieren eigene Kataloge, zum Teil in gedruckter oder vervielfältigter Form. Im OPAC sind oft nur Pauschalhinweise zu finden, wohingegen im Ausleihsystem für jedes Exemplar ein Buchdatensatz vorhanden sein muss.
12. Die Lehrbücher sind Verbrauchsliteratur und werden nicht bzw. nur in einem Exemplar archiviert.

Die wenigsten Hochschulbibliotheken haben einen gesicherten Etat für ihre Lehrbuchsammlungen. Die Finanzierung wurde und wird häufig über Sondermittel und Geldern aus den Studiengebühren ermöglicht. Mit dem Wegfall der Studiengebühren ist die hinreichende Finanzierung der Lehrbuchsammlungen unsicherer geworden. Da Lehrbücher jedoch im Abstand von wenigen Jahren Neuauflagen erfahren, verlieren Lehrbuchsammlungen ihren Wert sehr schnell.

Ausgehend von den Naturwissenschaften gibt es mittlerweile auch in der Medizin, den technischen Fächern und den Wirtschaftswissenschaften ein zunehmendes Angebot an digitalen Lehrbüchern. Angebot und Ausleihe von digitalen Lehrbüchern wird im Kap. 9 „Benutzung digitaler Medien" vorgestellt.

Weiterführende Literatur

Gantert, Klaus u. Hacker, Rupert: Bibliothekarisches Grundwissen. München 2008.
Schneider-Kempf, Barbara (Hrsg.): Der neue Lesesaal der Staatsbibliothek zu Berlin: Kultur, Architektur, Forschung. Berlin 2013.

9 Benutzung von Magazinbeständen

Magazinbestände sind grundsätzlich nur über Bestellung und Ausleihe benutzbar. Die Ausnahme stellen Freihandmagazine dar, deren Nutzungsbedingungen denen anderer Freihandbereiche entsprechen. Während im angelsächsischen Sprachraum oder in Frankreich Magazinbestände meist nur in einen Lesesaal ausgeliehen werden können, ist in Deutschland die Ausleihe nach Hause (Ortsleihe) sehr weit verbreitet.

9.1 Allgemeines zur Benutzung von Magazinbeständen

Werden Medien aus einem Magazin bestellt, muss auf dem Bestellschein der Ausgabeort bzw. Zielort angegeben sein. Zielorte können z. B. einzelne Lesesäle für die Ausleihe bzw. Bereitstellung der Medien in diesen Lesesaal sein wie auch einzelne Dienstzimmer, wenn das bestellte Medium z. B. digitalisiert oder einer Bestandserhaltungsmaßnahme unterzogen werden soll. Folgende Zielorte kommen in Frage:

- Ortsleihe / Ausleihe nach Hause: Wohnsitz des Benutzers innerhalb des Einzugsbereichs der Bibliothek (je nach Selbstverständnis und Möglichkeiten der Bibliothek (in Benutzungsordnung geregelt) kann der Einzugsbereich auch die gesamte Bundesrepublik Deutschland sein; Zulassung bei der Bibliothek ist erforderlich).
- Lesesaalleihe: Bereitstellung in einem Lesesaal der Bibliothek (zu beachten ist, dass wertvolle Altbestände oder gar Handschriften nur in bestimmte Lesesäle bestellt werden dürfen; der Wohnsitz des Benutzers spielt keine Rolle, da die Medien die Bibliothek nicht verlassen; Zulassung oder Teilzulassung ist jedoch erforderlich).
- Fernleihe: Wohnsitz des Benutzers innerhalb der Bundesrepublik Deutschland, aber nicht am Standort der Bibliothek (Zulassung bei der gebenden Bibliothek nicht erforderlich).
- Internationale Fernleihe: Wohnsitz des Benutzers außerhalb der Bundesrepublik Deutschland (Zulassung bei der gebenden Bibliothek nicht erforderlich).
- Direktlieferdienste: Der Benutzer ist nicht bei der Bibliothek sondern beim Direktlieferdienst zugelassen.
- Dienstliche Ausleihe: In gut geführten Bibliotheken dürfen Medien, sofern sie aus dienstlichen Gründen benötigt werden, nur nach einer Bestellung sowie einer im Ausleihsystem protokollierten Verbuchung aus einem Magazin entnommen werden.

Es gibt auch hinsichtlich der Zeit, die für die Bereitstellung der Medien durch die Bibliothek benötigt wird, unterschiedliche Organisationsmodelle:
- In der Regel stellen die Bibliotheken die bestellten Magazinmedien innerhalb von ein bis drei Arbeitstagen zur Verfügung.
- In einigen Bibliotheken ist für den gesamten oder einen Teil des Magazinbestandes eine Sofortausleihe (Sofortbedienung) eingerichtet. Dies bedeutet, dass der Benutzer in der Regel das Medium innerhalb von ein bis drei Stunden nach der Bestellung abholen kann.

Wenn ein Benutzer nach einer Katalogrecherche im lokalen OPAC, Verbundkatalog, virtuellem Metakatalog oder Zettelkatalog fündig wurde, ist sein nächster Schritt die Bestellung. Für die Lesesaal-, Orts- und Fernleihe ergibt sich im Prinzip immer der gleiche Arbeitsablauf für Bestellung und Ausleihe, der hier kurz vorgestellt und in Abschnitt 8.2 eingehend besprochen wird:
1. Bestellung durch den Benutzer (ev. ist zunächst eine Vormerkung notwendig, falls das Medium ausgeliehen ist)
2. Übermittlung der Bestelldaten an einen Magazindrucker; gegebenenfalls Übermittlung des Bestellscheines
3. Ausheben des Mediums durch den Magazindienst
4. Weiterleitung des Mediums mit Bestellschein an die Ausleihstelle
5. „Absignieren" des Mediums (d.h. für die Ausleihe vorbereiten)
6. Bereitstellung des Mediums (bei Fernleihe: Versendung und Bereitstellung in der nehmenden Bibliothek)
7. Abholung und Ausleihe
8. Rückgabe (ev. Leihfristverlängerung)

In allen mittelgroßen und größeren öffentlichen Bibliotheken und den meisten wissenschaftlichen Bibliotheken ist die Medienausleihe ein Vorgang, der IT-gestützt in der Ausleihkomponente des EDV-Bibliothekssystems (Ausleihsystem) durchgeführt und protokolliert wird. Das Ausleihsystem basiert auf der Verwaltung dreier Gruppen von Daten, den bibliographischen Daten, den Buchdaten und den Benutzerdaten.

9.1.1 Bibliographische Daten

Bibliographische Daten müssen im Ausleihsystem wenigstens in rudimentärer Form zur Identifizierung des auszuleihenden Mediums maschinenlesbar vorhanden sein. Die Daten werden in Auswahl aus den Metadaten des Katalogisierungssystems in das Ausleihsystem übernommen. Probleme bestehen dann, wenn Teile der Bestände noch nicht in maschinenlesbarer Form katalogisiert sind.

9.1.2 Buchdaten

Die Buchdaten, die wichtigsten sind Mediennummer und Medientyp[35], dienen der eindeutigen Identifizierung eines Mediums (Mediennummer) sowie der Steuerung der Entleihbarkeit (Medientyp). Für jedes Medium wird aus diesen Buchdaten und den bibliographischen Daten im Ausleihsystem ein Buchdatensatz angelegt (Zur Klarstellung: Oft werden auch diese Buchdaten im engeren Sinne und die bibliographischen Daten gemeinsam als Buchdaten bezeichnet). Damit verbunden muss eine eindeutige Identifizierung bzw. Zuordnung jedes ausleihbaren Mediums mit Hilfe von maschinenlesbaren Etiketten gegeben sein. Auf diesen Etiketten ist die Mediennummer entweder in OCR-Schrift (Optical Character Recognition) und/oder als Strichcode (Barcode) abgebildet. Als identifizierendes Element für ein Medium werden im Ausleihsystem nicht die Signaturen verwendet, da sie vielfach zu kompliziert oder zu lang sind. Außerdem sind bzw. waren bibliographische Einheiten häufig nicht mit einer Individualsignatur gekennzeichnet. In öffentlichen Bibliotheken sind als Medienetiketten vielfach RFID-Etiketten (Radio Frequency Identifier) im Einsatz, die auch als RFID-Tags oder Smart-Label bezeichnet werden. In wissenschaftlichen Bibliotheken sind RFID-Tags meist nur in den Bestandssegmenten mit hoher Ausleihfrequenz, z. B. Lehrbuchsammlungen oder den neuesten Jahrgängen im Gebrauch. Die RFID-Etiketten sind eine Kombination eines normalen Papier- oder Kunststoffetikettes mit einem flachen Mikrochip, auf dem Daten in strukturierter Form (d. h. in definierten Feldern) abgespeichert werden können, und einer kleinen Mikroantenne. Der Chip verfügt über keine eigene Energiequelle sondern wird vom jeweiligen Lesegerät über ein hochfrequentes elektromagnetisches Wechselfeld mit der notwendigen Energie versorgt.

Der Medientyp (Ausleihtyp) dient, wie oben kurz angedeutet, der Steuerung der Entleihbarkeit. Er legt fest, ob ein Medium z. B. nur in einen Lesesaal oder gar nur nach Offenlegung eines wissenschaftlichen Interesses ausgeliehen wird. Dies gilt z. B. für geschichtsrevisionistische Werke, die den Holocaust leugnen oder solche, die in extremer Weise gewaltverherrlichend sind. Werke, für welche die Verbreitung gerichtlich untersagt ist, erhalten einen Medientyp, der jegliche Ausleihe und sogar Einsichtnahme verbietet. Neben dem Merkmal Ausleihbar-

---

[35] Neben der Bezeichnung Medientyp werden sehr häufig auch die Begriffe Leihtyp oder Ausleihtyp synonym verwendet.

keit wird auch das Merkmal Fernleihrelevanz über den Medientyp gesteuert und dort festgelegt.

9.1.3 Benutzerdaten

Auch für den Besteller ist ein eindeutig identifizierendes Element nötig: Die Benutzernummer. Sie enthält i. d. R. einen Gruppenschlüssel, d. h. es wird die Zugehörigkeit zu einer bestimmten Benutzergruppe codiert, z.B.:
- Bibliotheksangehörige
- Professoren / Dozenten
- Studierende
- Schüler
- Sonstige Nutzer (Standardnutzer ohne spezielle Zugehörigkeit zu einer Gruppe)
- Teilnutzer (nur Lesesaalleihe für alle Medien)
- wissenschaftliche Institutionen
- Fernleihpartnerbibliotheken usw.

Zum Gruppenschlüssel wird eine laufende Nummer als individualisierendes Element hinzugefügt. Bei Universitäten und Hochschulen werden die Daten der Studierenden von der Hochschulverwaltung übernommen und im Ausleihsystem aktiviert. In allen anderen Fällen werden die persönlichen Daten (Name, Geburtsdatum, Adresse, Zweitadresse) durch das Bibliothekspersonal bei der Zulassung in die Benutzerverwaltung des Ausleihsystems eingegeben.

9.2 Ausleihe

Für die Ausleihe eines Mediums aus einem Bibliotheksmagazin ist es unumgänglich, zunächst eine Recherche im Katalog der Bibliothek auszuführen. Der Standardbibliothekskatalog ist derzeit ein OPAC (Online Public Access Catalogue), der die Suchanfragen mittels einer Suchmaschine bearbeitet. Selbst wenn man die Signatur des gewünschten Titels kennt, kann man eine Katalogrecherche am OPAC nicht umgehen. Allerdings kommt man bei einer Suchanfrage mit der korrekten Signatur direkt zur Einzeltrefferanzeige des gewünschten Titels. Wichtig ist es auch zu wissen, dass die Recherche im OPAC dabei grundsätzlich auf zwei Arten möglich ist. Zum einen als anonymer Nutzer oder zum anderen als angemeldeter Nutzer der Bibliothek nach Eingabe der Nutzernummer und eines Passwortes. Es empfiehlt sich immer – soweit möglich – als angemeldeter Nutzer zu recherchieren bzw. dies den Kunden zu empfehlen, da dem Bibliothekssystem dann die Nutzergruppe des Anfragenden bekannt ist und z. B. Statusmeldungen zu den Medien in korrekter auf die Nutzergruppe abgestimmter Form angegeben werden können. Anonyme Nutzer erhalten oft irrtümliche Angaben zur Entleihbarkeit, da i. d. R. die besten Ausleihkonditionen angezeigt werden, z. B. die der Nutzergruppe „Dienstkonto", für die in fast allen Fällen der Status „bestellbar" oder „ausleihbar" im System eingetragen ist.

Abb. 21: Ein Bücherstapel mit eingelegten Bestellzetteln wartet auf die Abholung durch einen Kunden aus der Nutzergruppe 70. BSB: H.-R. Schulz.

Der detaillierte Ablauf einer Bestellung und Ausleihe wird im Folgenden, ausgehend von einer Recherche, wiedergegeben:
- Eingabe der Benutzernummer (technisch möglich ist auch ein Einlesen der Benutzerkarte mit Handscanner o.ä.) und des Passwortes unter dem Menüpunkt Anmeldung, Authentifizierung oder „Kontoanzeige".
- Nach erfolgreicher Recherche liefert die Trefferanzeige im OPAC die bibliographischen Daten der Treffer entweder in Kurzanzeige (bei mehreren erzielten Treffern) oder in Vollanzeige (bei einem einzigen Treffer). Soweit es sich nicht um Sammelwerke handelt, wird eine kurze Meldung zur Entleihbarkeit (Verfügbarkeitsanzeige) angegeben. Bei Sammelwerken wird die Statusmeldung bei der jeweiligen Exemplaranzeige geliefert.

- Wenn eine Bestellung oder Vormerkung angestoßen wird, fordert das Bibliothekssystem spätestens jetzt die Authentifizierung über Eingabe der Benutzernummer und des Passwortes. Dadurch können sich Verfügbarkeitsanzeigen verändern, da der Status (bestellbar; bestellbar in Lesesaal usw.) in manchen Fällen von der Benutzergruppe abhängt.
- Die möglichen Ausgabeorte werden angezeigt und nach der Wahl eines Ausgabeortes wird die Bestellung vom Bibliothekssystem bestätigt und ein Bereitstellungsdatum (im Fall einer Sofortausleihe, die Uhrzeit) genannt.
- Die Bestellung erscheint sofort im Benutzerkonto bzw. in der Benutzerkontoanzeige.
- Die Bestellung löst im Falle einer Sofortausleihe auf dem entsprechenden Magazindrucker unmittelbar einen Bestellausdruck aus. Im Falle einer längerdauernden Bereitstellungszeit werden die Druckaufträge gesammelt und z. B. alle zwei Stunden in sortierter Form von den Magazindruckern ausgegeben. In großen Bibliotheken sind bis zu dreißig Magazindrucker in allen Teilen der Magazine positioniert. Damit jede Bestellung den richtigen Magazindrucker erreicht, gibt es eine Magazindruckersteuerung über eine in einem Druckserver hinterlegte Signaturentabelle.
- Das ausgehobene Medium geht zusammen mit dem Bestellausdruck an die jeweilige Ausgabestelle (Leihstelle) zum Absignieren. Der Bestellausdruck enthält:
    - Angaben zum Besteller: Benutzernummer, Nachname, Vorname
    - Angaben zum Medium: Verfasser, Titel, Mediennummer, Signatur
    - Angaben zum aktuellen Ausleihvorgang: Ausgabeort, Leihfristende, Verlängerungsmöglichkeiten.
- Beim Absignieren werden die Medien ausleihfertig gemacht. Soweit ein Medium noch keine dauerhafte Mediennummer hat, wird ein entsprechendes Etikett mit Mediennummer eingeklebt und die Verknüpfung mit dem Ausleihsystem d.h. der Eintrag der Mediennummer im Buchdatensatz vorgenommen. Der Medientyp wird überprüft und falls nötig korrigiert. Schäden an Buch und Einband werden festgestellt und im Ausleihsystem in einem Bemerkungsfeld zum Buchzustand festgehalten. Gegebenenfalls wird eine Vormerkung für das Buchbinderkonto vorgenommen, um sicherzustellen, dass das Buch nach der Ausleihe in jedem Fall zum Buchbinder gegeben wird. Die bibliographischen Daten werden soweit erforderlich ergänzt oder korrigiert.
- Durch eine anschließende Bereitstellungsverbuchung ändert sich der Bearbeitungsstatus eines Mediums von „bestellt" in „bereitgestellt" (leider gilt dies nicht für alle Bibliothekssysteme) und dem Besteller kann zu diesem Vorgang eine E-Mail oder eine SMS zugestellt werden.

- Die Medien werden entweder in einer offenen Bereitstellung, die für die Benutzer direkt zugänglich ist, oder in einer geschlossenen Bereitstellung, die nur für das Personal zugänglich ist, für die Abholung durch den Benutzer bereitgelegt. Im ersten Fall holt der Kunde seine Medien selbst aus dem Bereitstellungsregalen und lässt sie anschließend am Ausgang des Bereitstellungsareals ausleihverbuchen. Im zweiten Fall erhält der Kunde seine Medien nur über einen Ausleihschalter. Für Bibliotheken mit mehreren hundert Ausleihen pro Tag empfiehlt sich in jedem Fall eine offene Bereitstellung, da auf diese Weise deutlich Personalkapazität eingespart werden kann.
- Bei der Ausgabeverbuchung / Ausleihverbuchung werden mit der Lesepistole oder -stift die Benutzernummer (vom Benutzerausweis) und die Mediennummer (vom Medienetikett im/auf dem Medium) eingelesen und miteinander für diesen Ausleihfall verknüpft.
- Bei der Medienrückgabe wird nur die Mediennummer eingelesen und von der Benutzernummer entknüpft. Nicht nur in Archivbibliotheken sollte dabei der Zustand der Medien überprüft werden und bei offensichtlichen Schäden, sollte der Benutzer sofort angesprochen werden.

Selbstverbuchung: Umsatzstarke Bibliotheken bieten für die Ausleihe eine Selbstverbuchung an. Verbunden mit der Selbstverbuchung ist in der Regel eine Buchsicherungsanlage. Selbstverbuchung ist sowohl mit Strichcodeetiketten, die dann allerdings außen am Medium angebracht sein müssen, wie mit RFID-Etiketten möglich. Der Vorteil der Selbstverbuchung ist, dass das Personal von Routinearbeiten entlastet wird und für wichtige Auskunftstätigkeiten und Beratungen zur Verfügung steht. Die Bibliothek kann alleine mit Aufsichtspersonal geöffnet werden bzw. es kann mit einem Teil des freiwerdenden Personals die Öffnungszeit der Bibliothek erweitert werden. Bei einer ausreichenden Zahl von Selbstverbuchungsplätzen können Warteschlangen völlig vermieden werden.

Rund-um-die-Uhr-Rückgabe: Manche Bibliotheken bieten den Service einer „Rund-um-die-Uhr-Rückgabe" in einen entsprechenden „Container" bzw. Briefkasten an. Wenn diese Rücknahme ein rein mechanischer Vorgang ist, müssen die zurückgegebenen Bücher später vom Personal rücknahmeverbucht werden. Sehr viel eleganter ist es, die Medien sofort bei der Rückgabe durch einen Rückgabeautomaten verbuchen zu lassen. Wiederum sind ein außen am Medium angebrachtes Strichcodeetikett oder ein RFID-Etikett die Voraussetzung. Alle Medien, bei denen versucht wird, sie an der falschen Bibliothek zurückzugeben, werden dabei sofort erkannt und eine Annahme wird verweigert. Der Rückgabeautomat kann völlig unabhängig von Öffnungszeiten in Betrieb sein. Noch komfortabler ist es, den Rückgabeautomaten in Verbindung mit einer automatisierten Sortieranlage zu betreiben. Die Bücher können für die Rückstellung ins Magazin grob vorsortiert und alle vorgemerkten Medien für die Wiederausleihe separiert werden. Solche Rückgabeautomaten können die Rückgabe auch quittieren. Im Ausleihsystem bleibt der letzte Entleiher eines Mediums gespeichert, so dass dieser, bei später festgestellten Schäden, unter Umständen belangt werden kann. Insgesamt ist diese Form der automatisierten Medienrücknahme zumindest für Archivbibliotheken kritisch zu sehen. Die Erfahrung zeigt, dass nur etwa ein Drittel aller Nutzer, die einen Schaden an einem Medium verursacht haben, diesen bei der Bibliothek aus eigenen Stücken melden und eine Schadensregulierung anbieten. Zwei Drittel der Nutzer versucht beschädigte Bücher zurückzugeben. An einem Rücknahmeschalter mit Personenbesetzung wird, bei geeigneter Schulung des Personals, ein großer Teil dieser Schäden sofort erkannt. Die Diskussionen mit einem „in flagranti" ertappten Kunden sind wesentlich einfacher zu führen, als wenn ein Schaden nach einem Tag, beim Zurückstellen des Buches im Magazin, erkannt wird und der Kunde per Mail oder Brief um eine Stellungnahme gebeten werden muss.

Abb. 22: Bei der Rücknahme der Bücher sollte unbedingt auf Beschädigungen und Anstreichungen geachtet werden. Im Idealfall sind Schäden aus der Vergangenheit in einem Bemerkungsfeld des Buchdatensatzes notiert. BSB: H.-R. Schulz.

Leihfristverlängerung: Die Leihfristverlängerungen müssen vom Nutzer selbst über den OPAC in seinem Nutzerkonto ausgeführt oder schriftlich beantragt werden. Eine telefonische Leihfristverlängerung wird von den wenigsten Bibliotheken angeboten, da es zu viele Streitigkeiten darüber gibt, ob ein Kunde angerufen hat oder eben nicht. In der Regel ist eine Leihfristverlängerung nicht sofort nach der Ausleihe, sondern erst einige Tage vor Ablauf der bestehenden Leihfrist möglich. Die meisten Bibliothekssysteme bieten neben der Verlängerung der Leihfrist eines einzelnen Titels (Einzelverlängerung) auch eine Gesamtkontoverlängerung an. Dies gilt dann für alle Titel, die schon so nahe am Ende ihrer Leihfrist sind, dass ihre Leihfrist auch tatsächlich verlängert werden kann. Üblich sind zwei bis maximal fünf aufeinanderfolgende Leihfristverlängerungen für einen Titel. Dies bedeutet, dass der Nutzer bei fünfmaliger Leihfristverlängerung um jeweils vier Wochen incl. der Grundleihfrist ein Buch ca. ein halbes Jahr in seinem Besitz hat. Wenn ein Titel von einem Dritten vorgemerkt wird, kann eine Leihfristverlängerung nicht mehr ausgeführt werden.

Medien, deren Ausleihstatus in der Verlängerungsphase ist, werden durch die Bibliothek vom aktuellen Entleiher zurückgefordert, falls sie durch einen weiteren Kunden vorgemerkt werden.

Benutzerkontoanzeige: Das Benutzerkonto informiert
- über die aktuellen Ausleihen des Kunden unter Angabe von: Verfasser, Titel, Signatur, Leihfrist, Anzahl der möglichen und bereits getätigten Verlängerungen.
- über alle Bestellungen unter Angabe von: Verfasser, Titel, Signatur, Datum der Bestellung, Bereitstellungsort.
- über alle Vormerkungen unter Angabe von: Verfasser, Titel, Signatur, Datum der Vormerkung, Stelle der Vormerkung (1., 2., ...Vormerkung).
- über die offenen Gebühren und gegebenenfalls Guthaben.

Vormerkung: Ausgangspunkt für eine Vormerkung ist die Trefferanzeige. Wird ein Titel aus der Trefferanzeige bestellt, der aktuell ausgeliehen ist, so wird eine Vormerkung angeboten. Die alternative Möglichkeit ist, dass statt der Bestellung in der Trefferanzeige sofort die Vormerkung angeboten wird, wenn der Treffer aktuell verliehen ist. Nach vollzogener Vormerkung erhält der Nutzer eine Vormerkbestätigung unter Angabe des voraussichtlichen Leihfristendes des aktuellen Entleihers. Die Vormerkung ist eine Dienstleistung, die an vielen Bibliotheken gebührenpflichtig (entgeltpflichtig) ist, da der aktuelle Entleiher bei fehlender E-Mailadresse per Brief zur Rückgabe aufgefordert und der Vormerkende ebenso per Brief über eine Bereitstellung des Werkes informiert wird.

Bestellung mit Signatur: Der Benutzer kennt bereits die Signatur, da er diese in einem Zitat gefunden hat, von einer früheren Recherche notiert hat oder über einen Mikrofiche-, Kärtchen- oder Blattkatalog ermittelt hat. Über die Funktion „Magazinbestellung" – manchmal auch als „Direktbestellung" bezeichnet – kann durch die alleinige Eingabe der exakten Signatur, inklusive aller Spatien, eine Bestellung ausgelöst werden. Diese Art der schnellen Bestellung ist nur etwas für erfahrene Kunden und wird vor allem für dienstlich erforderliche Bestellungen genutzt.

9.3 Zulassung

Die Zulassung zur Bibliotheksnutzung ist in der jeweiligen Benutzungsordnung geregelt. Das Wichtigste für Bibliotheken mit dem Service der Ausleihe nach Hause ist dabei, dass bei der Zulassung die korrekte, vollständige Anschrift des Neukunden erfasst wird. Diese Überprüfung der Adresse wird anhand gültiger Dokumente vorgenommen. Bei externen Nutzern ist dies in der Regel der Personalausweis oder ein Reisepass in Verbindung mit einer aktuellen Meldebescheinigung der Wohnsitzgemeinde. Zudem müssen die Nutzer in der Regel einen Verpflichtungsschein (Revers) unterschreiben, auf dem sie bestätigen, dass sie die Benutzungsordnung anerkennen und der Speicherung und Verarbeitung ihrer Daten für die Zwecke der Bibliothek zustimmen. Bei Universitäts- und Hochschulbibliotheken ist es üblich, Hochschulangehörige auch bei Vorlage eines Dienstausweises oder Studentenausweises zuzulassen. Bei Studierenden wird die Zulassung vielfach mit der Immatrikulation verbunden. Jede Zulassung wird mit der Aushändigung eines Bibliotheksausweises abgeschlossen. Dabei kann es vorkommen, dass der Studentenausweis zugleich Bibliotheksausweis ist. Da die wenigsten Bibliotheken Lichtbildausweise ausstellen, ist es sehr wichtig, die Kunden über einen denkbaren Missbrauch des Dokuments aufzuklären und nachdrücklich darauf hinzuweisen, einen Ausweisverlust unverzüglich bei der Bibliothek zu melden, damit das Konto zur Sicherheit gesperrt werden kann.

Wichtig ist, bei der Zulassung nur so viele Daten abzufragen, abzuspeichern und zu verarbeiten, als zur Erfüllung der Aufgaben unbedingt erforderlich sind. Hier gilt § 3a des Bundesdatenschutzgesetzes, der vorgibt, so wenig personenbezogene Daten wie möglich zu erheben. Die persönlichen Daten wie Namen, Vornamen, Adresse, Zweitadresse, Geburtsnamen, -ort und -tag gehören sicher dazu, um eine Person eindeutig zu identifizieren. Die Bibliotheken vertrauen ihren Kunden nicht unerhebliche Werte an und haben ein Recht darauf, zu wissen, wem sie dies anvertrauen und wo sie diese Werte gegebenenfalls zurückfordern können. Die E-Mail-Adresse, der Beruf oder die Interessensgebiete des neuen Kunden können wichtig sein, um dem Kunden bestimmte Services und/ oder Konditionen bieten zu können. Da sie jedoch zur Erfüllung der Kernaufgaben nicht notwendig sind, ist bei ihrer Erhebung der freiwillige Charakter dieser Angaben unbedingt zu betonen. Auch wenn ein Kunde seine E-Mail-Adresse ohne

Bedenken und Bedingungen angibt, dürfen ihm nur E-Mails zugesandt werden, die in unmittelbarem Zusammenhang mit z. B. einer Auskunftsanfrage, einer Ausleihe oder einer Leihfristverlängerung des jeweiligen Kunden, mithin den Kernaufgaben der Bibliothek, stehen. Schon die Zusendung eines Newsletters per E-Mail geht darüber hinaus. Ein Newsletter darf daher nur den Kunden zugesandt werden, die den Wunsch danach ausdrücklich schriftlich erklärt haben.

Kunden, die ihren Wohnsitz im Ausland haben, werden von wissenschaftlichen Bibliotheken selbstverständlich auch zugelassen. Sie erhalten jedoch nur eine Teilzulassung (Teilnutzung) und können Medien ausschließlich in einen Lesesaal der Bibliothek bestellen und dorthin ausleihen. Die Zulassung zur Teilnutzung kann daher auch ohne persönliches Erscheinen in der Bibliothek per Mail oder Brief beantragt werden. Diese Form der Zulassung ist für ausländische Wissenschaftler, die Bestände einer Bibliothek einsehen wollen, das gängige Verfahren. Eine Bibliothek kann die Teilzulassung auch für Kunden verfügen, die sich in der Vergangenheit als unzuverlässig erwiesen haben, indem sie z. B. Bücher wiederholt erst nach einer dritten oder vierten Mahnung zurückgegeben haben oder gar erst nach einer Zwangsvollstreckung.

9.4 Mahnverfahren

Bei Überschreitung der Leihfrist müssen Benutzer von der Bibliothek gemahnt werden. In bestimmten Fällen sind die Mahnungen kostenlos, vor allem bei Dienstkonten, Hausangehörigen (bei Hochschulbibliotheken sind dies neben den unmittelbaren Bibliotheksmitarbeitern oft auch alle Hochschulmitarbeiter) sowie anderen Behörden, insbesondere übergeordneten Behörden. Grundsätzlich wird jedoch kostenpflichtig gemahnt. Die Mahngebühr und das gesamte Mahnverfahren sollen einen geregelten Ausleihbetrieb ohne allzu hohe Buchverluste gewährleisten und einen Teil der Mahnkosten abdecken. Wer sich an Mahngebühren grundsätzlich stört, der sollte bedenken, dass die allermeisten Dienstleistungen der Bibliotheken kostenfrei sind bzw. mit so geringfügigen Gebühren belegt werden, dass diese weit entfernt von einer Kostendeckung sind (z.B. Fernleihgebühren). Von den Kunden darf daher eine gewisse Bereitschaft erwartet werden, sich an die Spielregeln der Buchrückgabe zu halten. Zudem werden den Kunden oft hohe Werte anvertraut. Diese gilt es vor Missbrauch, z. B. durch Unterschlagung, zu schützen.

Es gibt zwei grundsätzlich unterschiedliche Vorgehensweisen bei der Erhebung von Mahngebühren. Öffentliche Bibliotheken erheben häufig für jedes Medium und jeden Überziehungstag einen kleinen Betrag im Bereich von einigen Cent. Durch diese Art der Mahnung kann bei der Überziehung von fünf bis sechs

Medien für etwa vierzehn Tage durchaus eine Mahngebühr von ca. 20 Euro anfallen. Der Vorteil dieser Vorgehensweise ist, dass derjenige, der ein Medium nur ein oder zwei Tage zu spät abgibt, dafür mit einer sehr geringen Mahngebühr belegt wird, die von den meisten Kunden als Bagatelle angesehen wird. Dieser Vorteil für die Kunden ist auch ein Vorteil für die Bibliothek, da langwierige Diskussionen und fruchtlose Stornierungsverhandlungen entfallen. Wissenschaftliche Bibliotheken mahnen dagegen häufiger in einem drei- bis vierstufigen Mahnverfahren, bei dem die Gebühren von Stufe zu Stufe ansteigen. Zur Klarstellung sei gesagt, dass die Gebühren der zweiten Mahnstufe, die der ersten Mahnstufe nicht ersetzen, sondern dass sich die Gebühren von Mahnstufe zu Mahnstufe aufaddieren.

Weder die Bibliothekskunden noch die Bibliothekare lieben Mahnungen und daher versuchen die meisten Bibliotheken ihre Kunden in der Vermeidung von Mahnungen zu unterstützen. Viele Bibliotheken versenden z. B. kurz vor Ablauf einer Leihfrist eine E-Mail zur Erinnerung und/oder geben nach Ablauf der Leihfrist ein paar Karenztage bis ein Mahnverfahren in Gang gesetzt wird. Dennoch muss den Kunden klar sein, dass die Verantwortung für eine pünktliche Rückgabe ausschließlich bei ihnen selbst liegt.

Im Folgenden wird der Ablauf eines beispielhaften Mahnverfahrens an einer wissenschaftlichen Bibliothek mit öffentlich-rechtlichem Rechtscharakter geschildert. Die „Aufforderungen zur Rückgabe" werden für alle Mahnstufen mit der Post versandt und ab der dritten Mahnstufe per Einschreiben mit Zustellungsnachweis. Die gemachten „bis"-Angaben sollen den Rahmen des Üblichen wiedergeben:

1. Aufforderung zur Rückgabe (1. Mahnstufe) im allgemeinen 2 bis 5 Arbeitstage (Karenztage) nach Ablauf der Leihfrist: 5 bis 10 Euro Gebühr (unabhängig von der Zahl der betroffenen Medien).
2. Aufforderung zur Rückgabe (2. Mahnstufe) im allgemeinen zehn Arbeitstage nach der 1. Mahnstufe: ca. 10 Euro Gebühr.
3. Aufforderung zur Rückgabe (3. Mahnstufe und 1. Bescheid) im allgemeinen zehn Arbeitstage nach der 2. Mahnstufe, mit Zustellungsnachweis, Androhung des Ausschlusses von der Benutzung und weiterer Maßnahmen zur Wiederbeschaffung: 20 bis 50 Euro Gebühr und zusätzlich die aktuell geltenden Kosten für die Postzustellungsurkunde.
4. Aufforderung zur Rückgabe (4. Mahnstufe und 2. Bescheid) im allgemeinen zehn bis zwanzig Arbeitstage nach der 3. Mahnstufe, mit Ankündigung eines Verwaltungszwangsverfahrens, Ausschluss von der Benutzung und sofortigem Vollzug: 25 bis 80 Euro Gebühr und zusätzlich die aktuell geltenden Kosten für die Postzustellungsurkunde.

Um es ganz deutlich zu sagen, die ganz überwiegende Anzahl der Bibliothekskunden ist bemüht, die entliehenen Medien rechtzeitig zurückzugeben. Für etwa drei bis acht Prozent aller Ausleihen muss eine erste Mahnung versandt werden. Weit über neunzig Prozent reagieren auf diese erste Mahnung und nahezu hundert Prozent auf die zweite Mahnstufe. In Einzelfällen kommt jedoch die dritte und vierte Mahnstufe zur Anwendung. Wer es allerdings „bis zur dritten Mahnstufe schafft", bei dem kommt es nicht selten auch zur vierten Mahnstufe und zu weitergehenden Schritten.

Die Höhe der Mahngebühren wird meist von den Unterhaltsträgern der Bibliotheken vorgegeben und in der Benutzungsordnung oder einer separaten Gebührenordnung festgehalten.

Nach dem erfolglosen Mahnverfahren kann die Bibliothek ein Einzugsverfahren (Zwangsvollstreckung) in die Wege leiten und als letzten Schritt Strafanzeige stellen. Erscheint die Zwangsvollstreckung zur Wiedererlangung der entliehenen Medien unzweckmäßig oder nicht Erfolg versprechend, dann ist die Bibliothek nach Ablauf der in der Aufforderung gesetzten Frist berechtigt, Verlust anzunehmen und Schadensersatz zu fordern. Dabei kann die Wiederherstellung des alten Zustands verlangt werden und die Beschaffung eines Ersatzexemplars oder die Erstellung einer Reproduktion mit einem Exemplar einer anderen Bibliothek in Rechnung gestellt werden. Dazu kommen die Kosten der Neueinarbeitung im Geschäftsgang sowie alle vorher angefallenen Kosten aus dem Mahnverfahren. Auch der Schadensersatz kann über eine Zwangsvollstreckung beigetrieben werden.

In großen Bibliotheken verursachen Mahnfälle der dritten und vierten Mahnstufe sowie die Verwaltungszwangsverfahren, obwohl in Relation zur Gesamtzahl der Ausleihen verschwindend gering, einen ziemlichen Aufwand. Besonders problematisch sind Fälle von ungültigen Adressen, denen im Einzelnen nachgegangen werden muss. In manchen Fällen ist eine Adresse trotz einer Anzeige bei der Polizei nicht mehr zu ermitteln. Solche Verfahren werden letztendlich „niedergeschlagen".

Ein laufendes Mahnverfahren führt in der Regel ab der ersten Mahnstufe dazu, dass das Konto des Nutzers vorübergehend gesperrt wird. Dies bedeutet, dass er weder Bücher bestellen noch ausleihen, vormerken oder Leihfristen verlängern kann. Durch Rückgabe der angemahnten Bücher und die Bezahlung der Mahngebühr kann der Benutzer diese Sperre meist selbst wieder aufheben. Solch eine Sperre ist nicht zu verwechseln mit einem Ausschluss von der Benutzung. Der Ausschluss von der Benutzung ist ein Verwaltungsakt, der nur schriftlich (Einschreiben mit Rückschein) und in der Regel zusammen mit einer Rechtsbehelfsbelehrung zugestellt wird.

In der Regel können Benutzer ab der dritten Mahnstufe vorübergehend für ein bis zwei Monate von der Benutzung ausgeschlossen werden. Benutzer, die mehrmals mit der 3. oder 4. Mahnstufe gemahnt werden mussten oder Nutzer bei denen gar eine Zwangsvollstreckung bzw. Niederschlagung erfolgte, können längerfristig oder entsprechend mancher Benutzungsordnung sogar dauerhaft von der Benutzung ausgeschlossen werden. Ob ein dauerhafter, somit unbefristeter Ausschluss von der Benutzung bei einer verwaltungsgerichtlichen Überprüfung haltbar wäre, darf in Zweifel gezogen werden. Ein dauerhafter Ausschluss von der Ausleihe nach Hause d. h. eine ausschließliche Zulassung als Teilnutzer – Ausleihe nur in einen Lesesaal – ist hingegen juristisch unbedenklich und in manchen Fällen auch dringend geboten, um zukünftige Buchverluste zu vermeiden.

Weiterführende Literatur

Gantert, Klaus u. Hacker, Rupert: Bibliothekarisches Grundwissen. München 2008.

10 Benutzung digitaler Medien

Digitale Medien lehnen sich in ihren Erscheinungsformen überwiegend noch immer sehr stark an die konventionellen Mediengattungen wie Monographien, Zeitschriften, Zeitungen oder Bibliographien an und lassen sich von diesen ableiten, obwohl sie das Potential besitzen, die engen Grenzen der Erscheinungsformen gedruckter Medien hinter sich zu lassen. E-Zeitschriften oder ejournals sind die digitale Version der gedruckten wissenschaftlichen Zeitschriften. Eine E-Zeitschrift kann dabei die parallele Ausgabe einer Printversion mit exakt dem gleichen Inhalt sein, die Nachfolgepublikation einer mittlerweile eingestellten Printausgabe oder eine originäre E-Zeitschrift (born digital). Die digitale Version der Monographie ist das E-Book[36], oft auch ebook oder eBook geschrieben, das wiederum ein originäres E-Book sein kann oder das Digitalisat bzw. die digitale Parallelausgabe eines gedruckten Buches. Eine digitale Zeitung wird als epaper bezeichnet und nur die Bibliographien haben es, wenn man es so ausdrücken will, geschafft, in den Datenbanken eine nachfolgende, elektronische Mediengattung ohne kleines oder großes E am Anfang des Namens zu erhalten. Dabei ist festzuhalten, dass jede elektronische Version einer Bibliographie eine Datenbank darstellt, aber längst nicht jede Datenbank eine Bibliographie als Vorläufermedium hatte. In wissenschaftlichen Wikis und Blogs finden sich zunehmend wissenschaftliche Ergebnisse, die an keiner anderen Stelle publiziert oder noch nicht publiziert sind. Auch diese wissenschaftliche Literatur muss von den Bibliotheken beachtet und in ihren Nachweisinstrumenten berücksichtigt werden. Es ist nicht ausreichend, wenn Bibliotheken im Bereich der elektronischen Publikationen ihren Bestand nur aus den tradierten wissenschaftlichen Verlagspublikationen bilden.

E-Zeitschriften einer wissenschaftlichen Bibliothek sind für gewöhnlich in deren OPAC sowie in der Zeitschriftendatenbank (ZDB) und in der Elektronischen Zeitschriftenbibliothek (EZB) nachgewiesen und unter dem genauen Titel oder über die kombinierte Suche mit einigen Titelstichworten auffindbar. Auf weitere Suchmöglichkeiten gehen wir später noch ein. Datenbanken werden neben dem OPAC auch in Nachweisinstrumenten wie dem Datenbankinformationssystem (DBIS) angeboten. E-Books sind oft nur im OPAC, manchmal aber auch in speziellen Kollektionen recherchierbar.

Elektronische bzw. digitale Medien bieten im Gegensatz zu konventionellen Printmedien eine Reihe von Vorteilen, die in den letzten Jahren unter anderem

---

[36] Auch die Hardware, die zum Lesen von ebooks angeboten wird, wird manchmal etwas unpräzise als ebook bezeichnet. Im Rahmen unseres Lehrbuches werden wir diese Lesegeräte als E-Book-Reader bezeichnen.

dazu geführt haben, dass sich der prozentuale Anteil der digitalen Medien am Gesamtbestand wissenschaftlicher Bibliotheken immer weiter erhöht hat. Sie sind zeitlich unbegrenzt (rund um die Uhr) verfügbar und können – Zugriffsberechtigung vorausgesetzt – nahezu von jedem Ort aus über das Internet genutzt werden. Sie bieten im Rahmen einer Volltextsuche den direkten Zugriff auf Textstellen, die noch vor wenigen Jahren nur mit enormem Wissen oder enormem Sitzfleisch auffindbar waren. Ein gleichzeitiger Zugriff mehrerer Personen ist prinzipiell kein Problem und wenn doch, dann eher ein juristisches als ein technisches. Die Möglichkeiten digitale Texte abzuspeichern und/oder in andere Texte zu integrieren sind für wissenschaftliche Arbeiten äußerst förderlich. Selbstverständlich gilt es, das geistige Eigentum anderer durch korrektes Zitieren zu beachten. Für Archivbibliotheken besonders wichtig ist, dass durch die Verwendung der digitalen Medien die schonungsbedürftige gedruckte Ausgabe bestens geschützt wird.

Es soll jedoch nicht verschwiegen werden, dass das parallele Angebot von digitalem und konventionellem Bestand die wissenschaftlichen Bibliotheken vor allergrößte personelle und finanzielle Herausforderungen stellt. Der Schritt von der konventionellen Bibliothek zur Hybridbibliothek hat nur bei wenigen Bibliotheken zu einer signifikanten Etaterhöhung geführt. Die Retrodigitalisierung vorhandener Printbestände und die Erwerbung (Lizenzierung) von elektronischen Medien wurden in der Vergangenheit und werden auch heute noch häufig über Sonder- oder Drittmittel finanziert. Die dringend erforderliche Absicherung in den Bibliotheksetats ist bisher nicht oder viel zu zögerlich erfolgt.

Langsam, jedoch unaufhaltsam werden die digitalen Medien auch die Arbeitsplatzsituation im Bibliotheksbereich grundlegend ändern. Die wenig anspruchsvollen und zahlreichen Arbeitsplätze in der Bibliothekslogistik werden deutlich abnehmen. Dafür werden wenige und sehr anspruchsvolle Arbeitsplätze im IT-Bereich hinzukommen.

10.1 Der elektronische Bestand und seine Herausforderungen

Die Gestaltung des Angebots für einen digitalen Bibliotheksbestand scheint auf den ersten Blick sehr einfach zu sein. Im Prinzip genügt es, im Onlinekatalog bei der entsprechenden Titelaufnahme der digitalen Ressource (Quelle) eine URL (Uniform Resource Locator) besser eine URN (Uniform Resource Name) anzugeben. Eine URN ist eine ortsunabhängige, dauerhafte Kennzeichnung für eine Ressource, vergleichbar einem Namen, den man Zeit seines Lebens beibehält. Eine URL legt dagegen den Ort fest, an dem sich eine Ressource befindet. Bei einem „Umzug" der Ressource ändert sich die URL, aber nicht die URN. Selbstverständlich muss man parallel zum Katalogeintrag von URL oder URN auch dafür sorgen, dass das digitale Medium unter dieser Adresse (URL) oder unter der Adresse, die bei der URN hinterlegt ist, auf einem Webserver abgelegt wird. Nun können weltweit alle Kunden der Bibliothek zugreifen. Es gibt allerdings immer ein paar Details und Fragen zu beachten, welche die Sache erheblich verkomplizieren: Ist jedermann weltweit berechtigt zuzugreifen? Wenn das Angebot einzuschränken ist, ist es dann eingeschränkt auf den Nutzerkreis der Bibliothek oder auf die Nutzung innerhalb eines bestimmten Gebäudes oder Areals? Darf das Angebot für ein ganzes Land freigegeben werden, aber nicht darüber hinaus? Wie kann man solche Grenzen in der digitalen Welt ziehen, und wie kann man dem Rechteinhaber die Sicherheit geben, dass sie eingehalten werden? Muss für das digitale Angebot pro Zugriff bezahlt werden? In welchem Umfang darf der Kunde Daten auf seinen Rechner laden? Wie kann man das Angebot für den Kunden möglichst einfach und attraktiv gestalten? Bietet man das digitale Dokument in der Volltextvariante oder nur als Bilddatei (Image) an? Dies sind nur ein paar der wichtigsten Fragen. Auf viele weitere Fragen, wie die nach der Datensicherung, der Langzeitarchivierung oder der Bewältigung großer Datenmengen, wird im Rahmen dieses Buches nicht eingegangen, da die Themen, trotz eines Bezuges zur Benutzung, für dieses Lehrbuch zu techniklastig sind. Für jede einzelne Mediengattung (z. B. elektronische Zeitschriften) ergibt sich zudem eine Fülle neuer Fragen und beachtenswerter Besonderheiten. Hinzu kommt, dass die digitale Welt ständigen Veränderungen unterworfen ist und dass die Zyklen der Veränderungen sowie die entstehenden neuen Usanzen von den großen internationalen Akteuren im Internet vorgegeben werden, deren finanzielle, personelle und technische Ressourcen denen der Bibliotheken sehr weit überlegen sind. Für die Bibliothekswelt ist es daher schwer, mit der bestehenden Entwicklung rund um das Internet Schritt zu halten. Die Bibliotheksnutzer sind jedoch den hohen Standard von Google und Co. gewöhnt und erwarten hinsichtlich Antwortzeiten, Ranking, semantischen Suchhilfen usw., ähnliches von den bibliothekarischen Angeboten.

Die wichtigste Frage im Zusammenhang mit elektronischen Medien ist die Frage nach den Rechten, die eine Bibliothek als Anbieter daran besitzt, denn die Rechte wirken sich unmittelbar auf die Angebotsgestaltung aus. An selbst digitalisierten urheberrechtsfreien Werken hält die Bibliothek selbstverständlich alle Rechte und kann diese weltweit ohne Begrenzung anbieten. Bei gekauften elektronischen Ressourcen sind die Rechte Verhandlungssache und werden im Kauf- oder Lizenzvertrag festgehalten bzw. vorgegeben. Die Rechte sind meist auf einen bestimmten Personenkreis eingeschränkt und werden vom Rechteinhaber – üblicherweise ein Verlag – nur in einem Umfang gewährt, dass für ihn beim weiteren Vertrieb der Ressource keinerlei Einbußen zu befürchten sind. Für Universitäts- und Hochschulbibliotheken wird der Zugriff in der Regel auf die Hochschulangehörigen beschränkt, für wissenschaftliche Bibliotheken ohne zugehörige Hochschule auf den Kreis der eingeschriebenen Benutzer.

Nicht weniger wichtig ist die Frage, wie es den Bibliotheken gelingt, diese Einschränkungen umzusetzen und zu gewährleisten. Universitäts- und Hochschulbibliotheken bieten die elektronischen Ressourcen für gewöhnlich in ihrem Netzwerk an, das auf dem Campus über Festnetzverbindungen und über WLAN allen berechtigten Mitgliedern der Hochschule zugänglich ist. WLAN steht für Wireless Local Area Network und bezeichnet ein lokales Funknetz. Der Zugriff auf ein WLAN ist üblicherweise durch Passwort geschützt (s. a. http://de.wikipedia.org/wiki/Wireless_Local_Area_Network). Von außerhalb des Campus wird häufig ein VPN-Zugang angeboten. VPN steht für Virtual Private Network und ist die Bezeichnung für eine Schnittstelle, die es z. B. einer Person ermöglicht, ihren privaten Rechner aus dem Internet kommend an das Netz einer Institution (Hochschule, Bibliothek) anzubinden (s. a. http://de.wikipedia.org/wiki/Virtual_Private_Network).

Daneben gibt es Verfahren wie Shibboleth, welche eine verteilte Authentifizierung sowie damit verbundene Autorisierung für Webanwendungen ermöglichen. Will z. B. ein Benutzer aus dem freien Internet kommend auf eine geschützte elektronische Zeitschrift eines Verlagsservers zugreifen, so prüft der Verlag zunächst, ob der Kunde bereits authentifiziert ist. Ist dies nicht der Fall, so wird der Kunde auf einen Lokalisierungsdienst geleitet, der ihm eine Auswahl von Einrichtungen (z. B. Bibliotheken) anbietet, um ihn nach Auswahl einer Einrichtung, bei welcher der Kunde Mitglied ist, dorthin weiterzuleiten. Hier wird erneut geprüft, ob der Kunde schon angemeldet ist. Im negativen Fall wird er aufgefordert, sich mit Benutzerkennung und Passwort zu authentifizieren. Seine Mitgliedseinrichtung (-bibliothek) stellt dem Kunden nun einen digitalen Passierschein aus und leitet ihn zum Verlagsserver zurück. Nach einer positiven Prüfung des Passierscheines kann der Kunde die elektronische Zeitschrift lesen und sich entsprechend den Lizenzvereinbarungen auch einzelne Aufsätze herunterladen. Dabei lässt das Verfahren auch Rückfragen des Verlagsservers zu, um insbesondere die Autorisierung des Anfragenden für bestimmte Services abfragen zu können. Will der Anfragende z. B. auf die Statistikseite des Verlagsservers zugreifen, so kommt es zur Rückfrage bei der Mitgliedseinrichtung (Bibliothek) des Anfragenden. Wenn sich zeigt, dass der Anfragende ein berechtigter Mitarbeiter der Bibliothek ist, so wird dies beim Verlagsserver nochmals geprüft und die Webanwendung (z. B. Statistik) anschließend freigegeben.

10.2 Digitalisierte Bibliotheksmaterialien

Bibliotheken haben seit dem Ende des 20. Jahrhunderts begonnen, den urheberrechtsfreien Teil ihres Bestandes zu digitalisieren und über das Internet bereitzustellen. Sie haben damit endgültig die Begrenzungen, die ihnen durch ihre Räumlichkeiten vorgegeben waren, hinter sich gelassen. Die wissenschaftliche Gemeinde weltweit hatte diesen Schritt der Bibliotheken herbeigesehnt und begrüßt.

Beim Digitalisierungsvorgang wird mit einem Scanner ein Bild (Image) einer Buchseite oder einer Doppelseite erzeugt. Diese Bilder stellen das primäre Angebot an den Nutzer dar, der sich die Bilder auf dem Bildschirm[37] seines Rechners oder auf seinem E-Book-Reader ansehen kann. Zugleich wird versucht, mit einer Texterkennungssoftware auch den Inhalt des gescannten Buches als Volltext zu erfassen. Ziel ist hierbei, dass der gesamte Volltext letztendlich nach bestimmten Wörtern oder Phrasen durchsucht werden kann und dass Teile des Textes oder der gesamte Text durch den Nutzer abgespeichert und mit Textverarbeitungsprogrammen weiter bearbeitet werden kann.

Die Bibliotheken stellen ihre digitalisierten Materialien für den privaten, nichtkommerziellen Gebrauch grundsätzlich kostenlos im Netz zur Verfügung. Die Qualität der Digitalisate ist insgesamt hoch, allerdings ist die Auflösung der angebotenen Bilder meist auf 150 dpi begrenzt. Die Angabe dpi steht für „dots per inch" und ist die gängige Maßeinheit für die Angabe der Auflösung beim Druck eines digitalen Bildes, welches auch die Abbildung einer textuellen Buchseite sein kann. Die Begrenzung der Auflösung wird vorgenommen, um einerseits die Datenmengen gut bewältigen zu können und andererseits eine unbemerkte kommerzielle Nachnutzung zu erschweren. Für kommerzielle Nutzungen gibt es meist entsprechende entgeltpflichtige Angebote der Bibliotheken, in deren Rahmen die Digitalisate in höherer Auflösung (300 dpi und höher) offeriert werden.

Auf welche Weise Kunden die digitalisierten Medien nutzen möchten und wie diese Medien den Kunden daher am besten angeboten werden, gibt es durchaus unterschiedliche Auffassungen. Die eine Position besagt, dass ein Kunde primär Informationen zu seinem Thema sucht, und dass es ihm weitgehend egal ist, in welcher Form (Buch, Mikrofilm, Digitalisat usw.) er seine Informationen bekommt, solange diese innerhalb einer angemessenen Zeit möglichst vollständig vorliegen. Für solch einen Kunden ist es ideal, alle Informationsangebote einer Bibliothek an einer einzigen Stelle vereinigt zu sehen und mit der Suche an einer einzigen Stelle, alle für ihn relevanten Treffer zu finden. Unzweifelhaft ist

---

[37] Das Betrachten der Bilder auf einem PC erfolgt mit Hilfe eines Viewers. Die Abläufe und Möglichkeiten werden in diesem Abschnitt weiter unten erklärt.

ein umfassender OPAC und/oder Discovery-Service das ideale Angebot für diese Kunden. Wichtige Voraussetzung für den Erfolg einer Suche in OPAC oder Discovery-Service ist, dass es bei der Trefferanzeige gelingt, nach Relevanz zu ordnen (Ranking), denn die Treffermengen können sehr hoch sein. Selbstverständlich muss auch eine einfache Möglichkeit angeboten werden, das Ergebnis effektiv einzugrenzen. Die Gegenposition sieht den Kunden als jemanden, der gerne durch ein digitales Angebot schmökert und dem es primär wichtig ist, die Informationen sofort und unkompliziert, eben in digitaler Form, in seine Arbeitsumgebung (z. B. Arbeitsplatzrechner oder Laptop) zu erhalten. Für solche Nutzer sind Portale und virtuelle Bibliotheken, die das digitale Angebot eines Landes, einer Region oder auch nur einer Bibliothek zusammenführen, ideale Angebotsformen dieser Mediengattung. Zahlreiche Fachportale und virtuelle Fachbibliotheken ergänzen dieses Angebot und bieten einen Zugang zu den digitalen Medien, der unter fachlichen Gesichtspunkten optimiert wurde.

Bei all diesen Überlegungen ist zu bedenken, dass wir alle, ganz besonders aber die jüngeren Generationen, durch kein anderes Angebot im Internet so geprägt sind, wie durch den allgegenwärtigen Suchschlitz der Suchmaschine Google. Entsprechend ist auch der singuläre Suchschlitz der „einfachen OPAC-Suche" zurzeit der meistgenutzte und somit wichtigste Zugang zu allen Medien einer Bibliothek und die elektronischen Medien bilden da keine Ausnahme. Im Idealfall sind über den Suchmaschinenindex, der hinter einer OPAC-Oberfläche liegt, nicht nur die zugehörigen Metadaten, sondern auch die kompletten Texte der Digitalisate durchsuchbar. Nachdem der Nutzer ein Digitalisat von Interesse gefunden und über dessen URL oder URN aufgerufen hat, kann er sich die einzelnen Buchseiten mit Hilfe eines Viewers für Bilddateien ansehen. Dieser Viewer (Browser für Bilddateien) ist ein Computerprogramm, mit dem in unterschiedlichsten Formaten abgelegte graphische Dateien betrachtet werden können. Der Viewer passt das Bild den Gegebenheiten des jeweiligen Betrachterbildschirms an und bietet dem Kunden für die Bildbetrachtung eine Reihe zusätzlicher Funktionalitäten, wie z. B. die Wahl zwischen einem Vorschau- und einem Betrachtungsmodus, eine Zoomfunktion, eine Möglichkeit das Bild zu drehen oder den Bildausschnitt bzw. die Bildauflösung anzupassen sowie eine Blätterfunktion oder eine Funktion zur Farbmanipulation. Von großer Bedeutung für den Betrachtungskomfort ist, dass der Viewer und die Strukturdaten der Digitalisate aufeinander angepasst sind. Die Strukturdaten bilden zusammen mit den bibliographischen Daten die Metadaten eines Digitalisats. Sie erlauben z. B. über das digitale Inhaltsverzeichnis und die genaue Zuordnung der Bilddateinummern zu den Buchseiten eine komplikationslose Navigation im gesamten Digitalisat. Im Idealfall besteht ein Digitalisat demnach aus den Bilddateien der einzelnen

Seiten, der Textdatei und einem Metadatenset aus bibliographischen Daten und Strukturdaten.

Europeana

Das Portal Europeana ist eine virtuelle Bibliothek, welche das kulturelle Erbe des europäischen Kontinents mit einem breiten Angebot an digitalen Inhalten (Bild-, Ton-, Video- und Textdateien) zugänglich macht. Finanziert wird die Europeana über Programme der Europäischen Kommission sowie mit Geldern der beteiligten Länder. Die digitalen Objekte selbst sind nicht bei der Europeana zentral gespeichert, sondern verbleiben auf den Servern der teilnehmenden Institutionen. Die Europeana sammelt ausschließlich die Metadaten der digitalen Objekte sowie kleine Vorschaubilder (Thumbnails). Der verwendete Metadaten-Standard (Europeana Semantic Elements Standard) ist ein Kompromiss, der auf der Basis des kleinsten gemeinsamen Nenners aus den unterschiedlichsten Erschließungsregelwerken und Digitalisierungsprinzipien für unterschiedlichste Objekte gebildet wurde. Er erlaubt es den Benutzern, diese kontextuellen Informationen (Metadaten) in einem einzigen Schritt zu durchsuchen. Von den Treffern einer Suchanfrage wird dann auf die originalen digitalen Objekte verlinkt. Um den Besuchern des Portals bessere Suchmöglichkeiten zu bieten, ist geplant, einen erweiterten Metadatenstandard zu etablieren.

Deutsche Digitale Bibliothek

Die Deutsche Digitale Bibliothek (DDB) ist als deutscher Beitrag zur Europeana sowie als nationales Kulturportal konzipiert. Geplant ist, dass bis zu 30.000 Institutionen ihre digitalen Objekte über die DDB anbieten werden. Neben einem optimierten Rechercheangebot und guter Präsentationstechnik wird mit der DDB das Ziel verfolgt, dass auch die digitalen Kopien des kulturellen Erbes in öffentlicher Verantwortung bleiben und dass Kulturgut von nationalem Interesse vor dem völligen Untergang im Katastrophenfall besser geschützt ist, zumindest hinsichtlich eines Teils seines Informationsgehaltes.

10.3 Der elektronische Lesesaal

Ein „elektronischer oder digitaler Lesesaal", der entsprechend §52b Urheberrechtsgesetz (UrhG) konzipiert ist, erlaubt es Bibliotheken, Digitalisate aus Büchern, die sich in ihrem Besitz befinden und die durch das Urheberrecht geschützt sind, in den eigenen Räumlichkeiten auf bibliothekseigenen Rechnern anzubieten. Dafür muss die Bibliothek, entsprechend einem Rahmenvertrag zwischen der Bundesrepublik und den Ländern (vertreten durch die Kultusministerkonferenz) einerseits und der VG Wort andererseits, 46,5 % des Nettoladenpreises des jeweiligen Printwerkes als einmalige Tantieme an die VG Wort abführen. Aus den im digitalen Lesesaal eingestellten Werken darf von den Bibliotheksnutzern nach einem Urteil des Landgerichts Frankfurt a.M. (LG Frankfurt, 16.03.2011, 2-06 O 378/10) weder ausgedruckt noch abgespeichert werden. Es dürfen auch nur so viele synchrone Zugriffe auf ein Digitalisat zugelassen werden, wie die Bibliothek Exemplare des Werkes besitzt. Zitate müssen, wie vor Erfindung des Kopierers, abgeschrieben werden. Ein „ungemein attraktives" Angebot, das weit hinter den Nutzungsmöglichkeiten eines gedruckten Buches, aus dem kleine Teile kopiert werden dürfen, zurückbleibt. Dennoch wird die Möglichkeit, einen elektronischen Lesesaal anzubieten, von einigen Bibliotheken wahrgenommen, die auf diese Weise wichtige Standardwerke, die sie nur ein- oder zweimal besitzen, an mehreren Standorten anbieten können. Ebenso können Werke, die aus konservatorischen Gründen aus einem Freihandbereich genommen werden müssen und die im Buchhandel nicht mehr erhältlich sind, auf diese Weise ersetzt werden.

10.4 Gekaufte elektronische Medien

Längst werden weite Teile des traditionellen Buchbestandes einer wissenschaftlichen Bibliothek auch in elektronischer Form oder nur noch in elektronischer Form von den Verlagen angeboten. Bibliotheken finden sich einer schleichenden Entwicklung ausgesetzt, bei der, in gleichem Maße wie ihr Sammlungscharakter erodiert, die Rolle des Informationsvermittlers ständig wichtiger wird. Nur die wenigsten gekauften elektronischen Medien und Informationsmittel werden noch auf Servern der jeweiligen Bibliothek abgelegt. Bibliotheken informieren ihre Kunden über die elektronischen Ressourcen, weisen sie in ihren Rechercheinstrumenten nach und bieten einen möglichst problemlosen Zugang. Dies sind genau die Handlungen, die man von einem guten „Zwischenhändler" der Informationsbranche erwarten kann.

10.5 Datenbanken

Ein großer Teil der heute käuflichen oder frei im Internet verfügbaren Datenbanken hat seinen Ursprung in gedruckten Bibliographien oder Fachbibliographien. Wer sich noch an die mühsame und zeitraubende Suche in den Registern und Bänden von gedruckten Bibliographien erinnert, der wird ihrem Verschwinden nicht nachtrauern. In Datenbanken kann man mit Hilfe von Booleschen Operatoren sehr gezielt nach Inhalten suchen. Zudem haben sich in der digitalen Welt neue Sucheinstiege aufgetan – wie z. B. die Suche nach chemischen Strukturen oder die Bildähnlichkeitssuche –, die so in gedruckten Bibliographien nicht möglich sind. Um bei der jüngeren Generation allerdings den Eindruck zu vermeiden, als wären die Datenbanken und die Suchmöglichkeiten, die diese bieten, ausschließlich Erfindungen des 21. Jahrhunderts, sei darauf hingewiesen, dass Bibliotheken seit den 70iger Jahren des letzten Jahrhunderts Zugriff auf Datenbanken hatten und z. B. die Suche nach chemischen Strukturen seit den 80iger Jahren möglich war.

Um das Auffinden, die Auswahl und den Zugang zu Datenbanken für Benutzer zu erleichtern, wurde das Datenbank-Infosystem (DBIS) entwickelt. Es ermöglicht den beteiligten Bibliotheken die kooperative Verwaltung und Pflege der Inhalte von DBIS bei zugleich großer Individualität in der Gestaltung der Oberfläche von DBIS. Zu jeder Datenbank finden sich umfangreiche bibliographische und inhaltliche Beschreibungen sowie Angaben zur Zugänglichkeit und Verfügbarkeit. Die Verfügbarkeit ist in DBIS für jede Bibliothek individuell festlegbar. DBIS wurde in Anlehnung an die EZB (Elektronische Zeitschriftenbibliothek) an der Universitätsbibliothek Regensburg entwickelt und wird dort weiterhin betreut. Ähnlich wie in der EZB ein Ampelsystem, gibt in DBIS ein System von Icons über die Verfügbarkeit der Datenbanken Auskunft. Der Nutzer hat dabei hinsichtlich der Bedienoberfläche und der Verfügbarkeit der Datenbanken jeweils die Sicht der Institution, über die er sich angemeldet hat. Über DBIS sind mehr als 10.000 Datenbanken erschlossen, von denen nahezu 4.000 frei im Internet verfügbar sind und mehr als 6.000, die lizensiert werden können. Es werden jedoch immer nur die Datenbanken angezeigt, für welche die jeweilige Bibliothek einen Zugang bieten kann.

Bibliotheken, die nicht an DBIS teilnehmen, bieten ihre elektronischen Ressourcen meist in selbst entwickelten Portalen und in einigen Fällen nur noch indirekt über einen Discovery- Service an.

10.6 Elektronische Zeitschriften

Das Angebot an elektronischen Zeitschriften bzw. ejournals hat sich in den letzten zwanzig Jahren ständig vergrößert. In den Naturwissenschaften, den angewandten Wissenschaften aber auch den Wirtschaftswissenschaften ist das elektronische Angebot längst größer als das konventionelle. Sprach man vor ein paar Jahren von einem parallelen elektronischen Angebot, so ist heute vom parallelen Printangebot die Rede, und es ist klar, dass es dieses in vielen Fällen nur noch eine begrenzte Zeit geben wird. Speziell in Deutschland wurde die Entwicklung hin zu den elektronischen Zeitschriften durch eine mehr als befremdliche

Mehrwertsteuerregelung abgebremst. Auf Printausgaben wird der verminderte Mehrwertsteuersatz von sieben Prozent angewendet. Dies gilt auch für gedruckte Ausgaben, die zusammen mit einer elektronischen Version erworben werden, wenn die elektronische Version lediglich als „Beigabe" deklariert wird. Auf ausschließliche elektronische Ausgaben gilt dagegen der volle Mehrwertsteuersatz von zurzeit neunzehn Prozent. Es ist nur zu verständlich, dass die Bibliotheken solange wie irgend möglich an der Printversion oder der „Printversion mit Beigabe" festgehalten haben, um eine Verteuerung um volle zwölf Prozent zu vermeiden. Selbstverständlich spricht auch heute noch ein anderes wichtiges Argument, das Argument der sicheren und dauerhaften Archivierung, für einen Erwerb der gedruckten Ausgaben zumindest bei Bibliotheken mit Archivauftrag.

Für den Nachweis und den Besitznachweis von Zeitschriften (incl. elektronischer Zeitschriften) ist in Deutschland und Österreich die Zeitschriftendatenbank (ZDB) das Mittel der Wahl. Betreut und fortentwickelt wird die ZDB von der Staatsbibliothek zu Berlin und der Deutschen Nationalbibliothek. Über 4.400 Bibliotheken katalogisieren in der ZDB und bringen ihre Besitznachweise ein.

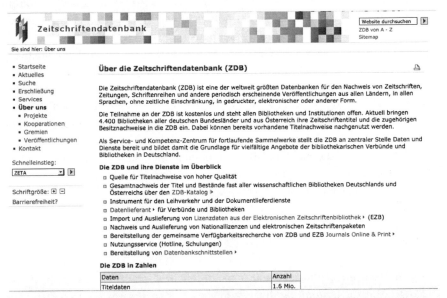

Abb.23: Auf den Webseiten der Zeitschriftendatenbank findet man eingehende Informationen zur ZDB sowie die Möglichkeit zur Suche in der ZDB.

Für den Zugriff auf ejournals durch das breite Publikum ist allerdings die Elektronische Zeitschriftenbibliothek (EZB), die von der Universitätsbibliothek Regensburg zusammen mit der Universitätsbibliothek der TU München entwickelt wurde und von der UB Regensburg betreut und fortentwickelt wird, wesentlich besser geeignet. Innerhalb der EZB ist die Suche nach einer Zeitschrift über Titelstichworte, den Titelanfang, Schlagworte aber auch die ISSN (International Standard Serial Number) möglich. Der Vollständigkeit halber sei erwähnt, dass die EZB auch für Bibliothekare mit der Suche nach der ZDB-Nummer oder dem Datum der letzten Änderung hervorragende Sucheinstiege anbietet. Zudem sind in der EZB die Zeitschriften für einen systematischen Zugang nach Fachgebieten gegliedert und innerhalb der Fachgebiete nach dem Alphabet der Titel aufgelistet. Ein Ampelsystem signalisiert dem Benutzer auf einfache Weise, ob eine ausgewählte Zeitschrift für ihn zugänglich ist (siehe Abb. 24). Dabei wird jeweils die institutionelle Sicht der Bibliothek angezeigt, über die der Benutzer den Zugang zur EZB hergestellt hat.

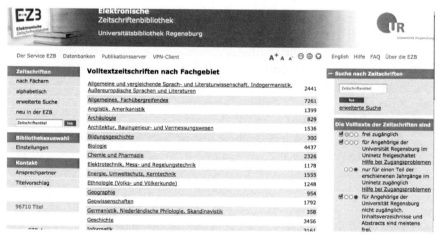

Abb. 24: Die Abbildung zeigt die Startseite der EZB mit der institutionellen Sicht der UB Regensburg. In der rechten unteren Ecke ist das Ampelsystem erklärt, welches dem Nutzer die Zugänglichkeit einer Zeitschrift an der jeweiligen Bibliothek anzeigt.

Über sechshundert Bibliotheken, meist aus dem deutschen Sprachraum, nehmen an der EZB teil und pflegen die Titeldaten auf kooperative Weise in einer gemeinsamen Datenbank. Jede beteiligte Bibliothek kann ihre lizenzierten Zeitschriften eigenständig verwalten und ihren Kunden Hinweise zu deren Zugänglichkeit und Nutzung nach ihren eigenen Vorstellungen geben. Insgesamt bietet die EZB Zugang zu über 70.000 wissenschaftlichen elektronischen Volltextzeitschriften von denen über 40.000 im Netz frei zugänglich sind und somit von jeder teilnehmenden Bibliothek angeboten werden können. Der Zugang zu den verbleibenden über 30.000 Titeln ist nur möglich, wenn die jeweilige Bibliothek eine Lizenz erworben hat.

10.7 E-Books

Ebenso wie die wissenschaftliche Zeitschrift im ejournal, hat auch die typische wissenschaftliche Monographie im wissenschaftlichen E-Book ihre Entsprechung gefunden. Bereits 2007 wurden auf der Frankfurter Buchmesse dreißig Prozent aller wissenschaftlichen Fachbücher zusätzlich als E-Book angeboten[38]. Daneben kommen zunehmend auch belletristische Werke und populärwissenschaftliche Sachbücher als E-Books auf den Markt. Der Anteil der E-Books am Gesamtumsatz der Buchhandelsbranche ist allerdings immer noch sehr gering und lag 2012 in Deutschland bei ca. 2 Prozent[39]. Die Zuwachsraten sind jedoch beeindruckend und liegen nahe bei einhundert Prozent. Für 2015 wird für die belletristischen E-Books bereits ein Marktanteil von über sechs Prozent erwartet[40]. Verlage werden zu diesem Zeitpunkt schon fünfzehn Prozent ihres Umsatzes mit E-Books erzielen. Die Zukunft scheint somit eindeutig den E-Books zu gehören, auch wenn aus der langwierigen Entwicklung der Bibliographien zu den Datenbanken und der Zeitschriften zu den ejournals geschlossen werden darf, dass sich der flächendeckende Übergang noch zwei bis drei Jahrzehnte hinziehen wird. Für Bibliotheken bieten E-Books einige klare Vorteile:

- E-Books verursachen keinerlei Platzverbrauch bei der Magazinierung und bei der Bereitstellung.
- Zeitersparnis bei der Bereitstellung bzw. völliger Wegfall der Transportwege und –zeiten ist gegeben.
- Bei Bereitstellung und Ausleihe gibt es keinerlei Abnutzungen und Schäden sowie daraus resultierende Reparaturen.

Die Vorteile für Bibliotheksbenutzer sind noch gravierender:
- Es entstehen keine Wartezeiten aufgrund eines Bestell- und Bereitstellungsvorgangs.
- Die Benutzung ist zu jeder Tages- und Nachtzeit möglich.
- Die gleichzeitige Nutzung durch mehrere Nutzer ist möglich.
- Eine Ausweitung der unmittelbaren Nutzungsmöglichkeiten, z. B. durch Verlinkung zu zitierten URLs, ist gegeben.
- Eine lineare Rezeption des gesamten Textes ist nicht nötig. Das schnelle Suchen und Auffinden von Textstellen ist möglich.

---

[38] URL: http://de.wikipedia.org/wiki/E-Book
[39] URL: http://www.uniglobale.com/i-study/e-books-statt-buecherregale/
[40] Müller, Christina u. Spiegel, Stefan: E-Books in Deutschland. Der Beginn einer neuen Gutenberg-Ära? Frankfurt a. M. 2010. URL: http://www.pwc.de/de/technologie-medien-und-telekommunikation/e-books-in-deutschland-der-beginn-einer-neuen-gutenberg-aera.jhtml

- Die Anreicherung mit multimedialen Elementen (Videos, Geräusche, Tondokumente, drehbare dreidimensionale Bilder usw.) ist problemlos möglich.
- Die Weiterverwendung und Bearbeitung von Textstellen ist auf einfache Weise möglich.
- Ein E-Book kann durch häufigere Updates leicht aktuell gehalten werden.

Dennoch gibt es eine E-Book-Gattung, die von den Nutzern, gerade den jüngeren studentischen Nutzern, nicht geliebt wird. Es handelt sich um elektronische Lehrbücher. Der Grund mag sein, dass mit Lehrbüchern sehr viel intensiver gearbeitet werden muss als mit anderen wissenschaftlichen Monographien und dass dies den meisten Menschen noch immer mit dem gedruckten Buch am leichtesten fällt.

Diesen vielen Vorteilen der E-Books stehen natürlich auch Nachteile gegenüber, welche die Bibliotheken und ihre Kunden gemeinsam betreffen:
- Ein weitreichendes Angebot von E-Books ist technisch aufwendig und entsprechend teuer, wenn auch nicht mehr wesentlich teurer als ein vergleichbares Angebot an konventioneller Literatur[41].
- Der hohe technische Aufwand bedingt eine gewisse technische Anfälligkeit und somit Ausfälle des elektronischen Angebotes.
- Um das elektronische Angebot nutzen zu können, benötigt der Bibliothekskunde ein entsprechendes technisches Equipment, bestehend aus Hard- und Software.

Aber alle diese Nachteile sind so geartet, dass sie wohl nur vorübergehender Art sind d.h. sich mit der Zeit abmildern, da z. B. die Ausfallsicherheit von IT-Anlagen sich laufend verbessert und die Verbreitung von IT-Equipment, das zum Lesen von E-Books geeignet ist (E-Book-Reader und Tablets), in der Bevölkerung zunimmt.

Zurzeit lassen sich drei grobe Modelle ausmachen, wie die Bibliotheken ihren Kunden den Zugriff auf E-Books ermöglichen:
1. Die elektronische Ressource verbleibt beim primären Anbieter (Verlag) und wird von diesem gehostet. Die Bibliothek erwirbt eine Lizenz und bietet ihren Kunden, wie bei Datenbanken und elektronischen Zeitschriften auch, nur den Zugang zu den E-Books. Je nach Ausgestaltung des Lizenzvertrages ist eine unbegrenzte oder begrenzte Anzahl von simultanen Zugriffen auf der Ebene des einzelnen E-Books möglich. Eine Ausprägung dieser Zugriffsvari-

---

[41] In einer internen Berechnung an der Bayerischen Staatsbibliothek im Jahr 2005 zeigte sich, dass die digitale Archivierung zu dieser Zeit etwa siebenmal so teuer war, wie die konventionelle Magazinierung. Bezog man die Bereitstellung der Literatur in diese Rechnung mit ein, so war das elektronische Angebot nur noch um den Faktor zwei bis drei teurer. Mittlerweile dürften sich die Kosten beider Angebotsvarianten noch wesentlich stärker angenähert haben.

anten könnte z. B. ein Pay-per-Use Nutzung sein, bei welcher der Kunde, bzw. die Bibliothek für den Kunden, pro Nutzungsfall bezahlt.
2. Die elektronische Ressource wird von der Bibliothek wie ein gedrucktes Buch auf Dauer erworben und anschließend selbst gehostet, um sie den Kunden anzubieten. Auch bei diesem Zugriffsmodell kann eine unbegrenzte oder begrenzte Anzahl simultaner Zugriffe im Kaufvertrag festgelegt werden.
3. Das E-Book wird von der Bibliothek erworben, darf aber in Nachbildung eines konventionellen Ausleihvorganges immer nur an einen Benutzer „ausgeliehen" werden. Dieses Zugriffsmodell wurde von einigen Aggregatoren[42] wie Ciando oder NetLibrary angeboten. Es hat sich im Bereich wissenschaftlicher Bibliotheken nicht durchsetzen können, ist aber bei öffentlichen Bibliotheken in Form der „Onleihe" sehr weit verbreitet.

Bibliothekare und Verleger haben zur bibliothekarischen Nutzung elektronischer Literatur eine Unsumme von Einzelverträgen und Lizenzierungsvereinbarungen abgeschlossen sowie zahlreiche Nutzungsmodelle erörtert und vereinbart. Dennoch häufen sich die Fälle, bei denen E-Books den Bibliotheken gar nicht erst angeboten werden bzw. zu inakzeptablen Konditionen, die eher einer Nichtnutzung als einer Nutzung entsprechen. Es ist dringend geboten, dass grundsätzliche Rahmenvereinbarungen oder gesetzliche Regelungen z. B. im Rahmen des Urheberrechts getroffen werden, die sicherstellen, dass Bibliotheken ihrem Auftrag gemäß E-Books erwerben und einem breiten Publikum anbieten dürfen.

Weiterführende Literatur

Alles digital? E-Books in Studium und Forschung. Weimarer EDOC-Tage 2011. Weimar 2012.
Mittrowann, Andreas: Die Onleihe – Eine Plattform zur Ausleihe digitaler Medien. In: Bibliothek Forschung und Praxis 35 (2011), S. 362–368.
Müller, Uwe: Erfolgreicher Start in die Betaphase der Deutschen Digitalen Bibliothek. In: Dialog mit Bibliotheken 25 (2013) 1, S. 33–36.
Schleh, Bernd: Eiszeit in Leipzig. In: Forum Bibliothek und Information 65 (2013), S. 366–371.
Tochtermann, Klaus: Der Inhalt muss zum Nutzer. In: Forum Bibliothek und Information 65 (2013), S. 115–117.
Weymann, Anna u.a.: Einführung in die Digitalisierung von gedrucktem Kulturgut. Ein Handbuch für Einsteiger. Berlin 2010.

---

[42] Als Aggregatoren werden Dienstleistungsunternehmen und/oder Plattformbetreiber aus dem Zwischenbuchhandel bezeichnet, welche die elektronischen Ressourcen von verschiedenen Verlagen bündeln, in informationstechnischer Hinsicht überarbeiten und unter einer Oberfläche (Plattform) anbieten.

11 Dokumentlieferung: Fernleihe

In diesem Lehrbuch sind unter dem Begriff Dokumentlieferung einerseits alle Fernleihsysteme, sowohl die mit geringen Gebühren belegte öffentlich-rechtliche Fernleihe als auch die auf privatrechtlicher Basis organisierten, teureren Fernleihsysteme (z. B. WorldCat Resource Sharing), sowie andererseits alle Direktlieferdienste subsummiert. Die Direktlieferdienste und auf privatrechtlicher Basis organisierte Fernleihsysteme werden im 12. Kapitel ausführlich besprochen.

11.1 Definition der Fernleihe und ein paar Begriffe, die dazu gehören

Rein aus der Sicht des Nutzers bedeutet „Fernleihe", dass er Literatur, die an seiner Heimatbibliothek nicht vorhanden ist, über diesen Gemeinschaftsservice der Bibliotheken von einer anderen, kooperierenden Bibliothek zugesandt bekommt. Das eigentliche Wesen der Sache trifft die englische Bezeichnung „interlibrary loan" besser: Die Heimatbibliothek des Nutzers entleiht das Buch bei der kooperierenden Bibliothek und stellt es dann wiederum ihrem Kunden zur Ausleihe zur Verfügung. Die Heimatbibliothek des Nutzers wird in diesem Zusammenhang auch als nehmende Bibliothek bezeichnet, ihr Anteil am ganzen Vorgang als nehmende oder auch passive Fernleihe. Die Bibliothek, welche die Literatur zur Verfügung stellt, wird als gebende Bibliothek bezeichnet, ihr Anteil an diesem Geschehen als gebende oder aktive Fernleihe.

Darüber hinaus gibt es noch weitere wichtige Unterscheidungen: Im (auswärtigen) Leihverkehr, wie man das Gesamte der Fernleihe auch nennt, werden nicht nur Bücher versandt, sondern auch Kopien. Man spricht dann von Kopienfernleihe oder Fernleihe nichtrückgabepflichtiger Medien, im Gegensatz zur Monographienfernleihe. Eine andere Unterscheidung bezieht sich nicht auf das Material, sondern auf die kooperative Organisation. Hier wird zwischen dem nationalen oder deutschen Leihverkehr und dem regionalen Leihverkehr unterschieden, der nur innerhalb einer Leihverkehrsregion betrieben wird. Während der deutsche Leihverkehr auf der Leihverkehrsordnung (LVO) beruht – dazu später mehr –, die die Fernleihe zwischen den großen wissenschaftlichen und öffentlichen Bibliotheken in ganz Deutschland regelt, wird der regionale Leihverkehr auf der Basis unterschiedlicher „Richtlinien für den regionalen Leihverkehr" durchgeführt. Daneben steht noch die internationale Fernleihe, für die es keine bindende rechtliche Grundlage gibt, sondern lediglich Richtlinien, die durch die IFLA (International Federation of Library Associations and Institutions) verabschiedet wurden und die gewährleisten sollen, dass auch hier ein gewisses Maß an Standardisierung vorhanden ist, das die Abwicklung von Bestellung, Lieferung und vor allem auch Bezahlung erleichtert.[43]

11.2 Ursprünge der Fernleihe und grundsätzliche Überlegungen

Ein kleiner Exkurs in die Geschichte des Leihverkehrs soll hier nicht bildungsbürgerlichen Zwecken dienen, sondern mag tatsächlich hilfreich sein, sich die Bedeutung dieser wichtigen Dienstleistung im Bibliothekswesen klar zu machen. Das Entstehen der Fernleihe in Deutschland ist eng verknüpft mit dem Anwachsen der Buchproduktion im 19. Jahrhundert, das zur Folge hatte, dass die Bibliotheken nicht mehr in der Lage waren, die gesamte relevante Buchproduktion allein zu erwerben und sich gewissermaßen gegenseitig aushelfen mussten. Der erste regelmäßige Leihverkehr fand zwischen der Königlichen Bibliothek Stuttgart und der Universitätsbibliothek Tübingen statt und ist für das Jahr 1816 belegt. Die kluge Reaktion auf Ressourcenknappheit ist also gewissermaßen eine schwäbische Erfindung. Danach wissen wir im Jahr 1837 als nächstes von einem regelmäßigen Fernleihaustausch zwischen der Hofbibliothek Darmstadt und der UB Tübingen.

Ab da ging es mit der kooperativen Bereitstellung von Literatur durch Bibliotheken schnell voran, so dass ein Regelungsbedarf für diese Dienstleistung entstand, der zum ersten mal im Jahr 1893 mit der Preußischen Leihverkehrsordnung umgesetzt wurde. Im Jahr 1910 musste diese im Hinblick auf die Festlegung von Sammelschwerpunkten reformiert werden. Die Bibliotheken sprachen sich also auch bezüglich ihrer Erwerbung ab, was unter dem Aspekt der begrenzten Ressourcen geradezu zwingend erscheint. Im Jahr 1924 war es dann so weit, dass die erste Deutsche Leihverkehrsordnung erlassen wurde, die die Fernleihe national regelte.

Auf die weiteren Details der Fernleihgeschichte in Deutschland soll hier nicht eingegangen werden, obwohl es die stürmischste Entwicklung wohl in den letzten 15 Jahren gab. In dieser Zeit wurden die Leihscheine durch eine Online-Bestellmöglichkeit für den Benutzer abgelöst und sowohl für die Bestellungen im Allgemeinen, wie auch für die Lieferung von Kopien eine moderne Infrastruktur aufgebaut.

---

43 Internationaler Leihverkehr und internationale Dokumentlieferung: Grundsätze und Verfahrensrichtlinien; http://www.ifla.org/files/assets/docdel/documents/international-lending-de.pdf

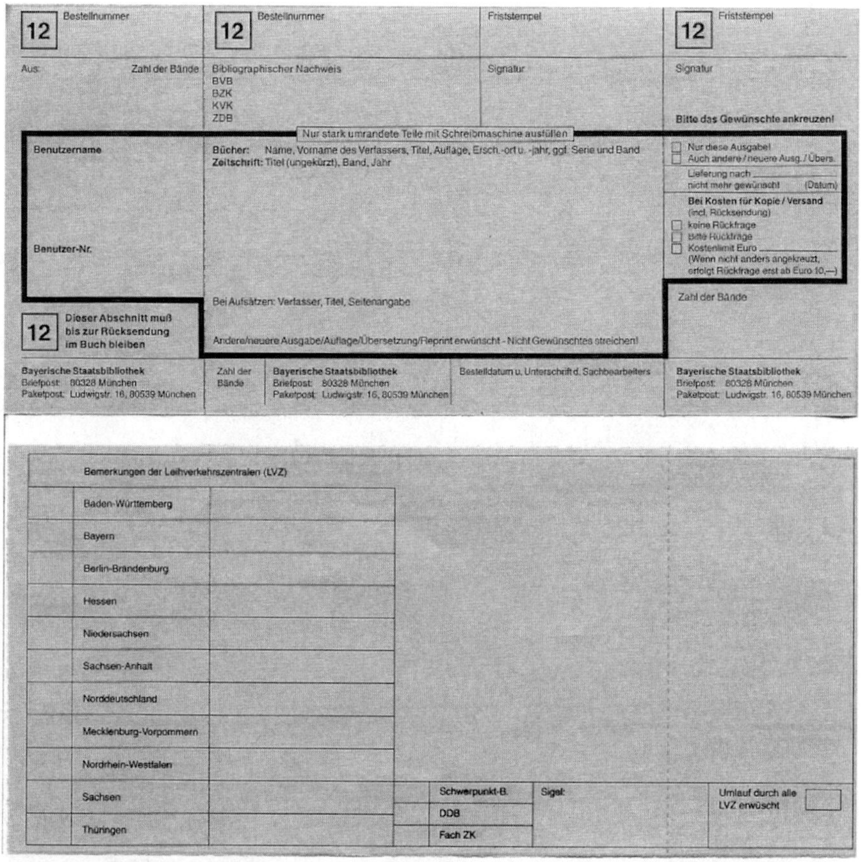

Ursprünge der Fernleihe und grundsätzliche Überlegungen — **183**

Abb. 25: Der rote Leihschein (Vorder- und Rückseite) war über Jahrzehnte hinweg ein Utensil, das aus dem bibliothekarischen Alltag nicht wegzudenken war. Auch heute noch erreichen z. B. die Bayerische Staatsbibliothek pro Jahr mehrere tausend rote Leihscheine, machen aber nur noch wenige Prozent des Gesamtbestellvolumens aus.

Wichtig ist, Folgendes im Auge zu behalten: Die Ressourcenknappheit hat sich seit dem 19. Jahrhundert für Bibliotheken nicht gebessert sondern laufend verschärft. Keine Bibliothek auf der ganzen Welt wäre in der Lage alle relevante Literatur selbst zu kaufen oder auch zu verwalten. Nicht nur finanziell sondern auch logistisch würde hier jede Institution schnell an ihre Grenzen stoßen. Das Element der kooperativen Reaktion auf Versorgungsengpässe zeigt aber auch, dass es einen engen Zusammenhang gibt zwischen dem deutschen System der durch die DFG geförderten Sondersammelgebiete[44] und dem Leihverkehr: Eine koordinierte und national zentral geförderte Erwerbung, ist nur dann sinnvoll, wenn diese Literatur auch überregional zur Verfügung gestellt werden kann. Das muss nicht zwingend über die Fernleihe erfolgen, auch Direktlieferdienste spielen hier eine große Rolle, aber bislang war und ist die Fernleihe das Hauptinstrument für diese überregionale Bereitstellung.[45]

Abb. 26: Eingangsschild zur Fernleihabteilung der Universitätsbibliothek Tartu in Estland. Auch wenn die Fernleihe in Deutschland im weltweiten Vergleich auf einem sehr hohen Niveau arbeitet, ist sie doch ein internationales Phänomen.

---

[44] Nähere Informationen zu den Sammelschwerpunkten an deutschen Bibliotheken und SSG System der DFG finden sich unter: http://webis.sub.uni-hamburg.de/webis/index.php/Hauptseite

[45] Auch mit der Umwandlung der Sondersammelgebiete in Fachinformationsdienste, die sich in den nächsten Jahren vollziehen wird, wird sich im Kern an dieser Problematik nichts ändern. Die Aufgabe, Informationen für den Spitzenbedarf in der Forschung nicht nur den Wissenschaftlern einer bestimmten Institution sondern allen zur Verfügung zu stellen, die maßgeblich an der Forschung zu einem Thema beteiligt sind, wird unverändert bestehen bleiben und dafür wird die Fernleihe auch weiterhin eine entscheidende Rolle spielen. Siehe dazu auch: http://www.dfg.de/foerderung/programme/infrastruktur/lis/lis_foerderangebote/fachinformationsdienste_wissenschaft/ueberfuehrung_sondersammelgebiete/index.html

Etwas anderes sei an dieser Stelle aber noch angemerkt: Zwar gibt es in Deutschland nicht im gleichen Sinne eine Nationalbibliothek, wie dies etwa in Großbritannien mit der British Library oder in Frankreich mit der Bibliothèque nationale de France der Fall ist, die an zentraler Stelle wenigstens im Hinblick auf das nationale schriftliche Kulturerbe, aber auch die aktuelle Buchproduktion eine vollständige Informationsversorgung an einer einzigen Stelle garantiert, aber zugleich gibt es auch in keinem anderen Land dieser Erde ein vergleichbar koordiniert ausgebautes System des Leihverkehrs wie in Deutschland, in dem wissenschaftliche und öffentliche Bibliotheken flächendeckend vernetzt sind, um sich gegenseitig mit Literatur zu versorgen und somit praktisch für jeden zugelassenen Nutzer alle für ihn relevanten Informationen schnell und kostengünstig zur Verfügung stehen. In einer Gesellschaft, die sich selbst als Informations- und Wissensgesellschaft betrachtet, stellt dies gewiss eine der Hauptschlagadern dar, ein Umstand, der nur selten Beachtung findet.

11.3 Die Leihverkehrsordnung und Grundstrukturen der Fernleihe

Aus dem bisher gesagten wird auch verständlich, warum die Fernleihe zum Kerngeschäft der Bibliotheken gehört und deshalb z.B. in Bayern auch in der Allgemeinen Benützungsordnung der Bayerischen Staatlichen Bibliotheken[46] verankert ist und damit eine Pflichtdienstleistung dieser Bibliotheken darstellt, im Gegensatz zum Direktlieferdienst subito (siehe Kap. 12), der als ergänzender Service zur Sicherstellung einer schnellen und effizienten Informationsversorgung betrachtet werden kann. Wie weiter oben schon erwähnt, wird die Abwicklung der Fernleihe in Deutschland grundlegend durch die „Ordnung des Leihverkehrs in der Bundesrepublik Deutschland" oder auch kurz „Leihverkehrsordnung" (LVO)[47] geregelt. Der Name sagt schon, dass es sich nicht um ein Gesetz handelt, sondern um eine Verordnung, die durch die Kultusministerkonferenz der Länder beschlossen und dann von den Kultusministerien der einzelnen Bundesländer jeweils für ihr Land erlassen wird. Ein wenig ist dieses Vorgehen merkwürdig und hinderlich, da im Sinne der Kulturhoheit der Länder jedes Land diese Verordnung noch ändern kann, wenn sie im eigenen Bereich erlassen wird und damit prinzipiell Regelungen einbringen könnte, die mit dem gesamten Konzept der überregionalen Struktur nicht zu vereinbaren sind, was tatsächlich auch schon

---

46 URL: http://www.bsb-muenchen.de/Allgemeine-Benutzungsordnung.1438.0.html
47 URL: http://www.bibliotheksverband.de/dbv/vereinbarungen-und-vertraege/leihverkehr-verordnung.html

einmal geschehen ist. In der Praxis ließ sich dies – eine in nur einem Bundesland abweichende Kostenregelung – aber nicht durchsetzen und so ist derzeit die Leihverkehrsordnung bundeseinheitlich in Kraft.

Indem die LVO die Modalitäten des deutschen Leihverkehrs regelt, macht sie auch wichtige Zielvorgaben, in welcher Weise in Deutschland die überregionale Informationsversorgung durch Bibliotheken stattfindet. Auch hier ist ein kurzer Blick in die jüngere Geschichte des Leihverkehrs hilfreich. Bevor die LVO in ihrer aktuellen Fassung 2003 neu erlassen wurde, gab es eine Reihe von Reformbestrebungen, in denen durchaus das derzeitige System des Leihverkehrs grundlegend in Frage gestellt wurde zugunsten eines differenzierten Systems der direkten Belieferung des Kunden mit Kopien und Büchern zur Ausleihe, das sich auf unterschiedliche Kundengruppen ausrichtet. Auf Einzelheiten soll hier nicht eingegangen werden, sondern allein hervorgehoben sein, dass man sich damals mit gutem Grund und, wie sich heute zeigt, weitsichtig für eine prinzipielle Kontinuität entschied. Das heißt vor allem, dass drei grundlegende Elemente beibehalten wurden, die in den Reformbestrebungen in Frage standen:

1. Die Fernleihe beruht auf **Gegenseitigkeit**. Bibliotheken, die am Leihverkehr teilnehmen, verpflichten sich, nicht nur Bücher von anderen zu leihen, sondern auch die eigenen Bestände zur Verfügung zu stellen.[48] In der Wirklichkeit kommt dies nicht immer im vollen Umfang zum Tragen, so dass sich gerade kleinere Bibliotheken in gar nicht wenigen Fällen de facto nur nehmend an der Fernleihe beteiligen. Grundsätzlich gilt das Prinzip aber und kommt auch bei der Zulassung einer Bibliothek zum Leihverkehr zur Anwendung, wo eine ausschließlich nehmende Teilnahme von vornherein ausgeschlossen bleibt.[49]
2. Das **Regionalprinzip**: Deutschland ist in sieben Leihverkehrsregionen mit zehn Leihverkehrszentralen unterteilt.[50] Das Regionalprinzip sieht vor, dass Fernleihbestellungen primär in der eigenen Region erledigt werden und erst dann in andere Regionen weitergeleitet werden, wenn die angemessene Erledigung in der eigenen Region nicht möglich ist (LVO, §5). Dabei wir detailliert geregelt, was als angemessene Erledigung gilt und welche Ausnahmen es

---

48 Vgl. LVO Präambel.
49 Eine Rolle spielt dies z.B. bei dem Wunsch von Firmenbibliotheken zur Fernleihe zugelassen zu werden, die letztlich nicht in der Lage sind, ihre Katalogdaten oder auch ihre Bestände zur Verfügung zu stellen oder auch gar nicht wirklich über entsprechende Bestände verfügen, die hier zur Verfügung gestellt werden könnten.
50 Die LVO unterscheidet die Leihverkehrsregionen Baden-Württemberg (und Saarland und Teile von Rheinland-Pfalz, Bayern, Berlin-Brandenburg, Hessen, Gebiet des Gemeinsamen Bibliotheksverbundes der Länder Bremen, Hamburg, Mecklenburg-Vorpommern, Niedersachsen, Sachsen-Anhalt, Schleswig-Holstein und Thüringen (LVO, Anhang 2).

von diesem Prinzip gibt. Der Grund für die Beibehaltung des Regionalprinzips liegt sicher auch in der Kulturhoheit der Länder und der damit verknüpften Tatsache, dass die Länder auch in ihrem Angebot eines Informationsservice für Wissenschaft, Wirtschaft und Bildung untereinander konkurrieren, so dass jedes Land primär für die eigene Informationsversorgung selbst verantwortlich ist. Die wichtige Konsequenz aus diesem Prinzip besteht in der derzeit auch regional organisierten technischen Infrastruktur der Fernleihe, in der die Fernleihbestellungen prinzipiell zunächst innerhalb eines Verbundes und dem von ihm betriebenen Fernleihserver abgearbeitet werden, der auf die Grenzen einer oder bestenfalls von zwei Leihverkehrsregionen beschränkt ist.

3. Ein drittes wesentliches Element des deutschen Leihverkehrs ist seine prinzipielle **Kostenfreiheit** für den Nutzer. So heißt es in der LVO, dass für den Nutzer lediglich eine vom Unterhaltsträger festzulegende Kostenpauschale erhoben wird (LVO §19). Näheres dazu wird in der Anlage 5 geregelt, in der bestimmt wird, dass die Kostenpauschale nach Möglichkeit einheitlich geregelt werden soll und unabhängig vom Bestellerfolg durch die nehmende Bibliothek erhoben wird. Prinzipiell ist hier ein Spielraum gegeben, der auch die Erhebung höhere Entgelte vom Benutzer zulassen würde. In der Regel werden vom Benutzer derzeit und schon seit langem ohne jede Erhöhung 1,50 Euro je Bestellung verlangt, was sich deutlich von den Preisen gewinnorientierter oder auch nur auf Kostendeckung bedachter Dokumentlieferdienste unterscheidet. Sowohl prinzipiell, wie auch praktisch von Bedeutung ist die Tatsache, dass die Kostenpauschale unabhängig vom Bestellerfolg anfällt. Immer mehr wird dies von Benutzern moniert, die mit einer Erwartungshaltung den Service in Anspruch nehmen, die durch den Online-Buchhandel geprägt ist, und bei dem es selbstverständlich ist, dass keine Kosten anfallen, wenn der Kunde das gewünschte Dokument nicht erhält. Dabei bleibt außer Acht, dass die Fernleihe eine sehr komplexe Dienstleistung darstellt, in der gerade für Bestellungen, die nicht erfüllt werden können, durch die Nachrecherche in der nehmenden Bibliothek und den Versuch, das gewünschte Medium dennoch in einer gebenden Bibliothek zu erhalten, ein ganz erheblicher Aufwand anfällt. Dies ist einerseits oft nicht leicht zu vermitteln, stellt andererseits aber auch ein wesentliches Qualitätsmerkmal dieser Form der Informationsversorgung dar, die auf Vollständigkeit abzielt, auch bei seltener und schwer zugänglicher Literatur.

11.4 Grundlegende Regelungen der LVO und Grundstrukturen des Leihverkehrs

Neben den oben genannten strategischen Grundentscheidungen, die sich ja auch in konkreten Regelungen z.B. zu den Kosten niederschlagen, wird durch die Leihverkehrsordnung auch die gesamte Grundstruktur der Dienstleistung festgelegt und in vielen Punkten auch im Detail festgehalten. Alle Einzelheiten können hier nicht Raum finden, aber die grundlegenden Bestimmungen seien kurz vorgestellt.

11.4.1 Der Zweck des Leihverkehrs

Die Fernleihe dient primär Forschung und Lehre und darüber hinaus Aus- und Fortbildung, sowie der Berufsarbeit (LVO, §1). Gegenüber früheren Fassungen wurde die Zweckbestimmung gelockert und durch die Zwecke der Aus- und Fortbildung – von denen auch nicht gesagt wird, dass sie auf Wissenschaft und Beruf begrenzt sind –, umfasst die Fernleihe damit fast alles, was als Buch oder Zeitschrift gewünscht werden kann. Ausdrücklich ausgenommen vom Leihverkehr werden nur Bücher, die zu einem geringen Preis im Buchhandel erhältlich sind oder am Heimatort der nehmenden Bibliothek in ihr selbst oder einer anderen Bibliothek verfügbar sind (Heimatortprinzip) (LVO, §1). Bücher, die rein praktische oder elementare Kenntnisse vermitteln, können immerhin von der Weiterleitung in eine andere Region ausgenommen werden. Diese Einschränkungen auf einen gesellschaftlich relevanten Zweck, so sehr dies inzwischen aufgeweicht ist, ist insofern bedeutsam, da die Abwicklung der Fernleihe für die Bibliotheken mit der Bereitstellung einer komplexen technischen Infrastruktur, dem Versand der Medien und der Bearbeitung durch das Personal der gebenden und nehmenden Bibliothek, einen recht beträchtlichen Aufwand darstellt, der einer entsprechenden Rechtfertigung bedarf.

11.4.2 Zulassung zum Leihverkehr

Zur Fernleihe können wissenschaftliche und öffentliche Bibliotheken zugelassen werden, die allgemein zugänglich sind, über qualifiziertes Personal verfügen und über die notwendigen Recherche- und Kommunikationsmittel verfügen, was sich mittlerweile weitgehend auf einen funktionierenden Internetzugang reduziert. Die Qualifikation bezieht sich vor allem auf die Bedienung der notwendigen Software, die durch die Verbünde bereitgestellt wird und eine halbwegs qualifizierte

Beratung der Benutzer im Hinblick auf die Möglichkeiten und Beschränkungen der Fernleihe. Eine formale bibliothekarische Ausbildung ist hier nicht gefordert. Die wichtigste Einschränkung bleibt wohl die allgemeine Zugänglichkeit der Bibliothek, die unter anderem auch sicherstellt, dass die weitgehend staatlich subventionierte Fernleihe nicht für prinzipiell rein partikulare Interessen einer Institution oder eines Wirtschaftsunternehmens genutzt wird. Die Anträge auf Zulassung zum Leihverkehr werden durch die Leihverkehrszentralen in den einzelnen Regionen bearbeitet, die Zulassung selbst erfolgt durch die jeweiligen Länder und führt zur Eintragung in der Leihverkehrsliste.

11.4.3 Pflichten der Bibliotheken

Mit der Zulassung zum Leihverkehr übernehmen Bibliotheken auch im überschaubaren Rahmen Pflichten. Zunächst müssen sie die LVO anerkennen und sich an sie halten. Sie verpflichten sich zu einer zeitnahen Bearbeitung der eingehenden Bestellungen, ohne dass dafür formale oder überprüfbare Vorgaben vorhanden wären, sowie zur Einbringung der Nachweise für ihren Bestand, was jedoch in vielen Fällen bei kleineren Bibliotheken nicht durchgeführt wird. Unabdingbar ist die Führung der Leihverkehrsstatistik, die an die Leihverkehrszentralen gemeldet werden muss.

11.4.4 Regelungen zur Abwicklung der Fernleihe

Der Großteil der Regelungen bezieht sich auf die Abwicklung des gesamten Fernleihvorgangs von der Bestellung bis zur Lieferung und ggf. Bezahlung besonderer Kosten. Im Einzelnen kann und soll darauf nicht eingegangen werden, aber die grundlegenden Dinge seien doch kurz angeführt. Die elektronische Bestellung, also die Online-Bestellung wird als primärer Bestellweg festgelegt (LVO, §6), nachdem über viele Jahrzehnte die Fernleihe mit roten Leihscheinen durchgeführt wurde, die von Bibliothek zu Bibliothek weitergesandt wurden. In der Folge ist dieser Leihschein auch schon fast verschwunden, kommt aber in seltenen Fällen immer noch vor, genauso wie sein naher digitaler Verwandter, die Bestellung per E-Mail. Ein besonderes Spezifikum des Leihverkehrs, der Leitweg, wird nur en passant erwähnt, indem gesagt wird, dass dieser durch die nehmende Bibliothek festgelegt wird (LVO, § 6). Angesprochen wird dabei ein wichtiger Faktor deutscher Fernleihtradition, nämlich die Tatsache, dass es sich bei der Fernleihe um eine Dienstleistung in einem kooperativen Verbund handelt. Eine Bestellung wird nicht einfach an eine andere Bibliothek geschickt, sondern aufgrund der

Bestandsnachweise in regionalen und überregionalen Katalog geht die Bestellung an alle Bibliotheken, für die das gewünschte Dokument als verfügbar nachgewiesen ist. Die Reihenfolge, in der dies geschieht, wird als Leitweg bezeichnet. Da tatsächlich die Bestellabwicklung in der überwiegenden Zahl der Fälle über die Server der Verbundsysteme erfolgt, werden auch dort die Leitwege festgelegt, mit ganz unterschiedlichen Algorithmen. Dies kann auch eine Liste sein, die durch die nehmende Bibliothek festgelegt ist, kann sich aber auch nach der Last, d.h. der Anzahl der Bestellungen an einem Tag oder anderen Kriterien richten.

Darüber hinaus werden auch ganz prinzipielle Fragen des Bestellweges geklärt, wann eine Abweichung vom Regionalprinzip möglich ist und wann Bestellungen an Bibliotheken auch ohne Bestandsnachweis gerichtet werden dürfen. Hier spielen vor allem die Sondersammelgebiete eine Rolle und Bibliotheken mit besonderen Sammelaufträgen wie die Deutsche Nationalbibliothek, wobei solche Bestellungen stets nur als letzte Möglichkeit durchgeführt werden sollen, wenn alle anderen Wege ausgeschöpft sind (LVO, §10).

Als Besteller gilt generell die nehmende Bibliothek, nicht jedoch bei Kopien. Aus urheberrechtlichen Gründen kommt hier nur der Endnutzer in Frage, der sich gemäß § 53 UrhG auf einen privilegierten Zweck berufen kann und in dessen Auftrag die nehmende Bibliothek die Bestellung durchführt (LVO, §10).

Aufsätze und Schriften kleineren Umfangs sollen nur als Kopien geliefert werden, sofern das Urheberrecht dies zulässt (LVO, §15).[51] Dabei sollen soweit das möglich ist, die neuen technischen Kommunikationsmöglichkeiten „vorrangig genutzt werden". Die Formulierung ist hier bewusst vage gehalten, damit nicht schon durch die Vorgaben der Verordnung ein Konflikt mit den Beschränkungen des Urhebergesetzes entsteht. Prinzipiell ist damit aber auch die Lieferung von Kopien im Leihverkehr an die neuesten technischen Entwicklungen und die Bedürfnisse der Nutzer im Hinblick auf Komfort und Schnelligkeit der Lieferung anpassbar. Kopien bis 20 Seiten werden ohne Berechnung zusätzlicher Kosten geliefert, d.h. hier fällt nicht mehr als die bereits erwähnte Auslagenpauschale an. Schon darin zeigt sich, dass der Leihverkehr eine für den Endnutzer besonders günstige Form der Informationsversorgung darstellt. Gerechtfertigt ist diese prinzipielle Kostenfreiheit dadurch, dass es im Zuge der Gegenseitigkeit für die Bibliotheken und ihre Nutzer oftmals günstiger ist, die gewünschte Literatur über den Leihverkehr zu beschaffen, als sie in Folge eines Anschaffungswunsches zu erwerben und der Aufwand für eine Abrechnung ggf. anfallender Kleinbeträge

---

51 Oftmals wird irrtümlich davon ausgegangen, Kleinschriften dürften generell auch als Kopie versandt werden. Der Werkcharakter einer Schrift wird aber im UrhG ausdrücklich nicht vom Umfang des Werkes abhängig gemacht, so dass auch Dokumente geringen Umfangs vollen Schutz genießen und nicht ohne Weiteres vervielfältigt und versandt werden dürfen.

gegenüber dem Nutzer in keinem guten Verhältnis zum zu erwartenden finanziellen Nutzen für die Bibliothek steht. Zugleich hat sich in der Praxis aber inzwischen herausgestellt, dass die vorhandene Regelung gerade unter diesem Aspekt zu eng und eine rationelle Abwicklung der Kopienlieferungen im Leihverkehr auf der Basis von 40 kostenfreien Seiten sehr viel günstiger ist.

In dem Zusammenhang sei hier auch nochmals auf die oben bereits erwähnten Kostenregelungen eingegangen, die es trotz der prinzipiellen Kostenfreiheit gibt und die durchaus von Bedeutung sind (LVO, §19 und Anhang 5). Neben der Kostenpauschale können durch die gebende Bibliothek außergewöhnliche Kosten für schnellen Versand, Versicherung oder außergewöhnliche Aufwände im Hinblick auf besondere Kopierverfahren, die für bestimmte Medien notwendig sind, erhoben werden. Diese Kosten werden direkt zwischen der gebenden und nehmenden Bibliothek abgerechnet und werden von der nehmenden Bibliothek wiederum vom Endnutzer erhoben. Daneben hat die nehmende Bibliothek an die gebende Bibliothek einen zwischen den Ländern abgestimmten einheitlichen Betrag für jede positiv erledigte Online-Bestellung abzuführen. Dabei zahlt die nehmende Bibliothek 1,50 Euro und die gebende Bibliothek erhält 1,20 Euro. 0,30 Euro gehen an die Verbundzentrale, über die die Bestellung abgewickelt wurde. Sind zwei Verbünde an dem Bestellvorgang beteiligt, teilen diese beiden sich den Betrag, der zur Pflege und Weiterentwicklung der Fernleihsysteme in den Verbünden gedacht ist. Selbstverständlich findet hier keine einzelne Rechnungsstellung statt, sondern eine Verrechnung auf der Basis statistischer Zahlen, die zwischen den Verbünden ausgetauscht werden, so dass jede Bibliothek nur einmal im Jahr eine Netto-Rechnung erhält, gemäß der ihr entweder (als Netto-Geber-Bibliothek) ein positiver Betrag gutgeschrieben wird oder die sie zur Zahlung eines Gesamtbetrages als Nettonehmer-Bibliothek verpflichtet.

Weitere Regelungen betreffen noch den Versand und den Rückversand der Medien, die Benutzung der entliehenen Medien und ihre Leihfristen und vor allem auch Ausleihbeschränkungen. Diese sind insofern von größerer Bedeutung, als dadurch sichergestellt ist, dass Bibliotheken mit der gebenden Teilnahme am Leihverkehr keine Verpflichtungen übernehmen, die ihrer Benutzung vor Ort abträglich sind. So können beispielsweise alte und besonders wertvolle Bücher von der Fernleihe ausgenommen werden, genauso wie solche, deren Erhaltungszustand es erfordert. Darüber hinaus können aber auch solche ausgeschlossen werden, die vor Ort besonders intensiv genutzt werden, sowie Lesesaal- und Handbibliotheksbestände (LVO, §14). Zugleich wird aber festgehalten, dass die Ausnahme vom Versand sich auf Sonderfälle beschränken soll und nicht heißen kann, dass eine Bibliothek sich nach Belieben aus dem Leihverkehr zurückziehen kann. Täte sie das, könnte sie künftig auch von der Teilnahme an der Fernleihe ausgeschlossen werden.

Wichtig ist auch zuletzt noch die Regelung bezüglich Versand und Schadensersatz, die festhält, dass die nehmende Bibliothek für eine fristgerechte Rücklieferung der Bücher verantwortlich ist und für Verlust und Beschädigung haftet, auch wenn diese auf dem Transportweg geschehen. Dabei kann der Ausgleich sowohl durch Bezahlung, als auch durch Beschaffung eines Ersatzexemplars erfolgen (LVO, §18).

11.5 Regionaler und überregionaler Leihverkehr

Die Unterscheidung zwischen regionalem und überregionalem Leihverkehr, die ehedem von Bedeutung war, weil damit auch zwei unterschiedliche Dienstleistungen mit unterschiedlichen Leihscheinen und ohne die direkte Weiterleitung in eine andere Region verbunden waren, hat durch die technische Entwicklung und die aktuelle Leihverkehrsordnung an Gewicht verloren. Einige Leihverkehrsregionen sind den Weg gegangen, diese Unterscheidung ganz aufzugeben und alle öffentlichen Bibliotheken für den überregionalen Leihverkehr zuzulassen. In anderen Regionen, wie z.B. Bayern, wurde die Unterscheidung mit eigenen Regeln für den regionalen Leihverkehr beibehalten, da in einem Flächenstaat ein sehr weitverzweigtes System sehr kleiner öffentlicher und kirchlicher Bibliotheken vorhanden ist, das nicht komplett in den überregionalen Leihverkehr integriert werden kann. Aber auch dort wurden die Regeln für den regionalen Leihverkehr weitgehend an die LVO angeglichen, so dass diese Unterscheidung praktisch kaum noch Relevanz besitzt, weil vor allem technisch ohnehin alle Bestellungen in denselben Bestellsystemen der Verbünde verwaltet werden.

11.6 Technische Abwicklung der Fernleihe: Die Fernleihserver in den Verbundzentralen

Einerseits wurde die Weiterentwicklung des Leihverkehrs in den letzten 20 Jahren vor allem durch die technischen Entwicklungen vorangetrieben. Organisation und Regelung in den Verordnungen haben mehr darauf reagiert, als dass sie Motor der Entwicklungen gewesen wären. Andererseits soll an dieser Stelle mehr prinzipiell auf diese Seite der Fernleihe eingegangen werden, weil sich eben die konkreten Systeme doch laufend im Fluss befinden und schwer vorhergesagt werden kann, wie die exakte Architektur in ein oder zwei geschweige denn in fünf oder zehn Jahren aussehen wird.

Ganz kurz sei auch hier auf die Geschichte eingegangen. Wie in vielen Bereichen des Bibliothekswesens, hat auch in der Fernleihe das Internet und die damit gegebene Möglichkeit des vernetzten Zugriffs auf Kataloge, Daten und Bestellsysteme, den entscheidenden Entwicklungssprung angestoßen. Das erste Online-Fernleihsystem wurde bereits 1994 mit der PICA Online-Fernleihe im GBV ins Leben gerufen, das dem Benutzer die direkte Aufgabe von Fernleihbestellungen ermöglichte, die dann an die jeweils gebenden und nehmenden Bibliotheken übermittelt wurden und den roten Leihschein und seine komplizierten Versandwege ersetzte. Der nächste Schritt wurde erst 1999 in Bayern mit dem sogenannten Fernleihinterface der Fa. SISIS gemacht. Auch hier wurde den Nutzern ermöglicht, direkt aus der Recherche im Verbundkatalog Fernleihbestellungen abzusetzen, für die automatisch die möglichen gebenden Bibliotheken ermittelt und in einem Leitweg zusammengefasst wurden. Über das Pica-System im GBV ging diese Lösung aber darin hinaus, dass die Bestellungen auch in den Lokalsystemen der gebenden und nehmenden Bibliotheken direkt verbucht wurden, so dass dort direkt die Bestellzettel ausgedruckt wurden und nur noch die Ausgabe des Buches in der gebenden Bibliothek und der Eingang des Buches in der nehmenden Bibliothek bestätigt werden musste. Dies funktionierte jedoch nur bei der ersten Bibliothek, die prinzipiell lieferfähig war. Konnte dort die Bestellung doch nicht erfüllt werden, geschah die weitere Verarbeitung manuell. Aus diesem Grund wurde in NRW im Jahr 2001 der zentrale Fernleihserver (ZFL) der Fa. SISIS in Betrieb genommen, der die Speicherung des Leitweges in einer zentralen Datenbank und seine automatische Wiederaufnahme genauso gestattete, wie eine Statusverfolgung der Bestellungen für die nehmende Bibliothek. Dies mag als ganz kurzer Abriss der technischen Entwicklung genügen, obwohl seither zahlreiche Weiterentwicklungen stattfanden, auf die im Einzelnen hier nicht eingegangen werden soll.

Da es bei einer Fernleihe immer um einen Literaturwunsch geht, der durch die Heimatbibliothek eines Benutzers nicht erfüllt werden kann, bedarf es hier einer Recherchemöglichkeit über den Katalog der eigenen Bibliothek hinaus, damit der Benutzer (oder der Fernleihbibliothekar) weiß, wo das gewünschte Buch zu erhalten ist. Grundlage der Fernleihe in dieser Hinsicht sind in Deutschland derzeit die regionalen Kataloge der Verbünde. Dies ist schon im Hinblick auf das Regionalprinzip konsequent, weil damit zunächst vor allem die Bestände in der eigenen Region angefragt werden. Da andererseits die Bestellungen auch in andere Regionen weitergegeben werden, wenn sie in der eigenen nicht verfügbar sind und dazu dann die jeweils anderen Verbundkataloge abgefragt werden müssen, kann dieser Umstand auch als gerade historisch bedingt betrachtet werden, der sich durchaus mit der Entstehung eines übergreifenden Gesamtnachweises z.B. im Zuge der Etablierung einer cloudbasierten Infrastruktur ändern kann und gewiss eines Tages auch ändern wird.

11.7 Fernleihserver und lokale Bibliothekssysteme: ein komplexes Zusammenspiel

Am besten nähert man sich der Frage nach dem Funktionieren der Fernleihe vom Endnutzer her, der Literatur benötigt, die in seiner Heimatbibliothek nicht vorhanden ist. Ein schnelles und nutzbringendes Fernleihsystem setzt ein komplexes Zusammenspiel mehrerer Komponenten voraus. Zunächst muss diesem Benutzer eine Recherche- und Bestellumgebung zur Verfügung stehen, in der er über die Bestände der eigenen Bibliothek hinaus nach der von ihm gewünschten Literatur in für ihn fernleihrelevanten Beständen suchen kann. In vielen Fällen ist dies inzwischen in der Katalogumgebung der jeweiligen Heimatbibliothek der Fall, wenn diese um entsprechende Portalfunktionen erweitert wurde, die auch den Zugriff auf andere Datenbanken oder Kataloge, vor allem eben den eigenen Verbundkatalog, ermöglichen. Eine Alternative dazu ist die Recherche in der Umgebung des Verbundkataloges und den zugehörigen regionalen Portalen, die ebenso über die erforderlichen regionalen und ggf. überregionalen Nachweise verfügt. Findet der Nutzer das von ihm gewünschte Buch oder die Zeitschrift oder Aufsatz, den er benötigt, muss damit eine Bestellfunktion verknüpft sein. Hier muss verschiedenes geschehen: Der für die Bestellung zuständige Server muss zunächst feststellen, in welcher möglichen gebenden Bibliothek das gewünschte Buch im Bestand vorhanden ist und im besten Fall auch gleich mit einer Anfrage an das jeweilige Lokalsystem überprüfen, ob dort das Buch auch wirklich verfügbar, d.h. überhaupt für die Fernleihe zugelassen und dann auch noch ausleihbar ist. Die Bibliotheken mit den tatsächlich verfügbaren Dokumenten werden dann gemäß dem oben bereits erwähnten Leitweg, der von unterschiedlichen Faktoren abhängen kann, in eine Reihenfolge gebracht und die Bestellung mit ihrem sich daraus ergebenden konkreten Leitweg in einem Zentralsystem verbucht. In einer sehr einfachen Variante werden die gebende und die nehmende Bibliothek über ein eigenes Webinterface oder auch per E-Mail über die Bestellung informiert oder es wird dort aus dem Zentralsystem ein Bestellzettel ausgedruckt. Die weitere Behandlung vor Ort muss dann manuell mit den lokalen Systemen erfolgen, d.h. die Bestell- und Ausleihverbuchung in der gebenden und nehmenden Bibliothek. In einem komplexeren und weitergehend automatisierten System gibt es Schnittstellen vom zentralen Server zu den lokalen Bibliothekssystemen, die diese Verbuchungen vornehmen. Im zentralen Fernleihserver werden die Bestellsätze dabei stets mit einem eindeutigen Status verknüpft, der den Bearbeiter vor allem in der nehmenden Bibliothek über den aktuellen Bearbeitungsstand informiert. Kann ein Bestellwunsch in der zunächst angefragten gebenden Bibliothek doch nicht erfüllt werden, so wird er dort storniert und der Leitweg wird wieder aufgenommen und die Bestellung an die nächste Bibliothek geschickt. Auch hier geschieht dies optimaler Weise automatisch, indem einfach lokal die Bestellung storniert wird und diese Information vom System gleich an den zentralen Server weitergeben wird, der sie automatisch an die nächste in Frage kommende Bibliothek schickt. Hier zeigt sich schon, dass gegenüber früheren Zeiten, als all das über Bestellscheine abgewickelt wurde, die von Bibliothek zu Bibliothek gingen, die manuelle Arbeit stark zurückgegangen ist, was zu deutlich kürzeren Bearbeitungszeiten führte und zugleich ein entsprechendes Anwachsen des Fernleihaufkommens in Deutschland ermöglichte. Umgekehrt ist es aber so, dass auch jetzt nicht alles vollautomatisch erledigt werden kann. Selbstverständlich bleibt das Ausheben, die Ausleihverbuchung, Verpacken und Versenden der Bücher in der gebenden Bibliothek eine manuelle Arbeit, genauso wie die Entgegennahme in der nehmenden Bibliothek mit der Eingangsverbuchung und der Bereitstellung für den Nutzer. Aber auch dann, wenn über die automatischen Algorithmen der Leitweggenerierung keine gebende Bibliothek oder gar kein Nachweis gefunden werden kann, fällt eine umso kompliziertere Arbeit der Nachrecherche in der nehmenden Bibliothek an, bei der Fachdatenbanken und Spezialkataloge konsultiert werden, um ggf. noch eine Bestellung, dann oft auch auf dem konventionellen Weg einer Mail abzusetzen.

11.8 Versand von Kopien im Leihverkehr – besondere Anforderungen an die Systeme

Schon bei der Bestellung von Kopien einzelner Artikel oder kleiner Teile eines Buches gibt es einige Besonderheiten. Zunächst sind diese Dokumente sehr häufig nicht direkt im Katalog nachgewiesen und aus Fachdatenbanken, in denen sie enthalten sind, ist umgekehrt nicht immer eine Fernleihbestellung möglich, weil die besitzenden Bibliotheken dort nicht verzeichnet sind. In den meisten Fällen wird der Bestellung deshalb der Nachweis einer Zeitschrift oder bestenfalls eines Zeitschriftenbandes zugrunde liegen und die genauen Angaben zum Artikel (Verfasser, Titel, Seitenzahl usw.) wurden durch den Nutzer ergänzt. Dabei versteht sich, dass hier ein weites Feld für falsche Angaben vorhanden ist, die umfangreiche Nachrecherchen in der gebenden Bibliothek zur Folge haben können. Hinzu kommt die Tatsache, dass die Bestellsysteme über entsprechende Funktionalitäten verfügen müssen, damit diese Daten eingegeben werden können.

Auch die weitere Verarbeitung weist deutliche Unterschiede zur Buchausleihe auf: Da in diesen Fällen keine Bücher oder Zeitschriftenbände verliehen werden, muss auch keine Bestell- oder Ausleihverbuchung in den Lokalsystemen stattfinden. Einer Bestellverwaltung bedarf es aber dennoch zur Verwaltung der Kopienbestellungen. Optimaler Weise ist auch die Lieferkomponente mit der

Bestellverwaltung integriert. Idealtypisch sieht der Ablauf dann so aus, dass in der gebenden Bibliothek ein Bestellzettel mit den bibliographischen Daten ausgedruckt wird, auf dem auch ein Barcode enthalten ist, über den an einer Scanstation, die mit dem Bestell- und Liefersystem verknüpft ist, dann wiederum genau der zugehörige Auftrag identifiziert werden kann. Nach dem Scannen und der Qualitätskontrolle, wird die Kopie des Artikels auf den Server des Liefersystems automatisch hochgeladen und für die nehmende Bibliothek zum Ausdruck bereitgestellt, der auch dort automatisch erfolgt. In allen deutschen Systemen, die funktional dem geschilderten Ablauf entsprechen, ist derzeit aus urheberrechtlichen Gründen sichergestellt, dass die nehmende Bibliothek in jedem Fall nur einen Papierausdruck erhält, der dem Benutzer dann bereitgestellt wird. Obwohl inzwischen ein großer Teil der Lieferungen auf diese Weise abgewickelt werden kann, bleiben noch genügend Fälle übrig, in denen der Versand über Papierkopien per Post abgewickelt werden muss.

Aus heutiger Sicht erscheint es selbstverständlich, dass in fast allen Fällen eine Online-Bestellmöglichkeit vorhanden ist und auch die Kopienfernleihe durch die Serverunterstützung schnell und mit hoher Qualität abgewickelt wird. Tatsächlich bedurfte es doch einer Entwicklung über Jahre hinweg, bis dies erreicht werden konnte, weil hier das Vorgehen zwischen mehreren Partnern mit teilweise unterschiedlichen Systemvoraussetzungen national abgestimmt werden musste. Ermöglicht wurde diese Koordination durch die Arbeitsgruppe Leihverkehr, eine Unterarbeitsgruppe der Arbeitsgruppe Verbundsysteme, deren Aufgaben auf ihrer Webseite so beschrieben werden: „Ziel der AG Leihverkehr ist es, einheitliche, abgestimmte und dem Anwender transparente Verfahren in optimaler technischer Umsetzung und unter Berücksichtigung der rechtlichen Gegebenheiten deutschlandweit zu verwirklichen. Die hier entwickelten Konzepte haben den Charakter von verbindlichen Empfehlungen, die dann mit Unterstützung der AG Verbundsysteme und den Gremien des DBV (Dienstleistungskommission) über die KMK in Länderrecht oder ggf. Praxisregelungen umzusetzen sind."[52] Die Mitglieder der Arbeitsgruppe werden aus den Verbünden entsandt, wobei sowohl bibliothekarische Vertreter, wie auch Vertreter für die technischen Aufgaben aus den Verbundzentralen beteiligt sind. Eine gesonderte Unterarbeitsgruppe „Technik" ist dabei mit der Feinabstimmung technischer Fragen befasst, die für den Aufbau einer national koordinierten Infrastruktur, wie sie oben geschildert wurde, Voraussetzung ist.

Gegenwärtig lässt sich mit einiger Sicherheit sagen, dass in wohl keinem anderen Land Europas oder vielleicht sogar weltweit eine vergleichbar gut ent-

---

52 URL: http://www.gbv.de/wikis/cls/AG_Leihverkehr_der_Arbeitsgemeinschaft_der_Verbundsysteme

wickelte technische und organisatorische Infrastruktur für den Leihverkehr vorhanden ist wie in Deutschland. Zugleich steht die Fernleihe aber auch vor neuen schwierigen Herausforderungen durch die zunehmende Bedeutung digitaler Medien in den Bibliotheken, auf die weiter unten noch ausführlich eingegangen werden soll. Die damit verknüpften Aufgaben bilden dementsprechend derzeit den Arbeitsschwerpunkt für die AG Leihverkehr.

11.9 Fernleihe und Buchtransport

Ein Problem des Leihverkehrs mag allein von der Sache her schon offenkundig sein, das Problem des Transports: Wenn Literatur vor Ort nicht vorhanden ist und bei einer anderen Bibliothek bestellt werden muss, muss sie zunächst auch dorthin transportiert werden und solange „beamen" als Transportweg nicht zur Verfügung steht, erfordert dies Zeit und bringt Aufwand und Kosten mit sich. Bevor dieses Problem systematisch angegangen wurde, gab es eine Vielfalt an meist teuren Transportmöglichkeiten, wobei der Postversand mit größeren Paketen, wo von einer Bibliothek zur anderen mehrere Bücher versandt wurden oder schlimmstenfalls der Versand einzelner Bücher per Post dominierte. Deshalb wurden zwischen 1993 und 1998 zwei durch das Bundesministerium für Bildung, Wissenschaft, Forschung und Technologie finanzierte Projekte durchgeführt[53], die zunächst die bestehende Situation analysierten und einen Vorschlag für eine Optimierung der Transportinfrastruktur erarbeiteten, mit den Zielen, die Laufzeit regional und überregional zu reduzieren und zugleich die Kosten zu senken. Dabei ergab sich, dass eine Kombination aus regionalen Bücherautodiensten mit regionalen Transportzentralen und überregionalem Postcontainerversand als ideal betrachtet wurde. In einem zweiten Schritt wurde diese Optimierung dann in den einzelnen Ländern umgesetzt und ist teilweise jetzt noch so im Einsatz.

Durch die starken Veränderungen im Gütertransport, in dem durch die Konkurrenz der verschiedenen Unternehmen deutliche Kostensenkungen bei gleichzeitig verbessertem Service erreicht werden konnten, wurde inzwischen auch das bislang etablierte Modell zugunsten einer Lösung in Frage gestellt, die dem Postcontainerversand ein stärkeres Gewicht beilegt. Vorstellbar wäre dabei eine Lösung, in der die regionalen Bücherautos vollständig aufgegeben werden und der gesamte Versand über eine Hauptumschlagsbasis stattfindet, an die alle Bibliotheken den Großteil ihres Versandaufkommens schicken und von der sie nach Umverteilung dort auch wieder beliefert werden. Ausgenommen von der Belieferung über diese Hauptumschlagsbasis wären nur die Sendungen zwischen

---

53 Vgl.: URL: http://buechertransportdienst.sub.uni-goettingen.de/

Bibliotheken, deren gegenseitiges Lieferaufkommen so groß ist, dass ein direkter Postcontainerversand zwischen ihnen möglich ist, genauso wie der Versand an die Bibliotheken, deren Bestell oder Lieferaufkommen so gering ist, dass sie gar keinen Postcontainer füllen können.[54]

Es wird argumentiert, dass durch die Zusammenfassung des gesamten Versandes im Leihverkehr bei der Abwicklung über eine Hauptumschlagsbasis sowohl eine Laufzeitverkürzung, wie auch Kostenersparnis erreicht werden könnte, da mit den größeren Mengen bessere Rahmenverträge mit den Transportunternehmen ausgehandelt werden könnten und durch die Bündelung für die meisten Bibliotheken ein täglicher Containerversand ermöglicht würde, was bei täglicher Umverteilung eine Transportzeit von maximal 48 Stunden zur Folge hätte. Andererseits ist es so, dass die derzeit vorhandenen Bücherautodienste in den einzelnen Länder bereits etabliert und z.B. mit der Anschaffung der Autos auch gewissermaßen vorfinanziert sind und ggf. auch in einen generellen Transportverkehr zwischen den Universitäten, nicht nur im Dienste der Bibliotheken, integriert sind. Eine Abschaffung zugunsten eines anderen Systems erscheint in diesen Fällen gegenwärtig nicht rentabel. In einigen Ländern wurde schon der Weg zu der neuen Infrastruktur beschritten, mit der Nutzung der Versandzentrale an der SUB Göttingen als Hauptumschlagsbasis und ihrem geografisch sehr zentralen Sitz in Deutschland. In diesen Ländern wurden dementsprechend auch die regionalen Transportzentralen und Bücherautodienste abgeschafft. In anderen Regionen wurde die eigene Transportzentrale samt Bücherauto beibehalten. So findet derzeit der gesamte Büchertransport in einer Kombination aus diesen Modellen statt und beinhaltet direkten Postcontainerversand zwischen einzelnen Bibliotheken mit einem bilateral hohen Lieferaufkommen, den regionalen Versand über Bücherauto und Postcontainerlieferung an die regionale Transportzentrale, den Postcontainerversand zwischen unterschiedlichen regionalen Transportzentralen und den Postcontainerversand zur Transportzentrale an der SUB Göttingen, die sich als eine Art Hauptumschlagsbasis etabliert hat. Die Entwicklung zu einer vollständigen Zentralabwicklung über diese Hauptumschlagsbasis ist derzeit nicht absehbar, zumal dann diese Transportzentrale in ihren Kapazitäten drastisch erweitert werden müsste. Zudem wird abzuwarten sein, wie sich der Bedarf für die physische Beförderung von Büchern im Leihverkehr mit der verstärkten Bedeutung digitaler Medien weiterentwickeln wird.

Generell befindet sich die Lieferabwicklung in der Fernleihe auf hohem Niveau, wie eine Laufzeituntersuchung der AG Transport, einer Unterarbeits-

---

54 Vgl. auch dazu: URL: http://buechertransportdienst.sub.uni-goettingen.de/

gruppe der AG Leihverkehr gezeigt hat.[55] Die gesamte Laufzeit betrug im Durchschnitt 2,9 Tage, wobei 1,2 Tage auf die interne Laufzeit entfielen, also auf die Bearbeitung innerhalb der Bibliothek. Die externe Laufzeit betrug im Durchschnitt nur 1,7 Tage, ohne dass sich gezeigt hätte, dass hier signifikante Unterschiede zwischen den unterschiedlichen Modellen vorhanden sind. Große Optimierungspotenziale konnten hier im reinen Transport nicht mehr ausgemacht werden. Zugleich bestätigt es auch die subjektive Erfahrung der Endnutzer, wie auch der Mitarbeiter, bei denen inzwischen die Fernleihe den Status einer langsamen und damit unzeitgemäßen Dienstleistung verloren hat, den sie ehedem bei der Arbeit mit Leihscheinen, die von Bibliothek zu Bibliothek weitergeschickt wurden, lange Jahre inne hatte.

11.10 Fernleihe und Urheberrecht

Beim Versand von Büchern oder Zeitschriftenbänden zur Ausleihe spielt das Urheberrecht kaum eine bedeutende Rolle, zumindest keine größere als bei jedem anderen Ausleihvorgang an der Bibliothek auch, da das Buch ja damit der Nutzung vor Ort entzogen ist und sich die Fernleihe somit von den anderen Ausleihen im Hinblick auf das Urheberrecht nicht unterscheidet. Anders sieht es bei der Kopienfernleihe aus, bei der der Name „Fernleihe" ja schon etwas irreführend ist. Teilweise wird dies auch als Fernleihe nicht rückgabepflichtiger Medien bezeichnet, was mit dem gewöhnlichen Sinn von „leihen" nicht gut in Einklang zu bringen ist. De facto handelt es sich eben auch um die Lieferung einer Kopie an einen Nutzer und damit um eine Nutzung eines Werkes, die der Zustimmung des Autors oder Rechteinhabers bedarf oder durch eine sogenannte Schrankenregelung des Urheberrechts ermöglicht sein muss. Es kann hier nicht der Raum sein, auf grundlegende Fragen des Urheberrechts für Bibliotheken einzugehen und so sollen ein paar Anmerkungen und Ausführungen zur speziellen Problematik bei der Fernleihe genügen. Eine allgemeine Bemerkung vorweg kann an der Stelle jedoch für das Verständnis des Zusammenhangs nicht erspart bleiben. Nach deutschem Urheberrecht liegen prinzipiell alle Nutzungsrechte eines Werkes, d.h. einer geistigen Schöpfung, wozu auch das Kopieren eines Werkes gehört, bei ihrem Autor. Anderen ist eine solche Nutzung nur dann gestattet, wenn der Urheber ihnen das Recht dafür in einem Vertrag einräumt oder wenn durch das Urheberrechtsgesetz (UrhG) zum Wohle der Allgemeinheit diesem exklusiven Recht des Urhebers eine Schranke gesetzt wird, das anderen eben per Gesetz eine bestimmte Nutzung des

---

[55] URL: https://www.gbv.de/cls-download/ag-leihverkehr/ag-transport/Laufzeituntersuchung-Aufsatz_Januar_2011.pdf

Werkes gestattet. Dies bezeichnet man dann als Schrankenregelung. Eine wichtige Schranke in diesem Zusammenhang wird in §53 des UrhG behandelt, in dem es um „Vervielfältigungen zum privaten und sonstigen eigenen Gebrauch" geht. Selbst auf diesen Paragraphen soll jetzt aber nicht näher eingegangen werden, sondern es sei nur erwähnt, dass hier unter anderem geregelt wird, zu welchen Zwecken und in welchem Umfang eine Kopie erstellt werden darf und dass das Vervielfältigungsstück auch durch einen anderen erstellt werden darf. Wichtig ist dabei Folgendes: Die gebende Bibliothek kann sich in diesem Zusammenhang nicht selbst auf einen sogenannten privilegierten Zweck berufen, der ihr erlauben würde, die Kopie herzustellen. Zugleich kann die Bibliothek auch nicht einfach als „der andere" betrachtet werden, der für einen Nutzer die Kopie erstellt. Dazu ist der Fernleihvorgang mit dem Heraussuchen des gewünschten Artikels, dem Versand und ggf. auch noch einer Abrechnung zu komplex, sodass er prinzipiell schon eher einem eigenen Nutzungszweck entspricht. Bevor nun dieser Sachverhalt in einem Artikel, nämlich §53a ausdrücklich geregelt wurde, war im Urhebergesetz die Kopienlieferung durch die Fernleihe gar nicht geregelt und dementsprechend prinzipiell auch nicht erlaubt. Dies wurde auch in einem Urteil des Landgerichts München im Prozess des Börsenvereins des Deutschen Buchhandels und der Stichting STM gegen den Freistaat Bayern und subito. Dokumente aus Bibliotheken e.V. von 2005 festgestellt, wobei es hier zunächst in der Sache um die Erlaubtheit der Direktbelieferung von Kunden mit Kopien durch die Bibliotheken ging.[56] Die Fernleihe wurde dort jedoch durch Gewohnheitsrecht als rechtmäßig erklärt, da erstaunlicherweise schon seit den 50er Jahren des letzten Jahrhunderts einzelne Artikel und kleine Teile von Büchern in der Fernleihe als nichtrückgabepflichtige Kopien ausgeliefert wurden. Mit der Novelle des Urheberrechts von 2008 hat der Gesetzgeber jedoch diese Lücke geschlossen und den Versand von Kopien durch Bibliotheken durch den §53a explizit geregelt. Entgegen dem, was zuweilen angenommen wird, erlaubt dieser Paragraph zwar explizit die Lieferung von Kopien durch Bibliotheken, zugleich schränkt er aber die in §53 eröffneten Möglichkeiten noch weiter ein. Während z.B. gemäß §53 unter bestimmten Umständen die Erstellung einer im Wesentlichen vollständigen Vervielfältigung eines Buches oder einer Zeitschrift erlaubt ist, z.B. zum eigenen wissenschaftlichen Gebrauch, sofern die Kopie dann keinem gewerblichen Zweck dient, oder wenn das Werk länger als zwei Jahre vergriffen ist, sieht §53a eine solche Möglichkeit nicht mehr vor. Über die Fernleihe können damit auch keine vergriffenen Werke als Kopien geliefert werden.

 Zusammenfassend kann man somit feststellen, dass mit dem §53a eine eigene Schranke im Urhebergesetz eingeführt wurde, die speziell die Kopienliefe-

---

56 Vgl.: Urteil des LG München vom 15.12.2005, Az.: 7 O 11479/04, F.I.

rung durch Bibliotheken (auch die Direktlieferdienste regelt), die jedoch auf die Regelungen von §53 Bezug nimmt und diese weiter einschränkt. Welche Kopienlieferungen werden nun aber für Bibliotheken erlaubt? §53a stellt zunächst fest, dass die Erstellung und Übermittlung von Kopien einzelner Beiträge in Zeitungen oder Zeitschriften oder kleiner Teile aus Werken als Postlieferung oder per Fax durch Bibliotheken zulässig ist, wenn die Nutzung durch den Besteller gemäß §53 zulässig ist. Dadurch sind diese beiden Paragraphen zusammengekoppelt und eine Lieferung gemäß §53a darf nicht über das in §53 Erlaubte hinausgehen.

Weiter werden für eine zulässige Bestellung folgende Merkmale gefordert: Es muss sich um eine Einzelbestellung von einzelnen Beiträgen aus Zeitungen oder Zeitschriften handeln oder um kleine Teile eines Werkes. Zusammenfassende Bestellungen aller Artikel eines Zeitschriftenbandes beispielsweise oder gesamte Werke sind also nicht erlaubt. Der Versand darf unter Beachtung dieser Einschränkungen in jedem Fall per Post oder Fax erfolgen. Darüber hinaus sieht das Gesetz aber auch die Möglichkeit einer Lieferung in sonstiger elektronischer Form vor, die dann aber nochmals weiteren Einschränkungen unterliegt. Bevor aber über diese etwas gesagt wird, soll zunächst auf die grundlegende Unterscheidung des Gesetzgebers zwischen Lieferung in sonstiger elektronischer Form auf der einen Seite und Post/Fax-Lieferung auf der anderen Seite eingegangen werden. Dabei kann leider nicht verschwiegen werden, dass das Gesetz in seiner konkreten Formulierung schlecht ausgearbeitet und schon zum Zeitpunkt des Inkrafttretens überholt und unzeitgemäß war. Dies betrifft zunächst einmal die Unterscheidung zwischen Fax und der sonstigen elektronischen Form, die allein deshalb schon kaum aufrechterhalten werden kann, weil praktisch der gesamte Telekommunikationsverkehr technisch mittlerweile digitale Übertragungswege auf der Basis von tcp/ip-Verbindungen nutzt und somit selbst da, wo es für uns „analog" aussieht, digitale Technik zum Einsatz kommt. Zudem haben heute fast alle Faxgeräte, deren Nutzung sich ohnehin stark im Rückgang befindet, die Möglichkeit, sowohl beim Versand wie auch beim Empfang die versendeten Daten als vollständige Dateien zu speichern und auch an einen Computer zu übertragen. Der Unterschied zwischen der digitalen Übertragung einer graphischen Datei (und allein die ist beim Versand in sonstiger elektronischer Form erlaubt, worauf später noch genauer eingegangen wird) und dem Faxversand besteht demnach letztlich nur noch in höheren Kosten und einer geringeren Qualität beim Fax-Versand. Kann es sein, dass der Gesetzgeber genau das intendiert hat als Standard des Kopienversandes von Bibliotheken?

Ein Blick in die vorbereitenden Unterlagen zur Gesetzgebung, die Begründung zum Kabinettsbeschluss und des Rechtsausschusses des Bundestag legen anderes nahe und lassen rätselhaft erscheinen, warum diese Überlegungen nicht auch in den Gesetzestext eingeflossen sind. Für die Auslegung des Gesetzes im Hinblick auf den Willen des Gesetzgebers, die im Zweifelsfall auch ein Gericht im Rechtsstreit vornehmen würde, sind damit aber wertvolle Hinweise gegeben. Mit der Gesetzesnovelle von 2008 sollte zugleich die EU-Richtlinie „zur Harmonisierung bestimmter Aspekte des Urheberrechts und der verwandten Schutzrechte in der Informationsgesellschaft" umgesetzt und eine Gesetzeslücke geschlossen werden, die schon im BGH-Urteil von 1999 zum Kopienversand festgestellt wurde.[57] Die Erläuterungen zum Regierungsentwurf greifen deshalb auch das Urteil des BGH auf, um den Sinn der angesprochenen Unterscheidung zu erläutern: „Der Bundesgerichtshof hat in der Begründung den Faxversand in elektronischer Form für zulässig erachtet. Er hat die elektronische Übermittlung beim Faxversand vom Faxgerät des Kopienversanddienstes bis zum Empfangsgerät des Bestellers als reinen unkörperlichen Übertragungsvorgang angesehen, der ohnehin nicht unter ein Verwertungsrecht des Urhebers fällt (BGHZ 141, 13 (26)). Diese Rechtsprechung wird aufgegriffen und im Grundsatz nicht zwischen den verschiedenen Formen der Übermittlung unterschieden. Die Werke dürfen dem Besteller daher zunächst im Weg des Post- oder Faxversandes übermittelt werden."(BT-Drucksache 16/1828 vom 15.6.2006 S. 57 f.)

So gesehen spielt die Frage des Übertragungsweges prinzipiell keine entscheidende Rolle, was auch mit der weiteren Zweckbestimmung der Einschränkungen beim sonstigen elektronischen Versand in Einklang steht. Hier geht es nämlich darum, dass das Angebot der Bibliotheken nicht in ein direktes Konkurrenzverhältnis zum Angebot der Verlage tritt (z. B. als Möglichkeit des Webdownloads aus einer Datenbank heraus; BT Drucksache 16/1828 vom 15.6.2006, S. 58). Neben der deutlich schnelleren Lieferung beim Download aus einer Datenbank ist es vor allem auch der Mehrwert, der sich für den Kunden aus der Lieferung einer elektronischen Datei ergibt, der die sonstige elektronische Lieferung von den analogen Lieferwegen unterscheidet. Dies steht auch im Einklang mit der Argumentation des OLG München in seiner Urteilsbegründung für das Verbot einer elektronischen Lieferung im so genannten Library Service von subito. Hier wird darauf abgehoben, dass bei der elektronischen Lieferung ein Mehrwert gegenüber einer analogen Lieferung vorhanden ist, insofern die elektronischen Dateien verlustfrei beliebig oft kopiert und an andere weitergegeben werden können.

Umgekehrt lässt sich damit natürlich auch sagen, dass Lieferungen, die diese Kriterien nicht erfüllen, auch nicht als Lieferungen in sonstiger elektronischer Form betrachtet werden können: Stehen die Lieferungen nicht als Download aus einer Datenbank zur Verfügung, der ad hoc möglich ist, und werden sie nicht als elektronische Dokumente bereitgestellt, die vom Benutzer entsprechend weiterverarbeitet werden können, müssen ihre Lieferungen, wenn sie nicht per Brief-

---

57 Vgl.: BGHZ 141 (Urteil vom 25.2. 1999, Az.: I ZR 118/96).

post erfolgen, nur als rein unkörperlicher Übertragungsweg von einer Bibliothek zur anderen betrachtet werden, der in kein Verwertungsrecht eingreift. Da mit der Verwendung der Kopienfernleihsysteme, wie sie derzeit in Deutschland im Einsatz sind, sichergestellt ist, dass der Benutzer in jedem Fall nur ein Papierdokument erhält, das er persönlich in der Bibliothek abholen muss, steht das gegenwärtige Vorgehen im Einklang mit den Regelungen im Urheberrecht, auch wenn im strengen technischen Sinne nicht immer das Fax-Protokoll zum Einsatz kommt.

Die Möglichkeit der tatsächlichen Belieferung eines Nutzers in sonstiger elektronischer Form wird derzeit im deutschen Leihverkehr noch nicht umgesetzt und auf die Besonderheiten dieser Lieferart aus der Warte des Urheberrechts soll weiter unten eingegangen werden. Die „Enthaltsamkeit" im Bereich der Fernleihe hat aber zunächst keine urheberrechtlichen Gründe, denn das Gesetz unterscheidet nicht zwischen Fernleihe und einer Belieferung des Endkunden durch die Bibliothek, was auch insofern konsequent ist, weil der Eingriff in die Verwertungsrechte des Rechteinhabers ja der gleiche ist.

Im zweiten Absatz sieht §53a für die Lieferungen der Bibliotheken eine Vergütung für den Rechteinhaber vor, die über die Verwertungsgesellschaften (VG Wort, VG Bild – Kunst) geltend gemacht werden müssen. In der Konsequenz schränkt damit auch der jeweilige Vertrag zwischen den Bibliotheken und den Verwertungsgesellschaften die Möglichkeit der Lieferung ein. Derzeit sieht der „Gesamtvertrag im innerbibliothekarischen Leihverkehr", wie der Vertrag zwischen den Ländern und der VG Wort und VG Bild – Kunst heißt, eine Lieferung in sonstiger elektronischer Form nicht vor. Das heißt zwar nicht, dass es dann schon nicht rechtens wäre, eine solche Lieferung durchzuführen, die Tantiemekosten, die dennoch fällig wären, wären aber unkalkulierbar, da es durchaus vorstellbar ist, dass die Verlage und mit ihnen die Verwertungsgesellschaften für einen höheren Lieferkomfort auch höhere Tantiemen veranschlagen würden.

11.11 Tantiemepflicht für Kopien im Leihverkehr: Der Gesamtvertrag „Kopienversand im Leihverkehr"[58]

Der Vertrag zwischen Bund und Ländern als Vertretern der Bibliotheken auf der einen Seite und den Verwertungsgesellschaften Wort und Bild-Kunst auf der anderen Seite wurde oben schon angesprochen. Durch ihn sind im Leihverkehr neue Kosten entstanden, die es vor der Gesetzesnovelle noch nicht gab. Geregelt

---

[58] URL: http://www.bibliotheksverband.de/fileadmin/user_upload/DBV/vereinbarungen/2012-01-30_Gesamtvertrag_53a_LV.pdf

wird in dem Vertrag der Kopienversand zwischen Bibliotheken in Form von Fax oder Postversand oder Versand als E-Mail-Anhang, der jedoch in Deutschland praktisch nicht vorkommt. Der Versand in sonstiger elektronischer Form, wenn ein pay-per-View Angebot eines Verlages vorliegt, das in der EZB nachgewiesen ist, wird explizit nicht geregelt, was insofern eine merkwürdige Bestimmung darstellt, als ein solcher Versand ja ohnehin verboten ist. Bis zum Jahr 2012 sieht der Vertrag die Zahlung einer Pauschalsumme vor, von da an sollen 1,50 Euro pro erledigter Bestellung gezahlt werden. Die Kosten werden durch den Bund und die Länder übernommen und zwischen den Ländern nach dem sogenannten Königsteiner Schlüssel aufgeteilt, einem Proporz, in dem festgelegt wird, wie die einzelnen Länder der BRD an gemeinsamen Finanzierungen beteiligt sind und der in bestimmten Abständen neu ausgehandelt wird. Durch diese Aufteilung, die mit dem Lieferaufkommen der Bibliotheken in den Ländern nichts zu tun hat, ist auch klar, dass die Kosten nicht direkt an die nehmenden oder gebenden Bibliotheken weitergegeben werden können sondern von den Ländern zentral übernommen werden müssen.

Dabei muss die Kultusministerkonferenz (KMK) über die Verbünde jeweils bis zum 31.1. des Folgejahres die positiv erledigten Lieferungen an die VG Wort melden, einschließlich der Angabe der bibliographischen Daten, die de facto derzeit beim KOBV für alle Verbünde kumuliert werden. Bis spätestens 31.3. des Folgejahres stellen dann die Verwertungsgesellschaften eine Rechnung an die KMK, die gemeinsam durch die Länder beglichen wird.

11.12 Altbestand in der Fernleihe

Da deutsches Urheberrecht nicht mehr greift, wenn ein Autor länger als 70 Jahre verstorben ist (bis zu diesem Zeitpunkt besitzen seine Erben noch die Verwertungsrechte für seine Werke), beherbergen unsere Bibliotheken eine Fülle von Material, das diesen Einschränkungen nicht mehr unterliegt und für das dementsprechend auch keine Tantiemezahlungen anfallen dürfen, wenn Kopien daraus angefertigt werden. Überwältigend groß ist die Nachfrage nach diesen Beständen nicht, da auch in der Fernleihe vornehmlich aktuelle Literatur nachgefragt ist, aber gewiss beträgt ihr Anteil am Leihverkehr mehr als die 1,3 %, die im Tantiemevertrag angenommen werden. Von ca. 10 % kann man hier wohl ausgehen. Die eigentlichen Probleme liegen aber beim Altbestand und der Fernleihe in anderem: Alte Bücher sind oftmals wertvoller als neue Bücher und zugleich ist ihr Erhaltungszustand oftmals schlechter, was es weder angeraten erscheinen lässt, sie zu kopieren, noch sie zu transportieren. In jedem Fall hat das aber zur Folge, dass besondere Vorsichtsmaßnahmen bei beidem geboten sind.

Wenn man für die Nutzung des Altbestandes den Forscher nicht zur Bibliotheksreise zwingen möchte, gibt es gegenwärtig vor allem zwei Strategien: Bei Nachfrage wird das Buch als Ganzes gescannt, für den Fernleihnutzer digital bereitgestellt und zugleich in das digitale Repositorium der jeweiligen Bibliothek aufgenommen, damit dieser Vorgang der Vervielfältigung das Buch nur einmal belastet und es dann auch gleich für alle weiteren Anfragen online zur Verfügung steht. Dabei teilen sich die Bibliothek und der Nutzer gewissermaßen die gesamten Kosten: Der Nutzer zahlt für die Erstellung und Lieferung der Kopie des Werkes (als Digitalisat oder Ausdruck) einen bestimmten Preis, der für den Aufwand der Bearbeitung „on demand" entsteht und die Bibliothek übernimmt die Kosten für die Archivierung und weitere Bereitstellung des digitalen Dokuments.

Dies ist aber nicht in jedem Fall möglich, da manchmal auch die materiellen Eigenschaften des Buches für den Forscher eine Rolle spielen oder manche Randbemerkungen oder ähnliches auch nur am Original richtig entziffert werden können. Wenn der Wert des Buches eine gewisse Grenze übersteigt und die wird sicherlich nicht erst bei Handschriften oder Inkunabeln erreicht, spätestens aber bei diesen sicherlich, wird dem Nutzer auch künftig die Bibliotheksreise nicht erspart bleiben. Die LVO sieht ohnehin die Möglichkeit vor, wertvolle Altbestände vom Leihverkehr auszuschließen. Dennoch gab es in den letzten Jahren die Bestrebung, für den doch auch immer wieder vorkommenden Versand von alten Büchern in der Fernleihe mit dem sogenannten Altbestandszertifikat geregelte Voraussetzungen zu schaffen.[59] Nehmende Bibliotheken, die am Altbestandszertifikat teilnehmen, verpflichten sich darauf, diese Regeln einzuhalten und damit einen sachgerechten und sorgsamen Umgang mit den alten Büchern der gebenden Bibliothek sicherzustellen. Die Zulassung zum Altbestandszertifikat erfolgt durch die jeweiligen Leihverkehrszentralen und es dient vor allem zur Information für die gebenden Bibliotheken, bei welcher nehmenden Bibliothek ein sachgerechter Umgang mit alten Materialien vorausgesetzt werden kann. Eine Verpflichtung wertvollen alten Bestand in den Leihverkehr zu geben, erwächst daraus den gebenden Bibliotheken jedoch nicht.

Folgende Bedingungen muss eine Bibliothek erfüllen, um zum Altbestandszertifikat zugelassen zu werden:
- Einen überwachten Lesesaal bzw. Lesebereich
- Eine gesicherte Rücklage (Bereitstellung)
- Die ausschließliche Bleistiftnutzung (d.h. keinerlei andere Schreibgeräte sind in diesem besonderen Lesebereich zugelassen)

---

[59] URL: http://www.bib-bvb.de/web/online-fernleihe/altbestandszertifikat

- Hilfsmittel, die für die Benutzung von Altbeständen sinnvoll sind: Bücherstützen und Unterlagen (Bleischlangen und Keile) zur Nutzung großer oder eng gebundener Werke, (Baumwoll-)Handschuhe.
- Reproduktionen dürfen nur vom Personal der Bibliothek (selbstverständlich unter Einsatz bestandsschonender Technik) angefertigt werden
- Die Verpackung beim Rückversand muss derjenigen entsprechen, die die gebende Bibliothek auf dem Hinweg gewählt hat (z.B. Luftpolsterfolie).

Auch das Altbestandszertifikat, das ursprünglich im GBV entwickelt wurde, wird bundeseinheitlich angewandt und regelmäßig wird durch Nachfrage überprüft, ob die gemeldeten Bibliotheken auch immer noch die geforderten Bedingungen erfüllen. Dennoch gehen der Tendenz nach die Lieferungen alter Bücher in der Fernleihe laufend zurück. Die Gründe dafür liegen wohl weniger darin, dass das Interesse am Altbestand zurückgegangen wäre, sondern doch viel eher darin, dass dieser zunehmend digital von den Bibliotheken frei angeboten wird und wenn er so noch nicht vorhanden ist, bevorzugt on demand digitalisiert wird, bevor er physisch verliehen wird.

11.13 E-Medien in der Fernleihe

Ganz sicher stellt die zunehmende Bedeutung der digitalen Medien in den Bibliotheken den Leihverkehr vor die größten Herausforderungen. Für den Altbestand wurde das schon angedeutet, wo die großen Digitalisierungsprojekte genauso wie die Digitalisierung on demand die Fernleihe nach und nach erübrigen. Insofern die Fernleihe eine Reaktion auf die Ressourcenknappheit der Bibliotheken darstellt, muss man das nicht als Schaden betrachten. Was früher einmal ein knappes Gut war und nur schwierig im Tausch zwischen den Bibliotheken zugänglich gemacht werden konnte, wird durch das Internet und die großen Digitalisierungsprojekte zum Gemeingut. Das ist zunächst eine erfreuliche Entwicklung. De facto ist es aber nicht so, dass die Bibliotheken nun über unbegrenzte Ressourcen verfügen würden und speziell auch im Bereich der aktuellen E-Medien, der E-Books und der elektronischen Zeitschriften, führen die Preissteigerungen in manchen Bereichen genau dazu, dass sie eben nicht überall vorgehalten werden können und damit nicht für alle zugänglich sind. Obgleich mit Nationallizenzen und Allianzlizenzen der Weg dazu beschritten wurde, relevante Informationen auf Lizenzbasis allgemein zugänglich zu machen, bleiben dennoch viele Bereiche, vor allem der ganz aktuellen Zeitschriftenliteratur, aber auch der eBooks, bei denen die überregionale Verfügbarkeit drastisch verschlechtert wurde. Der entscheidende Faktor liegt in dem Umstand, dass bei elektronischen Medien das Urheberrecht nicht in der gleichen Weise Anwendung finden kann, wie das bei Printmedien der Fall ist. Der Grund dafür liegt wiederum darin, dass oftmals digitale Medien nicht in dem Sinn als Eigentum erworben werden, wie das bei gekauften Büchern der Fall ist, sondern dass die Bibliotheken nur über einen Lizenzvertrag mit dem Rechteinhaber ein Nutzungsrecht für ihre eigenen Nutzer oder sogar nur bestimmte Nutzergruppen erwerben. Ob eine Bereitstellung über den Kreis der eigenen Nutzer hinaus, z.B. als Ausdrucke oder Kopien einzelner Artikel, erlaubt ist oder nicht, hängt dann eben vom Lizenzvertrag und nicht vom Urheberrecht ab. Da es häufig in den komplexen Verträgen nicht ganz klar ist, ob und wie dieser Sachverhalt überhaupt geregelt ist und da darüber hinaus prinzipiell jede Bibliothek auch zu denselben e-Ressourcen unterschiedliche Lizenzverträge besitzen könnte, erweist es sich als eine schwierige Aufgabe, dazu ein allgemein abgestimmtes System der überregionalen Versorgung aufzubauen. Als Folge dieser unübersichtlichen Situation wurden bis ins Jahr 2013 aktuelle digitale Dokumente, die nicht als open-access Dokumente zur Verfügung stehen, gänzlich von den Systemen der Fernleihe ausgeschlossen.[60] Da viele digitale Dokumente von den Bibliotheken noch parallel als Printversion erworben wurden, ergaben sich über eine lange Zeit mit den wachsenden digitalen Beständen noch keine spürbaren Lücken in der überregionalen Literaturversorgung. Dies hat sich in den letzten Jahren geändert und wird sich durch die e-only policy der DFG noch weiter verschärfen. Immer mehr Zeitschriften, aber auch Monographien werden nur noch digital erworben und blieben dann überregional vollkommen unzugänglich, wenn keine gezielten Maßnahmen ergriffen werden, hier Abhilfe zu leisten.

11.14 E-Journals in der Fernleihe

Im Bereich der elektronischen Zeitschriften wurde diese Aufgabe in den letzten Jahren in Angriff genommen und bereits eine prinzipiell funktionierende Lösung entwickelt, die allerdings noch mit Leben erfüllt werden muss. Eine erste Voraussetzung war die Möglichkeit der Erfassung und Bereitstellung der Lizenzinformationen im Hinblick auf die Fernleihe für die betreffenden elektronischen Zeitschriften je Bibliothek. In einer bundesweiten Arbeitsgruppe, der AG „Elektronische Ressourcen im Leihverkehr", einer Unterarbeitsgruppe, der oben schon erwähnten AG Leihverkehr, wurde ein einheitliches Datenformat abgestimmt, das in der Elektronischen Zeitschriften Bibliothek (EZB) genauso wie in der ZDB zur Anwendung kommt. Primär erfolgt die Erfassung und Pflege in der EZB als

---

[60] Dabei ist es klar, dass die open-access Dokumente auch keiner Fernleihe bedürfen, weil sie ja ohnehin frei zur Verfügung stehen.

zentralem Nachweisinstrument elektronischer Zeitschriften und über den ZDB/ EZB Datenlieferdienst werden die Daten auch an die Verbünde weitergeliefert, damit sie in den Bestellsystemen der Fernleihe zur Verfügung stehen. Parallel entwickelte die EZB einen Webservice, der die aktuellen Daten ohne etwaige Zeitverzögerungen des Datenlieferdienstes für die Abfrage durch Bestellsysteme zur Verfügung stellt. Für Konsortien und National- und Allianzlizenzen werden die Daten von deren Verwaltern zentral erfasst und an alle Beteiligten weitergegeben. Die Erfassung der Daten für die Einzellizenzen der jeweiligen Bibliotheken kann kooperativ nicht erfolgen, da sich die Verträge unterscheiden können und das ist der Teil, der noch mit Leben erfüllt werden muss. Aber dennoch stellte dies zunächst den entscheidenden Schritt dar, der jedoch ohne eine Verarbeitung der Daten in den Bestell- und Liefersystemen wirkungslos bleibt. Prinzipiell kann nun abgefragt werden, ob die Lizenz einer Bibliothek für eine bestimmte Zeitschrift die Lieferung der Kopie eines Artikels an eine andere Bibliothek zulässt und in welcher Weise diese Lieferung vorgenommen werden kann, vorausgesetzt eben, die Daten dafür wurden in der EZB schon eingepflegt.

Für die technische Weiterverarbeitung der Informationen existieren inzwischen Lösungen in den Bestell- und Liefersystemen. Auch in diesem Bereich seien wiederum nur die grundlegenden Mechanismen angesprochen, ohne auf die Realisierungsdetails in den verschiedenen Verbünden einzugehen. In vielen Fällen können die Systeme inzwischen gemischte Leitwege für die Lieferung eines Artikels aus einer Zeitschrift erstellen, in denen berücksichtigt wird, ob in einer Bibliothek der entsprechende Band vorhanden ist bzw. der Lizenzzeitraum der e-Zeitschrift auch den gewünschten Artikel abdeckt. Die gebende Bibliothek erhält dann auf dem Bestellzettel die URL mit dem Link zur elektronischen Zeitschrift oder die Signatur des entsprechenden Bandes oder beides. Dann kann der Artikel kopiert oder ausgedruckt oder manchmal auch direkt aus der elektronischen Version geliefert werden, in dem er in eine graphische Datei umgewandelt und in die Liefersysteme eingespeist wird, wo sie wiederum zu einem Ausdruck bei der nehmenden Bibliothek führen. Noch werden also auch auf diesen Wegen stets Papierkopien an den Nutzer ausgeliefert, obwohl in wenigen Fällen die Lizenzverträge auch weitergehende Möglichkeiten bieten würden. Der entscheidende Vorteil liegt derzeit aber darin, dass zum einen eine gewisse Einheitlichkeit in den Geschäftsgängen erreicht wird, egal ob aus der elektronischen Version oder der Papierversion heraus die Lieferung erfolgt. Zum anderen wird es jetzt möglich, die Lücken in der überregionalen Informationsversorgung zu schließen, die sich durch die Ausblendung der elektronischen Ressourcen mittlerweile ergeben haben.

11.15 E-Books in der Fernleihe

Die Problemstellung bei E-Books in der Fernleihe ist prinzipiell den Schwierigkeiten bei elektronischen Zeitschriften vergleichbar. Es kommen hier jedoch erschwerende Umstände hinzu, die bislang verhindert haben, dass auch nur ansatzweise eine Lösung greifbar wäre. Zwei Faktoren spielen dabei ineinander: Zum einen gibt es derzeit in den Lizenzverträgen für e-Books oder e-Book-Pakete noch keine Klauseln, die sich überhaupt auf die Verfügbarkeit in der Fernleihe beziehen würden. Dies mag neben der Tatsache, dass hier das Interesse noch nicht vorgebracht wurde, auch darin liegen, dass bei e-Books zumeist keine einzelnen Artikel oder kleinen Teile sondern das ganze Werk für den Nutzer von Interesse ist, das auch in der konventionellen Fernleihe normalerweise nicht als Kopie zur Verfügung gestellt wird. Ganze Bücher gehen im Regelfall zur Ausleihe in die Fernleihe und sind damit der Benutzung vor Ort entzogen. Damit wird kein anderes Nutzungsrecht in Anspruch genommen als das, das auch bei der Nutzung durch die eigenen Kunden zur Geltung kommt. Bei e-Books erscheint das zunächst kein praktikables Modell, denn die werden meist ohnehin zur parallelen Nutzung durch eine Vielzahl von Nutzern lizenziert, stehen dann auch häufig zum Download wenigstens kapitelweise zur Verfügung. Zwar gibt es mit der „Onleihe" von Divibib schon ein Ausleihkonzept für digitale Medien, doch ist dies an einen Anbieter und dessen Sortiment gebunden und im Bereich der wissenschaftlichen Bibliotheken kaum verbreitet. Zugleich stellt sich die Frage einer Fernleihe von e-Books gerade nicht für Medien des allgemeinen Bedarfs z.B. bei Belletristik oder auch Lehrbüchern. Hier sind die jeweiligen Bibliotheken gefordert, die Beschaffung für die Ansprüche ihrer Nutzer selbst vorzunehmen, ohne auf die Bestände anderer Bibliotheken zurückzugreifen. Die spezialisierte Literatur des Spitzenbedarfs wird aber gerade nicht in Modellen wie dem der Onleihe zur Verfügung gestellt.

Wie schon erwähnt, existiert eine Lösung für die angesprochenen Probleme derzeit nicht. Und obwohl es genuines Interesse der DFG sein müsste, die von ihr finanzierte hochspezialisierte Literatur, die nach den eigenen Vorgaben der DFG künftig ja auch vornehmlich nur in elektronischer Form erworben wird, auch einer überregionalen Nutzung zugänglich zu wissen, wurden Projektanträge, die eine Lösung für das Problem der Fernleihe von e-Books zum Ziel hatten, aus kaum nachvollziehbaren Gründen nicht gefördert. Von daher können nur grundlegende Überlegungen angeführt werden, die eine künftige Lösung bestimmen werden: Bei der Deckung des Spitzenbedarfs in der überregionalen Literaturversorgung geht es einerseits darum, einer relevanten Nutzergruppe an Forschern und Fachleuten den Zugriff auf die für sie wichtigen Dokumente zu ermöglichen, andererseits dadurch diese Dokumente nicht beliebig weit zur Verfügung zu stellen und somit die Rechteinhaber der Möglichkeit der Verwertung und Vermarktung ihrer Werke zu berauben. Die Kernaufgabe besteht also darin, die zusätzlichen Zugriffe auf eine Ressource, die eine überregionale Bereitstellung ermöglichen, auf solch ein Maß zu begrenzen, dass den Rechteinhabern kein Schaden entsteht, eine Bereitstellung für die Spezialisten, die gerade nicht an einer Einrichtung arbeiten, die über eine Lizenz für das fragliche E-Book verfügt, dennoch möglich ist. Ein Ausleihmodell, das keine weiteren überregionalen Zugriffe zulässt, solange das Buch für einen Nutzer außerhalb der eigenen Bibliothek zur Verfügung steht, ist eine mögliche Lösung, aber keine zwingende Notwendigkeit. Denkbar ist auch, eine genau bestimmte Anzahl von zusätzlichen Zugriffen über die lokale Nutzung hinaus mit dem Verlag bzw. dem Rechteinhaber in einer Lizenz zu vereinbaren, die dann über ein Zentralmodul kontrolliert wird. Diese Zugriffe könnten durchaus parallel erfolgen, wenn z.B. gerade ein Thema aktuell nachgefragt ist im wissenschaftlichen Betrieb, aber nur so lange, bis die vereinbarte Anzahl an Zugriffen aufgebraucht ist. Danach wären die Nutzer darauf verwiesen, ihre Heimatbibliothek zum Kauf des Buches zu veranlassen oder die spezialisierten gebenden Bibliotheken müssten die Lizenz mit dem Rechteinhaber erweitern. In jedem Fall würden sich für den Verlag weitere kostenpflichtige Nutzungen ergeben, wenn der Bedarf über den angenommenen Spitzenbedarf für eine definiert Fachcommunity hinausgeht. Die Bereitstellung für diese Fachcommunity könnte ggf. unter Einbeziehung einer Digital Rights Komponente erfolgen, so dass auch hier nochmals für den Rechteinhaber eine Absicherung gegenüber einer unkontrollierten Verbreitung besteht. Zugleich ist dieses restriktive Modell nach Möglichkeit zu vermeiden, da es den überregionalen Nutzern ggf. nur einen eingeschränkten Zugang zur gewünschten Information ermöglicht, der Forschung und wissenschaftliche Arbeit unnötig behindert.

Auch wenn eine Lösung für das angesprochene Problem noch nicht in Arbeit ist, werden die Bibliotheken sich dieser Aufgabe nicht mehr lange verschließen können, da eine wachsende Zahl hilfloser und nichterfüllbarer Fernleihanfragen auf E-Books die bestehende Lücke bei Nutzern und Bibliotheken spürbar werden lässt. Zugleich zeigt sich damit aber auch, dass die Fernleihe noch keine überkommene Dienstleistung ist, auch nicht mit der wachsenden Bedeutung der elektronischen Medien, aber dass sie aufgefordert ist, sich weiterzuentwickeln.

Weiterführende Literatur

Bartlakowski, Katja, Talke, Armin u. Steinhauer, Eric W.: Bibliotheksurheberrecht. Ein Lehrbuch für Praxis und Ausbildung, Bad Honnef 2010.

Beger, Gabriele: Urheberrecht für Bibliothekare. Eine Handreichung von A–Z. München, Wien 2008.

Knaf, Karin u. Gillitzer, Berthold: Das Urheberrecht. Wichtige Aspekte für die Benutzung. In: Bibliotheksforum Bayern 2 (2008), S. 146–152.

12 Dokumentlieferung: Direktlieferdienste und kommerzielle Fernleihdienste

Ein wesentlicher Unterschied, wenn nicht gar der wesentliche Unterschied, zwischen der öffentlich-rechtlichen, innerdeutschen Fernleihe einerseits und bibliothekarischen Direktlieferdiensten sowie kommerziellen Fernleihdiensten andererseits besteht darin, dass an der öffentlich-rechtlichen Fernleihe nahezu die Gesamtheit der öffentlich zugänglichen deutschen Bibliotheken teilnimmt, während an den Direktlieferdiensten und kommerziellen Fernleihdiensten nur einige der größeren Bibliotheken beteiligt sind sowie einige wenige mit sehr speziellen Bestandssegmenten.

Warum aber wurden neben der Fernleihe überhaupt weitere Dokumentlieferdienste ins Leben gerufen? Der trivialste und offensichtlichste Grund für die Einführung von zusätzlichen Dokumentlieferdiensten war schlicht der, dass es einen Markt für solche Dienste bzw. ein Bedürfnis nach solchen Diensten gab. Die Fernleihe ist ein nahezu kostenloser Service für jedermann. Für Kunden, die bereit waren und bereit sind die Kosten einer Dokumentbeschaffung vollständig oder weitgehend zu übernehmen, kann selbstverständlich auch ein besserer Service geboten werden.

Direktlieferdienste werden sowohl von Firmen der Informationsbranche als auch unmittelbar von Bibliotheken angeboten. Der Direktlieferdienst *infotrieve* ist ein Beispiel für einen rein kommerziellen Direktlieferdienst, der nicht unmittelbar von einer oder mehreren Bibliotheken betrieben wird. Bibliothekseigene Direktlieferdienste werden einerseits von einzelnen Bibliotheken angeboten z. B. der British Library Document Supply Service (BLDSS) sowie andererseits von einer Gruppe von Bibliotheken, wie dies bei den Direktlieferdiensten subito und eBooks on Demand der Fall ist. Beispielhaft wird im Folgenden der Direktlieferdienst subito, das profilierteste und bekannteste Beispiel eines Direktlieferdienstes im deutschsprachigen Raum ausführlich besprochen, aber auch auf eBooks on Demand, mit seinem ganz speziellen Angebot, wird eingegangen. Als Beispiel für einen kommerziellen Fernleihdienst dient WorldCat Resource Sharing, das ab Mai 2014 unter der Bezeichnung WorldShare Interlibrary Loan fortgeführt werden wird.

12.1 Ursprünge von subito und grundsätzliche Ausrichtung

Das deutsche Fernleihsystem ist eine Einrichtung, die den hohen Standard des deutschen Bibliothekswesens im internationalen Vergleich auf hervorragende

Weise verdeutlicht und in den letzten Jahrzehnten durchgehend verdeutlicht hat. Die breite Verankerung im wissenschaftlichen wie im öffentlichen Bibliothekswesen sowie die Effizienz, die an der vergleichsweise hohen Erfüllungsquote ersichtlich wird, dürften weltweit einmalig sein. Dennoch gab es ab den siebziger und achtziger Jahren des letzten Jahrhunderts auch berechtigte Kritik an der Fernleihe. Die Kritik entzündete sich vor allem an der langen Bearbeitungszeit, die im Durchschnitt für eine Fernleihbestellung benötigt wurde. Dazu kam, dass man keinerlei zwischenzeitliche Informationen zum Bestellstatus und -ablauf erhielt. Zu der Zeit konnte man sich bereits über eine Datenbankrecherche in den Naturwissenschaften, der Medizin oder den technischen Fachrichtungen innerhalb von einigen Minuten oder Stunden eine weitgehend vollständige Literaturliste eines Forschungsgebietes erstellen. Dann dauerte es aber viele Tage und meist sogar Wochen bis man die gefundene Literatur via Fernleihe im Volltext in der Hand hielt. Die Hauptforderung lautete daher, dass die primären Informationsquellen den Wissenschaftlern wie den Studierenden in kürzester Zeit zur Verfügung stehen müssen und sich der zeitliche wie finanzielle Aufwand für die Besteller dennoch in Grenzen halten muss. Die Bestellsysteme der Zentralen Fachbibliotheken (z. B. TIBORDER[61]), die damals aufkamen, erfüllten diese Forderungen nur bedingt, da sie sehr teuer waren und in der Regel nur von kommerziellen Kunden nachgefragt wurden.

Auf der Basis einer Initiative des Bundesministeriums für Bildung und Wissenschaft wurde daher in der zweiten Jahreshälfte 1994 die Bund-Länder Initiative SUBITO gegründet. Das SUBITO Angebot sollte hinsichtlich Recherche und Belieferung ein einheitliches, schnelles und einfach zu bedienendes System darstellen. Am Arbeitsplatz eines jeden Wissenschaftlers sollten Recherche und Bestellung auf elektronischem Weg möglich sein und auch die Auslieferung sollte ohne Umweg über eine nehmende Bibliothek direkt an den Besteller erfolgen, möglichst wiederum auf elektronischem Weg. Im Folgenden sind die Elemente des Geschäftsmodells der ersten Jahre von SUBITO nochmals zusammengefasst:
- Unterteilung der Besteller in Nutzergruppen mit jeweils unterschiedlicher Preisgestaltung (wichtigste Unterscheidung zwischen kommerziellen und nichtkommerziellen Kunden)
- Für die Bestellung ist eine vorherige Registrierung notwendig. Die Registrierung kann vom Besteller selbst online vorgenommen werden
- Recherche und Bestellung erfolgen auf elektronischem Weg
- Es waren nur qualifizierte Bestellungen zugelassen d.h. die Zeitschriftendatenbank muss den Jahrgang der Zeitschrift, aus der ein Aufsatz bestellt wurde, als Bestand einer Mitgliedsbibliothek ausweisen

---

61 TIBORDER wurde 2012 eingestellt und durch das Portal GetInfo ersetzt.

- Die Lieferung (gegebenenfalls eine Rückmeldung zur Nichterledigung) erfolgt innerhalb von maximal drei Werktagen
- Ein teurerer Eildienst mit Auslieferung (bzw. Rückmeldung) innerhalb von 24 Stunden (werktags) ist inkludiert
- Der Besteller erhält Rückmeldungen über den Status bzw. die Nichterfüllbarkeit seiner Bestellung
- Die Lieferung geht direkt an den Kunden d.h. an die für die jeweilige Lieferform angegebene Zieladresse (postalische Adresse, Faxnummer, Emailadresse)
- Wenn möglich wurde der elektronischen Lieferform der Vorrang gegeben
- Neben der Nutzergruppe und dem Umfang der bestellten Literatur (Mehrkosten bei über 20 Seiten) war auch die Lieferform für den Preis mitbestimmend

Die wesentlichen Grundzüge des SUBITO-Konzeptes wurden bis heute beibehalten, jedoch vielfach erweitert und wesentlich ausgebaut. Es waren aber auch Einschränkungen, wie z. B. für die elektronische Lieferform, durch die Novellierung des Urheberrechtsgesetzes im Jahr 2008 hinzunehmen. Auf elektronischem Weg werden heute nur noch Aufsätze aus den Zeitschriften geliefert, für die ein Lizenzvertrag über die elektronische Lieferung mit dem jeweiligen Verlag besteht oder für die nachweislich kein vergleichbares Lieferangebot des Verlages selbst im Netz vorhanden ist. Überprüft wird dieses Angebot der Verlage über eine Datenbank, die bei der EZB gehalten wird und in der die Verlage selbständig ihr eigenes Angebot eintragen.

Schwieriger als die Ausarbeitung eines Dienstleistungskonzeptes erwies sich die Suche nach einer Rechtsform für SUBITO. SUBITO war zunächst beim Deutschen Bibliotheksinstitut (DBI) angesiedelt. Als dieses ab 1998 auf Beschluss der Bund Länder Kommission für Bildungsplanung und Forschungsförderung schrittweise aufgelöst wurde, stellte sich für SUBITO die Frage nach einer gesicherten Finanzierung sowie nach einer geeigneten Rechtsform. Im Jahr 2000 übernahmen die SUBITO-Lieferbibliotheken die bestehenden organisatorischen Strukturen und technischen Verfahren in ihre Trägerschaft und gründeten dazu die „SUBITO Arbeitsgemeinschaft" als eine Gesellschaft bürgerlichen Rechts (GBR). Als äußerst hilfreich erwies sich die Bereitschaft des Bundesministeriums für Bildung und Forschung, die SUBITO Arbeitsgemeinschaft über einige Jahre hinweg finanziell zu unterstützen. Schnell zeigte sich, dass die gewählte Rechtsform einer GBR nicht optimal war, da nicht alle Träger von potentiellen Lieferbibliotheken dem Beitritt zu einer GBR[62] zustimmen wollten und konnten. Zum

---

62 Bei einer Gesellschaft Bürgerlichen Rechts haften alle Gesellschafter mit ihrem gesamten Vermögen. Für eher vorsichtig agierende Träger von potentiellen Teilnehmerbibliotheken war dies inakzeptabel.

Ende 2002 wurde daher die SUBITO Arbeitsgemeinschaft aufgelöst und der neu gegründete Verein „subito. Dokumente aus Bibliotheken e. V." übernahm die Trägerschaft. Mitglieder des Vereins sind heute wie damals die Lieferbibliotheken von subito.

Durch die Art der Lieferung, die direkte Belieferung der Besteller, trat subito in Konkurrenz zu anderen kommerziellen Direktlieferdiensten. Da subito durch seine moderate Preisgestaltung auch eine entschieden soziale Komponente hatte, war von Anfang an eine Konkurrenzsituation zur Fernleihe gegeben. Zudem kam schon sehr früh neben dem Direktlieferdienst auch ein „Fernleihdienst", der subito Library Service, zum Dienstleistungsangebot von subito dazu. Das Konzept von subito hatte insgesamt sowohl für die Besteller wie für die Lieferbibliotheken Vorteile und bescherte subito daher in den ersten Jahren einen enormen Aufschwung. Die Vorteile für die Kunden waren:

- Einfache Online-Selbstregistrierung
- Einfache Online-Recherche und Online-Bestellung
- Direkte Belieferung an den eigenen Arbeitsplatz oder nach Hause
- Rückmeldungen über den Status der Bestellung
- Moderate und sozialverträgliche Preise für nichtkommerzielle Nutzer

Die Vorteile für die Lieferbibliotheken gegenüber der Fernleihe waren:
- Erstattung eines erheblichen Teils der anfallenden Kosten
- Geringerer Zeitaufwand pro Bestellung durch ausschließliche Zulassung qualifizierter Bestellungen (der Jahrgang der Zeitschrift oder Kongressschrift, in welchem der bestellte Aufsatz enthalten ist, muss als Bestand der Lieferbibliothek in der Zeitschriftendatenbank oder den Online-Buchkatalogen nachgewiesen sein.)
- Bereitstellung eines integrierten Systems von der Bestellkomponente über die Auftragsverwaltung bis hin zur Lieferung und Abrechnung mit dem Kunden

Von Anfang an war geplant, neben der Lieferung von Aufsätzen (SUBITO 1), weitere Dienstleistungen, wie die Lieferung digitaler Dokumente (SUBITO 2) und die von rückgabepflichtigen Dokumenten (SUBITO 3), anzubieten. Während SUBITO 3 seit langem verwirklicht ist, konnte ein Angebot digitaler Dokumente aus verschiedenen Gründen bis heute nicht umgesetzt werden.

12.2 Die Klage der Verleger

Im Juni 2004 reichte die Verlegerseite, vertreten durch den Börsenverein des deutschen Buchhandels e. V. und Stichting Secretariaat van de International Association of Scientific Technical and Medical Publishers (Stichting STM), beim Landgericht München eine Klage gegen subito e. V. und die im Alphabet an erster Stelle stehende Lieferbibliothek, die UB Augsburg, ein. Verkürzt wiedergegeben wurde in der Klageschrift gefordert, jegliche elektronische Dokumentlieferung von Artikeln aus Zeitschriften von Deutschland ausgehend nach Deutschland, Österreich und der Schweiz zu unterlassen sowie ebenso von Deutschland aus jegliche Form der Kopienlieferung an Empfängerbibliotheken im In- und Ausland, also per Post, Fax oder in elektronischer Form, zu unterlassen. Ziel der Verleger war demnach ein Verbot der elektronischen Direktlieferung sowie des subito Library Service insgesamt. Neben dem subito Library Service war damit aber indirekt auch die gesamte traditionelle Kopienfernleihe von der Anklage betroffen.

Die Klage ging ohne einen eindeutigen Sieger bzw. Verlierer über zwei Instanzen (Landgericht und Oberlandesgericht) und beide Parteien waren dabei Berufung beim Bundesgerichtshof einzulegen, als im Jahr 2008 das Urheberrechtsgesetz novelliert wurde und Fernleihe wie Direktlieferung erstmals in Deutschland mit dem § 53a UrhG eine Regelung, wenn auch in äußerst schwammiger Form, erfuhren. Eine wie auch immer ausfallende Entscheidung des Bundesgerichtshofes hätte somit nur für die Jahre 2004 bis 2008 Bedeutung gehabt, da nun ab 2008 eine neue gesetzliche Regelung vorlag. Vor diesem Hintergrund verzichteten beide Parteien jeweils auf eine Berufung vor dem Bundesgerichtshof und schlossen für den betreffenden Zeitraum einen Vergleich. Damit war auch der Weg für eine in die Zukunft gerichtete Zusammenarbeit zwischen den Verlegern und subito e. V. frei und führte letztendlich zu den bestehenden Lizenzverträgen zwischen beiden Seiten.

12.3 subito heute

Wie oben angedeutet hat subito sein Dienstleistungsangebot ständig erweitert z. B. um einen „Fernleihdienst", den subito Library Service. Die Angebotserweiterung erfolgte jedoch nicht nur im Bezug zu den Kunden sondern auch zu den teilnehmenden Bibliotheken, denen z. B. mit der Zentralregulierung, der Abrechnungskomponente von subito, eine erhebliche Arbeitserleichterung ermöglicht wurde. Subito nimmt den Lieferbibliotheken die Rechnungsstellung und das Inkasso gegenüber den Endkunden und den Empfängerbibliotheken vollständig ab. Der Endkunde/die Empfängerbibliothek erhält steuerlich korrekte monatliche Einzelrechnungen aller Lieferbibliotheken, die allerdings in einer Übersicht zusammengefasst sind und vom Kunden in einem Betrag überwiesen werden können. Die Lieferbibliotheken wiederum erhalten die beglichenen Rechnungsbeträge eines Monats in einer einzigen Gutschrift. Die Zentralregulierung leistet allerdings noch mehr. Die auf der Basis der Lizenzverträge anfallenden höchst unterschiedlichen Lizenzgebühren werden an den jeweiligen Verlag direkt von subito abgeführt und die Bibliotheken müssen sich darum in keiner Weise kümmern. Ebenso werden über diese Komponente die Tantiemen an die VG-Wort korrekt abgeführt.

Abb. 27: Die Startseite des Direktlieferdienstes subito im Internet.

Im Folgenden werden wir das komplexe Dienstleistungsangebot von subito jeweils unter einem anderen Aspekt betrachten, um es uns auf diese Weise nach und nach zu erschließen.

12.3.1 Teilnehmende Bibliotheken

Der Verein „subito. Dokumente aus Bibliotheken e.V." hat derzeit 39 Mitgliedsbibliotheken, die allesamt auch als Lieferbibliotheken fungieren. Zwei dieser Bibliotheken kommen aus Österreich und eine der Bibliotheken aus der Schweiz (ETH-Bibliothek). Unter den 36 deutschen Mitgliedsbibliotheken finden sich die drei Zentralen Fachbibliotheken (ZBMed Köln, TIB Hannover und ZBW Kiel/Hamburg), die beiden Staatsbibliotheken aus Berlin und München, zahlreiche bedeutende Universitätsbibliotheken sowie eine Reihe von Bibliotheken mit speziellen Medienbeständen. Die allermeisten der deutschen Bibliotheken in subito sind Sondersammelgebietsbibliotheken (siehe auch Kapitel 1.3.3).

Im Rahmen des Lieferdienstes „China direkt" nehmen zudem drei der bedeutendsten chinesischen Bibliotheken als Lieferbibliotheken an subito teil, ohne allerdings selbst Mitglieder des Trägervereins zu sein. Der weltweiten Wissenschaftlergemeinde stehen auf diese Weise die Artikel aus 36.000 Zeitschriften, die ausschließlich in chinesischer Sprache erscheinen, zur Verfügung. Recherchiert werden kann mit chinesischen Schriftzeichen im Originaltitel oder mit Stichworten in parallelen englischen bzw. Pinyin-Titeln.

12.3.2 Rechtliche Basis der Lieferung von Kopien

Die Ausleihe von rückgabepflichtigen gedruckten Dokumenten (subito 3) ist vom Urheberrecht nicht tangiert und darf von den Bibliotheken ohne Zahlung von Tantiemen oder Lizenzgebühren vorgenommen werden. Anders ist die Situation bei der Auslieferung von nichtrückgabepflichtigen Werken in Form von Kopien, Faxkopien oder Dateien. Hier beliefert subito seine Kunden auf der Basis von zwei völlig unterschiedlichen Rechtsgrundlagen. Die eine dieser Rechtsgrundlagen ist das Urheberrechtsgesetz bzw. die Urheberrechtsgesetze der Länder, in denen Lieferant und Empfänger ihren Sitz haben. Die andere Rechtsgrundlage sind privatwirtschaftliche Verträge mit den jeweiligen Rechteinhabern, also in der Regel den Verlagen.

Lieferungen auf der Basis des Urheberrechts
Auf der Basis des Urheberrechts sind grundsätzlich nicht alle denkbaren Lieferformen erlaubt. Innerhalb Deutschlands unterliegt vor allem die Lieferung in elektronischer Form starken Einschränkungen. Für die grenzüberschreitenden Lieferungen an Endkunden gilt, dass auch Lieferungen per Post oder Fax rechtlich problematisch sein können und daher besser unterbleiben. Für die überwiegende Zahl der subito-Lieferbibliotheken ist primär das deutsche Urheberrecht mit seinen §§ 53 und 53a zuständig. Innerhalb Deutschlands sind direkte Kopienlieferungen per Post oder Fax uneingeschränkt auf der Basis dieser „gesetzlichen Lizenz" möglich. Elektronische Lieferungen sind nur dann zulässig, falls der Rechteinhaber (Verlag) kein eigenes Angebot im Internet macht. Der Sachverhalt ist in Kapitel 11.10 ausführlich dargestellt und gilt gleichermaßen für die innerdeutsche Fernleihe, die dort besprochen wurde, wie für die Kopienlieferungen innerhalb Deutschlands im Rahmen von subito. Für die konkrete Umsetzung der Lieferungen auf der Basis der „gesetzlichen Lizenz" innerhalb Deutschlands wurde zwischen subito und den zuständigen Verwertungsgesellschaften (Verwertungsgesellschaft Wort und Verwertungsgesellschaft BILD KUNST mbH) ein Vertrag geschlossen, der insbesondere die Höhe und die Bezahlung der Tantiemen regelt.

Im Rahmen des subito Library Service wird weltweit (außer Großbritannien und USA) an Bibliotheken per Post/Fax oder Email geliefert. Die Empfängerbibliothek darf den Kunden jedoch immer nur eine Papierkopie aushändigen.

Lieferung auf der Basis von Lizenzverträgen
subito hat mit einigen der wichtigsten Zeitschriftenverlage Verträge abgeschlossen, auf deren Basis elektronische Lieferungen für Endkunden weltweit und im Library Service europaweit stattfinden dürfen. Generell sind Lieferungen nach Großbritannien und in die USA ausgeschlossen. subito führt dabei die anfallenden Lizenzgebühren, wie oben schon erwähnt, direkt an den jeweiligen Verlag ab. Der Verlag kann auf der Ebene der einzelnen Zeitschrift die Lizenzgebühren pro ausgeliefertem Artikel festlegen. Wichtig und bemerkenswert ist auch hierbei, dass die Verlage bereit sind, die soziale Ausrichtung von subito teilweise zu akzeptieren und den nichtkommerziellen Nutzergruppen relativ gesehen günstige Preise bieten.

12.3.3 Dienste und Kundengruppen

Die Dienste von subito lassen sich nach mehreren Kriterien einteilen. Ein Kriterium ist die direkte Auslieferung an die Endkunden oder die Lieferung über eine Empfängerbibliothek, wie bei der klassischen Fernleihe. Ebenso kann bezüglich der Rückgabepflicht der gelieferten Medien unterschieden werden. Der Direktlieferdienst wird zudem hinsichtlich eines Normaldienstes (Auslieferung in maximal 72 Stunden) oder eines Eildienstes (Auslieferung in maximal 24 Stunden) unterschieden.

Tab. 2: Jeder dieser Dienste von subito wird den unterschiedlichen Kundengruppen angeboten und entsprechend der Kundengruppe bepreist. Zudem werden die Direktlieferdienste als Normal- oder als Eildienste angeboten. Für die Eildienste wird je nach Kundengruppe ein Zuschlag von 4.50 € oder 6 € erhoben.

	Direktlieferdienst (subito Direct Customer Service)	**Fernleihdienst** (subito Library Service)
subito 1	Direkte Lieferung nicht rückgabepflichtiger Dokumente an Endkunden	Auslieferung nicht rückgabepflichtiger Dokumente über eine Bibliothek
subito 3	Direkte Lieferung rückgabepflichtiger Dokumente an Endkunden	Auslieferung rückgabepflichtiger Dokumente über eine Bibliothek

Wie schon mehrfach angedeutet richtet sich das Angebot von subito an sehr unterschiedliche Kundengruppen. Die Einteilung in Kundengruppen dient dazu, soziale Ausgewogenheit zu erreichen, anderenfalls müssten allen Kunden die deutlich höheren Preise für kommerzielle Besteller abverlangt werden.

Dienste für Endkunden (subito Direct Customer Service)
Kundengruppe 1
Endkunden mit Wohnsitz oder dauerhaftem Aufenthalt in Deutschland, Österreich, Schweiz oder Lichtenstein (GALS-Region), mit einem der folgenden beruflichen bzw. sozialen Hintergründe:
- Schüler oder Auszubildende
- Studierende
- Hochschulmitarbeiter
- Mitarbeiter einer überwiegend (min. 51 %) aus öffentlichen Mitteln finanzierten Forschungseinrichtung
- Mitarbeiter von juristischen Personen des öffentlichen Rechts, kulturellen oder sozialen Einrichtungen sowie der Kirchen

Bei Lieferungen auf der Grundlage der Lizenzverträge wird innerhalb der Kundengruppe 1 noch weiter unterschieden. Diese zusätzliche Unterscheidung gilt nicht für Lieferungen auf der Basis des Urheberrechts und für die entsprechenden Tantiemezahlungen an die Verwertungsgesellschaften:

Kundengruppe 1A
Schüler und Studierende; jedoch ohne Doktoranden sowie Studierenden die stellvertretend für gewerbliche Unternehmen handeln oder solchen, die in maximal einsemestrigen Kursen zur beruflichen Fortbildung teilnehmen. Generell ohne alle Berufstätige, die sich in einer Weiterbildungsphase befinden.

Kundengruppe 1B
Doktoranden und Mitarbeiter an überwiegend mit öffentlichen Mitteln finanzierten Forschungs- und Bildungseinrichtungen.

Kundengruppe 1C
Jede Person, die Kundengruppe 1 aber nicht 1A oder 1B zuzurechnen ist.

Kundengruppe 2
- Mitarbeiter von kommerziellen Unternehmen (auch Firmenbibliothekare)
- Selbständige
- Sonstige kommerzielle Kunden

Kundengruppe 3
Privatpersonen als Endnutzer mit Wohnsitz oder ständigem Aufenthalt in der GALS-Region.

Kundengruppe 5
Endkunden mit Wohnsitz oder Aufenthalt außerhalb von GALS mit einem der folgenden beruflichen oder sozialen Hintergründe:
- Schüler
- Studierende
- Mitarbeiter mit überwiegend aus öffentlichen Mitteln finanzierten Forschungseinrichtungen

ausgeschlossen sind jedoch
- Studierende, die für ein gewerbliches Unternehmen handeln
- Studierende in einsemestrigen Kursen zur beruflichen Weiterbildung
- Generell alle Berufstätigen, die an einer Weiterbildungsmaßnahme teilnehmen

Kundengruppe 6
Endkunden mit Wohnsitz oder Aufenthalt außerhalb von GALS, die nicht der Kundengruppe 5 zuzurechnen sind. Dazu gehören neben Privatpersonen insbesondere alle kommerziellen Unternehmen.

Dienste für Kundenbibliotheken (subito Library Service)
Der Vorteil für eine Empfängerbibliothek als subito-Kunde besteht darin, dass sie ihre Beziehungen zu ihren Nutzern selbst gestaltet und dennoch ein in vieler Hinsicht attraktives Angebot (Schnelligkeit und Nachvollziehbarkeit der Lieferung) machen kann.

Kundengruppe 4
Gilt für alle Bibliotheken, die ihren Sitz in GALS haben und die überwiegend (51 %) aus öffentlichen Mitteln finanziert werden. Die Teilnahme der Bibliotheken muss zudem von subito genehmigt sein.

Kundengruppe 8E
Gilt für alle Bibliotheken aus europäischen Ländern (nicht jedoch Großbritannien) sowie für Länder die an Europa grenzen und die überwiegend (51 %) aus öffentlichen Mitteln finanziert werden. Die Teilnahme der Bibliotheken muss zudem von subito genehmigt sein.

Kundengruppe 8W
Gilt für alle Bibliotheken, die nicht in Kundengruppe 4 oder 8E fallen und ihren Sitz auch nicht in den Vereinigten Staaten oder Großbritannien haben und die überwiegend (51 %) aus öffentlichen Mitteln finanziert werden. Die Teilnahme der Bibliotheken muss zudem von subito genehmigt sein.

Als Voraussetzung für das reibungslose Funktionieren der komplexen subito-Dienste sind einheitliche Rahmenbedingungen unabdingbar. Dazu gehören:
- Abwicklung des Bestellvorganges durch Zugangssysteme (Portale)
- Elektronische Rechercheinstrumente
- Übermittlung der qualifizierten Bestellung im subito-Bestellformular
- Erledigung der Bestellung durch die Lieferbibliothek über ein Document Order and Delivery System (DOD-System)
- Rechnungsstellung über ein zentrales Abrechnungsmodul (Zentralregulierung)

Weitere Merkmale von subito sind:
- Lieferwege sind möglich per Post, Fax, Selbstabholung und teilweise elektronisch (E-Mail oder FTP)
- Alle Services im Direktlieferdienst werden als Normaldienst (Lieferung innerhalb 72 Stunden) oder mit Zuschlag als Eildienst (Lieferung innerhalb 24 Stunden) angeboten.
- Die Preise sind verbindlich festgelegt.
- Die Benutzer registrieren sich selbst.
- Die Geschäftsstelle erstellt entsprechende Statistiken.
- Die Statusmeldungen für den Kunden lauten:
  - Accepted
  - Not-Accepted
  - Shipped
  - Delivery-failed
  - Unfilled
- Qualitätskontrollen werden regelmäßig durchgeführt.

12.4 eBooks on Demand: Direktlieferdienst für alte Bücher

Mit dem europäischen Projekt eBooks on Demand (EOD) wurde im Jahr 2006 ein internationaler kooperativer Dienst ins Leben gerufen, der durchaus auch als bibliothekarischer Direktlieferdienst betrachtet werden kann, wenngleich er nicht in erster Linie auf die schnelle Lieferung benötigter Information abzielt. Bei

EOD werden nur ganze Bücher als Digitalisate oder inzwischen auch als Reprints ausgeliefert, die urheberrechtsfrei sind. Der spezielle Bedarf, der damit auf Nutzerseite gedeckt wird, bezieht sich auf die Tatsache, dass diese teilweise wertvollen alten Werke gewöhnlich nur vor Ort genutzt werden können und zur Entleihung nicht außer Haus oder in die Fernleihe gegeben werden. Die Arbeit mit den Büchern ist außer für die ohnehin vor Ort wohnenden Nutzer also nur durch eine Bibliotheksreise möglich. Die Digitalisierung mit einem Nutzerauftrag macht dabei das gewünschte Buch nicht nur für diesen jeweiligen Kunden verfügbar, sondern sorgt dafür, dass – nach einer Karenzfrist von wenigen Wochen – auf das Werk weltweit zugegriffen werden kann, da es im Anschluss an den betreffenden Nutzerauftrag in das Repositorium der jeweiligen Bibliothek aufgenommen wird. EOD stellt damit nicht nur einen Endnutzerdienst zur Verfügung, sondern unterstützt zugleich den digitalen Bestandsaufbau der Bibliotheken für den Altbestand.

Ähnlich wie bei subito sorgt auch hier ein kooperativer Verbund für eine rationelle Abwicklung bei der liefernden Bibliothek und einen einheitlichen und komfortablen Service für den Nutzer. Als zentrale Komponenten werden von der Universitäts- und Landesbibliothek Tirol in Innsbruck die Auftragsverwaltung und Lieferkomponente zur Verfügung gestellt, genauso wie eine Abrechnungskomponente, die verschiedene elektronische Paymentservices bereitstellt und eine zentrale Suchmaschine für den Endnutzer, in der übergreifend über die Bestände der teilnehmenden Bibliotheken gesucht werden kann. In den beteiligten Bibliotheken erfolgen die Auftragsbearbeitung und das Scannen. Es muss dort also nur ein sehr kleiner Teil einer aufwändigen Infrastruktur vorgehalten werden. Zudem wird der Bestellservice auch in die lokalen Kataloge der einzelnen Bibliotheken integriert.

Finanziert werden diese zentralen Leistungen des Netzwerkes, wie auch bei subito, durch jährliche Mitgliedsbeiträge und anteilige Abgaben aus den einzelnen Lieferungen. Inzwischen nehmen weit über 30 europäische Bibliotheken an diesem Netzwerk teil und es kann mit kleinen Einschränkungen gesagt werden, dass das schriftliche Kulturerbe Europas damit weitgehend zur Bestellung als Digitalisat oder Reprint zur Verfügung steht, wenn es nicht ohnehin schon in einem Repositorium abrufbar ist.

12.5 WorldCat Resource Sharing bzw. WorldShare Interlibrary Loan

WorldCat Resource Sharing (WCRS) ist ein kooperativer und kommerzieller Fernleihservice an dem ca. 10.000 Bibliotheken aus über 45 Ländern beteiligt sind. Für die Aufgabe von Bestellungen greift WorldCat Resource Sharing auf die weltweit größte Katalogdatenbank WorldCat zurück, in der nahezu zwei Milliarden Dokumente nachgewiesen sind. WorldCat Resource Sharing ermöglicht die globale Bestellung von Aufsatzkopien und Buchausleihen zwischen den Partnerbibliotheken in einem integrierten System, das basierend auf der Rechercheumgebung FirstSearch von OCLC die Katalogsuche, den Nachweis des Bestandes, die Bestell- und Auftragsverwaltung mit Statuskontrolle sowie die Abrechnung der Kosten zwischen gebender und nehmender Bibliothek vereinigt. Die Preise je Lieferung kann jede Bibliothek, abhängig von den Versandkosten und anderen Faktoren selbst festlegen. Sobald ein Bibliothekar der potentiell nehmenden Bibliothek

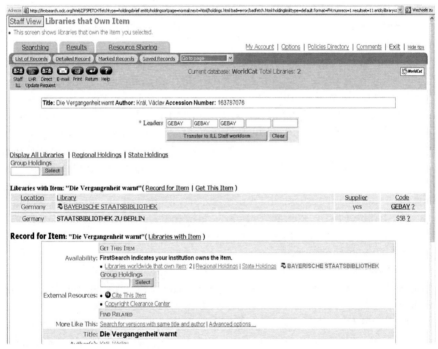

Abb. 28: Gezeigt ist die Bestellmaske für die nehmende Bibliothek nach erfolgreicher Recherche mit FirstSearch. Im oberen Drittel sind die Felder für die Eintragung des Leitwegs (*Lenders) zu sehen.

einen oder mehrere Nachweise einer Partnerbibliothek aus WorldCat Resource Sharing in FirstSearch findet, kann er auf komfortable Weise nicht nur eine Bestellung absetzen, sondern auch den Leitweg für diese Bestellung individuell festlegen, der automatisch abgearbeitet wird, sobald eine der liefernden Bibliotheken das gewünschte Dokument doch nicht zur Verfügung stellen kann.

Die liefernde Bibliothek wird genauso über den Bestelleingang informiert, wie beide Partner über den Status der Bestellung im System auf dem Laufenden gehalten werden. Es werden Informationen über die Lieferkonditionen und die Preise zur Verfügung gestellt und bei Bibliotheken, die am sogenannten ILL Fee Management teilnehmen, erfolgt nicht nur eine zentrale Abrechnung sondern auch der Zahlungsausgleich zentral über OCLC. Jede Bibliothek erhält monatlich nur eine transparente Nettorechnung bzw. eine Zahlung für die von ihr erbrachten bzw. empfangenen Lieferungen, egal wie viele Partner beliefert wurden oder von wie vielen Partnern eine Lieferung in die eigene Bibliothek kam.

Mit WorldCat Resource Sharing konnte gegenüber den Geschäftsabläufen der internationalen Fernleihe eine entscheidende Vereinfachung und Verbesserung erreicht werden, da jeder Arbeitsschritt in diesem integrierten System verwaltet und unterstützt wird. Die manuelle Arbeit reduziert sich dadurch in großem Ausmaß, obwohl leider keine Verknüpfung zur lokalen Ausleihverwaltung oder dem lokalen Dokumentliefersystem vorhanden ist.

Darüber hinaus bietet WCRS die Gewähr, dass die Bestände der teilnehmenden Bibliotheken weltweit wahrnehmbar und zugänglich werden und dass ausgefallene und schwer zu erfüllende Literaturwünsche der eigenen Nutzer mit wesentlich höherer Wahrscheinlichkeit erfüllt werden können.

Das System ist für die Bestellung und Abwicklung nicht nur komfortabel, sondern auch transparent für Kunden und Lieferanten. Es können Bestände von der Bestellung ausgeschlossen werden (z.B. besonders wertvoller Altbestand), die Lieferbedingungen und die Preise sind für die bestellende Bibliothek genauso einsehbar, wie es die möglichen Lieferwünsche und die Preisobergrenze des Kunden für die liefernde Bibliothek sind. Und WCRS hat einen weiteren Vorteil: Der gesamte Service läuft auf zentralen Servern von OCLC und lokale Softwarekomponenten müssen nicht installiert und betreut werden. Natürlich ist die Teilnahme an WCRS daher nicht völlig kostenlos. OCLC bietet zwei unterschiedliche Lizenzmodelle an. Lieferbibliotheken mit geringem Lieferaufkommen zahlen eine Flatrate, solche mit hohem Lieferaufkommen zahlen einen festen Betrag pro erfolgter Lieferung.

Im Folgenden sind die Vorteile von WCRS insbesondere im Hinblick auf die internationale Fernleihe nochmals aus der Sicht einer gebenden Bibliothek aufgeführt:

- Erweiterung des internationalen Dokumentlieferangebots der Bibliothek
- Einfacher Zugang zu den Beständen der Bibliothek für internationale Partner
- Individuelle Festlegung der Liefermöglichkeiten
- Zahlung mit monatlicher Abrechnung durch OCLC (ILL Fee Management)

- Komfortablere Abwicklung im Vergleich zur anderen internationalen Fernleihbestellungen (Mail-Bestellungen, Briefpostbestellungen)

Die Vorteile aus Sicht einer nehmenden Bibliothek sind:
- Erweiterte Möglichkeiten für die Bestellung von Büchern und Kopien
- Gesamtabrechnung mit monatlicher Zahlung über OCLC (ILL Fee Management)
- Bequemere Abwicklung der Bestellung im Vergleich zu anderen Möglichkeiten der internationalen Fernleihe

Im Lauf des Jahres 2014 wird WorldCat Resource Sharing vollkommen durch WorldShare Interlibrary Loan ersetzt. Die Ankündigungen lassen hoffen, dass die Integration in die Lokalsysteme ein Spezifikum des neuen Dienstes sein wird und zugleich alle Vorteile von WorldCat Resource Sharing erhalten bleiben.

12.6 Perspektiven der Direktlieferdienste und Fernleihe

Aus verschiedenen Gründen geht in den Direktlieferdiensten nach enormen Steigerungsraten in den Jahren zwischen 1999 und 2006 das Bestellaufkommen immer mehr zurück. Es ist nicht leicht sich der Faktoren sicher zu sein, die zu dieser Entwicklung führen, aber es lässt sich konstatieren, dass diese Entwicklung einen globalen Trend darstellt, der auch vor prominenten Lieferanten wie der British Library nicht halt gemacht hat. In Deutschland haben sicherlich die Restriktionen des Urheberrechts mit der Novelle von 2008 und die Gerichtsverfahren zwischen dem Börsenverein des Buchhandels und subito einiges zu dieser Entwicklung beigetragen, die eine schnelle, komfortable und kostengünstige Belieferung mit elektronischen Dokumenten deutlich erschwert haben. Zugleich konnten diese Faktoren auch nur dann so wirken, wenn es für die Deckung des Bedarfs, wie er einleitend geschildert wurde, Alternativen gibt, die ggf. entweder effizienter oder kostengünstiger sind. Eine Wissensgesellschaft, für die die Information eine grundlegende Ressource darstellt, kann auf diesen „Rohstoff" nicht verzichten. Nachgefragt werden im Bereich der Dokumentlieferdienste vor allem aktuelle Informationen, der Schwerpunkt der Lieferungen liegt auf Zeitschriftenartikeln der aktuellen Jahrgänge. Gerade in diesem Bereich wird aber die Versorgung mit genuin elektronischen Dokumenten durch den Zugriff auf eJournals laufend verbessert. Allianz- und Nationallizenzen garantieren eine breite Versorgung durch die Bibliotheken im wissenschaftlichen Bereich. Hochpreisige aber doch komfortable pay-per-view Angebote der Verlage können gerade für industrielle Kunden, denen mehr an einer hohen Liefergeschwindigkeit als an günstigen Preisen gelegen ist, eine Alternative darstellen. Für den universitären Bereich stellt auch die immer schneller arbeitende Fernleihe eine Alternative dar. All diese Erklärungsversuche können aber nicht abschließend sein und zugleich wäre der Schluss, die Direktlieferdienste der Bibliotheken hätten ihre Berechtigung bereits verloren, voreilig. Ein entscheidendes Qualitätsmerkmal bleibt die Zusammenführung eines fachlich extrem weit gestreuten Angebotes auch mit seltenen und zum Teil unikalen Dokumenten. Forschungsrelevant sind nicht einzig und allein die aktuellen Informationen, die stark nachgefragt sind und sich damit auch gut vermarkten lassen, sondern auch Dokumente, deren Relevanz nicht ohne weiteres vorhergesagt werden kann. Gerade die Bereitstellung eines derart umfassenden Informationsangebotes, das im Rahmen einer eher kurzfristigen Nutzenkalkulation, nicht rentabel und rechtfertigbar erscheint, kann gewiss zu den Aufgaben gezählt werden, die zu den verpflichtenden Infrastrukturleistungen des Staates und mithin der staatlichen Bibliotheken gehören, im Sinne längerfristiger Zukunftsperspektiven für Forschung, aber auch Wirtschaft.

Im Bereich der Dokumentlieferung für das alte Buch (EOD), stellt sich die Lage anders dar. Auch hier sind Rückgänge zu verzeichnen, die aber sehr viel mehr damit zu tun haben, dass durch die großen Projekte retrospektiver Digitalisierung der Altbestände, diese alten Bücher nach und nach wirklich frei zugänglich im Netz vorhanden sind. Da aber letztlich auch der Service der On-demand-Bestellung diesem Ziel diente, ist daran nichts zu bedauern. Zugleich bleiben aber bedeutende Aufgaben offen, denn eine Fülle wertvoller Informationen schläft gewissermaßen einen Dornröschen-Schlaf: Große Teile der gedruckten Bücher des 20. Jahrhunderts sind zwar nicht urheberrechtsfrei, sind aber vergriffen und teilweise kann für sie gar kein Rechteinhaber ermittelt werden. Im letzten Fall handelt es sich um sogenannte verwaiste Werke. Zwar sind sie über die Fernleihe prinzipiell zugänglich, aber einem flexiblen und schnellen Zugriff, wie er im Internet inzwischen üblich ist und von vielen Nutzern erwartet wird, sind sie dennoch entzogen, ohne dass es einen sachlichen Grund dafür gäbe. Hier warten noch Aufgaben auf die Bibliotheken und auch in diesem Bereich ist es denkbar, dass die Überprüfung des Status eines Werkes und eine ggf. mögliche Lieferung auf Benutzeranfrage erfolgen. Das wäre eine schlüssige Weiterentwicklung der Dokumentlieferung für das alte Buch, wie sie mit EOD beispielhaft verwirklicht wurde.

Kommerzielle Fernleihservices, wie WordShare Interlibrary Loan lassen hingegen momentan eine weniger schwankende Entwicklung erwarten. Auch hier wird es eine Rolle spielen, dass immer mehr Informationen direkt elektronisch vorliegen und nicht mehr geliefert werden müssen. Andererseits zeigt ein Überblick über die Bestellungen, dass diese fachlich extrem weit gestreut sind und vielfach auch sehr seltene und unikale Bestände betreffen. Weil hier ein weltweiter Bedarf gebündelt wird, sind kurzfristige Änderungen nicht in der gleichen

Weise zu erwarten wie in den anderen Bereichen der Direktlieferdienste. Letztlich handelt es sich eben doch um eine Fernleihe, die in der einen oder anderen Weise langfristig benötigt wird, weil es eine Welt, in der jedem jede Information unmittelbar frei zugänglich ist, so schnell nicht geben wird.

Weiterführende Literatur

Dugall, Berndt: Fernleihe, Dokumentlieferung und Zugriff auf digitale Dokumente. In: ABI-Technik 26 (2006) 3, S.162–178.
Gillitzer, Berthold: Fernleihe global: Die Bayerische Staatsbibliothek in WorldCat Resource Sharing. In: B.I.T. online 15 (2012) 5, S. 481–485.

13 Bibliothekarischer Auskunftsdienst

Das Wissen der Welt, die schiere Menge an Information wächst täglich exponentiell. Viele Menschen finden sich in dieser Informationsflut nicht mehr zurecht und sind überfordert. Man spricht von *„Information Overload"* oder sogar vom *„Information Overkill"*. Wie und wo finde ich genau die Informationen, die ich brauche? Wie beurteile ich die verschiedenen Informationsquellen richtig? Wer kann mir weiterhelfen und lotst mich durch die Informationsflut? Diese Mammut-Aufgabe, Menschen und Information in geeigneter Weise zusammenzubringen, das ist heute mehr denn je eine ganz wesentliche Dienstleistung von Bibliotheken und damit eine selbstverständliche Aufgabe für die darin Arbeitenden, insbesondere für diejenigen, die für den Auskunftsdienst zuständig sind.

13.1 Grundlagen und Ziele des Auskunftsdienstes

Der Auskunftsdienst ist eine der anspruchsvollsten und abwechslungsreichsten Tätigkeiten in einer Bibliothek. Er hat das Ziel, den Bibliothekskunden bei aktuellen Problemen oder sonstigen Fragestellungen schnelle, umfassende und kompetente Hilfestellung zu geben. Idealerweise sollte der Auskunftsmitarbeiter sich aber nicht damit zufrieden geben, lediglich die aktuelle Frage beantwortet oder das gerade brennende Problem gemeinsam mit dem Nutzer gelöst zu haben. Vielmehr sollte bei jedem Auskunftsgespräch gleichzeitig auch die Informationskompetenz des Kunden gefördert werden, und zwar unaufdringlich, nicht belehrend, gleichsam für den Kunden kaum bemerkbar, sollte hier Hilfe zur Selbsthilfe gegeben werden, sollte der Benutzer in die Lage versetzt werden, ähnlich gelagerte Fragen künftig selbstständig lösen zu können. Dies könnte beispielsweise erreicht werden, indem nicht nur das Ergebnis der Recherche mitgeteilt, sondern auch der Weg, auf dem das Ergebnis erzielt wurde, erläutert wird. Die Beratung und Auskunftserteilung an einer Informationstheke, am Telefon oder über das Internet ebenso wie Benutzerschulungen und Bibliotheksführungen, die im nächsten Kapitel ausführlicher dargestellt werden sollen, sind Tätigkeiten, bei denen ein ganz direkter und persönlicher Kontakt zu den Benutzern gegeben ist. Sie erfordern eine Vielzahl von fachlichen und methodischen Kompetenzen, aber auch ein hohes Maß an Stressresistenz, Menschenkenntnis und menschlicher Reife. Wie bei wenigen anderen Dienstleistungen der Bibliothek wird über Erfolg oder Misserfolg, über Zielerreichung oder dessen Verfehlung so unmittelbar entschieden, wie bei der Auskunft. Verlässt ein Bibliothekskunde die Informationstheke zufrieden, ja geradezu begeistert von der Qualität des Ergebnisses und der Art und Weise der Auskunftserteilung – er wird einen ganz hervorragenden Eindruck von der Bibliothek haben und das positive Erlebnis, das er mit der Bibliothek verknüpft, wird ihn dazu veranlassen, die Bibliotheksdienstleistungen gerne wieder in Anspruch zu nehmen und anderen Menschen über seine positiven Erfahrungen mit der Bibliothek zu berichten. Nicht selten gelten Bibliotheken immer noch als kaum zu durchschauende Organisationen. Indem die Bibliothek aber Hilfe zu ihrer sinnvollen Nutzung anbietet, erweitert sie den Kreis ihrer potenziellen Kunden. Das persönliche Gespräch, die angenehme Gesprächsatmosphäre, das sachlich zutreffende und überzeugende Resultat und nicht zuletzt die daraus resultierenden positiven Emotionen nehmen der Bibliothek den Charakter einer anonymen Behörde und tragen ganz erheblich dazu bei, dass Bibliothekskunden von „ihrer Bibliothek" sprechen und sich intensiv mit ihr identifizieren. Der Auskunftsdienst leistet somit auch einen ganz wesentlichen Beitrag zur Öffentlichkeitsarbeit und zum positiven Image einer Bibliothek.

13.2 Formen der Auskunft

Die Formen der Auskunft können auf verschiedene Weise differenziert werden. Sinnvoll ist beispielsweise die Einteilung nach synchron (zeitgleich) und asynchron (zeitversetzt) sowie nach den verschiedenen Kommunikationskanälen, die genutzt werden. Die klassische Form der Auskunft ist die mündliche Auskunft, die auch als Face-to-Face-Auskunft bezeichnet wird. Sie findet in der Regel an der eigens zu diesem Zweck errichteten Informationstheke statt. Bei kleineren Bibliotheken kommt es nicht selten vor, dass die Informationstheke zugleich auch Ausleih- und/oder Rücknahmeschalter in einem ist, was besondere Anforderungen an den Auskunftsbibliothekar stellt. Die mündliche Auskunft ist eine synchrone Auskunftsform und verläuft vornehmlich verbal, d.h. es wird gesprochen. Selbstverständlich können auch schriftliche Elemente enthalten sein, wenn z.B. ein Textabschnitt vorgelegt, etwas aus einem Buch gezeigt oder am Bildschirm geschrieben wird. Was diese Form der Auskunft aber besonders prägt, ist das große Repertoire an nonverbalen Kommunikationsformen wie Gestik und Mimik: fragende Augen, ein Kopfnicken, ein Stirnrunzeln, ein Lächeln usw. Gerade dieses Vorhandensein der nonverbalen Kanäle, die bei den meisten anderen Formen der Auskunft nicht zur Verfügung stehen oder mühsam nachgeahmt werden – man denke etwa an die Buchstabenkürzel oder Smilies beim Chat oder in E-Mails – macht die große Beliebtheit der Face-to-Face-Auskunft aus, die sie der Erfahrung vieler Bibliotheken nach immer noch hat. Viele Verständigungsschwierigkeiten oder Missverständnisse kommen gar nicht erst auf oder können schnell gelöst werden. Es ist in der Regel wesentlich einfacher, im Rahmen eines Auskunftsinterviews den Informationsbedarf des Benutzers treffsicher zu ermitteln und auch, was das Thema Vermittlung von Informationskompetenz betrifft, bietet das klassische Auskunftsgespräch am Informationsschalter viele Vorteile. Ohne Zweifel hat es auch einen entscheidenden Nachteil, nämlich dass nicht alle Personen, die eine Auskunft von der Bibliothek erhalten möchten, die Bibliothek auch persönlich aufsuchen können oder wollen. Man denke nur an Benutzer, die die Bibliothek im Wesentlichen online nutzen und nur eine kurze Frage zum Remote-Zugang zu einer Datenbank haben, oder auch an solche, die es einfach gewohnt sind, sämtliche Informationsdienstleistungen von Zuhause oder direkt vom Arbeitsplatz aus zu nutzen. Für sie bieten die anderen Auskunftsformen attraktive Möglichkeiten.

Zu nennen ist hier zunächst die telefonische Auskunft. Sie findet, ähnlich wie die mündliche Auskunft, zeitgleich, also synchron statt – sieht man einmal davon ab, dass natürlich auch Fragen auf den Anrufbeantworter gesprochen und nachträglich abgehört werden können, falls eine Bibliothek einen solchen Service anbietet. Als Kommunikationskanal kommt praktisch ausschließlich der verbale in Betracht. Dennoch können Tonfall, Sprechpausen und weitere akustische Signale ebenfalls eine wichtige Rolle spielen und das Auskunftsgespräch bzw. die Ergebnisfindung erleichtern. Bei größeren Bibliotheken muss strikt darauf geachtet werden, dass mündliche Auskunft und telefonische Auskunft nicht zeitgleich von ein und derselben Person ausgeführt werden, da man in der Regel nur eine von beiden Aufgaben gut erfüllen kann. An den meisten wissenschaftlichen Bibliotheken kommt der schriftlichen Auskunft ein hoher Stellenwert zu. Sie ist, wie der Name schon sagt, schriftgebunden und asynchron, d.h. sie verläuft zeitversetzt. Schon seit einigen Jahren wird die klassische schriftliche Anfrage per Brief oder Fax immer stärker durch E-Mail-Anfragen und entsprechende E-Mail-Auskünfte ergänzt und ersetzt. Es ist zu beobachten, dass die Zahl der Brief- oder Fax-Anfragen immer stärker zurückgeht. Eine Ausnahme bilden hier noch am ehesten die wissenschaftlichen Spezialbibliotheken mit ihrer spezifischen Klientel. An Universitäts- oder Fachhochschulbibliotheken spielen sie dahingegen kaum noch eine Rolle. Es ist ein Gebot der Höflichkeit, an das sich die Bibliotheksmitarbeiter gebunden fühlen sollten, dass man eine Anfrage immer über das gleiche Medium beantwortet, mit dem sich der Anfragende an die Bibliothek gewandt hat. Keinesfalls sollte eine briefliche Anfrage einfach durch eine E-Mail beantwortet werden, selbst wenn der Kunde seine E-Mail-Adresse angegeben hat. Dies sollte nur in Ausnahmefällen geschehen, z.B. im Fall großer Eile. Eine weitere Form der Auskunft, die auch schriftlich verläuft, aber nicht zeitversetzt, sondern synchron, ist die Chat-Auskunft. E-Mail-Auskunft und Chat-Auskunft werden dabei oft unter dem Begriff der Virtuellen oder Digitalen Auskunft zusammengefasst oder auch als eine Form der Online-Auskunft bezeichnet. Diese Formen der Auskunft und auch die damit in Verbindung stehenden Virtuellen Auskunftssysteme werden weiter unten (Kapitel 13.9) ausführlicher erläutert.

13.3 Arten der Auskunft

Es versteht sich von selbst, dass Bibliotheken nicht alle Arten von Auskunftsanfragen beantworten können, wollen oder dürfen. Fragt jemand ganz allgemein nach Telefonnummern (nicht nach Telefonnummern innerhalb der Bibliothek), nach der Wetterprognose, nach der Recyclebarkeit bestimmter Materialen, nach tagespolitischen Ereignissen oder verlangt er etwa medizinische oder rechtliche Beratung, kann ihm die Bibliothek nicht weiterhelfen. Dies sollte dem Anfragenden klar und deutlich kommuniziert werden, und zwar am besten nicht erst, wenn die konkrete Anfrage einläuft, sondern schon im Vorfeld im Rahmen einer so genannten Auskunfts-Policy. Hierunter versteht man, dass die Bibliothek auf ihrer Website deutlich macht, für welche Anfragen sie zuständig ist und für welche nicht. Die wichtigste Art von Anfragen, die eine Bibliothek immer beantwortet, sind die Anfragen zum eigenen Medienbestand bzw. Katalogauskünfte. Zu ihren Sammelschwerpunkten und Spezialbeständen wird sie immer versuchen, möglichst vollständige und zutreffende Sachauskünfte zu erteilen. Auch bibliographische Auskünfte gehören selbstverständlich zum üblichen Umfang der bibliothekarischen Dienstleistung, solange es nicht um die Erstellung von ganzen Literaturlisten oder Teilbibliographien geht. Das werden die wenigsten Bibliotheken leisten können. Hier bietet es sich ebenfalls an, klare Regeln zu kommunizieren. Der Erfahrung nach ist es ein guter Wert, maximal drei Literaturangaben für einen Benutzer zu recherchieren. Steht eine lange Schlange an der Informationstheke, wird auch dies im Einzelfall schon schwierig werden. Die Recherche nach Literaturangaben sollte immer genutzt werden, um dem Kunden zu zeigen, wie er selbstständig recherchieren kann. Es könnten ihm z.B. mehrere für ein Fachgebiet einschlägige Nachschlagewerke oder Datenbanken genannt werden, in denen er seine Recherche fortsetzen kann. Schließlich ist Ziel jeder Auskunftstätigkeit, gleichzeitig die Informationskompetenz des Kunden zu stärken und Hilfe zur Selbsthilfe zu geben. Dieses Ziel verfolgt sowohl die vermittelnde und beratende als auch die technische Auskunft, beispielsweise zur Handhabung von Geräten und Programmen oder auch der WLAN-Support. Sicherlich gibt es häufig Grenzfälle, in denen man sich fragt, ob die Anfrage noch als bestandsbezogen aufgefasst werden kann oder ob sie schon in den Bereich einer allgemeinen Wissensanfrage hineinreicht oder gar den Kern der wissenschaftlichen Arbeit des Forschenden berührt. Hier kann – wie in vielen Bereichen des Berufsfelds Bibliothek – keine pauschale Anweisung geben werden. Vielmehr muss mit Augenmaß und Fingerspitzengefühl auf die jeweilige Situation reagiert werden. Hilfreich ist es, das Thema Auskunfts-Policy immer wieder im zuständigen Team und/oder mit der Bibliotheksleitung zu thematisieren, um eine gewisse Sensibilität dafür zu fördern. Falls eine Anfrage einmal nicht beantwortet werden kann, sollte dem

Kunden offen und freundlich erläutert werden, warum das der Fall ist. In den allermeisten Fällen wird er dafür Verständnis haben, wenn er die Gründe kennt.

13.4 Benachbarte Tätigkeiten

An vielen Bibliotheken kommen zur reinen Auskunftserteilung noch eine ganze Reihe anderer Tätigkeiten hinzu, die mehr oder weniger eng damit verknüpft sind. Manche wären eher den Bereichen Bestandsaufbau bzw. Bestandspflege zuzurechnen, insbesondere die Erschließung der Auskunftsmittel (Notations- und Schlagwortvergabe) sowie Bestandsaufbau (inklusive Aussonderung) und Bestandspflege der Informationsbestände. Dabei fallen beispielsweise folgende Arbeiten an:

- Ständige Zusammenarbeit mit den für die Auswahl zuständigen Stellen, v.a. Mitwirkung bei Anschaffungsentscheidungen (heute insbesondere bei elektronischen Informationsmitteln)
- Integration elektronisch verbreiteter Informationsangebote in den OPAC, die Elektronische Zeitschriftenbibliothek (EZB), das Datenbankinfosystem (DBIS) oder bibliothekarische Portale
- Pflege von Linksammlungen und die Begutachtung kostenloser Internetangebote
- Entscheidung über Aussonderung und Ersatzbeschaffung
- Überprüfung der Verfügbarkeit und Qualitätskontrolle von elektronischen Informationsmitteln

Andere berühren teilweise den Bereich der Öffentlichkeitsarbeit, insbesondere die laufende Pflege und Aktualisierung der schriftlichen Auskunftsmittel, wie z.B. Infoblätter, Formulare, Broschüren zur Einführung in die Benutzung, usw. Gleiches gilt für die entsprechende Informationsweitergabe über Internet oder Intranet sowie über Twitter, Facebook oder andere soziale Medien. Hinzu kommt nicht selten die Mitarbeit in der Benutzerforschung, bei Bedarfsanalysen und beim Erfassen bzw. Auswerten statistischer Daten. Die Tätigkeit der Auskunftsbibliothekare wird hierdurch noch vielfältiger und abwechslungsreicher, gleichzeitig aber auch komplexer.

13.5 Informationsmittel

Standen in der Vergangenheit oft dutzende Meter an gedruckten Informationsmitteln hinter oder in unmittelbarer Nähe einer Infotheke, spielen diese gedruckten

Nachschlagewerke heute eher eine untergeordnete Rolle und können meist auf wenigen Metern untergebracht werden. Das wichtigste und fast ausschließliche Arbeitsgerät ist heute der PC, um damit im Online-Katalog, dem elektronischen und digitalisierten Bestand der Bibliothek, in Datenbanken sowie im Internet zu recherchieren.

Insgesamt hat das Internet die Arbeit der Auskunftsbibliothekare verändert wie kaum eine andere Entwicklung zuvor. Waren umfangreiche Sammlungen von Telefonbüchern, Adressbüchern, Fahrplänen, Biographien, Lexika, Enzyklopädien, Führern zu Informationsmitteln, Programmvorschauen, Ratgebern, Vorlesungsverzeichnissen etc. in ihrer Gesamtheit nur an den Informationsstellen großer Bibliotheken vorhanden, so hat heute jeder von seinem heimischen PC aus Zugang zu einer stetig wachsenden, teilweise sogar unüberschaubaren Menge an Informationen, die jeden früheren Informationsmittelbestand einer Bibliothek in den Schatten stellt. Vor diesem Hintergrund ist für den Auskunftsmitarbeiter von heute das Sammeln, das Aus- und das Bewerten von Internetquellen wesentlich wichtiger als die Informationsrecherche in gedruckten Informationsmitteln.

Im Bereich des fachspezifischen Informationsangebotes verfügen Bibliotheken allerdings nach wie vor über Informationsmittel, die denen gegenüber, die frei im Internet verfügbar sind, zumindest hinsichtlich ihrer Qualität überlegen sind. Dazu zählen, meist sowohl in gedruckter als auch in elektronischer Form, beispielsweise:
- Datenbanken
- Fach- und Spezialbibliographien
- Fachbiographien
- Fachenzyklopädien und -lexika
- Fachspezifische Anschriften- und Institutionenverzeichnisse
- Abkürzungsverzeichnisse
- Jahrbücher
- Fachwörterbücher
- Kataloge von Fach und Spezialbibliotheken
- Lehr- und Handbücher
- Quellensammlungen

Dazu kommen noch – je nach Bibliothekstyp bzw. -größe – verschiedene eher interne Informationsmittel, sozusagen zum Dienstgebrauch. Gemeint sind beispielsweise regelmäßige Infomitteilungen an die Mitarbeiter des Auskunftsdienstes. Diese können auch in regelmäßigen Abständen gesammelt und in gedruckter Form an den Infostellen zur Verfügung gestellt werden. Auch das Intranet stellt ein wichtiges internes Informationsmedium dar, gerade wenn es um Fragen zu Ansprechpartnern innerhalb des Bibliothekssystems oder zu Organisationseinheiten geht, mit denen der Bibliothekar an der Auskunft gerade nicht so vertraut ist. Ein sehr praktisches und modernes Informationsmittel, das mittlerweile bereits einige Bibliotheken im Einsatz haben, ist ein Informations-Wiki, das – meistens unter Verwendung der Open-Source-Software MediaWiki – sämtliche für den Auskunftsdienst relevanten Informationen systematisch geordnet und über eine Suchfunktion abfragbar aufführt. Dieses Wiki muss regelmäßig gepflegt und immer auf dem aktuellsten Stand gehalten werden. Dabei ist es auch möglich, dass neben der Zentralredaktion weitere Redakteure aus verschiedenen Bereichen der Bibliothek für die Inhalte aus ihren Abteilungen verantwortlich sind und diese immer zeitnah aktualisieren. In der Regel wird ein solches Informations-Wiki nur für den internen Dienstgebrauch freigeschaltet sein, da es vielfach Hintergrundinformationen enthält, die aus Gründen der Vertraulichkeit nicht ohne Weiteres nach Außen gegeben werden dürfen.

13.6 Anforderungen an den Auskunftsbibliothekar

Zunächst stellt sich die Frage, ob ein qualitativ hochwertiger bibliothekarischer Auskunftsdienst, den die Kunden zu Recht erwarten können, nur von ausgebildetem Bibliothekspersonal erbracht werden kann, oder ob nicht auch – wenigstens zur Unterstützung in Randzeiten – Hilfskräfte, Studierende oder angelernte Mitarbeiterinnen und Mitarbeiter bis hin zum Volunteer herangezogen werden können. In jüngster Zeit gibt es hierzu sogar eine angeregte Fachdiskussion. Die Frage ist nicht einfach mit Ja oder Nein zu beantworten. Sie hängt mit vielen Faktoren zusammen. So stellt sich die Situation beispielsweise in einer kleinen Gemeindebibliothek, einer Pfarrbibliothek, Schulbibliothek oder Krankenhausbibliothek ganz anders dar als in einer National- oder Universalbibliothek mit umfangreichen Beständen und Serviceleistungen oder auch als in einer hochspezialisierten Forschungsbibliothek. Wieder anders sind die Gegebenheiten in Hochschul- oder Universitätsbibliotheken, deren einzelne Teilbibliotheken möglicherweise über verschiedene Standorte, die nicht einmal in der gleichen Stadt liegen müssen, verteilt sind und die deswegen einen sehr hohen Personalbedarf haben, der mit bibliothekarischem Stammpersonal kaum gedeckt werden kann. Lösungen müssen hier in der Regel vor Ort gefunden werden und sind nicht ohne Weiteres auf andere Bibliotheken übertragbar. Generell ist es aber durchaus sinnvoll, den Auskunftsdienst als Kernaufgabe der bibliothekarisch ausgebildeten Mitarbeiterinnen und Mitarbeiter zu betrachten. Dies gilt gerade im Hinblick auf das moderne Verständnis des Auskunftsdienstes im Sinne einer umfassenden Informationsvermittlung bzw. Vermittlung von Informationskompetenz, da hierzu neben allgemeinen Voraussetzungen bzw. Eigenschaften und der fachlichen Kompetenz ein ganzes Bündel weitere Kompetenzen nötig ist, das in der Regel nur im Rahmen einer einschlägigen Ausbildung zu erreichen ist:

Grundlegende Voraussetzungen, Fähigkeiten und Kompetenzfelder
- gute Allgemeinbildung
- gutes Gedächtnis (im Zusammenhang mit bereits bearbeiteten Anfragen)
- gute Auffassungsgabe
- Einfühlungsvermögen (in den Kunden und den Hintergrund seiner Fragen)
- Vorstellungskraft und Abstraktionsvermögen
- Gründlichkeit und Ausdauer
- Einfallsreichtum und Flexibilität
- Organisationstalent und Kontaktfreudigkeit
- Toleranz und die Fähigkeit, sich selbst und seine Bedürfnisse etwas zurücknehmen zu können
- gute Ausdrucksweise, Sprachbeherrschung (möglichst auch einer Fremdsprache)
- ruhiges Auftreten, angemessenes Erscheinungsbild, höfliche Umgangsformen
- Bereitschaft zur Weiterbildung

Spezifische Kompetenzfelder
Methodisch-fachliche Kompetenzen
- Kenntnisse des Medienbestandes, von Nachweisinstrumenten, Informationsmitteln und Datenbanken, jeweils sowohl gedruckt als auch elektronisch
- Beherrschen verschiedener Recherchestrategien, Retrievalmethoden und Dokumentationsverfahren

Soziale Kompetenzen
- die Beherrschung von Fragestrategien und Dialogtechniken zur Erkundung des Informationsbedürfnisses
- didaktische Qualifikationen zur angemessenen Aufbereitung und Vermittlung von Rechercheergebnissen und Inhalten
- psychologische und pädagogische Kompetenzen, insbesondere im Umgang mit Benutzergruppen mit ganz besonderen Bedürfnissen (sehr junge oder sehr alte Menschen, sozial benachteiligte Menschen, Menschen mit Behinderungen, etc.)

Technische Kompetenzen
- Sicherheit im Umgang mit elektronischen und anderen gerätegebundenen Medien
- Sicherheit in der Bedienung und Pflege der Werkzeuge von Datenbanken und Datennetzen (verschiedene Browser, Retrievalsprachen, Suchmaschinen, etc.)
- Vertrautheit mit der elektronischen Nutzung und Aufbereitung von Dokumenten
- Ggf. auch sicherer Umgang mit USB-Stick und anderen mobilen Speichermedien, Kopfhöreranschluss, WLAN-Konfiguration etc.

Betriebswirtschaftliche Kompetenzen
- Kostenbewusstsein beim Einsatz der Kommunikations- und Informationstechnologie
- Marketing-Kenntnisse bei der Wahl geeigneter Präsentations- und Vermittlungsformen für Medien und Informationen
- Statistik-Kenntnisse

Wissenschaftliche und kulturelle Kompetenzen
- Basiskenntnisse in der Methodik des wissenschaftlichen Arbeitens
- Basiskenntnisse in den Bereichen Wissenschaftsbetrieb bzw. -organisation
- ggf. vertiefte Kenntnisse in einer oder zwei wissenschaftlichen Disziplinen
- Kenntnisse im Bereich des Publikationswesens, auch zu Publikationsangeboten der eigenen Bibliothek oder Hochschule (Hochschulschriften-Server, Institutional Repository, Open Access, etc.) zur Unterstützung von Wissenschaftlern und Forschenden
- erweiterte Fremdsprachenkenntnisse

13.7 Organisatorische Aspekte

Die Organisation des Auskunftsdienstes ist eine leitende Tätigkeit, mit der idealerweise ein Mitarbeiter betraut ist, der über langjährige Erfahrung in diesem Bereich verfügt. Es kommt häufig vor, dass die Leitung des Auskunftsdienstes auch für den gesamten Bereich der Benutzerschulungen und Führungen zuständig ist. Schließlich existieren hier nicht nur inhaltlich wesentliche Berührungspunkte, sondern oft auch personelle Überschneidungen. Daher bietet es sich unter organisatorischen Gesichtspunkten durchaus an, die Verantwortung für diese Bereiche bei derselben Person zu bündeln. Aus diesem Grund gilt das über die Organisation des Auskunftsdienstes Gesagte in weiten Teilen auch für die Organisation des Bereichs Benutzerschulungen und Führungen. Da die leitenden und organisatorischen Tätigkeiten im Bereich des Auskunftsdienstes und/oder im Bereich der Benutzerschulungen und Führungen naturgemäß sehr vielfältig sind, ist es möglich und in der Realität auch häufig anzutreffen, dass sie von einem Team erfahrener Mitarbeiter gemeinsam wahrgenommen werden.

13.7.1 Dezentrale oder zentrale Organisation

Man unterscheidet grundlegend zwischen einer dezentralen und einer zentralen Organisationsform, wobei diese beiden in der Realität selten in Reinkultur anzutreffen sind, vielmehr trifft man zumeist unterschiedliche Mischformen an. Welche Organisationsform vorliegt, ist von verschiedenen Faktoren abhängig. Entscheidend sind:
- Baulichen Gegebenheiten
- Örtliche Verteilung der Bibliothek bzw. des Bibliothekssystems
- Bibliotheksstruktur bzw. bibliothekarische Organisation (einschichtiges oder zweischichtiges System, große Universalbibliothek mit unterschiedlichen Sonderabteilungen, etc.)
- Personalsituation

Zentrale Organisation bedeutet, idealtypisch gesprochen, dass an der Bibliothek bzw. im gesamten hochschulweiten Bibliothekssystem ein einziges Informationszentrum existiert, das für den gesamten Informationsdienst und idealerweise auch für den Bereich Benutzerschulungen und Führungen zuständig ist und bei dem alle dafür notwendigen Kompetenzen gebündelt sind. Alle Stellen, die primär zur Auskunftserteilung disponiert sind, werden zu einer Zentrale zusammengelegt:
- Allgemeine Auskunft
- Lesesaalauskunft
- Katalogauskunft und bibliographische Auskunft

Bei der dezentralen Organisation ist dahingegen jede organisatorische Untereinheit der Bibliothek, z.B. Fakultätsbibliotheken, Institutsbibliotheken, Teilbibliotheken oder auch einzelne Abteilungen innerhalb von großen Forschungs- oder Universalbibliotheken, selbstständig für den Auskunftsdienst in ihrem Bereich verantwortlich. Die Idealvorstellung geht heute eindeutig in Richtung eines einzigen Informationszentrums. Grund hierfür ist, dass die immer knapper werdenden personellen Ressourcen möglichst effektiv eingesetzt und im gesamten Bibliothekssystem die gleichen hohen Qualitätsstandards eingehalten werden sollen.

Abb. 29: Eine typische Auskunftssituation in einer Bibliothek. Besucherin und Bibliothekar sind auf Augenhöhe. Die Theke ist höhenverstellbar und längere Beratungsgespräche können auch im Sitzen erfolgen. BSB: H.-R. Schulz.

Bei sehr großen Bibliotheken oder Bibliothekssystem mit mehreren räumlich dislozierten Teilbibliotheken oder integrierten Sonderabteilungen ist dies freilich nicht immer möglich. In diesem Fall sind häufig Mischformen anzutreffen, die je nach den konkreten Bedingungen vor Ort mal mehr zur zentralen, mal mehr zur dezentralen Organisationsform tendieren.

13.7.2 Auskunftsdienst als Haupt- oder Nebentätigkeit

Neben der Unterscheidung von zentraler und dezentraler Organisation ist die Form der personellen Organisation von Bedeutung. Man differenziert hier zwischen dem Auskunftsdienst als Haupt- oder als Nebentätigkeit, wobei keine davon direkt von der zentralen oder dezentralen Organisationsform bedingt wird. Ein Informationszentrum kann – je nach Größe – mit einem oder mehreren hauptamtlichen Auskunftsmitarbeitern besetzt sein. Hauptamtlich bedeutet hier, dass der Auskunftsdienst die Haupttätigkeit der entsprechenden Mitarbeiter darstellt, dass sie also nicht zusätzlich z.B. in der Katalogisierung oder in der Fernleihe arbeiten. Nicht gemeint ist damit die Unterscheidung zwischen hauptamtlichen und ehrenamtlichen Mitarbeitern oder Hilfskräften wie Studierenden oder Volunteers. Das Informationszentrum kann auch mit einer mehr oder weniger großen Anzahl von Mitarbeitern aus anderen Bereichen der Benutzungsabteilung oder anderen Abteilungen besetzt sein, die sich die Auskunftstätigkeit in einem abteilungsübergreifend organisierten Infoteam teilen. Im zuerst genannten Fall liegen im Prinzip alle Tätigkeiten des Auskunftsdienstes bei den genannten hauptamtlichen Personen. Die entsprechenden Mitarbeiter müssen über ausgesprochen hohe kommunikative Kompetenzen verfügen, und belastbar sein und sehr selbstverantwortlich arbeiten können.

Im zweiten Fall wird ein Auskunftsteam, oft auch Infoteam genannt, gebildet, dessen einzelne Mitglieder den Auskunftsdienst im Nebenamt ausführen, d.h. zusätzlich zur ihren Hauptaufgaben in anderen Organisationseinheiten der Bibliothek. Sie übernehmen in der Regel ein bis drei Schichten pro Woche an den Auskunftsstellen. Die Erfahrung zeigt, dass diese Schichten nicht länger als zwei Stunden dauern sollten, da die Mitarbeiter einerseits an ihrem Hauptarbeitsplatz nur schwerlich länger entbehrlich sind und andererseits nach zwei Stunden Auskunftserteilung eine gewisse Ermüdung eintritt bzw. Erholungsphase notwendig ist. Ein leitender Mitarbeiter des Informationszentrums übernimmt die Organisation des Infoteams. Er erstellt die Dienstpläne für die Schichten an den Informationsstellen, an der telefonischen Auskunft oder auch für die verschiedenen Formen der virtuellen Auskunft (z.B. Chat oder Videotelefonie, falls die Bibliothek diesen Service anbietet). Er kümmert sich um Vertretungsfälle, holt alle Mitarbeiter in Abständen zu Besprechungen und Informationsaustausch zusammen, organisiert interne und externe Fortbildungsmaßnahmen und vertritt das Auskunftsteam nach außen, z.B. gegenüber der Benutzungsabteilung, aber auch gegenüber der Bibliotheksleitung. Zu beachten ist freilich, dass vielfach Rücksicht auf die Belange der anderen Abteilungen genommen werden muss, aus denen sich die Mitglieder des Auskunftsteams rekrutieren. Hier ist eine gehörige Portion Fingerspitzengefühl, gleichzeitig aber auch Beharrlichkeit und Durchsetzungsstärke erforderlich, wenn es darum geht, die Vorgesetzten davon zu überzeugen, ihre Mitarbeiterinnen und Mitarbeiter für die Beteiligung im Infoteam freizustellen: Ständig für das Engagement bei den Informationsdiensten zu werben, Sachgebietsleiter, Abteilungsleiter oder Bibliotheksleiter auf die Sinnhaftigkeit und den Wert des Auskunftsdienstes hinzuweisen und sie davon zu überzeugen, dass ihre Mitarbeiter für einige Stunden pro Woche ihren Hauptarbeiterplatz verlassen dürfen, um an den Infoschaltern Dienst zu tun, das sind regelmäßige Herausforderungen für die Organisatoren des Auskunftsdienstes.

In jüngster Zeit gibt es vereinzelt Bestrebungen, die Einteilung der Auskunftsschichten trotz eines abteilungsübergreifenden Infoteams nicht mehr zentral zu organisieren. Hierbei kommt moderne Groupware zum Einsatz, mit deren Hilfe sich die Mitglieder des Infoteams selbstständig für die zur Verfügung stehenden Schichten einteilen können. Dies kann durchaus den Zusammenhalt des Teams stärken, setzt allerdings ein hohes Maß an Selbstorganisationskompetenz, eine starke intrinsische Motivation der Mitarbeiter wie auch fundiertes technisches Know-how zur Verwendung der entsprechenden Groupware voraus. Erforderlich sind ebenso Rahmenbedingungen, die einen Missbrauch der Freiheitsspielräume zuungunsten einiger verhindern.

Bei der dezentralen Organisation mit mehreren Informationsstellen werden zwangsläufig mehrere Mitarbeiter zur Auskunftserteilung gebraucht, aber auch in diesem Fall muss überlegt werden, ob die Auskunftsplätze (beispielsweise in der Zentralbibliothek, in den Lesesälen oder Teilbibliotheken) eher haupt- oder nebenamtlich besetzt werden sollen. Insgesamt ist der Bildung von abteilungsübergreifenden Auskunfts- bzw. Infoteams klar der Vorzug zu geben. Nicht nur der Personaleinsatz kann effektiver organisiert werden, auch die Mitarbeiter profitieren in erheblichem Maße. Vorteile sind beispielsweise abwechslungsreichere Arbeitsplätze und interessantere Tätigkeiten (Stichwort: Jobenrichment). Das Zusammengehörigkeitsgefühl aller Bibliotheksmitarbeiter wird gestärkt, wenn der Auskunftsdienst nicht isoliert als alleinige Aufgabe der Benutzungsabteilung oder gar eines Bereichs innerhalb dieser Abteilung gesehen wird. Viele Mitarbeiter, die ansonsten eher für die Services im Hintergrund (so genannte Back-Office-Tätigkeiten) zuständig sind, haben große Freude daran, zumindest einmal in der Woche im Front-Office zu arbeiten, also direkt mit den Bibliotheksbenutzern, die ja letztlich als Hauptadressat der Bibliotheksleistung als ganzer nicht aus dem Blick verloren werden dürfen, in Kontakt zu kommen und ein unmittelbares Feedback für ihre Arbeit zu erhalten. Und nicht zuletzt profitieren der Auskunftsdienst als Service und damit natürlich auch die Bibliothekskunden von den Spezialkenntnissen, die auf diese Weise aus allen Bereichen der Bibliothek in das Auskunftsteam einfließen.

13.7.3 Einarbeitung neuer Mitarbeiter und kontinuierliche Fortbildung

Alle jene, die im Auskunftsdienst tätig sind, müssen sorgfältig eingearbeitet, regelmäßig über alle Neuerungen informiert und kontinuierlich fortgebildet werden. Wie bereits erwähnt, ist der bibliothekarische Auskunftsdienst im umfassenden Sinne eine Kernaufgabe des bibliothekarisch qualifizierten Personals, und zwar aller Dienststufen. Der Bibliothekskunde muss sich darauf verlassen können, dass er bei jedem Mitarbeiter, den er an der Auskunftstheke antrifft, eine qualifizierte Auskunft und eine professionelle Behandlung erhält. Selbstverständlich bedeutet das nicht, dass von jedem Mitarbeiter ein beliebig tiefgehendes Auskunftsgespräch zu jedem noch so speziellen wissenschaftlichen Fach erwartet werden kann. Ganz spezielle Fachauskünfte zur Musikwissenschaft, zur Handschriftenerschließung, zur Makroökonomik oder zu Geothermiekraftwerken gehören beispielsweise eher in den Arbeitsbereich des wissenschaftlich ausgebildeten Fachreferenten. Aber gerade wenn es darum geht, ganz normale, immer wieder vorkommende Fragen zu beantworten und bei der Suche grundlegende Suchfertigkeiten zu vermitteln, sind Fachangestellte für Medien- und Informationsdienste (FaMI) genauso gefragt wie Diplom-Bibliothekare, Bibliothekare mit Bachelor oder Master oder auch wissenschaftliche Bibliothekare. Wichtig ist, dass während der jeweiligen bibliothekarischen Ausbildung bereits ein Fundament für einen qualitätsvollen Auskunftsdienst gelegt wurde. Auf dieses kann später aufgebaut werden.

In den meisten Bibliotheken werden neue Mitarbeiterinnen und Mitarbeiter, die direkt von der Ausbildung kommen, gar nicht ohne Weiteres sofort im Auskunftsdienst eingesetzt. Zunächst müssen sie ein bibliotheksinternes Schulungs- bzw. Ausbildungsprogramm durchlaufen. Nicht selten hospitieren sie auch einige Wochen oder Monate an der Seite eines möglichst erfahrenen Kollegen, beispielsweise an einem zweiten Platz an der Infotheke. Bei dieser Gelegenheit können sie erste Erfahrungen mit eigenen Auskunftsgesprächen sammeln, wenn sie etwas aber noch nicht genau wissen oder wenn sie einmal ein Problem mit einem Benutzer haben, können sie sich an den erfahrenen Kollegen wenden und erhalten Unterstützung. Dieses Lernen am Modell bzw. *learning by doing* ist von kaum zu überschätzender Bedeutung. Die internen Schulungen, die neue Mitarbeiter auf ihre spätere Tätigkeit im Auskunftsdienst vorbereiten, können beispielsweise Rhetorikkurse, Schulungen zum Umgang mit schwierigen Benutzern, das Kennenlernen und Verinnerlichen der in der jeweiligen Bibliothek geltenden Auskunftsstandards und Qualitätskriterien enthalten, aber genauso auch Veranstaltungen zur Vertiefung des Wissens über das Servicespektrum der jeweiligen Bibliothek und deren Bestände, spezielle Kataloge, Nachschlagewerke oder Datenbanken, die Fernleihe, die angebotenen Dokumentlieferservices und dergleichen mehr. Manchmal steht am Ende einer solchen mehrmonatigen Einarbeitungszeit sogar eine Art kleine Prüfung oder ein Gespräch mit den Verantwortlichen für den Auskunftsdienst, die sich davon überzeugen wollen, ob der oder die Neue im Infoteam in puncto fachliche Kompetenz, Methodenkompetenz und Sozialkompetenz auch wirklich so weit ist, dass er oder sie den Auskunftsdienst selbstständig übernehmen kann und auf diese Weise auch mit zum Aushängeschild der Bibliothek wird.

13.7.4 Die Ausstattung des Auskunftsplatzes

Nur in sehr kleinen Bibliotheken wird die Auskunftstheke der einzige Arbeitsplatz des Auskunftsbibliothekars sein. In der Regel sollte jeder Auskunftsbibliothekar über zwei Arbeitsbereiche verfügen, die Auskunftstheke und einen Arbeitsplatz im Back-Office, also außerhalb des für die Benutzer zugänglichen Bereichs, für schriftliche Arbeiten, umfangreichere Recherchetätigkeiten, die telefonische Auskunft und Verwaltungstätigkeiten.

Die *technische Ausstattung* des Auskunftsplatzes sollte Folgendes enthalten:
- PC (mit Internet- und Intranetzugang), großer Bildschirm, Drucker
- nach Möglichkeit ein weiterer Bildschirm, der dem Benutzer zugewandt ist; ggf. sollte dieser separat abgeschaltet werden können, z.B. wenn etwas im Ausleihsystem nachgeschaut wird
- Telefon
- höhenverstellbare Theke, damit ggf. zwischen sitzender und stehender Position gewechselt werden kann
- für die telefonische Auskunft, die aber in der Regel nicht an der Auskunftstheke gegeben wird, bietet sich auch der Einsatz eines Headsets (kabellos oder kabelgebunden) an; der Auskunftsbibliothekar hat dadurch die Hände frei und kann einfacher im PC recherchieren

Unabdingbar ist der direkte Zugriff auf *Kataloge und Datenbanken*:
- konventionelle Kataloge (Band-, Blatt- oder Zettelkataloge noch nicht maschinenlesbar erfasster Bestände)
- Mikrofiche-Kataloge
- CD-ROM-Datenbanken
- alle elektronischen Angebote (Kataloge, Zeitschriften, Datenbanken, Portale bzw. Virtuelle Fachbibliotheken, Digitalisate etc.) der Bibliothek
- Online-Zugriff (z.B. auf Verbundkataloge, kostenfreie Datenbanken, Suchmaschinen, Fotoarchive, Blogs, Soziale Netzwerke, Videoportale usw.)
- Zugriff auf Informations- und Kommunikationsdienste (E-Mail, Foren, Listen)
- Zugriff auf Dokumentlieferdienste
- Zugriff auf Seiten anderer Bibliotheken, Behörden und Institutionen

Für die *Benutzerinformation* sollten bereitliegen bzw. vorhanden sein:
- Ausschilderung der Infotheke selbst, damit sie gut gefunden wird (z.B. ein großes Schild oder ein von der Decke hängender Würfel mit einem großen „i" für Information)

- Namensschild, damit der Kunde weiß, mit wem er es zu tun hat (kann auch als Ansteckschild getragen werden)
- Ggf. kleine Aufsteller, die darauf hinweisen, dass ein Auszubildender bzw. Anwärter Auskunftsdienst leistet (z.B. „Wir bilden aus! Sie sprechen mit ..." oder „Auszubildender" bzw. „Praktikant")
- Falls eine Auskunftstheke nicht besetzt ist, sollte dies unbedingt ausgeschildert sein; idealerweise sollte auch darauf hingewiesen werden, wo sich der Benutzer hinwenden kann und wo sich der nächste Auskunftsplatz befindet
- Informationsblätter, Formulare, etc.
- ggf. auch Anschlagtafel oder Schwarzes Brett
- Buch oder Kasten für Beschwerden und Anregungen durch die Benutzer (Beschwerdemanagement)

Wichtig ist auch ein *Handapparat* (meist im Intranet):
- Dienstpläne, Geschäftsgänge, Geschäftsverteilungsplan
- Liste mit Ansprechpartnern für bestimmte fachliche Anliegen
- Liste mit Sicherheitsbeauftragten, Ersthelfern
- Notfallnummern (die wichtigsten sollten unbedingt auch in gedruckter Form vorliegen, am besten unmittelbar neben dem Telefon)
- Hinweise zum Verhalten in Problemsituationen (schwierige Benutzer, Systemausfälle, Unfälle)
- Adressbücher, Taschenbuch des Öffentlichen Lebens, VDB-Jahrbuch, etc.
- Formulare zur Aufnahme eines Protokolls über Vorfälle, Beschwerden
- Abkürzungsverzeichnisse
- Aufstellungssystematik und Standortverzeichnis
- Liste mit Bibliothekssigeln
- Sammlung der Info-Mails und Fortbildungsunterlagen

Um im Falle eines Systemabsturzes nicht völlig hilflos zu sein, empfiehlt es sich, den Handapparat, oder zumindest wichtige Teile davon, auch in gedruckter Form vorliegen zu haben. Es ist immer darauf zu achten, dass die Druckversion auf dem aktuellsten Stand ist.

13.7.5 Informationsmaterialien

Infomaterialien wie gedruckte Einführungen in die Benutzung, Merkzettel für die Benutzeranmeldung, Formulare (z.B. für Fotoaufträge, Sondergenehmigungen, Einverständniserklärungen der Eltern bei minderjährigen Benutzern, usw.), Anleitungen zur Benutzung der elektronischen Medien allgemein oder speziell zu einzelnen Datenbanken oder auch Merkzettel für die Einrichtung des WLAN-Zugangs auf dem eigenen Laptop, sollten an geeigneten Stellen in der Bibliothek aufliegen, nach Möglichkeit nicht zu weit entfernt von der Infotheke oder der Benutzeranmeldung, damit die Mitarbeiter die Benutzer bequem dorthin leiten können. Infomaterialien haben den Zweck, den Kunden erste oder auch weiterführende Informationen zu vermitteln. Sie sollten daher nicht zu umfangreich sein, sonst werden sie kaum gelesen, außerdem wirkt sich der geringere Umfang auch positiv auf die Produktionskosten aus. Die verschiedenen Informationsblätter sollten didaktisch sinnvoll aufgebaut und grafisch ansprechend gestaltet sein. Dabei ist auf kurze, prägnante Formulierungen zu achten. Abkürzungen, insbesondere bibliothekarische, sollten nach Möglichkeit ganz vermieden oder zumindest erklärt werden. Falls die Bibliothek oder auch die gesamte Hochschule über ein Corporate Design verfügt, muss dieses in Abstimmung mit der entsprechenden Abteilung, in der Regel der für Öffentlichkeitsarbeit, verwendet werden. Es hat sich als sinnvoll erwiesen, zielgruppenspezifische Informationsmaterialien anzubieten, beispielsweise für Lehrer, für Schüler, für Studierende, für Kinder und Jugendliche, für Graduierte, für Dozenten, für Institutionen und dergleichen mehr. Außerdem bietet es sich an, wichtige Informationsblätter und Formulare auf der Website auch als PDF-Dokumente zum Download bereitzustellen.

13.7.6 Informationsaustausch innerhalb des Infoteams

Gut informieren kann nur, wer selbst gut informiert ist. Dies gilt in besonderem Maße für die Mitarbeiterinnen und Mitarbeiter des Auskunftsdienstes. Laufende Informationen über alle Neuerungen in der Bibliothek müssen schnell und regelmäßig an die Mitglieder des Auskunftsteams weitergeleitet werden. Dabei darf nicht nur an die großen Veränderungen gedacht werden, es sind oft gerade die kleinen Dinge, die bei entsprechender Unkenntnis durch den Auskunftsmitarbeiter zu unzulänglichen Auskünften führen und bei den Benutzer den Eindruck hinterlassen, dass in der Bibliothek die Rechte nicht weiß, was die Linke tut. Daher ist es außerordentlich wichtig, ein gutes Wissensmanagement bzw. einen planmäßig organisierten Wissenstransfer innerhalb des Infoteams zu etablieren. Wie dieser genau funktioniert, hängt im Einzelnen wiederum von den konkreten räumlichen und organisatorischen Gegebenheiten der jeweiligen Bibliothek ab. Sinnvoll ist in jedem Fall ein zentrales Laufwerk, in dem sämtliche wichtigen Dokumente zu Benutzungsbedingungen, Geschäftsgängen, Ansprechpartnern, Fachbereichen, Instituten, Katalogen, Datenbanken usw. gespeichert sind und auf das alle Mitglieder des Infoteams zugreifen können. Es ist auch möglich, diese Informationen über das Intranet zur Verfügung zu stellen. Besonders

Anleitungen und Merkzettel sollten auch in gedruckter Form vorhanden sein. Sinnvoll kann außerdem der Einsatz von Magnetwänden, Whiteboards oder Schwarzen Brettern sein, am besten aufgestellt an zentralen Orten, an denen die Mitarbeiterinnen und Mitarbeiter des Auskunftsdienstes immer wieder vorbeikommen. Da trotz Intranet oder gemeinsamen Laufwerken manchmal nicht gleich ersichtlich ist, ob und in welchem Bereich sich etwas geändert hat, sollten die Verantwortlichen das Infoteam in regelmäßigen Abständen informieren, wenn und wo sich etwas geändert hat. Günstig wäre es, wenn diese Informationen immer in etwa zur gleichen Zeit, beispielsweise zu Beginn einer Woche, per E-Mail verschickt werden.

Etwa seit Beginn der 2000er-Jahre setzen Bibliotheken zum internen Wissenstransfer und zum Informationsaustausch Wikis ein. Zur Anwendung kommt dabei meist die Open-Source-Software MediaWiki, die in die IT-Infrastruktur der Bibliothek integriert werden kann, was freilich einiges an IT-Know-how voraussetzt. Warum gerade diese Software? Sie ist nicht nur kostenlos verfügbar, sondern stellt heute auch einen Standard dar, mit dem jeder Internet-Nutzer von der freien Online-Enzyklopädie Wikipedia her bestens vertraut sein dürfte. Durch den Open-Source-Charakter des Produkts und die weltweite Entwicklercommunity ist eine Weiterentwicklung der Software sichergestellt. Außerdem sind Support und Dokumentation frei im Netz verfügbar. Das InfoWiki fungiert einerseits als Wissenssammlung, andererseits als gemeinsame Arbeitsplattform. Verschiedene Ansprechpartner innerhalb des Infoteams pflegen neue Inhalte ein. Die MediaWiki-Software bietet eine ganze Reihe von Möglichkeiten, den Wissensstoff sinnvoll zu strukturieren (z.B. Tags, Schlagwörter, Kategorien). Das Inhaltsverzeichnis wird automatisch immer wieder aktualisiert. Ebenso werden alle neuen Artikel oder solche, die geändert wurden, unter der Rubrik „Aktuelles" oder – je nach Konfiguration des Wikis – „Änderungen/Neuerungen" gesammelt. Auf diese Weise können Änderungen oder Neuerungen kaum übersehen werden. Abgerundet wird das ganze durch eine Suchfunktion, mit der sämtliche Inhalte komfortabel nach Stichworten durchsucht werden können. Damit der Wert des InfoWiki für die Informationsspeicherung bzw. den -austausch auch voll zur Entfaltung kommt, ist es erforderlich, dass die Mitglieder des Auskunftsteams regelmäßig darauf zugreifen. Dies sollte in Dienstbesprechungen immer wieder ins Gedächtnis gerufen werden. Sinnvoll wäre es auch, die Mitarbeiter der Auskunftsdienste ab und zu per E-Mail darauf hinzuweisen, dass es im InfoWiki Änderungen gegeben hat. Dazu können gleich die Links auf die entsprechenden Artikel mitgeliefert werden. Selbstverständlich ist es ebenso möglich oder sogar wünschenswert, dass auch andere Kolleginnen und Kollegen aus der Bibliothek das InfoWiki konsultieren. Einerseits sollen sie ebenfalls so gut wie möglich informiert sein, andererseits finden sie möglicherweise Fehler oder Informationsdefizite, die ihre jeweiligen Arbeitsbereiche betreffen, und können die Verantwortlichen für das InfoWiki gleich darauf hinweisen, dass hier Änderungen erforderlich sind. Weniger günstig ist es, den Bibliotheksnutzern einen Zugang zu ermöglichen, da in der Regel viele Informationen hinterlegt sind, die rein internen bzw. dienstlichen Charakter haben. Unter Umständen könnte den Benutzern ein spezieller Zugang gegeben werden, der nur eine eingeschränkte Sicht auf für sie relevante Inhalte gewährt. Dies zieht aber einiges an Programmier- und Pflegeaufwand nach sich.

Ein weiteres Mittel zum Informationsaustausch, genauso aber auch für die Qualitätssicherung, sind regelmäßige Dienstbesprechungen aller Mitarbeiterinnen und Mitarbeiter, die im Auskunftsdienst arbeiten, ebenso interne Schulungen und Fortbildungsveranstaltungen. Bei Besprechungen dürfen gerne aktuelle Fragen oder auch Problemsituationen thematisiert werden. Vielleicht lassen sich dafür ja im gemeinsamen Gespräch Lösungsstrategien finden. Auch kleine Rollenspiele sind denkbar, die bestimmte erlebte Situationen aufgreifen und eine gute Übung für die Praxis darstellen. Last but not least ist auch die kollegiale Beratung zu erwähnen. Ihr Platz kann entweder im größeren Rahmen einer Dienstbesprechung sein, wenn Mitarbeiter eine Situation schildern, die ihnen vielleicht Schwierigkeiten bereitet hat, und danach von den Kollegen Hilfestellung erhalten, oder auch im persönlichen Gespräch zwischen zwei Mitarbeitern. Wichtig ist in jedem Fall, dass Auskunftsmitarbeiter mit möglichen Problemfällen oder Fragen nicht allein gelassen werden, sondern bei Vorgesetzten oder Kollegen immer ein offenes Ohr für ihre Anliegen finden.

13.8 Der Auskunftsprozess

Am Anfang des Auskunftsprozesses steht ein Benutzer, der ein Informationsbedürfnis hat. Am Ende sollte ein zufriedener Kunde stehen, der einerseits die Information bekommen hat, die er konkret benötigte, andererseits etwas über die geeigneten Suchstrategien erfahren hat und sich jederzeit gerne mit einer neuen Frage wieder an die Bibliothek wenden würde.

13.8.1 Das Informationsbedürfnis

Vor dem Hintergrund des Dienstleistungsverständnisses einer modernen Bibliothek ist es grundsätzlich sehr zu begrüßen, wenn Benutzer sich mit ihrem Informationsbedürfnis an die Bibliothek wenden. Das ist gar nicht ohne Weiteres selbstverständlich. Daher sind Aussagen von Bibliotheksmitarbeitern nach dem Motto: „Das hätten Sie doch bei Google in fünf Sekunden gefunden" oder ähnlich auf jeden Fall deplatziert. Möglicherweise hat der Nutzer tatsächlich schon eine Suchmaschine konsultiert, ist aber nicht zum gewünschten Ergebnis gekommen. Das kann verschiedene Gründe haben, entweder er beherrscht die Suche in Suchmaschinen nicht besonders gut, was durchaus vorkommen kann, oder sein Informationsbedürfnis ist noch sehr vage, d.h. er hat nur eine ungefähre Vorstellung von dem, was er eigentlich genau sucht, aber selbst das ist ihm nicht wirklich bewusst. Ein schönes Beispiel, das vielen im Auskunftsdienst Tätigen mit Sicherheit vertraut vorkommt: Ein Benutzer kommt an die Auskunftstheke und beginnt: „Ich suche ein Buch, von dem ich kürzlich im Radio gehört habe. Darin kam ein Mann vor, der sich in eine Frau verliebte, aber sie konnten aus irgendeinem Grund nicht gleich zusammenkommen, ich glaube weil … aber ich denke, Sie wissen schon, was ich meine, oder?" Ein weiteres Beispiel: „Vor einiger Zeit habe ich etwas in der Zeitung gelesen, das mich sehr interessiert hat. Ich weiß allerdings nicht mehr, welche Zeitung das genau war. Es ging um neuere Erkenntnisse zu einem König, ich glaube aus Bayern. Das war so ein spannender Artikel. Ich würde mich riesig freuen, wenn Sie diesen Artikel für mich heraussuchen könnten." Man kann sich leicht vorstellen, dass hier einiges an Arbeit vor dem Bibliothekar liegt, um zunächst einmal zu ermitteln, um was es eigentlich geht, und dann, im zweiten Schritt, die passenden Informationen herauszusuchen. Zugrunde liegt meist ein Informations-Paradoxon: Ein Benutzer hat ein bestimmtes Informationsbedürfnis. Allerdings ist es außerordentlich schwer, dieses genau zu beschreiben oder in Worte zu fassen, da er ja die Information nur unzureichend kennt und diese daher auch nicht präzise beschreiben kann. Manchmal bleiben Benutzer auch deswegen sehr unpräzise oder allgemein, da sie ihr Informationsdefizit nicht offenbaren wollen. Vielleicht ist es ihnen peinlich, dass sie so etwas vermeintlich Leichtes nicht wissen, der „allwissende" Bibliothekar könnte ja schlecht über sie denken. Es bedarf daher einer Menge Geschick des Auskunftsmitarbeiters und einer spezifischen Fragestrategie, um den Informationsbedarf möglichst präzise zu bestimmen und dann – im Idealfall – gemeinsam mit dem Kunden die entsprechenden Informationen zu beschaffen oder Wege aufzuzeigen, wie diese Informationen künftig eigenständig ermittelt werden können.

Gerade in solchen Situationen, wenn das Informationsbedürfnis noch in einem relativen Rohzustand ist, zeigt sich der enorme Mehrwert der bibliothekarischen Auskunft gegenüber der rein syntaktisch orientierten Suche in Suchmaschinen (von den Möglichkeiten, die das so genannte *Semantic Web* bietet bzw. in Zukunft bieten wird, soll im Moment einmal abgesehen werden, vgl. hierzu Kapitel 6.13). Im Dialog zwischen Bibliothekar und Kunde kann das Informationsbedürfnis nämlich genau bestimmt, ja im wahrsten Sinne des Wortes, *geklärt* und dann die dafür passende Suchstrategie festgelegt werden. Das geeignete Werkzeug hierfür ist ein professionell durchgeführtes Auskunftsinterview.

13.8.2 Das Auskunftsinterview

Das Auskunftsinterview ist eine Kommunikationsform, die ein bestimmtes Ziel bzw. Ergebnis verfolgt, nämlich herauszufinden, worum es dem Kunden eigentlich geht, was er genau für eine Information sucht. Der Auskunftsbibliothekar steuert und strukturiert dabei das Gespräch in einer ganz spezifischen Weise. Zunächst einmal ist es wichtig, dem Kunden gut zuzuhören und ihm nicht gleich ins Wort zu fallen, falls man den Eindruck hat, man hätte einigermaßen verstanden, worum es geht. Dies führt leicht zu suggestiven oder manipulatorischen Nachfragen, die den Benutzer dann in eine Richtung führen, die er ursprünglich gar nicht vorhatte. Man kommt dann zwar letztlich auch zu einer Suchstrategie und einem Ergebnis, nur passt dieses dann oft nicht mit dem ursprünglichen Informationsbedürfnis zusammen. Der Mitarbeiter an der Auskunft sollte dazu deutliches Interesse an der Frage signalisieren und es dem Kunden leicht machen, seine Fragen zu stellen. Das fängt schon bei den nonverbalen Zeichen der Kommunikation an. Beispielsweise sollte man sich dem Kunden zuwenden, ihn einladend anlächeln, nicht etwa die Arme vor der Brust verschränken oder an ihm vorbeischauen. Das schüchtert meist nur ein. Gut sind ab und zu – aber nicht zu häufig – ein verstehendes Kopfnicken, ein „Ja, ok" oder ein anderes Zeichen des Verständnisses. Das baut Schwellenängste ab, ermutigt den Kunden, sich zu öffnen und sein Anliegen vorzutragen. Am Beginn des Auskunftsinterviews sollten dann immer ein, zwei oder drei offene Fragen stehen, die den Benutzer zum Sprechen einladen. Offene Fragen sind solche, die nicht nur mit Ja oder Nein zu beantworten sind, sondern das Gegenüber dazu bringen, etwas ausführlicher auszuholen und sein Anliegen mit eigenen Worten auszuformulieren, vielleicht auch schon etwas zum Fragekontext oder zum Verwendungszweck zu sagen. Solche offenen Fragen beginnen in der Regel mit Wer, Wie, Welche, Was für ein, Wonach, Wann, etc. Ziel dieser Fragen ist es, etwas über den Kontext des Informationsbedürfnisses, über den Verwendungszweck, über die zeitliche und geographische Einordnung in Erfahrung zu bringen, da die später angewandte Suchstrategie von allen diesen Faktoren mitbestimmt wird. Nicht unerheblich könnte auch die Kenntnis über die fachliche Tiefe des Informationsbedürfnisses sein. Schließlich ist es etwas ganz anderes, ob der Hintergrund für eine Information allgemeines Interesse, eine Referat in der Schule, eine Seminararbeit oder ein Forschungsprojekt ist. Sicherlich wird die Person des Fragenden, z.B. das Alter und Auftreten, hier schon erste Rückschlüsse erlauben. Allerdings sollte man sich auch hier nicht zu voreiligen Schlüssen hinreißen lassen. Es geht nur um gewisse Anhaltspunkte.

Eine weitere Technik, die so auch in vielen anderen Beratungsgesprächen zum Einsatz kommt, ist das Paraphrasieren. Dabei wiederholt der Auskunftsmitarbeiter die Frage mit eigenen Worten. Dies dient dazu, sich noch einmal zu vergewissern, ob man die Frage auch richtig verstanden hat. Außerdem hilft es, Missverständnisse zu vermeiden. Wichtig ist freilich, dass nicht jeder Satz eins zu eins paraphrasiert wird. Das fühlt sich für den Kunden sehr wie eine Methode an und kann dazu führen, dass er sich in der Gesprächssituation nicht mehr wohl fühlt. Generell gilt, dass professionelle Gesprächsführungstechniken immer so angewandt werden sollten, dass der Kunde sie gar nicht als solche bemerkt. Dann wird das Gespräch am erfolgreichsten und für beide Seiten angenehm verlaufen. Hat man in groben Zügen verstanden, worum es dem Benutzer geht, muss der Informationsgegenstand im weiteren Dialog präzisiert werden. Hierzu bieten sich geschlossene Fragen an, also Fragen, die vom Gegenüber nur mit Ja oder Nein beantwortet werden können. Noch ausstehende Details können damit relativ zügig eingegrenzt werden. Abschließend sollte der Informationsbedarf, so wie man ihn im Dialog erarbeitet, präzisiert oder geklärt hat, noch einmal paraphrasierend rekapituliert werden: „Also, Sie suchen Informationen zu ... mit einem besonderen Schwerpunkt auf ... . Dann würde ich sagen, dass wird die Suche jetzt gemeinsam beginnen, und zwar folgendermaßen ... ."

13.8.3 Der Suchprozess

Hier muss der erfahrene Auskunftsbibliothekar ganz in seinem Element sein. Bereits im Laufe des Auskunftsinterviews sollte man sich seine Suchstrategie zurechtlegen und dann nach Abschluss des Dialogs die Suche beginnen. Idealerweise wird die gewählte Suchstrategie genau erklärt und auch deutlich gemacht, warum man gerade diese Suchstrategie ausgesucht hat und nicht eine andere. Diese Erklärungen müssen möglichst einfach und nachvollziehbar sein. Bei allen Erläuterungen versteht sich von selbst, dass auf bibliothekarischen Fachjargon sowie auf Abkürzungen im Wesentlichen verzichtet wird. Diese verwirren den Benutzer nur oder lenken ihn ab, wenn er dabei stehen bleibt und zu lange darüber nachdenkt. Es ist ganz entscheidend, dass der Bibliothekar sich bei seiner Recherche nicht ausschließlich auf den Bestand der eigenen Bibliothek bezieht. Im Zeitalter des Internet ist es dringend zu empfehlen, auch andere Informationsquellen heranzuziehen, ja vor dem Hintergrund der heute immer wichtiger werdenden Vermittlung von Informationskompetenz ist es geradezu geboten, dem Nutzer – im Rahmen des Möglichen – auch zu zeigen, wie er weitere Quellen recherchiert, auswählt, bewertet und ggf. auch korrekt zitiert. Kommt beispielsweise die Frage nach Informationen zum „Arabischen Frühling", ist es durchaus sinnvoll, nicht ausschließlich im eigenen Bestand oder in bibliographischen Datenbanken zu suchen, sondern beispielsweise auch bei Youtube, wo sich tausende filmische Zeitdokumente, Originalbeiträge von Reportern und Nachrichtenagenturen usw. finden: Ein wahrer Schatz an Informationsquellen. Ebenso könnte in sozialen Netzwerken recherchiert werden, in welcher Weise sich dort bestimmte Aspekte des „Arabischen Frühlings" gezeigt haben oder zeigen. Sicherlich stellt das hohe Anforderungen an die Bibliotheksmitarbeiter, aber entsprechende Kompetenzen könnten durchaus durch regelmäßige Fortbildung oder auch kollegialen Austausch erworben werden.

13.8.4 Bewertungsprozess und Gesprächsabschluss

Als nächstes müssen die Rechercheergebnisse gemeinsam mit dem Kunden bewertet werden. Dabei sollte auf die unterschiedliche Güte der Informationsquellen hingewiesen werden, was aber z.B. nicht heißen sollte – wie es leider immer noch vorkommt –, dass nur gedruckte Quellen als gute Quellen gelten. Wichtiger sind Fragen wie: Wer steht hinter einer Quelle? Wer garantiert ihre Zuverlässigkeit? Gibt es ein festgelegtes Review-Verfahren oder eine Qualitätssicherung? Gibt es abweichende Meinungen? Wo kann ich diese finden? Und dergleichen mehr. Von kaum zu überschätzender Bedeutung ist danach der Gesprächsabschluss, der auch als Follow-Up bezeichnet wird. Der Auskunftsmitarbeiter sollte sich vergewissern, ob der Kunde auch tatsächlich alle Informationen erhalten hat, die er brauchte, oder ob gegebenenfalls einige Fragen offen geblieben sind. Möglicherweise haben sich im Laufe des Auskunftsgesprächs auch neue Fragen ergeben, die dem Kunden zu Beginn noch gar nicht bewusst waren. Das ist ein ganz normaler Prozess: Je weiter der Informationssuchende in die Sache vordringt, desto detailliertere neue Gesichtspunkte tauchen plötzlich auf, die dann interessant werden und angegangen werden müssen. Selbstverständlich setzen die Rahmenbedingungen an der Infotheke oder auch an der telefonischen Auskunft, beispielsweise mehrere wartende Kunden, hier durchaus Grenzen. Diese sind den Anfragenden aber in aller Regel auch gut zu vermitteln. Das Gespräch könnte beispielsweise mit der Frage geschlossen werden: „Beantwortet das Ihre Frage vollständig? Haben Sie dazu noch weitere Fragen?" Danach sollte auch die freundliche Einladung nicht fehlen, dass der Kunde den Auskunftsdienst bei Bedarf gerne wieder in Anspruch nehmen kann. Untersuchungen zeigen, dass es als sehr positiv empfunden wird, wenn der Auskunftsmitarbeiter den Kunden ermutigt, ihm im Nachhinein noch eine Rückfrage zu stellen, beispielsweise per E-Mail. Dazu könnte z.B. eine entsprechende E-Mail-Adresse genannt oder auf die Online-Auskunft verwiesen werden: „Falls Ihnen gleich doch noch eine Rückfrage einfällt, schreiben Sie mir diese einfach als E-Mail. Ich werde mich gleich darum kümmern". Bleibt noch die Frage, was zu tun ist, wenn das Auskunftsgespräch zwar durchaus positiv verlaufen ist, die benötigte Information aber nicht ermittelt werden konnte. Das kann durchaus vorkommen und ist – meistens – kein Zeichen für die mangelhafte Qualität der Auskunftssituation. Es sollte freundlich angesprochen werden, dass die Information aus den und den Gründen gerade nicht zu ermitteln war. Die allermeisten Kunden werden dafür Verständnis haben, gerade wenn es offen und ehrlich kommuniziert wird und auch die Gründe genannt werden. Man sollte sich die Frage notieren und dem Kunden mit auf den Weg geben, dass man sich später noch einmal in Ruhe mit der Frage beschäftigen und die Antwort anschließend übermitteln wird. Falls der Kunde einverstanden ist, könnte er zur einfachen Kontaktaufnahme seine E-Mail-Adresse oder Telefonnummer hinterlassen. Eine weitere Möglichkeit, die sich bewährt hat, besteht darin, den Benutzer an einen Kollegen zu verweisen, der mit der Thematik oder dem Fachgebiet besser vertraut ist. Hierzu sollte man die Kontaktdaten des entsprechenden Kollegen weitergeben, ebenso die Termine, wann er am besten erreichbar ist.

13.9 Virtuelle Auskunft: Definitionen und Zielstellung

Unter virtueller Auskunft versteht man im weitesten Sinne jeden Auskunftsprozess, der über den Computer oder mobile elektronische Endgeräte, beispielsweise Smartphones oder Tablets, verläuft. Eine andere Definition legt den Focus mehr auf die Art und Weise der Übertragung der für den Auskunftsprozess entscheidenden Fragen und Antworten: Als virtuelle Auskunft werden hier alle Auskunftsprozesse verstanden, die über das Internet laufen, wobei auch hier natürlich der Computer oder mobile Endgeräte zum Einsatz kommen, sowohl auf Seiten der Bibliothek als auch auf Seiten der Kunden. Ein anderer Begriff, der mehr oder weniger deckungsgleich verwendet wird, ist digitale Auskunft. Im anglo-amerikanischen Raum wird zumeist von *Digital Reference Service* gesprochen. Nicht selten wird dieser englische Begriff auch in der deutschen Fachsprache verwendet. Zur virtuellen bzw. digitalen Auskunft zählt man die E-Mail-Auskunft, die Chat-Auskunft, die Auskunft über Internettelefonie (Voice over IP/VoIP), Videotelefonie oder SMS, die virtuellen Assistenten („Chatterbots") sowie die Navigationssysteme. In jüngster Zeit kommt noch der Auskunftsdienst in virtuellen 3D-Welten und in sozialen Netzwerken wie Facebook, Google+ oder Twitter hinzu. Die telefonische Auskunft wird nicht zur virtuellen Auskunft gezählt, auch wenn dabei ein Handy, also ein mobiles elektronisches Endgerät, zum Einsatz kommt.

Die virtuelle bzw. digitale Form der Auskunft hat primär folgende Ziele:
1. Den Service im Internet durch intelligente Benutzerführung zu verbessern
2. Die Nutzung moderner Kommunikationsmittel für die Informationsvermittlung zu erschließen und den Kunden dort zur Verfügung zu stehen, wo sie sich ohnehin schon die meiste Zeit aufhalten.
3. Die Reichweite und Verfügbarkeit der bibliothekarischen Auskunft zu erweitern.
4. Durch die Automatisierung von Standardaufgaben Rationalisierungseffekte zu erzielen (z.B. durch Anbieten von elektronischen Tutorien zum Selbststudium, durch Workflowunterstützung bei der Bearbeitung von Auskunftsanfragen, durch die Verwendung von Textbausteinen bei der Beantwortung wiederkehrender Anfragen, etc.)
5. Kooperationsmöglichkeiten durch zentrale Infrastruktur und arbeitsteilige Erstellung von Inhalten zu ermöglichen.

Die virtuellen Formen der Auskunftserteilung waren zunächst nur eine Ergänzung des klassischen Auskunftsangebots vor Ort oder per Telefon. Mit zunehmender Bedeutung des Computers und der Kommunikation über das Internet wuchs der Anteil der virtuellen Auskunftsangebote im Serviceportfolio von Bibliotheken. Nicht zuletzt durch die enorme Verbreitung tragbarer elektronischer Endgeräte und die nochmals veränderten Kommunikationsgewohnheiten der primären Benutzergruppen der Bibliotheken bekam die virtuelle Auskunft einen immer höheren Stellenwert. An vielen Bibliotheken nimmt sie heutzutage den gleichen Stellenwert ein wie die Face-to-Face-Auskunft, nicht selten überwiegt bereits der virtuelle Anteil. Einzelne Bibliotheken wiederum haben bei der Auskunftserteilung komplett auf e-only umgestellt, d.h. eine mündliche Auskunft an der Infotheke wird dort überhaupt nicht mehr angeboten. Vielfach sind hierfür organisatorische Gründe verantwortlich, beispielsweise ein über eine ganze Stadt oder sogar mehrere Städte ausgedehnter Universitätscampus mit vielen verschiedenen Bibliotheksstandorten, an denen ein gleichermaßen hochwertiger Auskunftsdienst mit den vorhandenen Personalressourcen nicht oder nur unzureichend gewährleistet werden kann.

13.9.1 Navigationssysteme und virtuelle Assistenten („Chatterbots")

Navigationssysteme und virtuelle Assistenten (auch bekannt als „Chatbots", „Chatterbots" oder schlicht „Bots") sollen hier nur der Vollständigkeit halber kurz erwähnt werden. Sie stammen aus den Anfangszeiten der virtuellen Auskunft, ihre praktische Bedeutung im Bibliotheksalltag ist in den letzten Jahren aber deutlich zurückgegangen. Navigationssysteme gehören zu den elektronischen Fachinformationsführern. Darunter versteht man Internetdienste, die auf ausgewählte, qualitativ hochwertige Internetquellen verweisen und Wissenschaftlern ebenso wie Studierenden beim systematischen Auffinden von Informationen im Internet behilflich sind. Die gesammelten Internetquellen werden systematisch und hierarchisch gegliedert und in Browser-Strukturen abgebildet, damit die Informationssuchenden in ihnen komfortabel navigieren und zu den relevanten Informationen gelangen können. Außerdem werden sie formal und inhaltlich kurz beschrieben, damit der Ursprung und damit auch die Verlässlichkeit der jeweiligen Information leichter nachvollziehbar und bewertbar sind. Als bekanntester Vertreter eines Navigationssystems im Bibliotheksbereich kann LOTSE (Library Online Tour and Self-Paced Education) angesehen werden[63]. Dieses kooperativ von verschiedenen Bibliotheken und Virtuellen Fachbibliotheken betriebene Navigationssystem bietet Informationen und Tipps zum wissenschaftlichen Recherchieren und Arbeiten in momentan 24 wissenschaftlichen Fächern. Im Mittelpunkt stehen Hinweise zur Suche und Beschaffung von Literatur, zum Schreiben und Veröffentlichen von Arbeiten, zu Forschungen, Arbeiten und Diskussionen in den verschiedenen Fachcommunities sowie Anleitungen zum Finden von Adressen und Kontakten bzw. zur Suche und zum Nachschlagen von Fakten.

Unter einem Chatbot, dessen prominenteste bibliothekarische Vertreterin die freundliche „Stella"[64] der Universitätsbibliothek Hamburg ist, versteht man ein Computerprogramm mit textbasierter Ein- und Ausgabeschnittstelle, das die Illusion einer tatsächlichen menschlichen Kommunikation schafft. Man gibt ganze Fragen oder Textteile in den Chat-Schlitz ein und „Stella" antwortet darauf in ganzen Sätzen und – in der Regel – relativ sinnvoll, außer man versucht sie mit zu komplexen oder nicht angebrachten Formulierungen aus der Fassung zu bringen. „Stella", ein Produkt der Hamburger Firma Novomind, basiert auf einer Wissensbasis, die laufend gepflegt und erweitert werden muss, und einer virtuellen Cartoon-Persönlichkeit mit ausgeprägter Smalltalk-Fähigkeit. In begrenztem Rahmen kann sie sogar menschliche Emotionen oder non-verbale Kommunikationsformen nachahmen, was auf jeden Fall einen starken Unterhaltungswert hat und auch bibliotheksferne Benutzer dazu bringen kann, sich näher auf die Angebote der Bibliothek einzulassen. Wenn man diese virtuellen Assistenten, die auch auf verschiedenen anderen Websites, z.B. bei IKEA die virtuelle Internet-Kollegin

---

63 URL: http://www.lotse.uni-muenster.de (letzer Zugriff am 20.02.2014).
64 URL: http://www.sub.uni-hamburg.de/bibliotheken/projekte/chatbot-stella.html (letzer Zugriff am 20.02.2014).

„Anna"[65] oder beim Karriereportal der Bundeswehr (wahlweise als männlicher oder weiblicher Recruiting Officer[66]), zu finden sind, vernünftig einsetzt, können sie durchaus einige Standardanfragen, im Bibliotheksbereich beispielsweise nach den Öffnungszeiten, nach der Lage einzelner Teilbibliotheken, oder auch leichte Fachanfragen, wie z.B. die sachliche Suche mit Schlagwörtern funktioniert, zufriedenstellend beantworten und das Bibliothekspersonal auf diese Weise entlasten.

13.9.2 E-Mail-Auskunft und Auskunft per Web-Formular

Die E-Mail-Auskunft ist die älteste Form der virtuellen Auskunft. Bibliotheken bieten sie schon seit den 1980er Jahren an. Sie gehört zu den asynchronen Formen der Auskunftserteilung, da sie zeitversetzt geschieht: Der Benutzer stellt per E-Mail eine Anfrage, die vom Bibliothekar anschließend bearbeitet und dann beantwortet wird. Je nach Anfrageart und Rechercheaufwand kann sich die Zeitspanne zwischen Frage und Antwort verlängern. Allerdings sollte immer darauf geachtet werden, dass die Beantwortung möglichst zeitnah erfolgt. Nichts ist frustrierender, als wenn ein Benutzer tagelang – oder sogar wochenlang – auf eine Antwort wartet, ohne den Bearbeitungsstand zu kennen. Oft erweckt das den Eindruck, die Anfrage sei möglicherweise gar nicht angekommen oder im Laufe der Bearbeitung einfach verschwunden. Wenn die Beantwortung einmal länger dauert, was ja durchaus vorkommen kann, z.B. weil es sich komplizierter als gedacht darstellt, eine Information zu beschaffen, oder weil vielleicht der Ansprechpartner für dieses Sachproblem gerade nicht greifbar ist, dann ist es wichtig, dem Kunden eine kurze Zwischenantwort zu geben, die ihm die Gründe deutlich macht, warum die Bearbeitung länger dauert, und wann in etwa mit der Beantwortung zu rechnen ist. In aller Regel haben die Kunden hierfür Verständnis. Die E-Mail-Auskunft ist technisch wenig aufwändig. Es reicht, eine bestimmte E-Mail-Adresse auf der Website anzubieten, über die sich die Benutzer zu jeder Zeit (also auch außerhalb der Öffnungszeiten der Bibliothek) und von überall her an die bibliothekarische Auskunft wenden können. Die E-Mail-Auskunft ist kostengünstig und erweitert sowohl die zeitliche als auch die räumliche Erreichbarkeit der Bibliothek. Ein weiterer Vorteil dieser Form der virtuellen Auskunft liegt darin, dass Fragen in Ruhe im Back-Office-Bereich bearbeitet werden können, in der Regel am eigenen Arbeitsplatz des Auskunftsbibliothekars, von wo aus

---

[65] URL: http://www.ikea.com/ms/de_DE/customer_service/use_Anna.html (letzter Zugriff am 20.02.2014).
[66] URL: https://mil.bundeswehr-karriere.de/nmIQ/KBW-BeraterSG.jsp (letzter Zugriff am 20.02.2014).

er optimalen Zugriff auf Nachschlagewerke, Kataloge und Datenbanken haben sollte. Außerdem können umfangreiche Text- oder auch Bildanhänge als Anlage mitgeschickt werden.

Ganz entscheidend für die Qualität der E-Mail-Auskunft ist neben der Inhaltsseite auch die Form der schriftlichen Antwort. Grundlegend sollten folgende Elemente enthalten sein:

- Eine höfliche Anrede
- Ein kurzer Dank für die Anfrage
- Die inhaltlich möglichst zutreffende Beantwortung der Frage
- Ggf. ein paar Hinweise, wie das Ergebnis gefunden wurde und wie eine solche Information künftig eigenständig beschafft werden kann
- Die Fragen, ob auch alles beantwortet wurde, ob noch etwas offen geblieben ist sowie eine Einladung, sich gerne jederzeit wieder an die Auskunft zu wenden
- Eine Grußformel mit namentlicher Unterschrift, also nicht z.B. „MfG AD" für „Mit freundlichen Grüßen, Auskunftsdienst". Anonym unterschriebene E-Mails, eventuell auch noch mit Abkürzungen, sind nicht nur unhöflich, vielmehr ist der Name des Bearbeiters wichtig, damit der Benutzer bei Rückfragen weiß, mit wem er es in der Sache zu tun hatte. Auch für interne Zwecke ist es sinnvoll zu wissen, von wem eine Anfrage bereits beantwortet wurde.

Den genannten Vorteilen der E-Mail-Auskunft, insbesondere der Orts- und Zeitunabhängigkeit, stehen natürlich auch einige Nachteile gegenüber. So ist es aufgrund der asynchronen Gesprächssituation oft schwierig, das eigentliche Informationsbedürfnis des Kunden genau zu identifizieren. Vielfach wären Nachfragen zur Präzisierung notwendig, was aber in der Praxis sehr zeitaufwändig wäre und daher selten passiert. Vor diesem Hintergrund kann es sein, dass der Bibliothekar nach besten Wissen und Gewissen eine Antwort erarbeitet, mit der der Kunde dann aber doch irgendwie unzufrieden ist, da sie in eine andere als die ursprünglich intendierte Richtung ging. Diese nicht von der Hand zu weisenden Nachteile werden dadurch zu lösen oder wenigstens zu verbessern versucht, dass man den Kunden ein Web-Formular zur Verfügung stellt, über das die Anfrage abgesetzt werden soll. Dieses bietet neben dem eigentlichen Fragenfeld und dem Feld für die Eingabe der E-Mail-Adresse weitere Felder, über die zusätzliche Informationen abgefragt werden, z.B. nach dem wissenschaftlichen Hintergrund, nach der Bearbeitungstiefe, nach fachlichen Eingrenzungen oder nach Quellen, in denen der Benutzer bereits selbstständig gesucht hat. Der Benutzer füllt das Web-Formular aus und schickt es per Klick auf den entsprechenden Button ab. Die dahinter liegende Programmierung macht daraus eine E-Mail, die beim entsprechenden Bearbeiter in der Bibliothek landet. Teilweise werden die genannten Probleme der E-Mail-Auskunft dadurch kompensiert, allerdings bleibt natürlich das Grundproblem der asynchronen Kommunikation, dass nämlich praktisch kaum Rückfragen zur Präzisierung des Informationsbedürfnisses möglich sind, bestehen. Außerdem zeigt die Erfahrung, dass es für manche Bibliotheksnutzer eine größere Hemmschwelle bildet, ein Web-Formular auszufüllen, als eine E-Mail-zu schreiben. Viele Benutzer bevorzugen daher die Kommunikation direkt über E-Mail, falls diese parallel zur Auskunft via Web-Formular angeboten wird.

13.9.3 Chat-Auskunft

Beim Chat (von englisch *to chat*: plaudern, sich unterhalten) werden kurze schriftliche Textnachrichten zwischen zwei – oder auch mehr – Personen, die gleichzeitig online sind, unmittelbar aufeinander folgend ausgetauscht. Die Chat-Auskunft in Bibliotheken bietet gegenüber der E-Mail-Auskunft oder der Auskunft per Web-Formular den Vorteil, dass die Kommunikation synchron verläuft, d.h. ohne zeitliche Verzögerung, in Echtzeit. Diese Art des Auskunftsdienstes kommt damit der Face-to-Face-Auskunft sehr nahe, da der Bibliothekar unmittelbare Rückfragen zur Anfrage des Kunden stellen und so das eigentliche Informationsbedürfnis besser herausgearbeitet werden kann. Auf diese Weise kann sogar das für einen gelingenden Auskunftsprozess so eminent wichtige Auskunftsinterview in Teilen verwirklicht werden, und das eben unabhängig von räumlichen Gegebenheiten. Grundvoraussetzung ist freilich, dass sowohl Bibliothekar als auch Bibliothekskunde über eine relativ hohe Schreib- bzw. Tippgeschwindigkeit verfügen. Braucht jemand zwei Minuten, um einen einfachen Satz zu tippen, dann werden die eben erwähnten Vorteile der Chat-Auskunft wieder wettgemacht. Ein besonderer Vorteil des Chat liegt darin, dass die Auskunft ganz genau am „Point of Need", also da, wo sich der Benutzer gerade aufhält, gegeben werden kann. Wenn er eine Frage zum OPAC, zu einer Datenbank oder zur Verfügbarkeit eines anderen Services hat, muss er nicht erst in die Bibliothek fahren oder das Medium wechseln und zum Telefon greifen. Wenn die Chat-Funktionalität an verschiedenen Stellen in das Web-Angebot der Bibliothek integriert ist, können sich Nutzer, die im Moment auf ein Problem gestoßen sind, ohne Medienbruch, d.h. ohne Wechsel des technischen Eingabegeräts, unmittelbar an die Auskunft wenden und auch schnelle Unterstützung bekommen. Man unterscheidet in der Regel zwischen dem einfachen Chat, dem erweiterten Chat und dem Instant Messaging als Chatvariante.

Einfacher Chat

Der einfache Chat geht kaum über das Pingpong-ähnliche Austauschen von Textmitteilungen zwischen den Chatpartnern hinaus. Gegebenenfalls ist noch ein Chatprotokoll möglich, dass dem Benutzer nach Abschluss des Chat zugesandt wird. Diese Art der Auskunft hat aber durchaus Sinn, wenn es darum geht, dem Nutzer, da wo er gerade ist und wo ein Problem oder eine Frage entstanden ist, Unterstützung anzubieten. Besonders hingewiesen werden soll in diesem Zusammenhang auf den Einsatz von so genannten Chat-Widgets. Darunter versteht man kleine Programmelemente, die sehr einfach in andere Webanwendungen integriert werden können, manchmal sogar nur mit ein paar einfachen „Code-Schnipseln". Sie bieten auf Seiten des Benutzers meist kaum mehr als einen Eingabeschlitz, verbunden mit dem kurzen Hinweise, dass über diesen direkt eine Chat-Kommunikation mit der Bibliothek begonnen werden kann. Es braucht keine Links, die erst vom Nutzer betätigt werden müssen, und es öffnet sich auch kein neues Browser-Fenster. Bibliotheken können diese Chat-Widgets ohne großen Aufwand an beliebigen Stellen in ihrem Webangebot einfügen, unter anderem auch im OPAC, wenn beispielsweise kein Treffer gefunden wurde und man den Nutzern eine direkte, niedrigschwellige Möglichkeit zur Kontaktaufnahme mit der Bibliothek bieten möchte.

Erweiterter Chat

Technisch aufwändiger sind Varianten der erweiterten Chat-Auskunft, wie sie meist nur in umfangreichen virtuellen Auskunftssystemen, so genannten Web-Contact-Centern (siehe Kapitel 13.9.5), enthalten sind. Sie bieten dafür aber einen wesentlich größeren Funktionsumfang. Neben der Möglichkeit, auch größere Dokumente, Audio- oder sogar Videodateien zu versenden, sind hier vor allem Page-Pushing, Escorting und Co-Browsing zu nennen. Unter Page-Pushing versteht man die Möglichkeit, eine Website vom Browser des Bibliothekars aus direkt auf den Browser des Kunden zu schicken. Dies ist eine außerordentlich gute Möglichkeit, die Informationskompetenz der Nutzer zu stärken, da leichter verdeutlicht werden kann, was der Auskunftsbibliothekar gerade macht bzw. wo im Internet er sich gerade befindet. Auf jeden Fall ist das Page-Pushing wesentlich komfortabler, als wenn der Bibliothekar dem Kunden ständig lange http-Adressen diktieren muss, die dann doch oft nicht richtig eingetippt werden. Beim Escorting wird nicht nur eine einzige Website an den Benutzer geschickt, sondern ein ganzer Navigationsprozess. Auf diese Weise kann dem Kunden ein längerer Rechercheweg, z.B. im OPAC oder in einer Datenbank, exemplarisch erläutert werden. Das Co-Browsing, oder auch Collaborative Browsing, gestattet es sowohl dem Auskunftgebenden als auch dem Empfänger aktiv am Navigationsprozess zu partizipieren. Hier zeigen sich noch einmal eindrucksvoll die Chancen und Möglichkeiten dieser Funktionalitäten der erweiterten Chat-Auskunft für den Prozess der Vermittlung von Informationskompetenz. Leider wird von diesen attraktiven Features im Bibliotheksalltag noch viel zu wenig Gebrauch gemacht, was vermutlich an den nicht unerheblichen technischen Hürden, aber auch an organisatorischen Problemen liegt.

Instant Messaging
Als Variante des Chat soll noch kurz auf das Instant Messaging (IM) hingewiesen werden. Diese Form des Chat ist meist eher aus der privaten Kommunikation via ICQ, Microsoft Live Messenger, Google Talk oder Yahoo Messenger bekannt. Sie erfordert die Installation einer anbieterspezifischen Clientsoftware. Aufgrund der weiten Verbreitung dieser Produkte setzen einige Bibliotheken sie zu Auskunftszwecken ein. Auf ihrer Website findet sich dann die entsprechende IM-Adresse, über die die Bibliothek kontaktiert werden kann, ähnlich wie eine Telefonnummer. Voraussetzung ist, dass der Benutzer den IM-Client eines bestimmten Anbieters auch tatsächlich auf seinem Rechner installiert hat. Bei der Auskunft über IM-Chat sollte man immer bedenken, dass hier nicht unerhebliche datenschutzrechtliche Probleme bestehen, so läuft der gesamte Chat immer über die Server des jeweiligen Anbieters der IM-Software. In der Regel sind die unterschiedlichen, proprietären IM-Protokolle nicht miteinander kompatibel, was bedeutet, dass eine Bibliothek eigentlich sämtliche IM-Varianten anbieten müsste. Dennoch bietet der IM-Chat für Bibliotheken durchaus attraktive und auch kostengünstige Möglichkeiten, mit den Nutzern in Chat-Kontakt zu treten, ohne ein vollständiges Web-Contact-Center installieren zu müssen.

Eine Schwierigkeit, die alle Chat-Varianten betrifft, besteht darin, dass viele Bibliotheksmitarbeiter sich durch die hohe Geschwindigkeit, in der Fragen bearbeitet und beantwortet werden müssen, unter Druck gesetzt fühlen. Wie soll man einer komplexeren Fragestellung nachgehen, wenn der Kunde sozusagen am anderen Ende der Leitung sitzt und – mehr oder weniger geduldig – wartet? Schließlich gehen die Erwartungen der Nutzer tatsächlich in die Richtung, dass beim Chat alles und jedes innerhalb weniger Augenblicke geklärt wird. Leider neigen nicht wenige Benutzer dazu, den Chat einfach abrupt abzubrechen, wenn er ihnen aus irgendeinem Grund nicht schnell genug geht. Sobald Anfragen einen gewissen Komplexitätsgrad übersteigen, sollte man sich daher überlegen, ob man dem Benutzer nicht vorschlägt, dass Kommunikationsmedium zu wechseln, also beispielsweise zur E-Mail. Es kann in solchen Fällen durchaus gesagt werden, dass die Bearbeitung tiefergehende Recherchen erfordert und mehr Zeit in Anspruch nimmt, dass man sich aber sobald wie möglich mit der Antwort zurückmelden werde. Ein Problem besteht auch in der Organisation der Chat-Auskunft. Zu welchen Zeiten soll sie angeboten werden? Welche Mitarbeiter stehen dafür zur Verfügung? Reichen die Kapazitäten aus? Das sind Fragen, die sich jede Bibliothek vor der Aufnahme der Chat-Auskunft ins eigene Dienstleistungsportfolio gründlich überlegen sollte. Schließlich sind die Benutzer es heute gewohnt, dass bei kommerziellen Firmen ein Chat-Support nicht selten rund um die Uhr und an allen Wochentagen angeboten wird. Da kommt eine Bibliothek, die – aus durchaus nachvollziehbaren Gründen – eine Chat-Auskunft von Montag bis Freitag, jeweils von 10:00 – 12:00 Uhr und 14:00 – 16:00 Uhr anbietet, nicht gerade besonders innovativ und serviceorientiert daher. Nicht ratsam ist auch, eine Chat-Auskunft zu etablieren, die dann ständig nicht verfügbar ist. Dies erzeugt bei den Kunden vielfach Frust, da sie sich auf die Dienstleistung nicht verlassen können. Untersuchungen haben sogar gezeigt, dass sich der Chat gerade zu später Stunde bzw. nachts einer besonderen Beliebtheit erfreut, möglicherweise, weil dann besonders viele Menschen im Internet unterwegs sind. Nichtsdestotrotz sind die eingangs erwähnten Vorteile der Chat-Auskunft nicht von der Hand zu weisen und Bibliotheken sollten sich durchaus überlegen, diese moderne Form der Kommunikation mit den Nutzern, unmittelbar am Point of Need, zu implementieren. Wenn, dann sollte dies aber nicht halbherzig betrieben werden, sondern mit gut durchdachter Organisation und möglichst langer Verfügbarkeit.

13.9.4 Auskunft über VoIP, Videotelefonie und SMS

Bibliothekarischer Auskunftsdienst wird auch über „Voice over Internet Protocol" (VoIP), Videotelefonie oder das Mobilfunknetz mittels SMS angeboten. Beim VoIP wird Sprache per Internet Protocol in Echtzeit über das Internet geschickt. Vom Prinzip her ähnelt VoIP dem Telefonieren, weswegen diese Art der Auskunft eng mit der telefonischen Auskunft verwandt ist. Sie verläuft synchron, mittels gesprochener Sprache. Im Unterschied zum Telefonieren verwenden beide Teilnehmer aber einen Computer oder ein internetfähiges, mobiles Endgerät. Auf beiden Seiten müssen ein VoIP-Client, wie beispielsweise Skype, der Windows Live Messenger oder der AOL Instant Messenger installiert und zusätzlich Lautsprecher und Mikrofon angeschlossen bzw. integriert sein. Die technischen Hürden für diese Art des Auskunftsdienstes sind dementsprechend relativ hoch. Allerdings erleichtert und beschleunigt sie die Kommunikation zwischen Bibliothekar und Kunde ganz erheblich, da das umständliche Eintippen der Textnachrichten entfällt. Noch höher sind die technischen Anforderungen bei der Videotelefonie, da hier auch eine Webcam zum Einsatz kommt und eine relativ hohe Internet-Bandbreite vorhanden sein muss. In der Praxis deutscher Bibliotheken sind weder die VoIP-Auskunft noch die Auskunft über Videotelefonie häufig anzutreffen, obwohl in diesen beiden Auskunftsformen viele Chancen liegen, insbesondere die Möglichkeit, ein wirkliches Auskunftsinterview durchzuführen und das Informationsbedürfnis des Kunden optimal zu erkunden. Die Gründe für die mangelnde Akzeptanz sind vielfältig: Wie schon erwähnt, sind die technischen Hürden hoch. Auch scheitern VoIP und Videotelefonie häufig bereits an den Firewalls, in der Regel nicht an denen der Bibliotheken (die ja entsprechend konfiguriert werden könnten), sondern an denen in den Netzwerken der Benutzer, wenn sie beispielsweise vom Arbeitsplatz aus anrufen, indem sie die entsprechenden Signale nicht durchlassen. Auf Seiten der Bibliotheken wird der Auskunft per VoIP bzw. Videotelefonie teilweise mit Skepsis begegnet, da man entweder mit den technischen Gegebenheiten nicht vertraut genug ist, oder weil eine gewisse „Kamerascheue" besteht, d.h. manche Bibliothekare möchten einfach nicht, dass ein Bild von ihnen übertragen wird. Ein Einwand, den man durchaus ernst nehmen sollte. Erste umfangreichere Erfahrungen mit diesen Technologien konnte die Bibliothek der TU München sammeln, die ihren Informationsdienst im Jahr 2012 als erste große wissenschaftliche Bibliothek in Deutschland komplett auf e-only umgestellt hat[67].

In begrenztem Umfang ist auch ein Auskunftsdienst per SMS (Short Message Service) über das Mobilfunknetz denkbar. Die Bibliothek muss hierzu über ein Mobiltelefon mit Mobilfunkvertrag verfügen, dessen Telefonnummer den Benutzern bekannt gemacht wird, z.B. über die Website. Über diese Mobilfunknummer können die Kunden einfache Anfragen, beispielsweise zu den Öffnungszeiten, an die Bibliothek senden und bekommen von dort zeitnah eine Antwort. Das Mobiltelefon sollte für Anrufe nicht verfügbar sein. Ein Benutzer, der trotzdem bei dieser Nummer anruft, sollte mit einer freundlichen Anrufbeantworteransage auf alternative Telefonnummern oder Möglichkeiten der Kontaktaufnahme hingewiesen werden. Aufgrund der Beschränkung auf 160 Zeichen pro Kurzmitteilung sind ausführlichere Auskunftsgespräche kaum möglich. Außerdem sollte bedacht werden, dass SMS nicht über das Internet, sondern den Mobilfunkprovider laufen und für jede SMS (geringe) Kosten anfallen. Eine attraktive und kostengünstige Alternative wäre beispielsweise ein Auskunftsangebot über WhatsApp, ein plattformunabhängiges Instant-Messaging-Programm für Smartphones. Dieses Programm nutzt den mobilen Internetzugang und nicht den SMS-Dienst des Mobilfunkanbieters. WhatsApp ist außerordentlich beliebt und hatte Anfang 2014 eigenen Angaben zufolge mehr als 450 Millionen Nutzer. Allerdings

---

[67] Vgl. hierzu Leiss, Caroline: Videotelefonieren Sie mit uns! In: Bibliotheksforum Bayern 7 (2013), S. 103–107.

müsste man sich als Anbieter einer bibliothekarischen Auskunftsmöglichkeit in WhatsAapp wiederum mit nicht unerheblichen sicherheitsrelevanten und datenschutzrechtlichen Problemen auseinandersetzen.

13.9.5 Web-Contact-Center

Viele der bereits beschriebenen Formen bzw. Elemente der virtuellen Auskunft finden sich heute integriert in umfangreichen Software-Produkten, den so genannten Web-Contact-Centern (WCC). Für Bibliotheken wäre es nämlich viel zu aufwändig, jedes Feature einzeln, d.h. als Insellösung zu implementieren. Daher wird gerne auf WCC-Software wie QuestionPoint von OCLC, InfoDesk des Bibliotheksservice-Zentrums Baden-Württemberg (BSZ), DigiAuskunft des nordrheinwestfälischen Hochschulbibliothekszentrums (hbz) oder vergleichbare Produkte, z.B. das Open-Source-Produkt OTRS (Open Ticket Request System), zurückgegriffen. Vorbilder für die Web-Contact-Center der Bibliotheken waren entsprechenden Call-Center- oder Communication-Center-Produkte aus dem Bereich des E-Commerce. Die genannten Software-Produkte, die in Bibliotheken zur Anwendung kommen, sind dabei genau auf die spezifischen Anforderungen im Bibliotheksbereich zugeschnitten, was nicht bedeutet, dass nicht auch ein ursprünglich nicht für Bibliotheken entwickeltes Produkt zum Einsatz kommen kann. Dies erfordert in der Regel einen gewissen Programmieraufwand bei der Implementierung, weswegen im Vorfeld unbedingt eine Kostenabwägung bzw. Wirtschaftlichkeitsberechnung durchgeführt werden sollte. Der große Vorteil der WCC-Software ist die Vielfalt verschiedener Funktionen aus einer Hand für die virtuelle Auskunft. Dazu kommt noch, dass sie zumeist über umfangreiche Statistik- und Administrationswerkzeuge verfügen. Außerdem bieten sie die technischen Voraussetzungen für die Erbringung einer kooperativen Auskunftsdienstleistung mehrerer Bibliotheken im Verbund.

Web-Contact-Center haben meist folgende Module bzw. Funktionalitäten (exemplarisch):

E-Mail-Auskunft
Sie verläuft in der Regel über ein Webformular, das jede Bibliothek an ihre Bedürfnisse anpassen und vom Layout her in das eigene Webangebot einfügen kann. Vielfach müssen neben dem eigentlichen Fragenfeld und dem Feld für die E-Mail-Adresse noch weitere Pflichtfelder, z.B. mit Benutzernummer, Name und Adresse ausgefüllt werden. Oft werden verschiedene Formulartypen angeboten, beispielsweise eins für allgemeine Anfragen, eins für Fachanfragen, ggf.

nochmals nach unterschiedlichen wissenschaftlichen Fächern aufgeteilt. Wird die Anfrage über das Webformular abgeschickt, erhält der Benutzer eine automatische Bestätigung, dass die Mail versandt wurde und bearbeitet wird. Je nach System erhält der Benutzer im Verlauf der Bearbeitung auch weitere Hinweise auf den Bearbeitungsstatus. Vielfach wird für den Benutzer automatisch ein Benutzerkonto eröffnet, über das er noch weitere Informationen über den Bearbeitungsstand seiner Anfrage erhält und komfortabel Rückfragen stellen kann. Auf Seiten der Bearbeiter liefern die Web-Contact-Center oft eine umfangreiche Workflow-Unterstützung, beispielsweise welche Anfrage gerade bei welchem Bearbeiter ist, wer sich schon mit der Frage beschäftigt hat, ob sie bereits abgeschlossen wurde oder noch offen ist, ob sie ggf. an einen externen Experten weitergeleitet wurde usw. Moderne virtuelle Auskunftssysteme zeigen bei jeder Frage auch genau an, wie viel Bearbeitungszeit noch bleibt. Fragen, die schon länger offen sind und dringend beantwortet werden müssen, befinden sich dann immer ganz oben im Bearbeitungsfenster.

Automatische Zuweisung und Weiterleitungsfunktionalitäten
Kernelement der meisten Web-Contact-Center ist eine sinnvolle und gut funktionierende Verwaltung der einlaufenden Anfragen. Hierin zeigt sich in besonderer Weise ihre Eigenschaft als Workflow-Tool. Neue Fragen werden entweder manuell oder automatisch bestimmten Bearbeitern zugewiesen. Die Steuerung beim so genannten automatischen Routing oder Mapping verläuft über die verschiedenen Webformulare. Anfragen aus dem Formular „Allgemeine Anfragen" werden beispielsweise zur Beantwortung an die Bearbeiter für die allgemeine Information gesendet, Fachanfragen aus dem Formular „Fachliche Anfragen: Architektur/Bauingenieurwesen" direkt an den entsprechenden Fachreferenten. Kann ein Bibliothekar die ihm – entweder manuell oder automatisch – zugewiesene Frage nicht bearbeiten, kann er die Zuweisung ablehnen oder er weist die Frage einem Kollegen zu, der dafür zuständig ist. Wichtig ist freilich, dass immer strikt darauf geachtet wird, dass Anfragen bei diesen vielfältigen Weiterleitungs- bzw. Zuweisungsvorgängen nicht verschwinden. Nach Möglichkeit muss immer ein Mitarbeiter die „Oberaufsicht" über die einlaufenden Anfragen führen und die letzte Verantwortung für die korrekte und schnelle Bearbeitung tragen. Wichtig ist in jedem Fall eine klare Kompetenzverteilung. Mit Einwilligung des Fragestellers – was technisch z.B. über einen so genannten Radio-Button mit den Optionen „Ja" oder „Nein" realisiert werden kann – können Anfragen, die vor Ort nicht beantwortet werden können, an andere Bibliotheken aus dem Auskunftsverbund weitergeleitet werden. Auch hier muss selbstverständlich immer im Auge behalten

werden, ob die Anfrage dann auch tatsächlich von den Mitarbeitern der kooperierenden Einrichtungen beantwortet wurde.

Chat-Auskunft

Ein gutes Chat-Modul sollte neben der Chat-Funktionalität im engeren Sinne und einer guten Warteschlangen-Verwaltung (Queues-Verwaltung) auch Page-Pushing, Escorting und Co-Browsing enthalten. Wichtig ist ebenfalls die Möglichkeit, ein Textprotokoll des Chatverlaufs sowie längere Anhänge (Text-, Bild- und Audio-Dateien) zu verschicken.

Textbausteine

Hierunter versteht man vorbereitete Textelemente („Canned Responses"), die im Web-Contact-Center gespeichert und insbesondere bei der Beantwortung von Standardanfragen verwendet werden können. Man unterscheidet zwischen persönlichen Textbausteinen, die ein Bearbeiter selbst erstellt hat und auf die nur er selbst zugreifen kann, und gemeinsamen Textbausteinen (auch als Institutionenbausteine bezeichnet), die alle Bearbeiter einer Bibliothek oder gegebenenfalls sogar eines ganzen Auskunftsverbunds einsetzen können.

Knowledge Base

Ein weiteres kollaboratives Element von virtuellen Auskunftssystemen ist die Wissensdatenbank (Knowledge Base). Nach der Beantwortung einer Anfrage kann diese in anonymisierter Form in der Wissensdatenbank abgelegt werden. Kommen in Zukunft ähnliche Anfragen, können die Bearbeiter in der Wissensdatenbank suchen und Textpassagen oder sogar ganze Antworten übernehmen. Dies spart Arbeit und Ressourcen. Wissensdatenbanken werden wiederum auf verschiedenen Ebenen angeboten, auf der lokalen Ebene für eine Bibliothek oder auf übergeordneten Ebenen für sämtliche Bibliotheken eines Auskunftskonsortiums. Manche Web-Contact-Center bieten sogar eine Schnittstelle, über die die Benutzer auf die Wissensdatenbank zugreifen und darin eigenständig nach Informationen recherchieren können.

Statistik

Wünschenswert und bei vielen Web-Contact-Centern vorhanden ist ein ausgereiftes Statistik-Modul, mit dem beispielsweise die Gesamtanzahl der Anfragen, die Zahl der Anfragen je Bearbeiter, Abteilung oder Institution und dergleichen mehr abgefragt und idealerweise auch visualisiert werden können. Meist wird auch die Bearbeitungsdauer statistisch erfasst ebenso der fachliche Schwerpunkt der Fragestellung. Auf diese Weise kann die Leistung der Auskunftsmitarbeiter bzw. der gesamten Bibliothek eindrucksvoll untermauert werden.

Nicht unproblematisch bei allen Web-Contact-Centern sind die Belange des Datenschutzes. Häufig ist das virtuelle Auskunftssystem überhaupt nicht lokal, d.h. auf den Bibliotheksservern gehostet, sondern direkt beim Anbieter des entsprechenden Systems. Freilich bietet das für Bibliotheken auch einige Vorteile, beispielsweise sparen sie sich die Installation und die Wartung des entsprechenden Auskunftssystems. Das Webformular oder der Eingabeschlitz des Chat-Moduls sind dabei zwar in das Webangebot der jeweiligen Bibliothek integriert, die Daten werden aber direkt an den Anbieter geschickt, dort gespeichert und auch weiterverarbeitet. Die Auskunftsbibliothekare loggen sich mit ihrer spezifischen Kennung beim Provider des Web-Contact-Centers ein und bearbeiten alle Anfragen direkt auf diesem System. Wer jedoch noch Zugriff auf die Daten hat und wie die Daten auf den Servern des Providers im Einzelnen behandelt werden, das bleibt letztlich immer in gewissem Umfang unbekannt, insbesondere dann, wenn sich der Server außerhalb des deutschen Rechtsraums befindet. Auch die Weiterleitung von Anfragen zu Partnerbibliotheken sowie die mehr oder weniger zwangsweise Eröffnung eines Benutzerkontos für den Anfragenden – wie es ja bei einigen Anbietern von virtuellen Auskunftssystemen geschieht – sind unter datenschutzrechtlichen Gesichtspunkten zumindest bedenklich. Nichtsdestotrotz ist der Einsatz komplexer Web-Contact-Center eine große Chance für Bibliotheken, den Service für ihre Kunden auf dem wichtigen Feld der Auskunftserteilung bzw. der Vermittlung von Informationskompetenz deutlich zu steigern. Dies gilt insbesondere für die zahlreichen Spielarten der kooperativen Auskunft mehrerer Bibliotheken, da hierdurch eine lange Verfügbarkeit, ggf. sogar rund um die Uhr, in verschiedenen Sprachen und zu sehr unterschiedlichen fachlichen Schwerpunkten ermöglicht wird.

13.9.6 Auskunftsdienst in 3D-Welten und sozialen Netzwerken

Bibliothekarischer Auskunftsdienst kann letztlich überall stattfinden, d.h. über oder in jedem Medium, das Menschen die Kommunikation bzw. die Interaktion ermöglicht. Diese unterschiedlichen Kommunikations- oder Interaktionsformen sind sehr vielfältig. Manche kommen und gehen, einige bleiben länger, andere kürzer. Sicherlich ist es nicht zielführend, wenn Bibliotheken jedem noch so kurzfristigen Trend hinterherlaufen, da es ja doch immer einiger Anstrengungen und mitunter auch Investitionen bedarf, um eine neue Auskunftsdienstleistung zu etablieren. Sprunghaftigkeit ist hier fehl am Platze und manchmal bedarf es auch eines etwas längeren Atems, um zu erkennen, ob sich ein Trend länger hält oder nicht. Vor diesem Hintergrund sollen hier zwei Formen bzw. Wege der virtuellen Auskunft skizziert werden, mit denen einige Bibliotheken bereits erste Erfahrungen sammeln konnten.

Unter virtuellen 3D-Welten oder auch 3D-Gaming-Plattformen versteht man mittels Computergrafik simulierte dreidimensionale Abbilder der realen Welt oder von Phantasiewelten. Nutzer betreten diese 3D-Welten in Form von virtuellen Abbildern, den so genannten Avataren, die selbstständig gestaltet werden und sich frei in den virtuellen Räumen bewegen können. Über ihre Avatare, die in gewissem Umfang auch über die Fähigkeit zur nonverbalen menschlichen Kommunikation (wie z.B. Trauer, Freude, Erstaunen, Abscheu, Verwunderung, etc.) verfügen, können die Nutzer sich miteinander unterhalten, meist über Text-Chat, der in der virtuellen Welt als Sprechblase eingeblendet wird, oder auch per VoIP. Letzteres bezeichnet man dann als Real-Live-Chat. Bekannte Beispiele für virtuelle dreidimensionale Welten sind „Second Life", „Twinity", „Secret City", „3DChat" oder „PlayStation Home". Bereits seit Aufkommen dieser 3D-Welten versuchen Bibliotheken die darin liegenden Chancen und Möglichkeiten für die Informationsvermittlung oder auch für Marketingzwecke zu nutzen. Beispielsweise werden virtuelle Repräsentanzen der Bibliotheken errichtet, in denen Auskunfts-Avatare regelmäßig für Anfragen zur Verfügung stehen. In „Second Life" existsieren sogar mehrere von verschiedenen Bibliotheken kooperativ Auskunftsplätze, z.B. „Info Island" oder „Cybrary City", an denen Bibliothekare aus der ganzen Welt virtuellen Auskunftsdienst verrichten. Aufgrund der visuellen Aspekte kommt die Interaktion in virtuellen 3D-Welten der Face-to-Face-Auskunft relativ nah und Bibliothekare haben gerade in der Boom-Zeit der virtuellen Realitäten sehr positive Erfahrungen damit sammeln können. Selbst virtuelle Informationskompetenzveranstaltungen, bei denen der Auskunfts-Avatar zu einer ganze Gruppe von Zuhörern spricht, sind möglich und wurden bzw. werden durchgeführt. Nachteile dieser Form des Auskunftsdienstes sind vor allem die hohen Anforderungen an Hard- und Software, ebenso der enorme Entwicklung- und Einarbeitungsaufwand, bis der Service überhaupt das erste Mal angeboten werden kann. Außerdem war die Nachfrage nach diesem Service von Nutzerseite aus immer überschaubar, was vermutlich auch mit den hohen technischen Zugangsbarrieren zu tun hatte. Aus diesem Grund haben sich viele Bibliotheken trotz anfänglicher Euphorie wieder aus ihrem Engagement in virtuellen 3D-Welten zurückgezogen.

Anders verhält es sich beim bibliothekarischen Auskunftsdienst in sozialen Netzwerken wie Facebook, Google+ oder Twitter. Immer mehr Bibliotheken steigen hier ein und bieten ihren Nutzern ein unkompliziertes und niedrigschwelliges Informationsangebot in der Umgebung, in der sie sich ohnehin schon sehr häufig aufhalten. Prägend für alle sozialen Netzwerke oder insgesamt für alle Kommunikationsformen des Web 2.0 ist die Möglichkeit des Rückkanals, d.h. nicht nur die Bibliothekare können Auskunft geben, sondern Benutzer können Anfragen stellen oder auch selbst Antworten auf Anfragen anderer Benutzer geben. Idealerweise können Benutzer und Bibliothek so vom jeweiligen Erfahrungsschatz des anderen profitieren. Die Repräsentanz der Bibliothek in einem sozialen Netzwerk wird auf diese Weise zu einem Forum des gegenseitigen Meinungs- und Erfahrungsaustauschs sowie der wechselseitigen Hilfestellung zwischen den Benutzern. Sicherlich – und das zeigen auch schon erste negative Erfahrungen von Bibliotheken sehr deutlich – ist eine fundierte Kenntnis der jeweiligen Plattform und der dort geltenden Kommunikationsregeln von nicht zu unterschätzender Bedeutung. Beispielsweise sind die sozialen Netzwerke mehr oder weniger hierarchiefrei. Jede Form von Bürokratie oder asymmetrischer Kommunikation ist fehl am Platz. Vielfach wird nur im „Du" kommuniziert, was für Bibliotheken natürlich nicht ganz einfach ist, schließlich muss auch wieder die nötige Distanz bewahrt werden. Wichtig ist des Weiteren eine sehr schnelle und möglichst dem Kommunikationsmedium angemessene Reaktion auf Anfragen, gerade wenn die Benutzer den Finger in eine Wunde gelegt haben. Man muss sich bewusst sein, dass alles und jedes immer *coram publico*, also vor einer breiten Öffentlichkeit, geschieht und bereits eine unbedachte Reaktion von Seiten der Bibliothek zu einem so genannten „Shitstorm" führen kann. Dazu reicht schon eine unmotivierte Antwort auf die Frage, warum die Klimaanlage im Lesesaal nicht richtig funktioniert, oder eine vorschnelle Löschung eines unangenehmen Kommentars eines Benutzers. Dies sollte in jedem Fall unterbleiben, außer solche Äußerungen von Nutzern sind strafrechtlich relevant oder verstoßen aus sonst einem Grund gegen die guten Sitten. Die Entscheidungs- und Beantwortungswege innerhalb der Bibliothek müssen ganz genau fest liegen. Wenn eine Anfrage kommt, kann sie nicht erst – wie z.B. in einem Web-Contact-Center möglich – zwischen verschiedenen Bearbeitern hin- und hergereicht werden. Es muss klar sein, wer antwortet, und dieser Mitarbeiter sollte unbedingt auch die uneingeschränkte Rückendeckung seiner Vorgesetzten haben. Trotz der kurz skizzierten Einschränkungen bieten das Engagement von Bibliotheken in sozialen Netzwerken ganz generell und der Auskunftsdienst im Besonderen einmalige Chancen, wenn es um die Selbstpräsentation als moderne, weltoffene und mit den modernen Kommunikationsmitteln vertraute Institution geht. Es muss lediglich berücksichtigt werden, dass in diesen Medien auch tatsächlich anders kommuniziert wird als in anderen Bereichen der Bibliothek.

13.10 Qualitätskriterien und Evaluation

Es gibt eine Vielzahl von Kriterien, an denen ein qualitativ hochwertiger Auskunftsdienst festgemacht werden kann. Die dazu vorhandene Literatur ist fast unüberschaubar. Bewährt haben sich dabei die Kriterien der „*Guidelines for Behavioral Perfomance of Reference and Information Service Providers*"[68] der Reference and User Services Association (RUSA), einer Untergruppierung der American Library Association (ALA). Sie sind klar und übersichtlich. Außerdem sind sie international verbreitet und genießen hohe Anerkennung. Ein weiterer Vorteil ist, dass diese Richtlinien nicht nur Qualitätskriterien für die Face-to-Face-Auskunft, sondern auch für viele Formen der virtuellen Auskunft enthalten. Speziell für letztere finden sich auch gute Qualitätskriterien in den „*Digital Reference Guidelines*"[69] der International Federation of Library Associations and Institutions (IFLA) sowie in der Veröffentlichung „*Digitale Auskunft: Entwicklungsstand und Qualitätsmanagement*"[70] von Hermann Rösch.

Die Guidelines der RUSA nennen Qualitätskriterien in fünf Bereichen:
1. Zugänglichkeit („Visibility/Approachability")
   Am Beginn des erfolgreichen Auskunftsprozesses steht die leichte Erreichbarkeit dieser Dienstleistung, sei es vor Ort in der Bibliothek oder im Internet. In der Bibliothek sollte die Auskunftstheke möglichst gut ausgeschildert und leicht zu finden sein. Der Auskunftsmitarbeiter sollte durch seine Körpersprache signalisieren, dass ein Kunde gerne zu ihm kommen kann. Ungünstig ist, wenn am Infoschalter auch andere Arbeiten erledigt werden, beispielsweise die Buchrücknahme. Diese sollte am besten grundsätzlich anders organisiert werden. Auf jeden Fall sollte der Bibliothekar seine sonstigen Arbeiten sofort beiseitelegen, wenn ein Kunde auf ihn zukommt und ihm seine ungeteilte Aufmerksamkeit zuwenden. Der Kunde sollte nicht das Gefühl haben, zu stören. Das kommt sehr schlecht an und führt dazu, dass Kunden den Auskunftsdienst in Zukunft meiden werden. Bei telefonischer, E-Mail- und Chat-Auskunft müssen die entsprechenden Einstiege, also Telefonnummern,

---

[68] Die *Guidelines for Behavioral Perfomance of Reference and Information Service Providers* finden sich in der aktuellsten Version auf den Seiten der RUSA: URL: http://www.ala.org/rusa/resources/guidelines/guidelinesbehavioral (letzter Zugriff am 20.02.2014). Eine deutsche Übersetzung findet sich bei Simon, Ingeborg: Guidelines for Behavioral Performance of Reference and Information Service Providers. In: Becker, Tom u. Barz, Carmen (Hrsg.): Was für ein Service! Entwicklung und Sicherung der Auskunftsqualität von Bibliotheken. Wiesbaden 2007 (B.I.T.online – Innovativ; 13), S. 115–125, hier 119–124.
[69] URL: http://archive.ifla.org/VII/s36/pubs/drg03.htm (letzter Zugriff am 20.02.2014).
[70] URL: http://archive.ifla.org/IV/ifla72/papers/098-Roesch_trans-de.pdf (letzter Zugriff am 20.02.2014).

E-Mailadressen, Links auf Webformulare oder das Chat-Eingabefenster, prominent und gut auffindbar im Webangebot präsentiert werden.
2. Interesse („Interest")
Um eine hervorragende Dienstleistung zu liefern, müssen die Auskunftsmitarbeiter Interesse an den Anfragen zeigen. Dies geht am leichtesten, wenn das Interesse echt ist. Eine Grundregel lautet dementsprechend, dass Auskunftsbibliothekare möglichst jede Anfrage zu ihrer eigenen machen sollten. Sicher ist das nicht immer leicht. Gerade wenn Anfragen keine besondere intellektuelle Herausforderung enthalten. Aber auch dann fühlt der Kunde sich wesentlich besser aufgehoben, wenn dem Auskunftsmitarbeiter die intellektuelle Unterforderung nicht direkt ins Gesicht geschrieben steht. Dies gilt für alle Formen des Auskunftsdienstes und man kann sicher sein, dass die nächste Anfrage mit möglicherweise viel größerem Tiefgang meist nicht lange auf sich warten lässt.
3. Zuhören/Nachfragen („Listening/Enquiring")
Hier geht es um den Kern des Auskunftsprozesses, nämlich das Auskunftsinterview zur möglichst genauen Bestimmung des Informationsbedürfnisses des Kunden. Dieser sollte sich zu jeder Phase des Auskunftsgesprächs gut aufgehoben fühlen. Wichtig sind freundliche Rückfragen in ermutigendem Ton. Freilich sollte nicht „gebohrt" werden. Der Kunde muss nur so viel preisgeben, wie er möchte. Eine weitere gute Möglichkeit ist das Wiederholen der Anfrage mit eigenen Worten (Paraphrasieren) und abschließend die Phase der Präzisierung mit zwei, drei gezielten geschlossenen Fragen.
4. Suche („Searching")
Auch in diesem Bereich gilt es, spezifische Qualitätskriterien zu beachten. Beispielsweise sollte die Recherche zusammen mit dem Kunden nach einer zuvor gemeinsam festgelegten Suchstrategie durchgeführt werden. Einzelne Teilschritte sollten erklärt werden und nachvollziehbar sein. Der Auskunftsbibliothekar muss sich immer wieder vergewissern, ob sein Gegenüber ihm noch folgen kann oder ob es besser wäre, einen Schritt zu wiederholen. Aufgrund der nonverbalen Kommunikationssignale gelingt dies bei der Face-to-Face-Auskunft in der Regel wesentlich leichter als bei der virtuellen Auskunft. Um dieses Defizit zu mindern, sollten hier die modernen Features der virtuellen Auskunft, also Co-Browsing, Page-Pushing und Escorting oder auch die Videotelefonie, zum Einsatz kommen.
5. Abschlussfragen („Follow Up")
Ganz wichtig für den Gesamterfolg des Auskunftsgesprächs ist ein gelungener Abschluss. Hat der Kunde genau die Information bekommen, die er benötigte? Sind vielleicht noch irgendwelche Fragen offen geblieben? Gibt es weitere Fragen, die im Laufe des Gesprächs erst entstanden sind? Kann

vielleicht ein Kollege noch weitere Auskünfte geben? Diese oder ähnliche Fragen sollte sich der Auskunftsbibliothekar stellen, bevor er den Kunden verabschiedet und ihn einlädt, dass er sich jederzeit gerne wieder an die Auskunft wenden kann.

Zur Optimierung der Dienstleistungsqualität des Auskunftsdienstes führen viele Bibliotheken regelmäßig Qualitätskontrollen bzw. Evaluationen durch, beispielsweise mit Benutzerbefragungen, die gezielt die Zufriedenheit der Kunden mit der angebotenen Dienstleistung ermitteln. Diese Evaluationen sind besonders begrüßenswert, wenn sie mit externer Unterstützung durchgeführt werden, da hierdurch ein höheres Maß an Professionalität und Objektivität gegeben ist. Sehr aufwändig, aber auch sehr ergiebig, sind Untersuchungen, die mit der Methode des Mystery Shoppings[71] durchgeführt werden. Hierbei kommen geschulte Beobachter zum Einsatz, die verdeckt als normale Bibliotheksnutzer auftreten und die gesamte Auskunftssituation (nicht den einzelnen Auskunftsmitarbeiter!) nach einem zuvor genau festgelegten Kriterienkatalog bewerten. Auf den Evaluationsergebnissen aufbauend können dann gegebenenfalls Standards für einen gelingenden Auskunftsdienst erarbeitet werden. Auch hier sind viele Bibliotheken bereits sehr weit. Am sinnvollsten ist es, wenn diese Standards nicht von der Bibliotheksleitung quasi aufgestülpt, sondern gemeinsam mit den zuständigen Auskunftsmitarbeitern erarbeitet werden. Dies steigert die Akzeptanz solcher Standards und deren Anwendung im täglichen Auskunftsdienst enorm.

Weiterführende Literatur

Dietrich, Barbara, Grossardt, Ulrike, Rütjes Kristin u. Wittmann, Kerstin: Evaluation und Qualitätskontrolle bibliothekarischer Auskunft, oder: „Bitte recherchieren Sie selbst im Google", Köln 2011 (Kölner Arbeitspapiere zur Bibliotheks- und Informationswissenschaft; 61). URL: http://www.fbi.fh-koeln.de/institut/papers/kabi/volltexte/band061.pdf

Georgy, Ursula: Qualitätsmanagement im Auskunftsdienst. In: Becker, Tom u. Barz, Carmen (Hrsg.): Was für ein Service! Entwicklung und Sicherung der Auskunftsqualität von Bibliotheken. Wiesbaden 2007 (B.I.T.online – Innovativ; 13), S. 39–55.

Dies. u. Nothen, Kathrin: Das Vertrauen der Kunden auf Dauer gewinnen. Der Auskunftsdienst als Marketinginstrument für Bibliotheken. In: Forum Bibliothek und Information 58 (2006), S. 238–244.

Klostermann, Jürgen: Digitale Auskunft in Bibliotheken. Eine vergleichende Evaluation zwischen ausgewählten digitalen Auskunftsverbünden. Köln. 2007 (Kölner Arbeitspapiere

---

[71] Vgl. hierzu beispielsweise: Bertele, Maria u. Obermeier, Ilona: Mystery Shopping durch Fokusgruppen in der Bibliothek – Eine Methode zur Evaluierung der Dienstleistungsqualität in der Kundenberatung. In: Bibliothek Forschung und Praxis 35 (2011), S. 336–350, sowie oben Kap. 2.5.1..

zur Bibliotheks- und Informationswissenschaft; 52). URL: http://webdoc.sub.gwdg. de/ebook/serien/aw/fh-koeln/Band052.pdf

Niemitz, Tara: Policies für den Auskunftsdienst. In: Bibliothek Forschung und Praxis 35 (2011), S. 311–325.

Rösch, Hermann: Das Auskunftsinterview. In: Becker, Tom u. Barz, Carmen (Hrsg.): a.a.O. S. 69–82.

Ders.: Die Bibliothek und ihre Dienstleistungen. In: Umlauf, Konrad u. Gradmann, Stefan, Handbuch Bibliothek. Geschichte, Aufgaben, Perspektiven. Stuttgart u.a. 2012. S. 89–110.

Ders.: Digitale Auskunft: Entwicklungsstand und Qualitätsmanagement. In: World Library and Information Congress. 72nd IFLA Conference and Council. Seoul 20.–24. August 2006. URL: http://archive.ifla.org/IV/ifla72/papers/098-Roesch_trans-de.pdf

Simon, Ingeborg: Weltoffen – kundenorientiert – professionell? Studierende aus Peking und Stuttgart decken Defizite bei der E-Mail-Auskunft auf – weltweit. In: Forum Bibliothek und Information 58 (2006), 245–249.

14 Benutzerschulungen und Führungen

Bibliotheken bieten ihren Kunden seit jeher Unterstützung bei der Benutzung ihrer Bestände. Wie bereits mehrfach erwähnt, ist und bleibt das geeignete Zusammenbringen von Benutzern und Informationen eine, wenn nicht *die* zentrale Aufgabe von Bibliothekaren. Sicher gestaltete sich das in früheren Zeiten ganz anders als heutzutage. Galt es einmal als höchste Form der Bestandsvermittlung, wenn ein Benutzer in die Bibliothek kam, dem Bibliothekar eine Frage nach einem bestimmten Fachgebiet stellte, dieser danach in den Tiefen des Buchbestandes verschwand, um wenig später mit einem genau zum Thema passenden Werk wieder zu erscheinen und es dem wartenden Benutzer zu überreichen, steht im modernen Bibliothekswesen eindeutig etwas anderes im Mittelpunkt, nämlich die Hilfe zur Selbsthilfe und damit die Vermittlung von Informationskompetenz im umfassenden Sinne. Wie in vielen anderen Bereichen des Bibliothekswesens auch hat sich in den letzten Jahren gerade im Bereich der Schulungsveranstaltungen ein enormer Modernisierungs- und Professionalisierungsprozess vollzogen, so dass sich mittlerweile viele – öffentliche wie wissenschaftliche – Bibliotheken als „Teaching Library" definieren und zu einem verlässlichen Bildungspartner für Universitäten, Hochschulen, allgemeinbildende Schulen usw. geworden sind. Auch aus den Bereichen berufliche Fort- und Weiterbildung sowie lebenslanges Lernen sind Bibliotheken mit ihren innovativen Lehr- und Lernkonzepten nicht mehr wegzudenken.

14.1 Grundlagen im Kontext von Informationskompetenz und Teaching Library

Die Themen Benutzerschulungen und Führungen, ja eigentlich der gesamte Bereich der bibliothekarischen Bestands- bzw. Informationsvermittlung, müssen heute im Kontext von Informationskompetenz und vor dem Anspruch der Bibliotheken als Teaching Library gesehen werden. Hierbei handelt es sich jeweils um bibliothekspolitische Themen ersten Ranges, zu denen sowohl international als auch in Deutschland jährlich eine große Zahl an Einzeldarstellungen und Sammelwerken erscheint. Von daher versteht es sich von selbst, dass hier nur ganz wenige grundlegende Aspekte genannt werden können. Zum vertieften Studium muss auf die in großer Zahl verfügbare, einschlägige Fachliteratur verwiesen werden.

14.1.1 Informationskompetenz

Der Begriff der Informationskompetenz (Englisch: *information literacy*) ist seit mehr als 20 Jahren Gegenstand bildungs-, lern- sowie bibliothekstheoretischer Diskussionen. Nach wie vor akzeptiert ist folgende grundlegende Definition der „Association of College and Research Libraries" (ACRL) innerhalb der American Library Association (ALA):

> „To be information literate, a person must be able to recognize when information is needed and have the ability to locate, evaluate, and use effectively the needed information."[72]

Vor dem Hintergrund des lebenslangen Lernens, das in allen Bereichen immer mehr an Bedeutung gewinnt, ist Informationskompetenz als wesentliche Schlüsselqualifikation und Voraussetzung für die aktive Teilhabe an der Wissensgesellschaft zu begreifen. Unabhängig von Lebensalter, Bildungsstand, Fachrichtung oder beruflichem Umfeld gilt sie als Fähigkeit, Informationen selbstorganisiert und problemlösungsorientiert effizient zu suchen, zu finden, zu bewerten und effektiv zu nutzen[73]. In einem Positionspapier von Bibliothek- und Information Deutschland (BID) heißt es dazu: „Die Vermittlung von Medien- und Informationskompetenz ist für Bibliothekare und Informationsfachleute zu einer Kernaufgabe geworden. Sie vermitteln dabei die Fähigkeit, Informationen zu recherchieren, zu selektieren, zu bewerten und zu verarbeiten – unter Beachtung rechtlicher und ethischer Implikationen"[74]. In der Literatur findet man viele ähnlich lautende Definitionen bzw. Inhaltsbeschreibungen von Informationskompetenz, die mal ein Element mehr oder weniger betonen, je nach bildungs- bzw. lerntheoretischem Hintergrund oder danach, welche Aspekte dieses komplexen Begriffs besonders hervorgehoben werden sollen. Zusammenfassend lassen sich immer wieder folgende Kernelemente identifizieren:
1. Einen Informationsbedarf erkennen und beschreiben können
2. Passende Informationen mit geeigneten Suchstrategien ermitteln können

---

[72] Association of College and Research Libraries (ACRL): Presidential Committee on Information Literacy. Final Report. 1989. http://www.ala.org/acrl/publications/whitepapers/presidential (letzter Zugriff am 20.02.2014).
[73] Vgl. Deutscher Bibliotheksverband, Dienstleistungskommission: Standards der Informationskompetenz für Studierende, Stand 2009. http://www.bibliotheksverband.de/fileadmin/user_upload/Kommissionen/Kom_Dienstleistung/Publikationen/Standards_Infokompetenz_03.07.2009_endg.pdf (letzter Zugriff am 20.02.2014).
[74] Bibliothek und Information Deutschland: Medien- und Informationskompetenz – immer mit Bibliotheken und Informationseinrichtungen, Stand 2011, S. 8. http://www.bideutschland.de/download/file/Medien-%20und-%20Informationskompetenz.pdf (letzter Zugriff am 20.02.2014).

3. Die gefundenen Informationen kritisch betrachten und bewerten können
4. Die Informationen in geeigneter und wissenschaftlicher korrekter Weise weiterverarbeiten können

Es ist im Übrigen äußerst interessant, wie stark manchmal der tatsächliche Grad an Informationskompetenz vom subjektiv empfundenen abweicht. Hierzu gibt es mehrere interessante Untersuchungen. Befragte Bibliotheksnutzer, seien es Studierende, Schüler, Wissenschaftler oder Forschende, beschreiben sich selbst in der Regel als außerordentlich informationskompetent. Wenn dann einzelne Bereiche abgefragt werden, kommen allerdings große Defizite zum Vorschein. Nicht selten beschränkt sich die subjektive „Informationskompetenz" auf das Bedienen-Können von PC und Smartphone sowie auf das Eingeben von Suchbegriffen bei Google. Wie aber gezielt im OPAC recherchiert wird, wo unselbstständige Literatur zu finden ist oder wie elektronische Datenbanken effektiv eingesetzt werden, geschweige denn wie die Güte unterschiedlicher Informationsquellen bewertet wird, da herrscht große Unsicherheit. Aus diesem Grund ist es außerordentlich sinnvoll und notwendig, dass Bibliotheken sich immer stärker als Bildungseinrichtungen verstehen und als Bestandteil von Lehreinrichtungen auch Lehraufgaben übernehmen.

14.1.2 Teaching Library

Der Begriff der Teaching Library stammt ursprünglich aus den USA. Die Bibliothek der University of California in Berkeley bezeichnete damit ihre Kurs- und Schulungsangebote. Mittlerweile fasst man mit diesem Begriff sämtliche Bemühungen und Aktivitäten von Bibliotheken auf dem Feld der Vermittlung von Informationskompetenz zusammen. Wenn sich eine Bibliothek als Teaching Library versteht, bedeutet das, dass Führungen, Schulungen, Auskunftsdienst etc. nicht einfach nur irgendwie angeboten werden, sondern dass an der Bibliothek vielmehr ein integriertes Gesamtkonzept für die Vermittlung von Informationskompetenz über sämtliche Angebote und Veranstaltungsformen hinweg etabliert ist. In der Regel kommen aber noch weitere Merkmale hinzu, damit eine Bibliothek auch tatsächlich als Teaching Library gilt. Diese lassen sich wie folgt zusammenfassen:
1. Integriertes und modulares Gesamtkonzept, in dem die Inhalte und Ziele des Schulungsangebots festgelegt werden
2. Anwendung geeigneter Unterrichtsformen, insbesondere aktivierender Unterrichtsmethoden und Selbstlernphasen
3. Geeignete Schulungsräume und technische Infrastruktur

4. Pädagogische und didaktische Qualifikation und stetige Fortbildung des Bibliothekspersonals
5. Einbindung in die Curricula der Hochschule und Vergabe von ECTS-Punkten, ggf. auch Prüfungsverantwortung
6. Ständige Evaluationen und Qualitätskontrollen

14.2 Verschiedene Angebote

Egal ob eine Bibliothek im vollen Sinne als Teaching Library zu verstehen ist oder wie ihre diesbezüglichen Konzepte im Einzelnen aussehen, Führungen und Schulungsveranstaltungen wird sie in irgendeiner Form mit Sicherheit anbieten.

14.2.1 Allgemeine Angebote

Hier sind insbesondere folgende zwei Angebote zu nennen:
- Allgemeine Einführung in die Benutzung: Dabei geht es ganz grundlegend darum, den Benutzer mit der Bibliothek, ihren Beständen, den angebotenen Rechercheinstrumenten und weiteren Services wie Dokumentlieferung und Fernleihe so gut wie möglich vertraut zu machen. Am Anfang steht meist eine kurze Führung durch die Bibliothek, damit sich die Benutzer im Gebäude grob orientieren können. Danach folgt die Einführung in den oder die Kataloge, die Fernleihe, die Dokumentlieferung sowie – falls vorhanden – das Datenbankangebot.
- Führungen: Zur Abgrenzung von Schulungen versteht man hierunter Veranstaltungen, bei denen Besuchergruppen ausschließlich durch die Bibliothek geführt werden. Sie gehen vor allem auf das Gebäude der Bibliothek ein, ihrer Geschichte etc. Eine vertiefte Einführung in Rechercheinstrumente, beispielsweise in einem Schulungsraum, findet nicht statt. Gerade in alten Einrichtungen mit historischem Gebäude haben diese „klassischen" oder auch „touristischen" Führungen immer noch einen hohen Stellenwert. Die Bibliothek als Ort, als kultureller und musealer Raum steht hier Mittelpunkt. Dennoch kann bei der Gelegenheit solcher Führungen auch Vermittlung von Informationskompetenz stattfinden, aber eher etwas im Verborgenen. Hierbei kommt es sehr auf das pädagogische Geschick und die Erfahrung der Bibliothekare an.

14.2.2 Spezielle Inhalte

Schulungsangebote zu speziellen Inhalten erfordern oftmals spezifische Fachkenntnisse auf Seiten der Bibliothekare. In jedem Fall sind ein gut durchdachtes methodisch-didaktisches Konzept sowie eine intensive Vorbereitung notwendig:
- Schulungen zu den elektronischen Medien allgemein
- Schulungen zu den E-Books
- Schulungen zu den E-Zeitschriften
- Schulungen speziell zu Fernleihe und Dokumentlieferung
- Schulungen für bestimmte Fächer, je nach den an der Hochschule vertretenen wissenschaftlichen Disziplinen oder den an Universal- oder Forschungsbibliotheken bestehenden Sammelschwerpunkten oder Sonderbeständen
- Schulungen zu bestimmten Rechercheinstrumenten (fachbezogene Datenbanken, Bibliographien, etc.), ggf. können solche Schulungen auch von Vertretern der Datenbankanbieter durchgeführt werden
- Schulungen zu bestimmten Dokumenttypen, z.B. Handschriften, alten Drucken, Karten, Bildern, Digitalisaten, etc.
- Schulungen zu Virtuellen Fachbibliotheken und speziellen Fachportalen
- Schulungen zu Literaturverwaltungsprogrammen
- Schulungen zu Bibliometrie und Forschungsdaten
- Schulungen zu Publikationsstrategien (z.B. Institutional Repositories, Open Access oder Angeboten der Bibliothek als Verlag, etc.)

14.2.3 Zielgruppenorientierte Angebote

Besonders sinnvoll und effektiv sind Schulungsangebote für bestimmte Zielgruppen. Auch hierfür sollte ein auf die jeweilige Zielgruppe genau abgestimmtes methodisch-didaktisches Konzept erarbeitet und eine längere Vorbereitung einkalkuliert werden:
- Schulungen für Schüler (verschiedene Schultypen und Jahrgangsstufen, in der Regel im Klassen- oder Kursverband)
- Schulungen für Auszubildende
- Schulungen für Volkshochschulgruppen
- Schulungen für Fachakademien, Techniker- und Meisterschulen
- Schulungen für Lehrer, zur eigenen Fortbildung oder in ihrer Funktion als Multiplikatoren (ggf. wiederum aufgeteilt nach den Schultypen)
- Schulungen für Studierende (ggf. unterschieden nach Studienanfängern und Studierenden höherer Semester oder Studierenden, die bald eine Abschlussarbeit schreiben)

- Schulungen für Graduierte (Master-Studierende, Promovenden, Habilitanden)
- Schulungen für Dozenten und Professoren
- Schulungen für bestimmte Berufsgruppen, z.B. Ärzte, Anwälte, Journalisten, Psychologen, Politiker, etc.
- Schulungen für Fachpublikum, also für Kollegen anderer Bibliotheken, beispielsweise um sie mit den Angeboten der eigenen Bibliothek besser vertraut zu machen

14.3 Organisatorische Aspekte

Vieles, was über die organisatorischen Aspekte innerhalb der Bibliothek gesagt werden kann, ähnelt dem, was in Kapitel 13.7 im Hinblick auf die Organisation des Auskunftsdienstes gesagt wurde. Hier sollen daher nur einige spezifische Aspekte näher erläutert werden.

14.3.1 Dezentrale oder zentrale Organisation

Soll jede Abteilung, Teilbibliothek oder gar Institutsbibliothek eigenverantwortlich für die Themen Benutzerschulungen und Führungen bzw. Vermittlung von Informationskompetenz zuständig sein? Oder ist ein eigener Bereich, dann in der Regel innerhalb der Benutzungsabteilung, zentral verantwortlich für Konzeption und Durchführung der genannten Veranstaltungen? Könnten nicht sogar sämtliche Kompetenzen für dieses wichtige und zukunftsträchtige Betätigungsfeld in einer eigenen Abteilung für Informationsdienste gebündelt werden, die gleichrangig neben Abteilungen wie Benutzungsdienste, Medienbearbeitung oder Altes Buch steht? Wenn man die deutsche Bibliothekslandschaft betrachtet, kommt jede der hier beschriebenen Formen vor. Alle haben ihre Vor- und Nachteile und hängen eng mit der Gesamtstruktur der jeweiligen Bibliothek bzw. des Bibliothekssystems zusammen.

Abb. 30: Benutzerschulungen stellen oft den ersten intensiven Kontakt eines Besuchers mit seiner Bibliothek dar. Es ist daher wichtig, die Schulungen in ansprechenden Räumen, mit moderner Technik und einem durchdachten didaktischen Konzept durchzuführen. BSB: H.-R. Schulz.

Freilich spricht einiges dafür, die Kompetenzen und das Know-how zu bündeln. Zu anspruchsvoll und vielfältig sind mittlerweile die Anforderungen, insbesondere in den Bibliothekssystemen der Universitäten und Hochschulen für angewandte Wissenschaften mit ihren Tausenden von Studierenden, Dozenten, Wissenschaftlern und sonstigen Benutzern, die jedes Semester ein reichhaltiges Angebot an Informationskompetenzveranstaltungen durchlaufen müssen, als dass jeder in seinem Bereich irgendwie vor sich hinarbeitet. Mittlerweile hat der Lehrbetrieb an vielen Bibliotheken Ausmaße angenommen, die einen hohen Grad an Professionalisierung, insbesondere im Bereich der theoretischen Fundierung, aber genauso auch im Bereich der didaktischen und methodischen Kompetenzen erfordern. In jedem Fall ist es sehr zu begrüßen, wenn Bibliotheken über einen zentralen Ansprechpartner oder besser noch über ein Team von Spezialisten verfügt, das
– die Konzepte erstellt
– das Kursangebot ausarbeitet und mit den weiteren beteiligten Stellen koordiniert

- für den notwendigen Wissenstransfer sorgt
- die übrigen Mitarbeiter, die Schulungsveranstaltungen halten, einarbeitet und deren kontinuierliche Fortbildung sicherstellt
- beim Aufbau und Erhalt geeigneter Räumlichkeiten und IT-Infrastruktur mitwirkt
- für eine kontinuierliche Evaluation und Qualitätsverbesserung verantwortlich ist

14.3.2 Benutzerschulungen und Führungen als Haupt- oder Nebentätigkeit

In aller Regel lässt sich das nur dann umsetzen, wenn wenigstens die Mitglieder dieses Teams hauptamtlich mit den bibliothekarischen Veranstaltungen zur Vermittlung von Informationskompetenz betraut sind. Gerade die konzeptionellen Tätigkeiten erfordern nämlich wesentlich mehr Aufwand und Zeit, als oft bekannt ist. Sind Informationskompetenzveranstaltungen einmal geplant, reduziert sich der Aufwand freilich. Allerdings dauert es meist nicht lang, bis Veranstaltungen überarbeitet und ggf. neuen Anforderungen angepasst werden müssen. Auch hier gilt, dass jede Bibliothek mit Blick auf ihre primären Nutzergruppen, ihre eigene organisatorische und räumliche Situation, die zur Verfügung stehenden personellen und finanziellen Ressourcen und selbstverständlich auch vor dem Hintergrund des eigenen Anspruchs, den sie an sich stellt, entscheiden muss, was für sie der beste Weg ist. Ein Blick auf die Realität deutscher wissenschaftlicher Bibliotheken zeigt einen Trend zu Mischformen. Meist gibt es einen Kompetenzbereich, oft als Stabsbereich zu den Linienabteilungen organisiert, der aus ein oder mehreren Mitarbeitern besteht und sich ausschließlich um alle Angelegenheiten rund um das Angebot an Schulungsveranstaltungen kümmert. Vielfach gibt es auch Kooperationen der für die Informationskompetenz Verantwortlichen aus verschiedenen Bibliotheken, beispielsweise Arbeitsgemeinschaften auf Länder- oder auch auf Bundesebene. Dort werden Erfahrungen und Kompetenzen aus verschiedenen Bibliothekstypen gebündelt, neue übergreifende Konzepte erstellt sowie Standards und Leitfäden für die Praxis erarbeitet. Die Mitglieder dieser AGs treten auch als Ansprech- oder Kooperationspartner für andere Verbände oder Institutionen auf, die sich mit dem Thema Informationskompetenz befassen, beispielsweise Lehrerverbänden, Hochschullehrerverbänden, der Hochschulrektorenkonferenz oder politischen Entscheidungsträgern[75].

---

75 Zentraler Knotenpunkt, an dem alle diesbezüglichen Informationen zusammenlaufen, ist das Portal: www.informationskompetenz.de. Weitere Informationen hierzu finden sich auf den

14.3.3 Einarbeitung neuer Mitarbeiter und kontinuierliche Fortbildung

Bibliothekare erhalten in den in Deutschland angebotenen bibliothekarischen Ausbildungsgängen meist keine vertieften pädagogischen bzw. didaktisch-methodischen Kenntnisse und Kompetenzen. Das gilt für die Ausbildung der wissenschaftlichen Bibliothekare genauso wie für Diplom-Bibliothekare, Bachelor- und Masterabsolventen und Fachangestellte. Das Thema Benutzerschulungen bzw. Informationskompetenz wird zwar meist – in eher theoretischer Weise – gestreift, von einer expliziten Ausbildung in diesem Bereich kann aber nicht die Rede sein. Manche Bibliotheksmitarbeiter können wiederum auf Erfahrungen aus früheren Ausbildungen, Studien oder Tätigkeiten zurückgreifen, was aber nicht vorausgesetzt werden kann. Aus diesem Grund ist es außerordentlich wichtig, dass diejenigen Mitarbeiter, die für den Einsatz in Schulungen und Informationskompetenzkursen vorgesehen sind, sorgfältig und umfassend in ihr Tätigkeitsfeld eingearbeitet werden. Zum Erwerb der notwendigen Befähigung können durchaus auch externe Fortbildungen besucht werden. Die Hochschulen sind dabei in der komfortablen Situation, dass sie in vielen Fällen über eigene Zentren für Hochschuldidaktik verfügen. Die dortigen Dozenten haben einschlägige Erfahrung, was die Vermittlung von Lehrkompetenz betrifft, schließlich wird der Mathematiker, Chemiker, Jurist, Germanist oder Mechatroniker auch nicht von selbst zum guten Hochschullehrer. Kurse in diesen Zentren stehen in der Regel auch dem so genannten nicht-wissenschaftlichen Personal der Hochschulen offen. Von den entsprechenden Angeboten sollte auf jeden Fall Gebrauch gemacht werden.

Bei der Einarbeitung ist es gute Praxis, dass neue Mitarbeiter nicht gleich ins kalte Wasser gestoßen werden und eine Lehrveranstaltung komplett eigenständig konzipieren und durchführen müssen. Besser ist es, wenn sie zunächst einmal bei einem erfahrenen Kollegen hospitieren, von ihm lernen und dann erst ihre ersten eigenen Lehrversuche starten. Idealerweise bekommen sie einen solchen erfahrenen Mitarbeiter als Mentor an die Seite gestellt, der dann seinerseits bei den ersten eigenständigen Veranstaltungen teilnimmt, um dann anschließend ein Feedback zu geben und gegebenenfalls das weitere Vorgehen gemeinsam zu planen. Einschlägige Fortbildungsveranstaltungen werden auch regelmäßig von den bereits genannten AGs zur Informationskompetenz auf Länder- oder Bundesebene angeboten. Ebenso empfiehlt es sich, die von den AGs immer wieder publizierten Standards, Leitfäden und sonstigen Anregungen zu lesen und bei der Durchführung von Schulungsveranstaltungen aller Art zu beherzigen. Eine

---

Webpräsenzen des *Deutschen Bibliotheksverbands* (dbv) und des bibliothekarischen Dachverbands *Bibliothek und Information Deutschland* (BID).

weitere Art der Fortbildung und gleichzeitig auch der Qualitätssicherung, die sich immer größerer Beliebtheit erfreut, ist die kollegiale Beratung. Hier stehen der Input eines professionellen Trainers und der gegenseitige Austausch von Mitarbeitern verschiedener Bibliotheken, die wechselseitig in ihren Schulungsveranstaltungen hospitieren, also das Voneinander-Lernen, harmonisch nebeneinander.

14.3.4 Geeignete Schulungsräume und IT-Infrastruktur

Gut ausgestattete Schulungsräume und eine passende IT-Infrastruktur sind Definitionsmerkmale der Teaching Library. Daher sollte sich jede Bibliothek bemühen, hier einen möglichst hohen Standard zu erfüllen. Wünschenswert sind eigens für den Bedarf von Informationskompetenzkursen eingerichtete Räume. Idealerweise sollten sie über folgende Ausstattung verfügen:
- Schreibtisch und PC bzw. Laptop für jeden Schulungsteilnehmer, mit Zugriff auf sämtliche wichtigen Bibliotheksservices, z.B. OPAC, Datenbanken, E-Journals, E-Books etc.
- Vorführ-PC mit Beamer und Soundanlage
- Gegebenenfalls Mikrofon (fest installiert, tragbar oder als Ansteckmikrofon) und Lautsprecheranlage für den Lehrenden
- Whiteboard, Flip-Chart, ggf. auch Smartboard
- Weiteres Equipment, beispielsweise die sehr beliebten TED-Abstimmungssysteme. Dabei werden die Kursteilnehmer mit kleinen Geräten ausgestattet, die zu Fragen des Dozenten eine Abstimmung mit sofortiger Auszählung und Präsentation des Ergebnisses auf der Leinwand ermöglichen

Eine solche Ausstattung hat sicherlich ihren Preis, allerdings wirkt sie sich unmittelbar auf den Lehr-/Lernprozess und damit auch das Lernergebnis aus. Viele Hochschulbibliotheken haben den Vorteil, dass sie in diesem Bereich auf die Infrastruktur der Hochschule zurückgreifen können. Aber auch die so genannten Campus-less Bibliotheken, wie die großen Universalbibliotheken, Landesbibliotheken oder andere Forschungsbibliotheken, sollten sich überlegen, ob Investitionen in diesem Bereich nicht ein lohnendes Unterfangen wären.

14.3.5 Einbindung in die Curricula der Hochschulen und Vergabe von ECTS-Punkten

An vielen deutschen Hochschulen ist es gängige Praxis, dass von der Hochschulbibliothek durchgeführte Informationskompetenzkurse fester Bestandteil der Curricula sind. Die angebotenen Kurse sind Pflichtkurse und nach bestandenem Leistungsnachweise erhält der Studierende eine entsprechende Anzahl von ECTS-Punkten[76]. Dennoch ist die Situation an den Hochschulen keinesfalls einheitlich. Die Art und Weise der Einbindung in das jeweilige Curriculum eines Studiengangs, die genauen Bedingungen des erforderlichen Leistungsnachweises und die Anzahl der vergebenen ECTS-Punkte, ja sogar die Frage, wer eigentlich unterrichten darf – nur Bibliothekare mit akademischem Abschluss oder alle Bibliotheksmitarbeiter – differieren von Hochschule zu Hochschule.

Die Erfahrungen, die Bibliotheken mit dem Einstieg in die hochschulinterne Lehre gemacht haben, sind durchaus als ambivalent zu bezeichnen. Insbesondere ist die Euphorie, die mit dieser Art der „Adelung" der bibliothekarischen Tätigkeit einherging, schnell einer Ernüchterung im Zuge von Kapazitätsproblemen gewichen: Bibliotheken *können* jetzt nicht nur Veranstaltungen zur Vermittlung von Informationskompetenz anbieten, durch ihre Integration in die Curricula *müssen* sie es vielfach auch. D.h. sie müssen sicherstellen, dass wirklich jede Studentin und jeder Student die Möglichkeit hat, in geeigneter Weise an einer solchen Schulungsveranstaltung teilzunehmen. Viele Bibliotheken stießen hierbei schnell an ihre personellen Grenzen. Es fehlten einfach genügend einschlägig vorgebildete oder geschulte Bibliotheksmitarbeiter, um die geforderten Stunden zu halten. Insbesondere die Frage, wie die im ECTS-System obligatorischen Leistungsnachweise in adäquater Form erbracht werden können, führte in der Praxis häufig zu Problemen: Reicht eine mündliche Prüfung? Wie soll diese genau aussehen? Kann ein geeigneter Multiple-Choice-Test entworfen werden, der den Anforderungen genügt? Wie können Prüfungen auch in technischer Hinsicht sicher durchgeführt werden? Mittlerweile ist eine gewisse Phase der Konsolidierung eingetreten, die entsprechenden Mitarbeiter wurden ausgebildet oder neu eingestellt und sowohl die Durchführung der Informationskompetenzkurse

---

[76] Leistungspunkte (LP) bzw. Credit Points (CP) nach dem *European Credit Transfer and Accumulation System* (ECTS) sind Anrechnungseinheiten, die durch Leistungsnachweise erworben werden. Mit ihnen wird der Arbeitsaufwand eines Moduls (bzw. eines Kurses innerhalb eines Moduls) gemessen. Im Kontext des Bologna-Prozesses bzw. des gemeinsamen europäischen Hochschulraums dienen sie grundsätzlich dazu, die Leistungen von Studierenden vergleichbar zu machen und den Wechsel zwischen verschiedenen Hochschulen zu erleichtern.

als auch das Prozedere bei Leistungskontrolle und Vergabe von ECTS-Punkten hat sich eingespielt.

Die AG Informationskompetenz des Bibliotheksverbunds Bayern (BVB) hat in diesem Kontext eine Checkliste erarbeitet. Diese fasst wichtige Elemente zusammen, die bedacht werden müssen, wenn Bibliotheken Schulungsveranstaltungen durchführen, die in die Curricula integriert sind und für die ECTS-Punkte vergeben werden:[77]

1. Räumlichkeiten (technische Ausstattung, Reservierung, etc.)
2. Mögliche Stellung der angebotenen Lehrveranstaltung innerhalb der B.A.- und M.A.-Studiengänge
3. Veranstaltungsform und Veranstaltungsrhythmus
4. Personal: Klären der rechtlichen Rahmenbedingungen innerhalb der Hochschule (z.B. Unterrichtserlaubnis, Fortbildungen, Nebentätigkeitsgenehmigung, etc.)
5. Teilnahmeverpflichtung, Leistungsnachweise und Prüfungen
6. Festlegung der Art des Leistungsnachweises (Klausur, Rechercheprotokoll, mündliche Prüfung etc.)
7. Organisation (z.B. Anmeldung, Werbung für die Veranstaltung, Ansprechpartner in den Fakultäten und in der Verwaltung)

14.4 Qualitätssicherung: Evaluation und Standards

Um die Qualität von Informationskompetenzveranstaltungen zu überprüfen und kontinuierlich zu verbessern, sind regelmäßig durchgeführte Evaluationen erforderlich. Denkbar sind verschiedene Evaluationsmethoden, je nachdem ob z.B. eine eineinhalbstündige Einzelveranstaltung, drei aufeinander aufbauende Schulungsmodule oder ein Kurs evaluiert werden soll, der sich über ein ganzes Semester erstreckt. In der Regel werden Fragebögen zur Anwendung kommen, entweder papiergebunden oder online mit automatisierter Auswertungsfunktion. Was die grundlegende Konzeption und Durchführung von Befragungen betrifft, muss auf das Kapitel 2 (Die Bibliotheksbenutzer), vor allem das Unterkapitel 2.4.3 (Umfragen) verwiesen werden. Jede Evaluation von Schulungsveranstaltungen sollte zunächst eine Frage nach der Gesamtzufriedenheit mit der angebotenen Schulung bzw. dem Kurs beinhalten, etwa in der Art:

---

[77] AG Informationskompetenz des BVB, Checkliste für die Durchführung von IK-Veranstaltungen, 2009: http://www.informationskompetenz.de/fileadmin/user_upload/Checkliste_f%C3%BCr_die__2800.pdf (letzter Zugriff am 20.02.2014).

Insgesamt bin ich mit der Schulung (Name der Schulung)

Vollkommen zufrieden	zufrieden	teils, teils	nicht zufrieden	überhaupt nicht zufrieden
☐	☐	☐	☐	☐

Danach sollten auch Fragen zu den einzelnen Elementen gestellt werden, z.B.:
- Sind alle Themen behandelt worden, die Sie erwartet hatten?
- Was hat Ihnen gefehlt?
- Wie zufrieden waren Sie mit einzelnen Themenblöcken? (Nennung der einzelnen Themenblöcke, jeweils mit Bewertungsmöglichkeit)
- Wie zufrieden waren Sie mit den angewendeten Methoden?
- Was würden Sie sich bei einem künftigen Kurs anders wünschen?
- Ist etwas unklar geblieben?
- Zu welchen Themenbereichen würden Sie sich vertiefte Schulungsangebote wünschen?
- Haben Sie sonst noch eine Anregung, die Sie uns gerne mitgeben möchten?

Solche detaillierteren Teilfragen, gegebenenfalls auch als offene Fragen formuliert, sind für die Qualitätskontrolle und die künftige Gestaltung der Schulungsveranstaltungen ergiebiger, als wenn nur pauschal nach der Zufriedenheit mit der gesamten Veranstaltung gefragt wird. Die für die Schulungsveranstaltungen Verantwortlichen werten die Ergebnisse aus und besprechen sie in regelmäßigen Abständen. Auf den Evaluationsergebnissen aufbauend können dann einzelne Verbesserungen an den Schulungsveranstaltungen vorgenommen werden, auch gezielte Personalentwicklungsmaßnahmen für die Lehrenden sind denkbar, oder – falls die Evaluationsergebnisse das angezeigt erscheinen lassen – auch eine grundsätzliche Überarbeitung des gesamten Schulungskonzepts.

Ein weiteres wichtiges Mittel zur Sicherung der Qualität von Schulungsveranstaltungen ist die Beachtung der hierzu von den bibliothekarischen Verbänden publizierten Standards. Unter einem Standard versteht man ganz grundlegend eine einheitliche, allseits anerkannte und zumeist auch angewandte Art und Weise, etwas durchzuführen. Im Bibliotheksbereich sind Standards insbesondere dann sinnvoll und notwendig, wenn es um nachhaltige Kernaufgaben von Bibliotheken geht, bei deren Erfüllung Bibliotheken vielfach untereinander kooperieren und ihre Zusammenarbeit koordinieren müssen[78]. Hierbei liefern gemeinsam erstellte Standards Orientierungshilfen bzw. eine Richtschnur. Zu den Themen Informationskompetenz und Durchführung von Schulungsveran-

---

[78] Vgl. hierzu Franke, Fabian: Standards der Informationskompetenz für Studierende. In: Sühl-Strohmenger, Wilfried (Hrsg.): Handbuch Informationskompetenz. Berlin u.a. 2012, S. 235–249, hier 239f.

staltungen liegt mittlerweile eine ganze Reihe von einschlägigen Standards vor. Sie können zentral über das Portal www.informationskompetenz.de abgerufen werden und sollten bei der Konzeption von Informationskompetenzveranstaltungen berücksichtigt werden. Auch wenn diese bibliothekarischen Standards freilich zunächst nur für den Bibliotheksbereich gelten und noch nicht überall Anerkennung gefunden haben, beispielswiese in Schulen oder Hochschulen, sollten sie auch über die Bibliothek hinaus bekannt gemacht werden. Außerdem können sie in Gesprächen mit Schul- oder Hochschulleitungen als Argumentationshilfe genutzt werden. Der ein oder andere Standard hat mittlerweile sogar Beachtung in hochrangigen Empfehlungen außerhalb des Bibliothekswesens gefunden, so beispielsweise die vom DBV 2009 publizierten „Standards der Informationskompetenz für Studierende" in der Empfehlung „Hochschule im digitalen Zeitalter: Informationskompetenz neu begreifen – Prozesse anders steuern" der Hochschulrektorenkonferenz vom November 2012[79]. Aufgrund ihrer Bedeutung sollen diese Standards hier exemplarisch für die anderen bibliothekarischen Standards im Bereich der Informationskompetenz im vollen Wortlaut wiedergegeben werden[80]:

Erster Standard
Die informationskompetenten Studierenden erkennen und formulieren ihren Informationsbedarf und bestimmen Art und Umfang der benötigten Informationen.

Indikatoren
Die informationskompetenten Studierenden
1. definieren und artikulieren ihren Informationsbedarf,
2. kennen unterschiedliche Arten und Formate der Information mit ihren jeweiligen Vor- und Nachteilen,
3. berücksichtigen Kosten und Nutzen der Beschaffung benötigter Informationen,
4. sind in der Lage, Art und Umfang der benötigten Informationen zur Lösung eines Problems zu überprüfen und gegebenenfalls zu modifizieren.

---

[79] Vgl. URL: http://www.hrk.de/mitglieder/service/empfehlung-informationskompetenz (letzter Zugriff am 20.02.2014).
[80] Fundstelle des Dokuments: http://www.bibliotheksverband.de/fileadmin/user_upload/Kommissionen/Kom_Dienstleistung/Publikationen/Standards_Infokompetenz_03.07.2009_endg.pdf (letzter Zugriff am 20.02.2014).

Zweiter Standard
Die informationskompetenten Studierenden verschaffen sich effizient Zugang zu den benötigten Informationen.

Indikatoren
Die informationskompetenten Studierenden
1. wählen die am besten geeigneten Recherchesysteme und Recherchemethoden aus, um Zugang zur benötigten Information zu erhalten,
2. entwickeln effektive Suchstrategien,
3. nutzen unterschiedliche Recherchesysteme und Suchstrategien zur Beschaffung von Informationen.

Dritter Standard
Die informationskompetenten Studierenden bewerten die gefundenen Informationen und Quellen und wählen sie für ihren Bedarf aus.

Indikatoren
Die informationskompetenten Studierenden
1. kennen Kriterien zur Beurteilung von Informationen,
2. beurteilen Menge und Relevanz der gefundenen Informationen und modifizieren gegebenenfalls die Suchstrategie,
3. reflektieren ihren Informationsstand als Ergebnis eines Informationsprozesses.

Vierter Standard
Die informationskompetenten Studierenden verarbeiten die gewonnenen Erkenntnisse effektiv und vermitteln sie angepasst an die jeweilige Zielgruppe und mit geeigneten technischen Mitteln.

Indikatoren
Die informationskompetenten Studierenden
1. exzerpieren, speichern und verwalten die gewonnenen Informationen und ihre Quellen,
2. nutzen die geeigneten technischen Mittel zur Präsentation ihrer Ergebnisse,
3. vermitteln ihre Ergebnisse zielgruppenorientiert.

Fünfter Standard
Die informationskompetenten Studierenden sind sich ihrer Verantwortung bei der Informationsnutzung und -weitergabe bewusst.

Indikatoren
Die informationskompetenten Studierenden
1. befolgen Gesetze, Verordnungen, institutionelle Regeln sowie Konventionen, die sich auf den Zugang und die Nutzung von Informationsressourcen beziehen,
2. sind sich der ethischen, rechtlichen und sozio-ökonomischen Fragestellungen bewusst, die mit der Nutzung von Information und Informationstechnologie verbunden sind.

Weiterführende Literatur

Franke, Fabian, Klein, Annette u. Schüller-Zwierlein, André: Schlüsselkompetenzen. Literatur recherchieren in Bibliotheken und Internet. Stuttgart u.a. 2010.

Gran, Meike: Didaktik und Methodik von Präsenzveranstaltungen zur Vermittlung von Informationskompetenz an Hochschulbibliotheken. Grundlagen, Modelle, Perspektiven. Diplomarbeit an der Fachhochschule Köln, Köln 2009. URL: http://opus.bibl.fh-koeln.de/volltexte/2009/190/pdf/Gran_Meike.pdf (letzter Zugriff am 20.02.2014).

Hanke, Ulrike, Straub, Martina u. Sühl-Strohmenger, Wilfried (Hrsg.): Informationskompetenz professionell fördern. Ein Leitfaden zur Didaktik von Bibliothekskursen. Berlin u.a. 2012 (Praxiswissen).

Homann, Benno: Informationskompetenz als Grundlage für bibliothekarische Schulungskonzepte. In: Bibliotheksdienst 34 (2000), S. 968–978.

Ingold, Marianne: Das bibliothekarische Konzept der Informationskompetenz. Ein Überblick. Berlin 2005 (Berliner Handreichungen zur Bibliothekswissenschaft; 128). URL: http://www.ib.hu-berlin.de/~kumlau/handreichungen/h128/h128.pdf (letzter Zugriff am 20.02.2014).

Lux, Claudia u. Sühl-Strohmenger, Wilfried: Teaching Library in Deutschland. Vermittlung von Informations- und Medienkompetenz als Kernaufgabe öffentlicher und wissenschaftlicher Bibliotheken. Wiesbaden 2004 (B.I.T.-Online Innovativ; 9).

Sühl-Strohmenger, Wilfried (Hrsg.): Handbuch Informationskompetenz. Berlin u.a. 2012.

15 E-Learning

E-Learning gibt es nicht erst seit dem Internetzeitalter. Im Gegenteil – es kann bereits auf eine längere Tradition zurückschauen. Nichtsdestotrotz gewinnt diese Form des Lernens bzw. der Unterstützung von Lernprozessen nicht zuletzt durch die immer stärkere Durchdringung aller Lebensbereiche mit dem Internet und die vielen neuen Möglichkeiten, die die mobilen elektronischen Endgeräte wie Laptop, Smartphone und Tablet-PC bieten, in den letzten Jahren immer mehr an Bedeutung. Das enorme Wachstum an zur Verfügung stehenden Informationen, die immer größere Mobilität der Menschen und die Notwendigkeit zu kontinuierlicher beruflicher Weiterbildung haben es heute einfach selbstverständlich gemacht, dass Lehren und Lernen nicht mehr an räumlich fixierten Punkten zu genau festgelegten Uhrzeiten geschieht, sondern zu jeder beliebigen Zeit, an jedem beliebigen Ort. Bibliotheken als prominente Informationsdienstleister können und wollen sich diesem Trend nicht entziehen, auch was die von Bibliotheken angebotenen Schulungen, Kurse und Informationskompetenzveranstaltungen betrifft. Aus diesem Grund soll dem E-Learning und seiner Relevanz für Bibliotheken hier ein eigenes Kapitel gewidmet werden.

15.1 Definitionen

Auch wenn der Begriff E-Learning in aller Munde ist, existiert keine einheitliche bzw. allseits anerkannte Definition. Sicher ist, dass E-Learning in aller Regel als *Electronic Learning* aufgelöst wird, was im Deutschen *elektronisches Lernen* bedeutet, sinngemäß aber eher als *elektronisch unterstütztes Lernen* zu verstehen ist. Vergleichbar, teilweise aber auch bereits veraltet, sind Begriffe wie Fernlernen, Distant- bzw. Remote-Lernen, Tele-Lernen oder Online-Lernen. Modernen kognitiv-konstruktivistischen Lerntheorien zufolge wird Lernen als aktiver Prozess begriffen, bei dem der Lernende neue Informationen aufnimmt, diese verarbeitet und dadurch neues Wissen bzw. neue Fähigkeiten, Fertigkeiten oder auch Einstellungen erwirbt. Vor diesem Hintergrund beschreibt E-Learning in einer sehr weiten Definitionen sämtliche Lernprozesse, die in irgendeiner Weise durch den Einsatz digitaler Medien unterstützt werden, oder auch Lernprozesse, die in irgendeiner Weise über das Internet verlaufen. Diese sehr allgemeinen Definitionen hätten die Konsequenz, dass bereits das Zeigen einer Website, das Zur-Verfügung-Stellen eines PDF-Dokuments innerhalb eines Kurses, ja im Grunde genommen schon das Anhören einer CD als E-Learning angesehen werden könnten. Aus diesem Grund kommen in engeren Definitionen noch weitere Merkmale hinzu, beispielsweise ein hoher Grad an durch die digitalen Medien vermittelter Interaktivität sowie eine intelligente, automatische Steuerung der Lernprozesse, idealerweise in Anlehnung an den individuellen Lernfortschritt.

15.2 Multimodalität, Multicodierung, Multimedialität

Im Zusammenhang mit E-Learning tauchen drei Begriffe immer wieder auf: Multimodalität, Multicodierung und Multimedialität. Sie scheinen zunächst ohne weiteres verständlich, vor allem der Begriff der Multimedialität. Es lohnt sich aber doch, diese zentralen Begriffe etwas genauer zu erläutern:
- Multimodalität:
  Dieser Begriff bezieht sich auf die verschiedenen Möglichkeiten, Informationen über die *Sinnesmodalitäten* aufzunehmen. Im Kontext von E-Learning sind dies *auditive* oder *visuelle* Sinneseindrücke. Andere Modalitäten wie der Geruchs-, Geschmacks- und der Tastsinn spielen im E-Learning keine Rolle. Audiovisuelle Medien sind multimodal, also z.B. ein Lehrvideo oder Lernsoftware mit Bild und Ton.
- Multicodierung:
  Gemeint ist, dass die Informationen in den verschiedenen Medien verschieden *codiert* werden können, welche auch von der Art des Mediums abhängig ist. Es geht um Texte, Bilder, Zahlen. Multicodal sind Texte mit Bildern oder Graphiken mit Beschriftungen.
- Multimedialität:
  Hierbei geht es um die unterschiedlichen Medienformen, in denen Informationen vorliegen bzw. mit denen Informationen vermittelt werden, also ein Buch, eine Fotografie, eine Grafik, ein Film, ein Tondokument oder auch eine Animation.

Tab. 3: Zur Verdeutlichung der drei Begriffe soll folgende Tabelle[81] dienen:

	Mono-...	Multi-...
Medium	Monomedial: Buch PC	Multimedial: PC + DVD-Player PC + WLan
Codierung	Monocodal: Nur Text Nur Bilder Nur Zahlen	Multicodal: Text mit Bildern Grafik mit Beschriftung
Sinnesmodalität	Monomodal: nur visuell (Text, Bilder) nur auditiv (Rede, Musik)	Multimodal: Audiovisuell (Video, Lernsoftware mit Bild u. Ton)

15.3 Frühe Formen von E-Learning

Menschen versuchen schon immer, Lehr- und Lernprozesse durch die Verwendung geeigneter Medien zu unterstützen. Dabei kam auch die Idee auf, Lernmaschinen einzusetzen. Als früher Versuch einer solchen Lernmaschine gilt das so genannte „Leserad" des Italieners Agostino Ramelli aus dem Ende des 16. Jahrhunderts. Es ermöglichte das gleichzeitige Lesen mehrerer Bücher parallel zur Lektüre eines Hauptwerkes. Vielfach wird dieses Leserad aber auch als eine Urform des Hypertextgedankens angesehen. Einen bedeutenden Aufschwung erhielt die Forschung an der maschinellen Lernunterstützung im Zuge der behavioristischen Lerntheorie. Burrhus Frederic Skinner entwickelte Ende der 1950 Jahre eine Lernmaschine, die als direkter Ausfluss seiner Lerntheorie angesehen werden kann. Die Lernmaschine fußte auf dem Konzept der Programmierten Unterweisung. Dies bedeutet, dass der Lernstoff in möglichst kleine Einheiten, und zwar in Form von Fragen, aufgeteilt wurde. Die Theorie dahinter war, dass der Lernprozess durch positive Verstärkung, also durch ein Lob und das Weiterkommen zu nächsten Frage, gefördert werden sollte.

---

[81] Tabelle nach: Weidenmann, Bernd: Multimedia, Multicodierung und Multimodalität beim Online-Lernen. In: Klimsa, Paul u.a. (Hrsg): Online-Lernen. Handbuch für Wissenschaft und Praxis. München 2011, S. 73–86 (76), hier S. 76.

Abb. 31: Das Leserad des Agostino Ramelli (A. Ramelli, Le diverse et artificiose machine. Paris 1588, S. 317).

Im Jahr 1959 erfand Norman Crowder eine Weiterentwicklung der Lernmaschine. Im Gegensatz zu Skinners Maschine erlaubte sie erstmals verzweigte Strukturen und ermöglichte eine stärkere Individualisierung des Lernprozesses. Das Gerät arbeitete auf Basis eines Mikrofiche-Projektors. Durch Fragen mit Antwortalternativen und fehlerabhängiger Verzweigung konnten das Vorwissen der Lernenden und der individuelle Lernfortschritt besser berücksichtigt werden. Es handelte sich hier bereits um eine Vorform der intelligenten, lernfortschrittsabhängigen Steuerung des Lernprozesses, die heute ein wichtiges Merkmal moderner Lernsoftware darstellt.

15.4 Computer Based Training (CBT) und Web Based Training (WBT)

Mit der Einführung und zunehmenden Verbreitung des PCs ab den 1980er Jahren erlebte das maschinenunterstütze Lernen einen regelrechten Boom. Dies war die Geburtsstunde des computerbasierten Unterrichts (Computer Based Training, CBT). Das Computer Based Training lief offline ab, also nur am einzelnen

Rechner. Es war zunächst noch sehr textlastig und wenig interaktiv. Dies änderte sich erst Anfang der 1990er Jahre mit dem Aufkommen der CD-ROM und später der DVD. Diese Medien zur Speicherung großer Datenmengen ermöglichten erstmals die Produktion von Lernsoftwareprogrammen, die auch umfangreiche Bild-, Ton- oder Filmdateien enthielten. Im Zuge der neuen technischen Möglichkeiten steigerte sich der Grad der Interaktivität und es entwickelten sich immer neue Präsentationsformen für den Lernstoff, z.B. Simulationen, Quiz, Lernspiele oder auch Intelligente Tutorielle Systeme (ITS). Hierunter versteht man Computerprogramme, die in der Lage sind, den Lehrbedarf des Lernenden zu ermitteln und diesen – ähnlich einem menschlichen Lehrer/Tutor – in geeignete Lehrtätigkeit umzusetzen. Mit Beginn des Internetzeitalters setzte sich immer mehr das Lernen mit Hilfe von Lernsoftware durch, die über das Internet verfügbar ist. Diese Form des E-Learnings wird terminologisch vom Computer Based Training abgegrenzt und als Web Based Training (WBT) bezeichnet. Entsprechende Lernsoftware kann entweder in Client-Server-Architektur vorliegen, d.h. die Anwendung läuft zentral auf einem Server und auf dem Rechner des Lernenden muss ein entsprechender Software-Client installiert sein, oder rein Browser-vermittelt. Der Trend geht heute allgemein in Richtung der zweiten Variante, da hier in der Regel geringere Systemanforderungen gestellt werden und die Lernenden nur ungern zusätzliche Software auf ihren Computern installieren. Ein großer Fortschritt des Web Based Training ist das häufig integrierte Angebot verschiedener Kommunikationsmöglichkeiten, die das Internet bietet, wie z.B. E-Mail, Chatroom, Newsforen, Videoconferencing, Blogs, Podcasts oder Videocasts.

15.5 Blended Learning und Massive Open Online Courses (MOOCs)

Mit Blended Learning (von englisch *blended*: gemischt, gemixt, vermengt) bezeichnet man Lehr- bzw. Lernkonzepte, die eine didaktisch sinnvolle Verknüpfung von Präsenzveranstaltungen und E-Learning-Angeboten auf der Basis moderner Informations- und Kommunikationsmedien vorsehen. Idealerweise sollen sich dabei die Vorteile beider Unterrichtsformen ergänzen bzw. die Nachteile der jeweils anderen Unterrichtsform kompensiert werden. Beim Blended Learning handelt es sich insgesamt um ein sehr erfolgreiches Konzept, weil es den Lehrenden die Möglichkeit offen lässt, E-Learning in einem für sie selbst und die Lernenden sinnvollen Maß zu dosieren. Wichtig, damit das Konzept aufgeht, ist vor allem die Medienkompetenz des Lehrenden. Außerdem sollte er ein geschultes Auge dafür haben, wie es um die Medienkompetenz der Lernenden bestellt ist und welche Formen von E-Learning zum Unterrichtsgegenstand am besten passen. Blended Learning kommt mittlerweile in vielen Bibliotheken und anderen Bildungseinrichtungen, aber genauso auch in privatwirtschaftlichen Unternehmen zum Einsatz.

Eine sehr moderne Form von E-Learning sind die so genannten MOOCs (Massive Open Online Courses). Hierunter versteht man Online-Kurse, die prinzipiell für jeden, der Zugang zum Internet hat, offenstehen. MOOCs können sehr hohe Teilnehmerzahlen haben – einige Anbieter von MOOCs berichten von mehr als 10.000 – und gelten als wichtiger Schritt in Richtung Demokratisierung der Bildung. In der Regel haben sie einen zeitlich begrenzten Umfang (z.B. sechs Wochen oder auch ein Semester) und bieten ein definiertes Angebot wie Lehr-Videos, Texte, Grafiken, Fallbeispiele, Selbsttests („Quizzies"), aber auch regelmäßige Hausaufgaben und die Möglichkeit, Prüfungen abzulegen. Die Anmeldung zur Teilnahme ist sehr einfach und geschieht meist per E-Mail oder ein Online-Formular. Typisch für MOOCs ist ein hoher Grad an Partizipation und Interaktion sowohl zwischen Teilnehmern und Lehrenden als auch unter den Teilnehmern über Online-Foren, Chat, VoIP oder Videoconferencing. Erste Bibliotheken experimentieren bereits mit MOOCs, insbesondere auf dem Feld der Vermittlung von Informationskompetenz.

15.6 Wichtige Begriffe im Zusammenhang mit E-Learning

Im Kontext von E-Learning tauchen einige Begriffe immer wieder auf, von denen die wichtigsten kurz näher erläutert werden sollen:

15.6.1 Online-Tutorial

Hierunter versteht man ein internetbasiertes Lernprogramm, vergleichbar dem Web Based Training. Vielfach werden die Begriffe Online-Tutorial, E-Tutorial und Web Based Training unterschiedslos verwendet. Die Bandbreite ist recht groß: Von Podcasts bzw. Videocasts (weniger interaktiv) bis hin zu sehr interaktiv gestalteten und tutoriell begleiteten E-Learning-Kursen. In der Regel versteht man unter Online-Tutorial eine wesentlich kürzere (Lern-)Einheit als unter dem Web Based Training.

15.6.2 Virtueller Rundgang

Virtuelle Rundgänge zeigen die Räumlichkeiten, manchmal auch interessante Exponate einer Institution. Bestandteile sind Lagepläne, Fotos, etc. Personen, die eine Institution kennen lernen wollen, können sich bei einem virtuellen Rundgang, der einfach nur aus einer Aneinanderreihung von Fotos, Grafiken oder einem Film besteht, aber natürlich auch mittels dreidimensionaler Computergraphik sehr interaktiv gestaltet sein kann, grundlegend mit der Institution vertraut machen. Ein künftiger Benutzer einer Bibliothek könnte sich beispielsweise schon vor seinem ersten Besuch ansehen, wo er die Bücher abholen kann, wo er die Auskunftstheke findet oder wo die verschiedenen Lesesäle liegen. Virtuelle Rundgänge sind meist über das Internet verfügbar. Sie können aber auch offline vorkommen, z.B. auf CD-Roms mit Enzyklopädien oder Reiseführern.

15.6.3 Virtual Classroom

Lehrende und Lernende, die sich räumlich an verschiedenen Orten aufhalten, können in einem „virtuellen Klassenzimmer" entweder gleichzeitig (synchron) oder zeitversetzt (asynchron) zusammenarbeiten. Notwendig ist meist eine Lernplattform, bei der sich Lehrende und Lernende anmelden müssen und die den gemeinsamen virtuellen Raum bildet. Auch das Tele-Teaching, beispielsweise durch das einfache Streamen von Vorlesungen oder Schulungen, kann Bestandteil eines Virtual Classroom sein.

15.6.4 Webinar

Unter einem Webinar (auch Web-Seminar genannt) versteht man ein Seminar bzw. einen Kurs, der über das Internet gehalten wird. Die Lehrenden und Teilnehmer treffen sich dazu zum gleichen Zeitpunkt im Internet, in der Regel in einem virtuellen Klassenzimmer. Je nach verwendeter Webinar-Software können Präsentationen oder auch kurze Filmsequenzen gezeigt werden. Beiträge der Teilnehmer können auf ein virtuelles Whiteboard geschrieben werden, so dass sie sofort für alle sichtbar sind. Außerdem stehen verschiedene Kommunikationskanäle zum direkten Austausch zur Verfügung.

15.6.5 Webbasierte Lernplattform

Webbasierte Lernplattformen, manchmal auch als Lernmanagementsysteme bezeichnet, sind komplexe Softwareprodukte, die der Organisation und Durchführung sowohl von E-Learning- als auch von Blended Learning-Veranstaltungen dienen, indem sie das Bereitstellen und die Nutzung von Lerninhalten unterstützten und Instrumente für das kooperative Arbeiten zur Verfügung stellen. Wichtige Elemente bzw. Aufgaben von webbasierten Lernplattformen sind:

- Benutzerverwaltung (sicheres An- und Abmelden, am besten mit Verschlüsselung)
- Kursverwaltung (Möglichkeit, bestimmte Gruppen/Kurse einzurichten, Verwaltung der Inhalte und Dateien dieser Kurse)
- Differenzierte Rollen- und Rechtevergabe: Systemadministratoren, Dozenten, Studierende, Kursteilnehmer
- Virtueller Klassenraum
- Anbieten von verschiedenen Kommunikationsmethoden unter den Teilnehmern (E-Mail, Chat, diverse Foren und Diskussionsgruppen) als Bestandteil des Lernprozesses
- Autorensystem: Entwicklungswerkzeug für die Erstellung digitaler Lernangebote; Tool zur Erstellung multimedialer Lernanwendungen
- Bereitstellung weiterer Werkzeuge für das Lernen (Whiteboard, Notizbuch, Kalender)
- Darstellung der Kursinhalte, Lernobjekte und Medien in einem netzwerkfähigen Browser
- Speicherung der Lernstandsdaten
- Tool zur Evaluation von Lehrveranstaltungen (E-Learning- und Präsenzteile)
- Modul zum sicheren Ablegen von Prüfungen (z.B. wichtig wenn Informationskompetenzveranstaltungen der Bibliothek ins Curriculum eines Studiengangs integriert sind und ECTS-Punkte vergeben werden)

Bekannte und bereits an vielen Hochschulen eingesetzte Open-Source-Produkte sind beispielsweise *Moodle*, *ILIAS*, *Stud.IP* oder *OLAT*. Ebenso existieren auch kommerzielle Produkte wie z.B. *Blackboard*, *Clix*, *it's learning* oder *Fronter*.

15.6.6 Mobile Learning

Mobile Learning, mittlerweile auch als M-Learning abgekürzt, bezeichnet eine Form von E-Learning, die dem modernen Trend zur Nutzung mobiler Endgeräte, v.a. Smartphones, zu Lernzwecken Rechnung trägt. Der Zugriff auf die Lerninhalte soll dabei unabhängig von festen Internetverbindungen, d.h. außerhalb von Büros und Schulungsräumen, an beliebigen Empfangsorten möglich sein: Lernen „anytime and anywhere". Es geht also v.a. um kleine Lerneinheiten, die mit mobilen Endgeräten abgerufen bzw. gespeichert und auf diesen durchgearbeitet werden können.

15.6.7 Game-based Learning / Serious Game

Computerspiele bzw. digitale Spiele, die dem Lernen oder der Bildung dienen, bezeichnet man auch als Serious Games. Der sonst bei Spielen vorherrschende Charakter der Unterhaltung (Entertainment) steht hierbei zwar nicht im Vordergrund, wird aber auch nicht ausgeklammert. Die Unterhaltung bzw. der Spiel-Spaß werden vielmehr zur Förderung des Lernerfolges genutzt. Man spricht deswegen in diesem Zusammenhang auch von „Edutainment". Die Bandbreite der vorhandenen Lernspiele ist sehr groß, angefangen von Rechen- oder Rechtschreibspielen für Kinder bis hin zu komplexen ökonomischen Planspielen.

15.6.8 Simulation

Ähnlich den Serious Games sind Simulationen (auch Simulationsspiel, Computersimulation oder 3D-Simulation genannt). Hierbei handelt es sich um computergrafisch erzeugte, virtuelle Szenarien, in denen reale Situationen nachgebildet werden und das Verhalten in diesen (gefahrlos) eingeübt werden kann. Besonders wichtig sind solche Simulationen beispielsweise in der Fahrausbildung (Fahrsimulator), der Flugausbildung (Flugsimulator) sowie der Polizei-, Feuerwehr oder Militärausbildung.

15.6.9 Rapid E-Learning

Dieser Begriff bezieht sich auf die schnelle und geradlinige Erreichung vorher klar definierter Ziele. Wichtig ist dabei insbesondere die Verschlankung von Produktionsprozessen, d.h. die schnelle Erstellung von Lerninhalten für ein vorher klar definiertes Ziel in einer bestimmten Qualität. Mit Rapid-E-Learning wird – im Vergleich zu den wesentlich aufwändigeren Autorensystemen – der Erstellungsprozess vereinfacht, verkürzt und kostengünstiger. Erreicht wird dies vor allem durch klare Vorgaben in Bezug auf Layout, Inhalt und mögliche Interaktions- bzw. Kommunikationsformen.

15.6.10 Storyboard

Wenn E-Learning-Angebote erstellt werden sollen, muss gut geplant werden. Ein wichtiges Planungselement für die Produktion von Online-Tutorials (z.B. in Form von Video- oder Podcasts) ist das Storyboard (Drehbuch). Dies ist ein schriftliches Dokument, das – in der Regel in Tabellenform – detailliert die Elemente des E-Learning-Angebots enthält: Vorgaben für einzelne grafische Elemente, Formulierung von Sprechtexten, Regieanweisungen, Schnitt (Aufblende, Abblende, etc.), Callouts, Kameraeinstellungen (Totale, Halbtotale, Schwenk, Rückfahrt, Zoom), Untermalung mit Ton/Musik, etc. Die Erarbeitung eines detaillierten Drehbuchs ist insbesondere dann wichtig, wenn das Videocast nicht vom Drehbuchautor – z.B. dem Fachreferenten – selbst produziert wird. Dies ist in der Praxis oft der Fall, da für den Produktionsprozess häufig spezielle technische Kenntnisse erforderlich sind.

15.7 E-Learning in Bibliotheken: Pro und Kontra

Benutzerschulungen, Seminare, Führungen, Informationskompetenzveranstaltungen und andere Angebote zum Umgang mit den Literatur- und Informationsressourcen haben mittlerweile einen festen Platz im Dienstleistungsspektrum von Bibliotheken. Zur Unterstützung der damit verbundenen Lehr- und Lernprozesse kommen dabei auch unterschiedliche Formen von E-Learning zum Einsatz, angefangen von virtuellen Rundgängen auf der Bibliothekswebsite über E-Tutorials zum OPAC oder zu Datenbanken bis hin zu aufwändig gestalteten Webinaren oder Blended Learning-Schulungsreihen. Auch der Einsatz von MOOCs zur Vermittlung von Informationskompetenz wird vereinzelt erprobt. Bibliotheken sehen sich dadurch mit ganz neuen Herausforderungen konfrontiert. Schließlich ist die Erstellung ausgefeilter multimedial angereicherter didaktischer Schulungskonzepte nicht unbedingt das ureigenste Feld von Bibliothekaren. Außerdem stoßen viele Bibliotheken immer mehr an ihre personellen Kapazitätsgrenzen. Aus diesem Grund sollen hier die Vor- und Nachteile, die beim Einsatz von E-Learning in Bibliotheken unbedingt bedacht werden sollten, noch einmal stichpunktartig zusammengefasst werden. Die einzelnen Punkte können als eine Art Checkliste bei der Einführung von E-Learning-Angeboten verstanden werden, ebenso als Argumentationsgrundlage für Verhandlungen mit den jeweiligen Trägereinrichtungen.

Als Vorteile von E-Learning werden im Allgemeinen folgende genannt:
- Hohe zeitliche und räumliche Flexibilität: E-Learning ermöglicht zeit- und ortsunabhängiges Lernen („Learning anytime and anywhere"), d.h. der Zugriff auf Kurse und Lernmaterialien ist von überall her und zu jeder Zeit möglich
- Qualitätsverbesserung des Lehrangebots (v.a. Bereicherung bestehender Lernangebote durch Blended Laerning)
- Die Lernenden konstruieren ihr Wissen selbst und werden dabei durch die offene Lernumgebung, die E-Learning-Arrangements bieten, optimal unterstützt (den Hintergrund hierzu bildet die konstruktivistische Lerntheorie, der zufolge nur das richtig gelernt wird, was Lernende sich selbst erarbeiten)
- Höhere Motivation der Lernenden durch:
    - Einsatz von verschiedenen Medien, die das Lernen abwechslungsreicher machen (Audio, Video, Simulationen, etc.)
    - Häufigere Abwechslung der Methode
    - Ansprechen von technischer Affinität bei den Lernenden (dies trifft v.a. bei jüngeren Lernern mit hoher Affinität zu neuen Medien zu)
    - Höheren Grad an Interaktivität, den E-Learning-Angebote in der Regel beinhalten
- E-Learning als Beitrag zum lebenslangen Lernen bzw. zum Erwerb von Informationskompetenz
- Lerngruppen können räumlich getrennt und asynchron (d.h. zeitversetzt) zusammenarbeiten
- Dokumentationen und Wiederholungen sind einfacher möglich
- Die Lernenden können ihre Lernwege sehr individuell gestalten
- Die Lernenden können ihr eigenes Lerntempo selbst bestimmen, gut z.B. bei unterschiedlichem Vorwissen
- Keine Bloßstellung vor anderen Teilnehmern bei Wissenslücken
- Es können Kostenersparnisse erzielt werden: Ressourcenschonung z.B. durch sparsameren Personaleinsatz; Einsatz von E-Tutorials anstatt Vor-Ort-Schulung; auch für die Lernenden ergeben sich Einsparungen: Wer von zuhause aus lernt, braucht beispielsweise nicht zu einer Präsenzschulung in die Bibliothek fahren

Den genannten Vorteilen stehen freilich auch einige Nachteile gegenüber:
- Großer technischer Aufwand bzw. hohe technische Barrieren: sowohl für die Anbieter von E-Learning als auch für die Lernenden (Lernplattformen, komplexe Server-Architektur, Bandbreite im Netz, erforderliche Software, Internetkosten, Vorhandensein entsprechender PCs oder mobiler Endgeräte)

- Die unter den Vorteilen erwähnte Motivation durch das Ansprechen technischer Affinität wird manchmal überschätzt; die Annahme, dass der Einsatz von E-Learning oder Multimediaangeboten per se die Lernmotivation steigert, gilt manchen sogar als Mythos
- Es gibt beim Einsatz von E-Learning zwar einen gewissen Neuigkeitseffekt, dieser ist aber nur zeitlich begrenzt
- Die hohe Flexibilität fordert vom Lernenden ein erhebliches Maß an Eigenmotivation und Selbstdisziplin. Außerdem ist es erforderlich, dass die Lernenden über genügend Selbstlernkompetenz verfügen. Dies kann nicht ohne weiteres vorausgesetzt werden.
- Vielfach wird die mangelnde Qualität der Inhalte von E-Learning kritisiert, da zu viel Energie in die Form der Umsetzung gesteckt wird
- Viele Lernende bevorzugen traditionelle Kommunikationswege. Das direkte Rückfragen beim Dozenten sowie die unmittelbare soziale Interaktion zwischen den Kursteilnehmern, wie sie in traditionellen Lernformen vorkommen, werden von vielen Lernenden geschätzt
- Beim E-Learning kann das Lernen als unpersönlich empfunden werden, was sich negativ auf die Motivation auswirkt
- Nicht selten wird der Einsatz von Multimedia übertrieben: das lenkt vom eigentlichen Lerngegenstand ab, verwirrt die Lerner und wirkt sich nachteilig auf den Lernerfolg aus
- Mangelnde Medienkompetenz kann Lernende zum Abbruch eines E-Learning-Kurses bewegen oder sie sogar ganz davon abhalten, ein solches Angebot überhaupt in Anspruch zu nehmen
- E-Learning lässt sich nicht bei jedem Lerngegenstand anwenden. Manche Inhalte können einfach nicht virtuell vermittelt werden, sondern bedürfen der Präsenzschulung
- Die bei den Vorteilen genannten Kostenersparnisse, werden durch hohe Investitionen in technische Infrastruktur relativiert. Die Entwicklung von E-Learning-Kursen (z.B. Video-Tutorials, Podcasts, Simulationen, Multiple-Choice-Aufgaben) ist in der Regel nicht nur mit hohem Aufwand, sondern auch mit nicht zu vernachlässigenden Kosten verbunden, insbesondere dann, wenn sie einen hohen Qualitätsstandard aufweisen sollen

Zusammenfassend muss betont werden, dass es für das Lehrangebot im E-Learning-Bereich speziell abgestimmte didaktische Konzepte und in geeigneter Weise aufbereitete Lehrmaterialien geben sollte. Dem Benutzer ist weder mit einem Überangebot multimedialer Elemente noch mit Lehrmaterialien gedient, die genau in der Weise für die E-Learning-Angebote übernommen werden, wie sie in gedruckter Form vorliegen. Das Material sollte didaktisch so aufbereitet sein, dass die Eigenmotivation und Selbstlernkompetenz der Lernenden immer gefördert und unterstützt werden.

Weiterführende Literatur

Arnold, Patricia u.a. (Hrsg.): Handbuch E-Learning. Lehren und Lernen mit digitalen Medien. Bielefeld ³2013.
Dittler, Ullrich (Hrsg.): E-Learning. Einsatzkonzepte und Erfolgsfaktoren des Lernens mit interaktiven Medien. München ³2011.
Frank, Stephan: eLearning und Kompetenzentwicklung. Ein unterrichtsorientiertes didaktisches Modell. Bad Heilbrunn 2012.
Handke, Jürgen: E-Learning, E-Teaching und E-Assessment in der Hochschullehre. Eine Anleitung. München 2012.
Hanke, Ulrike, Straub, Martina u. Sühl-Strohmenger, Wilfried (Hrsg.): Informationskompetenz professionell fördern. Ein Leitfaden zur Didaktik von Bibliothekskursen. Berlin u.a. 2012 (Praxiswissen).
Harmon, Charles u. Messina, Michael (Hrsg.): E-Learning in Libraries. Best Practices. Lanham u.a. 2013
Kerres, Michael: Mediendidaktik. Konzeption und Entwicklung mediengestützter Angebote. München ³2012.
Klimsa, Paul u. Issing, Ludwig (Hrsg): Online-Lernen. Handbuch für Wissenschaft und Praxis. München ²2011.
Nikolopoulos, Alexander Stergios: Sicherung der Nachhaltigkeit von E-Learning an Hochschulen. Boizenburg 2010.
Sesink, Werner: Einführung in das wissenschaftliche Arbeiten – inklusive E-Learning, Web-Recherche, digitale Präsentation u.a. München ⁹2012.

16 Benutzung und Öffentlichkeitsarbeit

Jeder engagierte Mitarbeiter im Benutzungsbereich einer Bibliothek wird sich jenseits der originären Benutzungsservices wie Auskunft, Ausleihe usw., auch für das Gesamtbild seiner Bibliothek in der Öffentlichkeit verantwortlich fühlen. Die Gewinnung neuer Nutzerschichten über positive öffentliche Resonanz liegt genauso im Interesse des Benutzungsmitarbeiters wie es im Interesse des Mitarbeiters in der Öffentlichkeitsarbeit oder der Bibliotheksleitung liegt. Bei kleineren Bibliotheken ist nicht selten die Öffentlichkeitsarbeit im Bereich der Benutzungsdienste angesiedelt. Ziel dieses Kapitel ist es keineswegs, die gesamte Bandbreite der bibliothekarischen Öffentlichkeitsarbeit darzustellen, sondern nur die Bereiche, die eng mit dem Benutzungsbetrieb verzahnt sind. Im Kapitel über das Alte Buch wurde auf das Ausstellungsmanagement näher eingegangen, so dass dies an dieser Stelle unterbleiben kann.

Abb. 32: Die lettische Nationalbibliothek in Riga. Im Idealfall sind Bibliotheken architektonische Wahrzeichen ihrer Stadt oder zumindest eines Stadtviertels und sind dadurch auf spektakuläre Weise in der öffentlichen Wahrnehmung. BSB: B. Gillitzer.

16.1 Erscheinungsbild

In Kapitel 2. wurde besprochen, wie stark Serviceorientierung und innere Einstellung auf die Wahrnehmung durch die Kunden und somit auf das Ansehen der Bibliothek in der Öffentlichkeit Einfluss nehmen. Für das gesamte Erscheinungsbild der Bibliothek sind aber auch der Eindruck, den das Bibliotheksgebäude von außen erzielt, wie das Bild, welches die öffentlichen Räumlichkeiten der Bibliothek und hier insbesondere im Eingangsbereich abgeben, von ganz entscheidender Bedeutung. Die subjektive Wahrnehmung der Kunden orientiert sich auch daran in hohem Maße. Offensichtlich seit längerem nicht sanierte Schäden an den Außenwänden, eine abgenutzte und ungepflegte Eingangstüre oder verschlissene und beschädigte Möbel und Theken sind für den Besucher ein deutliches Signal: „Hier ist niemand, der sich ernsthaft um die Belange der Bibliothek kümmert und um meine Wünsche und Belange wird sich wohl auch niemand kümmern."

Abb. 33: Der Eingangsbereich der Technischen Nationalbibliothek in Prag. Kein wirklich beeindruckender Raum, der jedoch durch seinen gepflegten Zustand signalisiert, dass auch die Bibliothek in einem funktionstüchtigen Zustand ist. BSB: B. Gillitzer.

Welche starke Wirkung „erste Eindrücke" im Unterbewusstsein eines Menschen hinterlassen, ist in der Psychologie hinreichend erforscht. Die Bibliothek hat womöglich „verloren", bevor der erste Mitarbeiter für den Kunden aktiv werden kann. Um jedes Missverständnis auszuschließen, sei klar gesagt, dass es nicht um das Alter von Gebäude und Möblierung geht, sondern um den gepflegten bzw. ungepflegten Zustand derselben. Oft kann das Erscheinungsbild schon mit kleinen Maßnahmen erheblich verbessert werden. Ein wenig frische Farbe, das Entfernen eingerissener alter Poster und das Aufhängen eines „einzigen" passenden Bildes statt eines Sammelsuriums können den Gesamteindruck eines Raumes zum Positiven hin verändern.

Eine gute Ausschilderung und in großen Gebäuden ein Leitsystem sollten Standard sein. Es sind Kleinigkeiten, wie das Aufstellen einer ausreichenden Zahl von Abfalleimern oder im Außenbereich das Bereitstellen eines speziellen Behälters für die Entsorgung von Zigarettenkippen am Raucherplatz der Bibliothek. Aber gerade diese Kleinigkeiten geben in ihrer Summe der Bibliothek ein gepflegtes Erscheinungsbild.

Wer die Mittel und die geeigneten Räume hat, sollte seine Kunden im Eingangsbereich mit einer Willkommens-Lounge zum Schmökern in einem gerade ausgeliehenen Buch oder in ausliegenden aktuellen Tageszeitungen einladen. Ein Kaffeeautomat, sofern die Lounge vor dem Freihandbereich liegt, verleiht solch einem Ensemble ein einladendes Gesicht. Das Bereitstellen von touristischen Informationen über umliegende Sehenswürdigkeiten ist ebenso eine Möglichkeit, die Kunden für den Medienbestand der Bibliothek zu interessieren, wie bereitliegende Neuerwerbungslisten oder Lesetipps.

16.2 Auftritt im World Wide Web und in sozialen Netzwerken

Ein Auftritt im World Wide Web ist für Bibliotheken heute eine Selbstverständlichkeit. Ein Webauftritt bedarf allerdings der kontinuierlichen Pflege und Fortentwicklung. Diese Selbstverständlichkeit wird nicht überall erkannt. Damit sollen keineswegs die vielen kleinen Bibliotheken angesprochen sein, denen sich aus personellen Gründen oft keine andere Möglichkeit bietet, als ausschließlich eine weitgehend statische Seite mit wichtigen Informationen zur Bibliothek bereitzustellen. Für alle anderen Bibliotheken, denen daran gelegen sein muss, auch im Internet Kunden an sich zu binden, ist es wichtig, dass sie eine „lebendige" Website anbieten. Dies bedeutet nicht, dass die Startseite nur so glitzern, blinken und piepsen muss, sondern dass sie ständig auf dem neuesten Stand gehalten wird und aktuelle Informationen zur Bibliothek sowie Interessantes zu deren kulturellem Umfeld zu bieten hat. Nichts ist für Internetnutzer langweiliger, als wenn sie auf eine Startseite treffen, die über Wochen oder Monate hinweg das immer gleiche Aussehen und den gleichen Inhalt bietet.

Im Abstand von fünf bis acht Jahren muss über eine grundlegende Neugestaltung eines Auftrittes im World Wide Web nachgedacht werden. Solch eine Neugestaltung nennt man auch Relaunch oder Webrelaunch und man muss sich darüber im Klaren sein, dass er sehr sorgfältig geplant werden muss und dass dafür personelle Ressourcen und/oder Finanzmittel für externe Beratung in erheblichem Umfang anfallen. Kein umfangreicher Webauftritt kommt ohne ein zugrunde liegendes Web-Contentmanagementsystem (CMS) aus. Auch für den, der über ausreichende Finanzmittel verfügt, bietet es sich bei der Wahl des Contentmanagementsystems an, eine Open-Source-Software wie z. B. TYPO 3 zu verwenden. Etablierte und weit verbreitete Open-Source-Produkte stehen teuren Kauf- oder Lizenzangeboten bezüglich der verfügbaren Funktionalitäten in nichts nach und der prompten Hilfeleistung durch eine engagierte Anwendercommunity kann man sich ziemlich sicher sein.

Beim Design und der Strukturierung eines neuen Webauftrittes ist es empfehlenswert, sich externe Hilfe zu holen. Wie in Abschnitt 2.5.2 dargelegt, können mit Usability-Tests grobe Fehler entdeckt und vermieden werden und es ist unbedingt empfehlenswert, den Webauftritt einem ausführlichen Usability-Test zu unterziehen. Aber auch eine Website, die hinsichtlich der Gebrauchstauglichkeit allen Anforderungen genügt, hat damit noch längst kein Erscheinungsbild, welches die ästhetische Wahrnehmung der Besucher positiv anspricht. Große Aufmerksamkeit gilt es ganz besonders der Startseite zu widmen, da sie zusammen mit der Startseite des OPACs die meistbesuchte Seite einer Bibliothek ist. Es gibt keine allgemein gültigen Vorgaben, wie die Startseite einer Bibliothekswebsite zu gestalten ist, aber es gibt gewisse Konventionen im Internet, an die sich viele Anbieter von Websites halten und die somit den Besuchern das Zurechtfinden auf einer Website wesentlich erleichtern. Die Metanavigation[82] findet sich z. B. in der Regel am oberen Rand des Layouts einer Seite (Header) und wird gelegentlich am unteren Rand des Layouts (Footer) nochmals wiederholt. Die Hauptnavigation ist zentral im Headerbereich oder manchmal auch am linken Rand positioniert. Für eine gute Orientierung der Besucher einer Website sollten Meta- und Hauptnavigation auf der Startseite und auf allen Seiten der darunterliegenden Navigationsebenen immer an der exakt gleichen Stelle positioniert sein. Der Suchschlitz für die Websitesuche ist häufig in der rechten oberen Ecke zu finden, während derjenige, welcher weiterführende Links und Angebote sucht, ganz am unteren

---

[82] Die Metanavigation bezeichnet den Teil des Navigationsangebotes einer Website der Web-Links zu Kontakt, Sitemap, Impressum, Datenschutzrichtlinien, Sprachwechsel oder den Wechsel zur mobilen Version der Website usw. beinhaltet.

Ende einer Seite fündig wird. Als jeweiliger Standard können die vielbesuchten Seiten von Nachrichtenmagazinen oder überregionaler Tageszeitungen ebenso herangezogen werden, wie die Seiten großer Dienstleister im Internet.

Auf einer gut bestückten Startseite einer Bibliothek dürfen folgende Elemente erwartet werden:
- Suchschlitz des Bibliothekskataloges ev. kombiniert mit der Websitesuche
- Direkter Zugang zum Nutzerkonto
- Direkter Zugriff auf die wichtigsten Serviceangebote (z. B. E-Tutorials, Elektronische Zeitschriftenbibliothek, Datenbankinformationssystem usw.)
- Hinweise zu den Öffnungszeiten
- Zugang zu einem Virtuellen Auskunftssystem, ev. gar einem Chat und/oder der Nummer des Infotelefons
- Aktuelle Informationen zur Bibliothek und ihrem Umfeld
- Buttons zu den Web 2.0-Angeboten der Bibliothek
- Umschaltmöglichkeit zur mobilen Version der Website

Eine Variante der Website, die speziell für die Nutzung mit mobilen Endgeräten ausgelegt ist, sollte von allen Bibliotheken angeboten werden, die insbesondere das jüngere Publikum erreichen wollen. Auch wenn die Nutzung einer mobilen Website in Relation zur Nutzung der Website für Geräte mit großem Bildschirm noch gering ist, so sind es die hohem Zuwachsraten, die von den Bibliotheken berichtet werden, die über eine mobile Website verfügen, die eindeutig für ein Engagement in diesem Bereich sprechen. Wenn schon keine mobile Website, so sollte zumindest ein mobiler OPAC mit Bestellmöglichkeit, Kontoabfrage, Leihfristverlängerung sowie Vormerkfunktion angeboten werden.

Während das Web 1.0 in erster Linie durch einen linearen, unidirektionalen Informationsfluss und einseitige Kommunikation geprägt ist, ist das herausragende Merkmal des Web 2.0 die interaktive „Many-to-many-Kommunikation". Das Web 2.0 erfordert im Hinblick auf die Kommunikation zwischen Institutionen und ihren Kunden ein weitreichendes Umdenken. Das alles verändernde, herausstechende Kernelement von Web 2.0 ist der Austausch und die Interaktion der Internetnutzer untereinander. Auch wenn neue technische Möglichkeiten und Oberflächen diese Entwicklung erst ermöglichten, so reicht die Bedeutung des Phänomens weit über die technische Dimension hinaus. Die unmittelbare Teilhabe, die Partizipation ist für viele Teilnehmer am Netz das Hauptmotiv ihrer Aktivitäten im Internet. Eindrucksvoll belegt wird dieser Trend von weltweit über achtzig Millionen Weblogs. Mittlerweile ausgereifte und einfach zu bedienende Angebote machen es jedem leicht, der bisher nur als Empfänger im Netz unterwegs war, sich zusätzlich in einen Sender zu wandeln. Die lineare Massenkommunikation wird durch diese neue bidirektionale Kommunikation nicht nur ergänzt sondern auch ein Stück weit abgelöst.

Für Bibliotheken ist das Web 2.0 aus zwei Gründen so interessant. Erstens lässt sich über kein anderes Medium der überwiegend jüngere Teil der bibliothekseigenen Zielgruppen so schnell, direkt und so spezifisch erreichen. Zweitens kann die aktuelle Stimmungslage dieser Klientel bezüglich der Bibliothek an keiner anderen Stelle so schnell und unmittelbar erfahren werden. Wichtig ist für die Bibliotheken, dass sie für ihre Auftritte und Kommentare im Web 2.0 den „richtigen" Ton treffen. Dieser Ton darf weder altbacken noch belehrend und auf gar keinen Fall niveaulos sein. Ebenso sollte man auch allzu viele Anglizismen und die „Jugendsprache" meiden. Eine seriöse Institution macht sich ansonsten unglaubwürdig und erregt womöglich den Verdacht, sich anbiedern zu wollen. Für alle Ausführungen ist ein sachlicher und zugleich engagierter Ton geeignet, der gelegentlich mit humorvollen oder auch mal sarkastischen, selbstironischen Bemerkungen gewürzt sein darf. Wo auf bibliothekarischer Seite echte Emotionen im Spiel sind, da dürfen und sollen sie auch gezeigt werden. Es gibt allerdings eine wichtige Ausnahme: Auf Kritik, Anfeindungen oder gar Beleidigungen, selbst wenn sie noch so ungerechtfertigt und ungerecht sind, darf nicht mit Ärger und neuerlichen Aggressionen reagiert werden, sondern mit einem Höchstmaß an professioneller Sachlichkeit. Dies beinhaltet selbstverständlich auch, dass man sich Beleidigungen deutlich verbitten darf und dies auch tun sollte.

Für eine Institution wie eine Bibliothek ist es tragisch, wenn sie aufgrund von Missverständnissen und Einzelfehlern zum Ziel einer negativen Kampagne innerhalb ihrer Beziehungsgruppen im Web 2.0 wird. Wer seine Kommunikation mit diesen Gruppen nicht rückkanalfähig ausgebaut hat, verpasst es, wichtige Informationen rechtzeitig zu erhalten und wird schmerzhaft erkennen müssen, dass er sich gerade dadurch, dass er sich der Kommunikation bisher entzogen hat, keine Freunde gemacht hat. Mund-zu-Mundpropaganda, im Positiven wie im Negativen, verbreitete sich noch vor wenigen Jahren sehr langsam. Bis die Auswirkungen für eine Institution spürbar wurden, dauerte es Wochen, bis sie im negativen Fall bedrohlich wurden, dauerte es Monate. Man hatte Zeit zu reagieren und gegenzusteuern. Durch die Web 2.0-Medien wird ein potentiell „bedrohlicher Zustand" sehr, sehr schnell erreicht und gegensteuern kann nur, wer sich an der Kommunikation in diesen Medien beteiligt. Um es nochmals zu verdeutlichen: Man kann auch Opfer einer negativen Web 2.0-Kampagne werden, ohne selbst jemals an der Web 2.0-Kommunikation beteiligt gewesen zu sein. Eine Chance zum rechtzeitigen Gegensteuern und zur Beeinflussung hat man aber nur, solange man sich aktiv beteiligt. Wer glaubt, dass eine Web 2.0-Kampagne nur auf den jüngeren Teil seiner Nutzerschaft begrenzt ist oder sich hierauf begrenzen lässt, der übersieht, dass Journalisten eifrige Teilnehmer am Web 2.0 sind, da sie hier eine unerschöpfliche Fundgrube an Themen, Meinungen und „Skandalen" vorfinden.

Mündige Kunden möchten heute weniger denn je bevormundet und mit unzureichenden bzw. gefilterten Informationen gefüttert werden. Instrumente wie Social Networks, Weblogs, Podcasts oder Wikis geben ihnen jetzt auch die Möglichkeit und die Macht, diese Denkhaltung durchzusetzen. Den Institutionen, in unserem Fall Bibliotheken, bieten sich aber auch Chancen. Themen lassen sich durch Blog-Monitoring auf einfache Weise früh erkennen und können im Vorfeld entschärft oder für die eigene Kommunikationsarbeit nutzbar gemacht und aktiv gestaltet werden. Über einen Corporate Blog lassen sich wertvolle Meinungen und Anregungen der Kunden gewinnen, die idealerweise in die Serviceentwicklung einfließen. Am wichtigsten jedoch: Die neuen Tools erweitern die kommunikative Einflussnahme einzelner Kunden wie auch der Bibliothek selbst und zwingen zur aktiven Gestaltung der Netzidentität. Wenn man das Management seiner Identität nicht selbst in die Hand nimmt, werden es andere tun.

Ein soziales Netzwerk wie Facebook ist eine Art Internet im Internet. Die zentralen Server kennen jede Aktion, jede Interaktion und jede Bewegung. Sie wissen zuverlässig, wer mit wem verbunden ist, wer was mag und wer von welcher Profilseite auf welche andere gekommen ist. Man mag das gut oder schlecht finden, aber man darf es nicht ignorieren. Ein Teil der Verbraucher und somit auch der Bibliotheksbenutzer bewertet gerne. Sie können mit ihren Bewertungen erstmals, in der Vergangenheit scheinbar übermächtigen, Institutionen Paroli bieten. Die kleinen „Gefällt-mir-Buttons" auf zahllosen Websites, die wir der Facebook-API verdanken, machen Facebook zur Rating-Agentur des gesamten Netzes. Auch als Bibliothek sollte man zusehen, dass man vielen „gefällt".

16.3 Die Bibliothek als Kultureinrichtung

Selbstverständlich ist jede Bibliothek per se eine kulturelle Einrichtung, da sie Interessierten den Zugang zur Welt der Literatur und der fachlichen Information bietet. Darüber hinaus gehend leisten Bibliotheken häufig durch ein Angebot an kulturellen Veranstaltungen in erheblichem Umfang zusätzliche Kulturarbeit. Das Spektrum der kulturellen Veranstaltungen in Bibliotheken ist sehr breit. Es reicht von Leseabenden, Filmabenden und Kaffeeklatsch über Spielenachmittage und Schreibwettbewerbe bis hin zu Theater- oder Konzertaufführungen. Trotz dieser großen Variabilität ist die klassische Kulturveranstaltung einer Bibliothek noch immer die Ausstellung von Bibliotheksmaterialien, eingebettet in deren Entstehungs- und Wirkungshintergrund.

Abb. 34: Die Technische Nationalbibliothek in Prag ist ein gutes Beispiel dafür, wie künstlerische Gestaltung einer Bibliothek ein einprägsames Gesicht verleiht. BSB: B. Gillitzer.

Die große Bandbreite des kulturellen Angebotes beinhaltet die Gefahr, sich zu verzetteln. Es ist sicher kein Fehler, der bibliothekarischen Kulturarbeit ein Konzept mit klaren Zielvorgaben zu geben, welches z. B. an den wichtigsten Zielgruppen der Bibliothek ausgerichtet ist. Teil dieses Konzeptes muss auch sein, die Bereiche sehr genau zu beleuchten, an denen die zusätzliche Kulturarbeit mit den Kernaufgaben der Bibliothek in Konflikt gerät. Je klarer das Bekenntnis zu den Kernaufgaben ausfällt, umso eher können Ausnahmen für einzelne kulturelle Veranstaltungen gegenüber den „eigentlichen Bibliotheksnutzern" begründet werden.

In vielen Gemeinden ist die Bibliothek neben den Schulen die einzige kulturelle Institution in öffentlicher Trägerschaft und neben dem Pfarrsaal oder der Turnhalle der Grundschule sind die Bibliothekräume die einzigen Lokalitäten für kulturelle Veranstaltungen. Daraus erwächst natürlich eine besondere Verantwortung für das kulturelle Leben einer Gemeinde und die Verantwortlichen für die Bibliothek werden auch Veranstaltungen akzeptieren müssen, die kaum noch Bezug zur Bibliothek selbst aufweisen.

16.4 Informationsveranstaltungen

Neben den Auftritten in Web 1.0 und Web 2.0 sind die Informationsveranstaltungen der Bibliothek für ein breites Publikum dasjenige Feld, auf dem sich Bibliotheksbenutzung und Öffentlichkeitsarbeit am deutlichsten überschneiden. Benutzerschulungen und Führungen gehören als wichtigste Elemente dazu, wurden aber in Kapitel 14 schon eingehend besprochen. So bleibt hier nur noch den Blick auf drei Arten von Veranstaltungen zu richten, die überwiegend in größeren Bibliotheken anzutreffen sind oder von mehreren Bibliotheken einer Stadt / Region gemeinsam organisiert und angeboten werden:
1. Bibliothekseigene Veranstaltungen, die sich an Nutzer der Bibliothek wenden und die einen oder mehrere Tage dauern.
2. Veranstaltungen, die von den Kulturverantwortlichen einer Stadt oder einer Region initiiert werden und an denen neben Bibliotheken oft auch andere Kultureinrichtungen beteiligt sind.
3. Deutschlandweite Aktionstage, die an vielen Bibliotheken gleichzeitig stattfinden oder in jährlicher Folge an einzelnen Bibliotheken abgehalten werden und welche unterschiedlichste Veranstaltungen mit speziellen Informationsangeboten beinhalten.

Typische Vertreter der 1. Kategorie sind „Tage der offenen Tür" oder Veranstaltungen bei denen den Nutzern der Zugang zu bestimmten Mediengattungen (z. B. elektronischen Medien) nähergebracht und erleichtert werden soll. Die eMedien-Tage an der Bayerischen Staatsbibliothek sind ein gutes Beispiel hierfür.

Typische Vertreter der 2. Kategorie sind eine „Lange Nacht der Bücher" oder eine „Lange Nacht der Museen" in einer bestimmten Stadt. Auch Veranstaltungen zur Leseförderung wie „Stuttgart liest ein Buch" oder der „Dortmunder Bücherstreit" fallen darunter.

Ein typischer Vertreter der 3. Kategorie ist z. B. der „ Nationale Aktionstag für die Erhaltung schriftlichen Kulturguts", der Jahr für Jahr an einer anderen Bibliothek mit gefährdetem Altbestand abgehalten wird.

Die Durchführung und Organisation solcher Veranstaltungen ist sehr wichtig, bringt aber selbst das Personal großer Bibliotheken an den Rand seiner Belastbarkeit. Es ist daher für die Verantwortlichen einer Bibliothek eine nicht immer ganz einfache Aufgabe, den goldenen Mittelweg zwischen notwendiger öffentlicher Resonanz einerseits und einer angemessenen Belastung des Personals andererseits zu finden.

Weiterführende Literatur

Schimpf, Antje u. Schoof Kerstin: Webdesign: Eine Kernkompetenz für Bibliothekare? In: Buch und Bibliothek 65 (2013), S. 514–516.

Umlauf, Konrad u. Gradmann, Stefan (Hrsg.): Handbuch Bibliothek. Geschichte, Aufgaben, Perspektiven. Stuttgart 2012.

Register

Absignieren 154, 158
Aggressionsfreie Sprache 34
Allgemeiner Lesesaal 139
Allgemeine Systematik für Öffentliche Bibliotheken 44
Alphabetische Aufstellung 44
Altbestandsbenutzung 115, 122–125, 136
Altbestandsmagazinierung 116
Altbestandszertifikat 123, 205, 206
Altes Buch 56, 64, 114, 115, 151, 301
Arbeitskabinen 144
Archivfunktion 2, 3, 52
Ausgangskontrolle 143, 146
Auskunftsanfrage 232, 253
Auskunftsbibliothekar 230, 235, 243, 249, 250, 255, 258, 269, 270
Auskunftsdienst 229, 230, 234, 235, 237–242, 244–248, 251, 252, 253, 256, 257, 260, 261, 265–271, 274, 277
Auskunftsgespräch 229, 231, 241, 251, 252, 269
Auskunftsinterview 230, 249, 250, 257, 261, 269, 271
Auskunftsmitarbeiter 239, 248, 270
Auskunftsmittel 233
Auskunftsplatz 243
Auskunfts-Policy 232
Auskunftsprozess 247, 252, 257, 268, 269
Auskunftsteam 240, 241
Auskunftstheke 241, 243, 244, 294 *siehe auch* Informationstheke
Ausleihbestand 39, 42, 43, 142
Ausleihbibliothek 43
Ausleihe 2, 18, 42, 43, 52, 60, 69, 70, 73, 74, 81, 129–132, 146, 147, 152–159, 161–163, 166, 178, 180, 181, 186, 199, 209, 218, 301
Ausleihschalter 230
Ausleihsystem 48, 60, 81, 82, 151–156, 158, 160, 243
Ausleihverbuchung 42, 159, 194, 195
Ausschluss von der Benutzung 69, 74, 164–166
Außenmagazine 46, 62, 64

Ausstellungen 129–131, 135, 136
Ausstellungsvitrinen 133
Authentifizierung 157, 158, 170
Avatar 266

Benutzerdaten 154, 156
Benutzerforschung 19, 20, 24, 26, 27, 233
Benutzerkatalog 77, 80–82, 98, 101, 113
siehe auch OPAC
Benutzerkonto 81, 158, 161, 263
Benutzerkontoanzeige 158, 161
Benutzernummer 156–159, 262
Benutzerschulungen 229, 237, 238, 272, 277–280, 297, 309
Benutzungsordnung 15, 68–75, 153, 162, 165, 166, 185
Benutzungsverhältnis 67, 68
Bereitstellung 8, 81, 105, 121–123, 138, 140, 148, 149, 153, 154, 159, 161, 178, 179, 182, 184, 188, 195, 205, 207, 210, 215, 227, 295
Beschlagwortung 94, 100, 107–109, 143
Beschwerde 1, 20, 26, 31–34, 36
Beschwerdemanagement 20, 31, 244
Bestandserhaltung 3, 6, 63, 64, 73, 118, 120, 132, 136
Bestandserhaltungsmanagement 120, 122
Bestandsprofil 142
Bestandsvermittlung 135, 272
Bestandsverwaltung 59
Bewegliche Signatur 48
Bibliographische Auskunft 238
Bibliographische Daten 154
Bibliotheksführungen 229
Bibliotheksindex 22
Bibliothekskatalog 78, 80, 82, 85, 88, 89, 93–96, 99, 102, 107
Bibliotheksordnung 68
Bibliotheksverbünde 10, 11
BibTip 101
BIX 22, 23
Blended Learning 292, 293, 295, 297
Blog-Monitoring 307
Bookmarkingdienste 101

Bool'sche Operatoren 83
Browsing 40, 94, 107, 258, 264, 269
Buchaufstellung 38, 39, 51
Buchbereitstellung 144, 145
Buchdaten 154, 155
Bücherauto 197, 198
Bücherumzug 62
Bücherwagen 61
Buchförderanlage 59, 61
Buchformate 47, 63
Buchpräsentation 39, 46
Buchrestaurierung 2
Buchrückgabe 15, 16, 61, 144, 163
Buchsicherung 146, 147
Buchsicherungsanlage 44

Chat 230, 231, 240, 252, 254, 257–260, 264–266, 268, 269, 293, 295, 305
Chat-Auskunft 231, 252, 257–260, 264, 268
Chatterbot 252, 253
Chat-Widgets 258
Co-Browsing 258, 264, 269
Computer Based Training 291, 292
Contentmanagementsystem 304
Crowdsourcing 98
Cutter-Methode 51

Datalogger 55, 117
Datenbanken 49, 83, 96, 103–105, 109, 110, 139, 144, 167, 174, 175, 177–179, 193, 194, 202, 214, 231, 232, 234, 236, 237, 242–245, 251, 256–258, 274, 276, 281, 297
Datenbankinformationssystem 167, 175, 233, 305
Datenschutz 26, 69, 71, 124, 265
Datenschutzerklärung 26, 72
Datenschutzrechtliche Probleme 259
Deep Web 83
Deutsche Bibliotheksstatistik 22
Deutsche Digitale Bibliothek 173
Deutsche Nationalbibliothek 4, 5, 9, 42, 190
Deutsche Forschungsgemeinschaft 5, 8
Deutscher Leihverkehr 181, 203 *siehe auch* Fernleihe
Dewey-Dezimalklassifikation 44
Dialogtechniken 236

Digitaler Lesesaal 173 *siehe auch* Elektronischer Lesesaal
Digitalisat 7, 126, 132, 167, 171–174, 205, 223, 243
Digitalisierung 2, 3, 7, 126, 128, 132, 180, 206, 223, 227
Direktlieferdienst 9, 153, 181, 184, 185, 201, 212, 215, 219, 222, 226, 227, 228
Discovery Service 1, 103–106, 112, 172, 175
Dokumentlieferung 9, 181, 182, 212, 216, 227, 228, 275, 276
Dreigliedriges Bibliothekskonzept 137
Drill Down 88, 89, 93, 94, 106

E-Book 95, 111, 167, 171, 178–180, 206, 209, 210, 271, 276, 281
eBooks on Demand 212, 222
Einführung in die Benutzung 233, 275
Einschichtiges Bibliothekssystem 138
Einschlitzsuche 81, 83
Einzugsverfahren 165
E-Journal 167, 175, 176, 178, 207, 226, 281 *siehe auch* Elektronische Zeitschriften
E-Learning 288–290, 292, 293, 295–299, 300
Elektromagnetische Mediensicherung 146
Elektronischer Benutzerkatalog 80
Elektronischer Lesesaal 173 *siehe auch* Digitaler Lesesaal
Elektronische Zeitschriften 144, 175, 179, 206, 207, 209 *siehe auch* E-Journal
Elektronische Zeitschriftenbibliothek 167, 175, 176, 233, 305
E-Mail-Auskunft 231, 252, 255–257, 262, 271
Empfehlungslisten 101
Entsäuerung 2
E-paper 167
Erscheinungsbild 1, 18, 236, 302–304
Erwerbungsreferenten 142, 143
Escorting 258, 264, 269
E-Tutorial 2, 293, 297, 298, 305
Europeana 173
Evaluation 8, 29, 37, 268, 270, 279, 283, 295

Facebook 102, 233, 252, 266, 307
Face-to-Face-Auskunft 230, 253, 257, 266, 268, 269

Fachboden 56
Fachlast 57
Fachlesesaal 141, 142
Fachreferent 143
Fachwörterbuch 234
Fahrregalanlage 40, 57, 58 siehe auch Kompaktmagazin
Feed 101, 102
Fernleihe 9, 10, 59, 69, 74, 75, 103, 153, 154, 181, 182, 184–189, 191–194, 197–200, 203–210, 212, 213, 215, 216, 218, 219, 223, 225–228, 239, 242, 275, 276 siehe auch Deutscher Leihverkehr
FirstSearch 224
Folio-Format 47
Fortbildung 15, 70, 188, 220, 241, 251, 275, 276, 279–281, 283
Fragebogen 24–26
Freihandbestand 39, 40, 45, 141, 144
Freihandbibliothek 106, 137
Freihandkontinuum 138, 143
Freihandmagazine 41, 153
Führungen 56, 237, 238, 272, 274, 275, 277, 279, 297, 309

Game-based Learning 296
Gebrauchsfunktion 2, 3
Gebrauchstauglichkeit 18, 20, 21, 27–29, 304 siehe auch Usability
Gebührenordnung 68, 75, 165
Gefällt-mir-Button 307
Geschlossene Frage 26, 250, 269
Gesprächsabschluss 251
Gesprächsführungstechniken 250
Gestik 230
Gewohnheitsrecht 200
Google Buchsuche 82
Google Scholar 82, 105
Gruppenarbeitsraum 144
Gruppenaufstellung 44, 46, 50
Gruppensignatur 48

Handschriften 115–119, 122, 128–131, 135, 151, 153, 205, 276
Hausordnung 68, 72, 75
Hausrecht 69, 72
Hybridbibliothek 6, 168

Index 85, 86, 88, 90, 93, 95, 104, 105
Individualsignatur 48, 51, 155
Infoblätter 233
Informationsbedürfnis 236, 247–249, 256, 257, 261, 269
Informationsdienstleister 112, 288
Informationskompetenz 2, 21, 229, 231, 232, 235, 250, 258, 259, 265, 272–275, 277, 279, 280, 282–285, 287, 293, 297, 298, 300
Informationsmaterialien 244, 245
Informationsmittel 174, 233–236
Informationsrecherche 234
Informationstheke 35, 144, 229, 230, 232, 233, 242, 243, 245, 251, 253 siehe auch Auskunftstheke
Informationsvermittlung 3, 4, 235, 253, 266, 272
Informations-Wiki 235
Informationszentrum 238–240
Infoteam 240, 242, 246
InfoWiki 246, 247
Instant Messaging 257, 259
Intelligente Tutorielle Systeme 292
Internationale Fernleihe 181, 225, 226
Internet 2, 6, 8, 22, 24–26, 28, 29, 59, 80, 82, 85, 87–89, 91, 92, 98, 105, 107, 112, 144, 168–172, 174, 175, 192, 206, 217, 218, 227, 229, 233, 234, 243, 246, 250, 252–254, 258, 260, 261, 268, 287, 288, 292–294, 303–305, 307
Interview 20, 23, 24
ISBN-Nummer 78

Jahrbuch der Auktionspreise 132
Jobenrichment 241

Kardex 148
Kartenschrank 118
Katalog 18, 45, 48, 60, 78–80, 83–85, 96, 98, 99, 101–103, 105, 107, 110, 112, 135, 146, 156, 190, 193, 195, 234 siehe auch Bibliothekskatalog, OPAC
Katalogauskunft 232, 238
Katalognummer 78
Klassifikation für Allgemeinbibliotheken 45
Klimadaten 55, 117

Klimawerte 54
Kommunikationskanal 230
Kompaktmagazin 57
Kompaktmagazin *siehe auch* Fahrregalanlage
Konfliktbewältigung 34
Kontaktbequemlichkeit 18
Kopienfernleihe 181, 196, 199, 216
Kopienlieferung 191, 200, 201, 216, 218
Kopienversand 202–204
Kundenorientierung 13–15, 22, 27, 36, 37

Langzeitarchivierung 126–128, 169
Laptop 75, 139, 144, 145, 172, 245, 281, 288
Lebenslanges Lernen 273
Lehrbuchsammlung 3, 38, 39, 40, 43, 138, 151, 152, 155
Leihfristverlängerung 36, 152, 154, 160, 161, 163, 305
Leihverkehr 69, 74, 123, 181, 182, 184, 186, 188–192, 195–199, 203–207
Leihverkehrsordnung 9, 68, 74, 181, 182, 185, 186, 188, 192
Leihverkehrsregion 186, 187, 192
Leihverkehrszentrale 186, 189, 205
Leitsystem 140, 303
Leitweg 189, 190, 193, 194, 224
Lemmatisierung 88, 93
Lernmaschine 290, 291
Lernplattform 294, 295
Lernprogramm 293
Lernprozess 291, 295
Lernsoftware 289–292
Lerntheorie 290, 298
Lesesaalauskunft 238
Lesesaalleihe 59, 60, 153, 156
Lesesaalreferent 143
Linguistische Verfahren 93
Link 91–93, 96, 101, 208, 246, 258, 269, 304
Linksammlungen 233
Linktopologische Verfahren 91, 92, 95
Literaturliste 100, 232
Literaturverwaltungsprogramm 102, 276
Lizenzvertrag 169, 207, 214
Lokalkennzeichen 48, 50, 51, 146
Lokalsignatur 48
LOTSE 254

Magazinbestand 39, 72, 139, 153
Magazinmitarbeiter 52, 56, 60
Magazinverwaltung 52, 59
Mahngebühr 15, 16, 33, 163–165
Mahnverfahren 43, 70, 163–165
Mashups 101
Massendigitalisierung 128
Massive Open Online Courses 292, 293
Mechanische Aufstellung 41, 45, 46
MediaWiki 235, 246
Medienbereitstellung 18
Mediennummer 60, 146, 155, 158, 159
Medienzugänglichkeit 18
Mikroformenarbeitsplatz 145
Mikroformenlesesaal 151
Mimik 230
Mittelpfostenregal 57
Mobiles Endgerät 252, 260
Mobile Learning 295
Mobile Website 305
Mobiler OPAC 6
Monographienfernleihe 181
Multicodierung 289, 290
Multilingualität 110
Multimedialität 289
Multimodalität 289, 290
Musiklesesaal 151
Mystery Shopping 20, 27, 28, 270

Nachlassmaterialien 115, 118
Nachschlagewerk 43, 137–139, 232, 234, 242, 256
Namensschild 244
Nationallizenz 206, 226
Navigationssystem 252–254
Notfallplanung 64, 121
Nullschein 61
Nutzerforschung *siehe* Benutzerforschung
Nutzergruppe 17, 20, 23, 25, 82, 98, 207, 213, 219, 279
Nutzerkonto 59, 160, 305
Nutzerverwaltung 17

Offene Frage 249, 284
Öffentlichkeitsarbeit 129, 230, 233, 245, 301, 309
Oktav-Format 47

Onleihe 180, 209
Online-Fernleihsystem 193
Online-Katalog 85, 146, 234
Online-Tutorial 293
OPAC 1, 6, 27, 28, 59, 80–82, 85–87, 95, 99, 100, 102, 103, 105, 112, 113, 125, 144, 151, 152, 154, 156, 157, 160, 167, 172, 233, 257, 258, 274, 281, 297, 304, 305 siehe auch Benutzerkatalog, Katalog
Ortsleihe 59, 60, 153

Page-Pushing 258, 264, 269
Pagerank-Verfahren 92
Pay-per-view Angebot 226
Performanz 94
Permalink 101
Phrasensuche 83
Portal 99, 172, 175, 194, 222, 233, 243
Postcontainerversand 197, 198
Präsenzbestand 39, 42, 60, 139, 142
Präsenzbibliothek 42
Precision 83, 84

Quart-Format 47

Ranking 22, 89–92, 97, 106, 169, 172
Rarasammlung 115, 129
Recall 83, 84, 88
Recherche 6, 8, 80, 82, 84, 85, 89, 91, 94, 103, 105, 106, 112, 156, 157, 161, 188, 193, 194, 213, 215, 224, 229, 232, 250, 269, 300
Rechercheinstrumente 1, 27, 77, 83, 103, 112, 174, 222, 275, 276
Recherchestrategien 87, 236
Recommenderdienst 107
Regalanlage 56–59
Regensburger Verbundklassifikation 44, 50, 51
Regionaler Leihverkehr 181, 192
Regionale Transportzentrale 197, 198
Relative Luftfeuchte 52, 54, 65
Relaunch 304
Relevance-Ranking 89, 90, 97, 98, 106
Relevanz 39, 89, 91, 92, 94, 95, 97, 172, 192, 227, 286, 288
Relevanzsortierung 95, 96

Repräsentant 60
Retrievalmethoden 236
Revision 40, 63, 146
RFID-Etiketten 143, 147, 150, 155, 159
RFID-Technologie 147, 148
Rücknahmeschalter 160, 230
Rund-um-die-Uhr-Rückgabe 159

Sachauskünfte 232
Sammelschwerpunkte 182, 184, 232, 276
Sammlung Deutscher Drucke 5, 9
Schimmelbildung 55
Schriftliche Auskunft 231
Schulungsraum 274, 281
Schulungsveranstaltung 272, 275, 279–284
Schutzverpackung 118, 119
Selbstverbuchung 147, 159
Semantische Technologie 107, 109, 112
Serendipität 106, 107
Serious Game 296
Serviceorientierung 13–15, 27, 37, 302
Servicequalität 15, 18–20, 27, 28
Shibboleth 170
Signatur 38, 41, 46–51, 60, 62, 78, 132, 156, 158, 161, 162, 208
Smartphone 252, 261, 274, 288, 295
SMS 158, 252, 260, 261
Social Tagging 100
Sofortausleihe 73, 154, 158
Sofortbedienung 60, 154
Sondersammelgebiet 8, 184, 190
Sondersammelgebietsbibliothek 217
Soziales Netzwerk 2, 100, 101, 251, 252, 265–267, 303, 307
Speicherbibliothek 64–66
Standards 18, 22, 93, 96, 99, 102, 122, 125, 137, 147, 169, 173, 177, 201, 212, 246, 270, 273, 279–281, 283–287, 303, 305
Standortkatalog 63, 64
Statistik 20, 21, 170, 237, 262, 264
Strukturdaten 172, 173
subito 9, 185, 200, 202, 212, 215–223, 226
Suchmaschine 82, 83, 85–92, 95, 96, 104, 105, 108, 112, 113, 156, 172, 223, 237, 243, 248
Suchmaschine Google 92, 172

Suchmaschinentechnologie 85, 89, 91, 93–95, 98, 107, 113
Suchstrategie 88, 249, 250, 269, 286
Suchwidgets 102
Systematische Aufstellung 44, 45, 46, 48

Tablet-PC 288
Tagcloud 100
Tags 100, 102, 155, 246
Teaching Library 272, 274, 275, 281, 287
Technische Auskunft 232
Teilbibliotheken 40, 59, 138, 141, 142, 144, 149, 151, 235, 238, 239, 241, 255
Teilzulassung 153, 163
Telefonische Auskunft 231, 240, 243, 251, 252, 260
Textstatistisches Verfahren 90, 92, 94, 96
Thermohygrometer 55, 117
Thumbnails 173
Trunkierungszeichen 146
Twitter 233, 252, 266

Überregionaler Leihverkehr 192
Umfrage 20, 24, 25, 283
Universelle Dezimalklassifikation 44
Urheberrecht 7, 173, 190, 199, 203, 204, 206, 207, 211, 218
URL 12, 29, 37, 168, 169, 172, 178, 185, 196–199, 203, 205, 208, 254, 255, 268, 270, 271, 285, 287
URN 168, 169, 172
Usability 18, 20, 21, 27–29, 37, 304 *siehe auch* Gebrauchstauglichkeit
Usability Test 20, 27, 28, 304

Verbundkatalog 154, 193, 194
Verbundzentrale 10, 191
Verwertungsgesellschaft 203, 204, 218, 220
VG Wort 174, 203, 204, 217
Videotelefonie 240, 252, 260, 261, 269
Viewer 172
Virtual Classroom 294

Virtuelle Auskunft 231, 240, 252, 254, 255, 262, 266, 268, 269
Virtuelle Bibliothek 172
Virtuelle Fachbibliothek 8, 243
Virtuelles Auskunftssystem 231, 305
Virtueller Rundgang 294
Volltext 95, 103, 111
Volltextindex 86, 95
Volltextsuche 168
Vormerkung 60, 152, 154, 158, 161
VPN-Zugang 170

Web 2.0 98–102, 267, 305, 306, 309
Web Based Training 291–293
Web-Contact-Center 258, 259, 262–265, 267
Webformular 255–257, 262, 263, 265, 269
Webinar 294
Webinaren 297
Webrelaunch 304
Websitesuche 304, 305
Wikipedia 109–111, 246
Wiki 167, 246, 307
Wissensanfrage 232
Wissenschaftliche Spezialbibliothek 231
Wissensmanagement 245
WLAN 139, 144, 170, 232, 237, 245
WLAN-Support 232
WorldCat Resource Sharing 181, 212, 223–226, 228
WorldShare Interlibrary Loan 212, 223, 226
World Wide Web 80, 303, 304
WWW 80, 85–87, 89, 106

Youtube 251

Zeitschriftendatenbank 167, 176, 213, 215
Zeitschriftenlesesaal 148, 150
Zentraler Fernleihserver 193, 194
Zielgruppe 16, 276, 286
Zugangskontrolle 143, 245
Zulassung 71, 72, 144, 153, 156, 162, 163, 166, 186, 188, 189, 205, 215
Zwangsvollstreckung 163, 165, 166

Über die Autoren

Dr. Berthold Gillitzer, geboren 1966 in Starnberg, Studium der Philosophie, Psychologie, Sozialwissenschaften und Erwachsenenpädagogik an der Hochschule für Philosophie in München. Von 1991 – 1996 Tätigkeit als Projektmanager für IT-Projekte bei der Deutschen Telekom. 1999 Promotion zum Problem der personalen Identität in der Philosophie an der Hochschule für Philosophie in München. Seit 1999 in verschiedenen Aufgaben an der Bayerischen Staatsbibliothek beschäftigt, u.a. als Leiter des Sachgebiets Virtuelle Bibliothek Bayern an der Verbundzentrale des Bibliotheksverbund Bayern, Referatsleiter für Dokumentlieferdienste und elektronische Benutzungsdienste und seit 2008 stellvertretender Leiter der Hauptabteilung Benutzungsdienste. Seit 2003 nebenamtliche Tätigkeit als Dozent an der Bibliotheksakademie Bayern. Seit 2010 Vorsitzender Arbeitsgruppe Fernleihe in Bayern.
E-Mail: berthold.gillitzer@bsb-muenchen.de

Dr. Wilhelm Hilpert, geboren 1952 in Illertissen, Studium der Chemie und Biochemie an der LMU und TU in München, 1983 Promotion über ein bakterielles membrangebundenes Enzym, die MethylmalonylCoA-Decarboxylase, Bibliotheksreferendariat an der Universitätsbibliothek der TU München und Bibliotheksschule (heutige Bibliotheksakademie) München. Seit 1986 Fachreferent für Physik und später Maschinenwesen an der Universitätsbibliothek der TU München, seit 1994 Leiter der Bibliothek der Hochschule München, seit 1999 Leiter der Abteilung Benutzung und Datenverarbeitung an der Universitätsbibliothek München, seit 2001 Leiter der Abteilung Medienbearbeitung an der Universitätsbibliothek der TU München, seit 2004 Hauptabteilungsleiter Benutzungsdienste an der Bayerischen Staatsbibliothek. Vorsitzender des Prüfungsausschusses für die dritte Qualifizierungsebene, Fachlaufbahn Bildung und Wissenschaften, Schwerpunkt Bibliothekswesen in Bayern. Vorsitzender von subito. Dokumente aus Bibliotheken e.V.
E-Mail: wilhelm.hilpert@bsb-muenchen.de

Dr. Sven Kuttner, geboren 1969 in Lindenberg/Allgäu, Studium der Geschichte und Klassischen Philologie in Mannheim, 1997 Promotion mit einer Arbeit zum französisch-indianischen Kulturkontakt in Nordostamerika im frühen 17. Jahrhundert, Bibliotheksreferendariat an der Universitätsbibliothek Marburg und Bibliotheksschule in Frankfurt/Main. Seit 2001 an der Universitätsbibliothek München, seit 2005 dort Leiter der Abteilung Altes Buch. Zahlreiche Publikationen zur Altbestandsverwaltung und zur deutschen Bibliotheksgeschichte im 20. Jahrhundert. Vorsitzender des Wolfenbütteler Arbeitskreises für Bibliotheks-, Buch- und Mediengeschichte, Archivar des Vereins Deutscher Bibliothekare (VDB).
E-Mail: sven.kuttner@ub.uni-muenchen.de

Dr. Stephan Schwarz, geboren 1973 in Langen, Studium der Germanistik, Kath. Theologie und Erziehungswissenschaften an der Johannes-Gutenberg-Universität Mainz und der LMU in München, 2000 Staatsexamen, 2003 Promotion zum Öffentlichkeitsbegriff im kirchen- und staatskirchenrechtlichen Kontext, 2003 bis 2005 Bibliotheksreferendariat an der Bayerischen Staatsbibliothek und der Bibliotheksschule in München. Seit 2005 in verschiedenen Verwendungen an der Bayerischen Staatsbibliothek, u.a. als Direktionsassistent und Mitarbeiter der Hauptabteilung Benutzungsdienste, seit 2008 Leiter des Referats Informationsdienste und Ortsleihe und seit 2012 stellvertretender Leiter der Hauptab-

teilung Benutzungsdienste. Seit 2007 nebenamtlicher Dozent am Fachbereich Archiv- und Bibliothekswesen der FHVR in München, seit 2012 Vorsitzender des bayerischen Prüfungsausschusses für den Ausbildungsberuf des Fachangestellten für Medien- und Informationsdienste (FaMI).
E-Mail: stephan.schwarz@bsb-muenchen.de